我一定要追求完美，即便——我很清楚——完美肯定会老躲着我。

——德鲁克

[illegible] 2022.5.10

张庆龙◉著

下一代财务

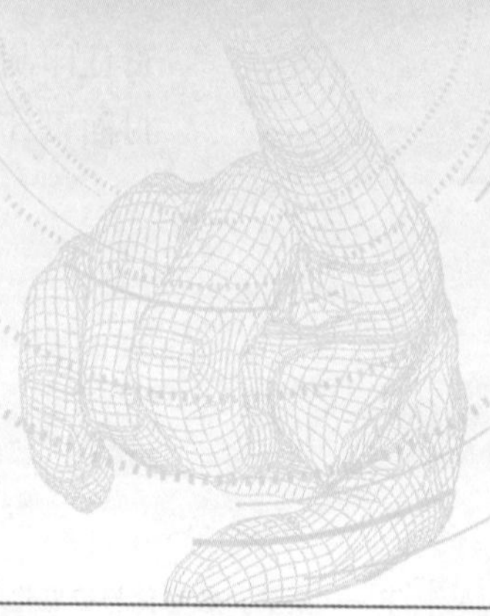

数字化与智能化

The next Generation Finance: Digital and Intelligent

中国财经出版传媒集团
中国财政经济出版社

图书在版编目(CIP)数据

下一代财务：数字化与智能化 / 张庆龙著. -- 北京：中国财政经济出版社，2021.4（2022.5重印）

ISBN 978-7-5223-0429-8

Ⅰ.①下… Ⅱ.①张… Ⅲ.①信息技术—应用—企业管理—财务管理 Ⅳ.①F275-39

中国版本图书馆CIP数据核字（2021）第048397号

责任编辑：段 钢　　责任印制：史大鹏

责任校对：张 凡　　封面设计：卜建辰

下一代财务：数字化与智能化

XIAYIDAI CAIWU：SHUZIHUA YU ZHINENGHUA

中国财政经济出版社 出版

URL：http：//www.cfeph.cn

E-mail：cfeph @cfemg.cn

社址：北京市海淀区阜成路甲28号 邮政编码：100142

营销中心电话：010-88191522

天猫网店：中国财政经济出版社旗舰店

网址：https：//zgczjjcbs.tmall.com

北京时捷印刷有限公司印刷 各地新华书店经销

成品尺寸：175mm×250mm 16开 26.75印张 384 000字

2021年5月第1版 2022年5月北京第2次印刷

定价：110.00元

ISBN 978-7-5223-0429-8

（图书出现印装问题，本社负责调换，电话：010-88190548）

本社质量投诉电话：010-88190744

打击盗版举报热线：010-88191661 QQ：2242791300

专家推荐语

大数据、人工智能、云计算、虚拟现实等新兴数字技术，正在彻底改变财务人员传统的工作方式与思维方式，财务数字化与智能化转型已是大势所趋。《下一代财务：数字化与智能化》在这样的背景下破土而出，将具有极高的社会价值和影响力。作者基于深厚的理论学术功底论述了下一代数字技术下的财务数字化转型与智能财务的相关问题，为实务部门指出了未来数字化转型的路径与操作指南。

秦荣生

全国政协委员

北京国家会计学院院长 教授、博士生导师

财务数字化转型与智能财务是当前国家推进产业数字化、数字产业化的逻辑选择，是进一步发挥管理会计核心效能，在更大范围、更高层次、更广空间上运用"大数据+财务"进行预测和决策，全面提升财务功能附加值，推动财务整体角色转型升级的必然要求。这一重大变化，对于财务工作者的知识技能和创新实践带来了新的挑战。张庆龙教授《下一代财务：数字化与智能化》一书为我们展开了一幅数字化财务与智能化财务的新视窗，体现了作者敏锐的学术触角与探索精神，是当前财务数字化转型与智能财务的难得的理论与实践成果。读后为之激赏，兹郑重推荐，供财务会计审计领域或相关专业人士共享。

张连起

全国政协常委

财政部管理会计咨询专家、资深会计审计专家

财务数字化转型与智能财务不仅仅以计算机替代财务实务中那些枯燥、琐碎和重复性的工作，更重要的是将价值创造的理念渗透到企业的方方面面，进而引导企业发现和创造价值。张庆龙教授的大作《下一代财务：数字化与智能化》对此进行了富有成效的探索，提供了新的理论、路径和方法，特此推荐。

于增彪

清华大学经管学院 教授、博士生导师

当前，财务部门的角色正在从被动式记录历史信息的“传统部门”，转变为能挖掘商业模式财务价值并主动管理风险的业务参与者，具备敏捷特征的财务部门，将能帮助企业在竞争中保持领先地位。张庆龙教授《下一代财务：数字化与智能化》一书为我们指出了未来财务数字化转型与智能财务实现的路径与美好蓝图，是企业进行财务数字化转型的必备参考书目，推荐给广大读者。

韦玮

SAP大中华区前副总裁

麦肯锡商学院联合创始人及首任院长，数字化魔方实验室创始人

企业的数字化转型以及始于财务共享中心的财务数字化和智能化转型一直以来都是ACCA和各界财务人士都非常关心的话题。“下一代财务”会以怎样的方式开展人机协作？财务共享中心将会如何演进？随着财务职能的转型，未来的财务专业人士除了提前做好知识、技能方面的储备，还需要具备怎样的思维模型？《下一代财务：数字化与智能化》深入浅出地向我们解释了这些问题，通过本书，读者可以一起去观察和探索未来。

梁淑屏

ACCA中国总监

财务数字化转型与智能财务是当前数字经济时代的必然产物，它有利于管理会计的发挥，有利于基于更大范围的数据进行预测和决策，进而提升财务功能的附加值，推动财务整体角色的转型。张庆龙教授《下一代财务：数字化与智能化》一书做了有益的探索，本书也是当前探索财务数字化转型与智能财务较少的一本理论著作，值得期待，特此推荐。

王泽

令才科技CEO

读完张庆龙教授的《下一代财务：数字化与智能化》一书，深感未来财务变化莫测，也感知到未来财务转型的方向——迈向数字化与智能化。如何推动财务数字化转型，其逻辑起点在哪里？如何基于数字化实现智能财务，本书给出了理论上的解释，作为一名从事实务工作的专业人士，我乐于推荐此书！

周奇兵

神州云合CEO

随着财务数据范围的急剧增长和业财融合的推进，财务部门利用大数据赋能组织增加价值已成为大势所趋。财务作为企业数据通道的中枢神经，正在成为企业数字化转型的起点。财务部门迫切需要用新的思维模式和能力素养面对这些变化。当前，大家都在谈财务数字化转型与智能财务，从这一领域专业公司的角度来看，张庆龙教授的这本书具有很大的阅读价值，融理论与实务为一体，特推荐给广大读者。

连伟舟

唯你科技总裁

前言
REFACE

我们正身处于一个技术快速进步、经济飞速发展的新时代。新名词、新概念不绝于耳，新模式、新产品令人眼花缭乱，让我们体会到这是一个日新月异、快速迭代的时代。在经济领域，数字经济、数字化转型、智能化正在成为各行各业的热门话题。数字经济代表性的通用技术是大数据、人工智能、移动互联网、云计算、智能终端等，并且数据已经成为经济活动中的核心要素。数字化转型可以帮助企业提升客户体验度、优化业务流程、实现运营管控，为企业进化带来一场范式性革命。随着我国政府一系列政策性文件的出台，企业数字化转型将是大势所趋，也使越来越多的企业投入数字化转型之中。企业的数字化转型就是利用当前新一代的数字技术，针对产品、服务、生产方式、管理方式和商业模式进行彻底重构的颠覆性创新。在这些数字技术中，人工智能的重要性越来越凸显。由于数字技术的应用，使企业的数据量呈指数级的增长，基于数字化的智能化，有利于进一步解放人的体力、脑力，因此，新型数字经济也称作智能经济。

会计工作的发生和发展除了受社会经济环境的影响以外，同样受到信息技术的影响和冲击。数字经济、数字技术发展与企业数字化转型构成了会计环境变化的经济环境、技术环境与空间环境。此时的财务工作者必须认清自己在数字化时代的角色，发挥核心推动力量与突破口的作用，才能保持在企业中的地位和体现自身的价值。财务部门的工作性质天然是与数字打交道，通过数字客观评价和衡量企业战略。在这种环境下，财务数字化转型势在必行。

财务数字化转型不能撇开原有的财务信息化实践，而是财务信息化的延续。在信息化时代，大型企业集团已经通过大集中的形式进行过财务共享服务中心建设，全面预算管理、全面风险管理、资金集中管理、报账平台等模式、工具或者组织形式的变革，实现了成本降低与管控能力的增强，并为数字化转型奠定了重要的组织架构基础、数据基础与技术基础。如何基于现有的财务信息化实现数字化转型将是每一个企业财务部门面临的现实问题。当平台思维、连接思维、共享思维、协同思维等数字化的理念不断植入财务共享服务中心，尤其是当RPA技术不断应用于财务共享时，让我们看到了财务数字化转型的影子，使我们充分认识到，财务共享服务还可以实施数字化转型，走向数据中心，发挥财务智能决策、预测的服务职能。还可以通过大量智能财务的应用场景实现财务共享服务中心的二次转型。甚至原来在信息化时代尚未解决的数据贯通、数据“孤岛”等问题，在数字技术的应用背景下也成为可能。

传统企业集团面临着降低企业成本、加快决策效率和质量、提高对外部利益相关者信息披露的质量等三重压力。如何解决这些问题也成为传统会计信息化的工作重点与重要任务。2013年，随着财政部《企业会计信息化工作规范》中关于鼓励分（子）公司众多的大型企业集团探索财务共享服务模式建议的提出，笔者预想到2013年将成为财务共享服务的元年，未来财务共享服务将大行其道。2014年，笔者联合实务部门，承担了财政部会计司的重点课题《企业财务共享服务中心典型案例》的搜集与撰写工作。完成课题期间，笔者走访了当时最早建立财务共享服务的中兴通讯、阳光保险、中铁建、宝钢集团、四川长虹、中广核、国开行、苏宁电器等企业，积累了大量的关于中国企业财务共享服务现状的第一手资料。2015年，结合理论研究成果，笔者出版了《财务转型始于共享服务》一书，从理论到实践回答了中国大型企业集团财务共享服务具体如何建设的基本问题。建立财务共享仅是财务转型的起点，如何基于财务共享服务实现整个企业的财务转型，从共享财务、业务财务到战略财务，从资金流动性管理、理财与风险管理到战略性的资金资源配置，笔者认识到了未来企业集团财务转型的两个路径。经过深入思考和研究，2018年，笔者出版了另外一本专著《财务转型大趋势——基于财务共享与企业司库的认知》。正如崔健的一首歌所提到的，这个世界变化真叫快，随着“互联网+”“数字经济”“人工智能”“新基建”等新概念的提出和国家相关政策的发布，“数字财务”“智能财务”“智慧财务”“神经会计学”等概念破土而出。从IT时代走向DT时代，财务部门如何适应这一变化的技术环境？如何体会这其中的变与不变？如何在快速的变化中识别机会与风险，找到适合于企业发展战略的财务管理模式，整合新技术、流程和数据，使内部与外部、财务与业务能够更有效的协作，跨越传统会计信息化的“孤岛”问题，实现数据驱动下的企业价值最大化，成为摆在实务部门与理论研究部门的新课题。2020年，一场突如其来的新冠肺炎疫情改变了这个世界的所有节奏，无接触、在线化使推动财务共享服务中心建设、开展财务数字化转型的问题变得十分紧迫，成为疫情缓解后财务实践部门的共同关注话题。为此，笔者经过一年思考与研究，结合调研实践，终于完成《下一代财务：数字化与智能化》一书的初稿写作工作。

这是一本理论著作，笔者期望通过大量的文献研究与交叉理论研究，回答并指出财务数字化与智能化转型的基本概念区别、财务数字化转型的路径与智能化的技术原理、应用场景等基本理论问题，期望实务部门通过这本书拨开云雾，有所启迪。为什么叫下一代财务？笔者认为，从工业经济、信息经济到数字经济，从劳动力、资本、土地、信息到大数据，全球正经历着由技术所引发的信息技术革命。每一次新的技术革命出现对于经济活动的影响可以分为两部分：一部分是新的技术帮助提升原有产业的生产效率，使原有经济中存量部分继续增长；另一部分是新的技术将产生新的经济形态，引发新的需求，新的产品和服务，新的商业模式和组织形式，这也意味着经济活动新的增量部分。而基于新技术所引发的财务转型必将引发财务本身的数字化转型与智能化，从而衍生出新型的财务管理模式，笔者称其为“下一代财务”。财务数字化的问题解决的是如何基于现有的信息化存量实现数据化，然后在此基础上实现智能化。笔者认为，数字化是智能化的技术基础，没有数字化所带来的数据化，就不会有智能化。智能化是基于数字化所形成的海量数据，结合计算机的算力，为客户或是企业管理提供基于机器学习的算法推荐的最优的下一步行动选择。数字化是基于企业信息化所产生的数据进行分析后，提供给运营分析或者是预测供决策或者运营使用，其目标就已经达成。财务数字化转型是智能财务实现的基础，其为智能财务的实现搭建了重要的数据基础、组织基础和技术基础。当企业建设完成财务共享服务中心后，我们看到了企业所搭建的数据基础。当RPA技术不断应用于财务共享时，其效率提升和人力资源的大幅度释放成为现实，这让我们看到了智能财务的应用雏形。但这还不是智能财务，因为业务的数据化程度以及大量"烟囱式"信息系统的架构仍然在阻碍人工智能的进一步应用，具体落实到财务领域，就体现为财务共享服务的局限性。企业并没有在此基础上实现理想中的财务转型，管理会计的职能也因为信息系统架构的局限性所引发的业财数据融合问题而难以实现。于是，财务共享服务数字化转型问题被提到议事日程。其具体的路径是选择了财务共享服务向采购、信息、人力、税收等大共享服务平台的转变，融合管理会计的工具，加强数据、算力、算法各方面的能力，不断为后台提供高质量的数据服务。此时，数据中台这一信息系统的整合理念恰好分离了前台业务和后台的服务与决策，充当起了数据采集与转换的中心（也可以称之为大数据中心）的角色。数据中台的作用是"打通、整合、服务"，以关键业务要素为核心，打通多个系统的数据壁垒，整合建立业务关系的数据链集合，封装为可对外提供的数据服务。当更多的人工智能技术应用到数据中台时，智能财务向前又迈进了一大步。必须看到，这还仅是弱人工智能技术的产物。当效率提升与数据积累到一定程度时，颠覆性创新使人工智能的应用产生更多的应用场景，这将为强人工智能技术的应用提供了可能。财务数字化转型与智能财务的实现，不仅是数字技术的应用，还需要组织架构、业务流程的再造与集团管控模式的转变，更涉及思维理念与企业文化的转变，更会涉及人才培养问题。

虽然书稿已经付梓，其实理论研究之痛苦只有自己清楚，更何况从目前掌握的资料来看，国内外财务数字化转型与智能财务的相关研究，仁者见仁智者见智，说法并不统一，理解也大相径庭。作为一种探索，笔者深知学问之严谨的重要性，希望学术理论界的老师、同仁多多指正，希望本书可以成为会计实务工作者的一本指导书籍。全书主要分为两大部分，前半部分是讲基于财务共享服务的财务数字化转型问题，后半部分是讲智能财务的相关理论问题与技术框架。感谢久其软件的各位同事、令才科技王泽总经理、神州云合CEO周奇兵、唯你科技总裁连伟舟、杭州每刻科技有限公司董事长魏美钟提供的大量实务素材和技术支持，也感谢中国财政经济出版社尉敏编辑的大力支持和不断督促，使本书得以顺利出版。

笔者公众号“审计光影”中载有部分探讨财务数字化转型与智能财务的文章，可供读者借鉴。读者如果对本书有任何建议或意见，欢迎发送邮件至zhixing1818@126.com。

张庆龙

2021年3月

目录
CONTENTS

1

第一章

数字经济与企业管理变革

进入21世纪以来，世界出现了两个影响全球的重要动向，一个是金融和经济危机，另一个是新的技术和产业革命。如果说前者意味着挑战，那么后者便意味着机遇；历史的经验告诉我们，危机既是变革的背景，也是变革的动力。数字经济意味着这个因技术而引发的变革时代的到来，也意味着社会经济未来发展的走向。回顾过去20年全球排名前10名市值企业的变迁规律，除了看到客观存在的经济周期、能源价格波动、金融危机等因素带来的影响外，显而易见的是，在市值排行榜上，互联网和高科技企业占比已经超过60%。数字经济取代工业经济成为这个时代的主题，数字经济时代已经到来。

中国经济经过改革开放40多年的发展，已经开始由高速发展转入高质量发展阶段。在宏观层面上体现为经济发展方式的转变和经济结构的转型升级，在微观层面上体现为企业组织的变革、商业模式的创新与战略重心的转移，等等。数字经济作为一种新的经济形态，正在成为经济增长的新的动力源泉和转型升级的重要驱动力，有的学者也称其为新经济。无论其是否严谨，但其共识都源于推动其产生与发展的原动力均为信息技术革命。

2016年G20 杭州峰会发布的《二十国集团数字经济发展与合作倡议》认为，数字经济是指以使用数字化的知识和信息作为关键生产要素、以现代信息网络作为重要载体、以信息通信技术（ICT）的有效使用作为效率提升和经济结构优化的重要推动力的一系列经济活动。支撑数字经济的信息技术包括移动互联网、云计算、大数据、人工智能、物联网、区块链等，它们的突破和融合发展最终促进了数字经济的快速发展。汤潇（2019）认为，今天我们看到的数字经济的内容将包含两大部分或者说两个环节：一是传统产业的数字经济化，二是新兴的智能化经济形态。本书将其总结为数字化与智能化。前者代表了现有经济的存量，是现有经济活动和环节的优化；后者反映了新的经济增量，代表着未来经济发展的方向。面对新的经济形态与供给侧结构性改革的新要求，如何实现数字化技术与实体经济深度融合，推动政企数字化转型，从而实现经济增长新旧动能的转换，是数字经济发展进程中当前面临的首要任务。

一、数字经济时代的新特征

当前，用于描绘新的经济环境的术语多种多样，如数字经济、信息经济、知识经济、智慧经济、无形经济、新经济等。无论是哪种新的经济形态的表述，其实都有其侧重点，但也有共同特征。

数字经济是继农业经济、工业经济之后的一种新的经济社会发展形态。人们对数字经济的认识是一个不断深化的过程。总的来说，这些变化大多是自20世纪90年代以来，随着信息技术的发展，在信息化、网络化和全球化的趋势中形成的，并且由数字技术的不断创新所推动。数字经济在2017年首次被写入我国政府工作报告，正式成为国家战略，也被视为促进未来我国经济增长的新动能。党的十九大报告进一步明确了建设“数字中国”的总体构想，“创造人民美好生活”成为开展未来各项工作的首要目标。关于数字经济的定义，我们采用《二十国集团数字经济发展与合作倡议》（2016）中关于数字经济的阐述：“数字经济是指以数字化的知识和信息作为关键生产要素，以现代信息网络作为重要载体，以信息通信技术的有效使用作为效率提升和经济结构优化的重要推动力的一系列经济活动。”数字经济主要特征（如图1–1所示）体现在：

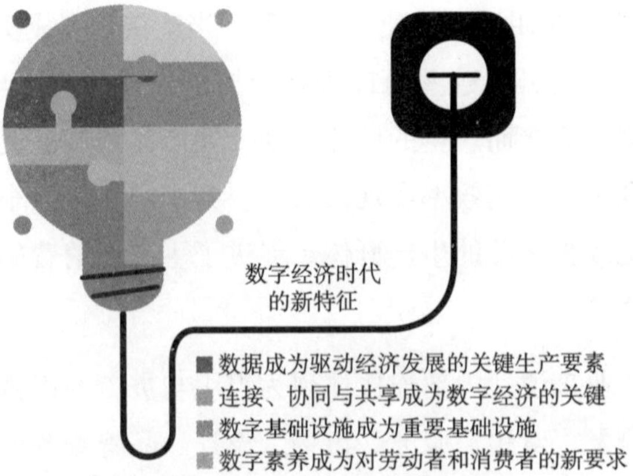

图1–1　数字经济时代的新特征

（一）数据成为驱动经济发展的关键生产要素

农业化、工业化时代的生产要素往往体现为土地、原材料、劳动力、资本等传统要素。对于传统企业而言，要想形成数据，必须通过自身资源能力和成熟业务来沉淀这些数据，这是一条漫长之路。随着经济社会的发展，尤其是移动互联网、物联网等信息技术的不断发展，人与人、人与物、物与物的互联互通得以实现，数字经济时代背景下更是使数据量呈爆发式增长，尤其是通过新的技术、通过算法模型形成的各种数据类型，使数据成为数字经济时代的重要资产，甚至出现很多企业通过数据中台驱动商业价值的实现和转化。面对人口红利的消失、劳动力成本的上升以及资源和环境的制约，数据日益成为重要的战略资产，充分发挥数据这一关键生产要素的价值成为必然选择。从企业来说，数据资源将是企业的核心实力的展示。从政府层面来说，数据是“未来的新石油”、数字经济中的“货币”，是“陆权、海权、空权之外的另一种国家核心资产”。谁掌握了数据，谁就具备了竞争的优势。

（二）连接、协同与共享成为数字经济的关键

传统的商业形态中，企业、用户、商品之间相对独立且分散，当时的连接工具主要依赖于信笺、电报、电话，与之相比，互联网拉近了人和人之间的距离，物联网则进一步实现了人与物、物于物之间的连接，数字技术的进一步推动则使他们之间的连接越来越紧密，进一步解决了信息不对称问题。

未来5G技术的推广应用，会加速这一进程。当连接转变成实时、智能时，组织的边界会进一步打开，这些可以为社会提供极佳的信息与资源共享平台，共享经济就是因为连接而产生的商业创新，使产品和服务更加便捷，闲置资源得到了充分利用，使用效率实现最大化。共享经济使微小个体在作为消费群体的同时，也成为重要的生产群体，促进了生产和消费的广泛融合，从而催生新的商业模式。

对于一个企业来说，内部连接体现为组织与员工的连接，这种连接具体体现为生产、研发、营销、服务、市场、设计、品牌等各个环节。外部连接体现为产业链中上下游合作伙伴的连接。内外部的连接可以驱使企业通过连接产业链中的优势资源，通过连接解决业务在线与数据采集等问题，通过高度的资源整合与平台连接，最终形成超级价值链，通过共享放大自身的数字资源，获得更大的价值。这种连接对内形成称为共享，对外则是共生。

（三）数字基础设施成为重要基础设施

信息技术的发展满足了经济发展对基础设施的需求，于是数字基础设施的概念应运而生。工业经济时代，经济活动是基于以“铁公机”（铁路、公路和机场）为代表的物理设施之上。数字技术出现后，互联网和相关的信息技术，如云服务/计算、区块链、大数据、人工智能等，以及基于互联网的商业模式创新，正在迅速改变着数字经济和行业（Moll，2019），成为新的基础设施。从2015年我国提出的“互联网+”发展战略，到2019年将区块链作为核心技术自主创新的重要突破口，加快推动区块链技术和产业创新，我国把数字技术的发展作为新时期发展的重要切入点。2020年初，党中央提出大力发展“新基建”的概念。事实上，面对近年来经济增速下降、增长动力不足的问题，数字经济已经成为我国推动产业转型、调整经济结构、促进经济高质量发展的发力点。新基建中的“新领域”，就包括在传统基建的基础上，大力发展5G、人工智能、工业物联网、智慧城市、数字经济、教育和医疗等新型基建，以改革创新稳增长，发展创新型产业，培育新的经济增长点（任泽平，2020）。数字经济时代下，数字技术已经成为推动企业发展、产业创新乃至经济增长的重要驱动力，并演变为新的基础设施。

（四）数字素养成为对劳动者和消费者的新要求

“数字素养”的概念，最初由学者保罗·吉尔斯特（Paul Gilster）于1997年提出。他认为，数字素养主要包括获取、理解与整合数字信息的能力，具体包括网络搜索、超文本阅读、数字信息批判与整合等技能，从而有效区分了数字素养和传统的印刷读写能力。在数字经济与传统产业深度融合的背景下，人才扮演着越来越重要的角色，人才的素质素养将极大地影响组织变革的进程，也成为企业的核心竞争力之一。数字素养的内涵在实践中不断丰富、不断完善，以适应新的时代特征。数字素养成为数字经济背景下的劳动者和消费者都应具备的重要能力，它可以被看作在新技术环境下，从获取、理解、整合到评价、交流的整个过程中使用数字资源，使人们有效参与社会进程的能力，既包括对数字资源的接受能力，也包括对数字资源的给予能力。数字技能人才的短缺将对企业的数字化转型产生很大的制约，进而影响整个经济的数字化转型进程。而具有较高的数字素养成为劳动者在就业市场胜出的重要因素。如何对人才进行赋能，将代替控制成为人力资源管理的重要手段。

（五）智能化成为未来的发展方向

国务院发展研究中心（2019）在《数字化转型：发展与政策》一书中指出：人类从事经济活动的本质目的是要用最少的劳动获得最多的效益，这代表着经济社会发展的大方向，也正是人工智能技术与大数据结合的用武之地。数据在经济发展中的推动作用主要取决于能否从其中获得直接参与社会生产的价值部分，能否部分替代人类的脑力和体力劳动，这就是人工智能的核心任务。智能硬件和终端的发展将替代繁重和简单的人类体力劳动，智能算法的发展则将进一步替代人类的部分脑力劳动和复杂劳动，尽管目前我们还处于弱人工智能阶段，但长期来看，全面、深度智能化是数字经济发展的未来方向。

二、数字经济与企业管理变革

数字经济对企业的管理思想、管理组织结构和管理决策都将产生深层次的影响。当前的企业中，没有任何一个方面不被数字技术所触及。移动设备、应用程序和操作系统的普及正在改变我们的工作方式、工作内容、工作地点，甚至和谁/什么一起工作（Bhimani and Willcocks，2014）。数字经济对企业管理变革的影响（如图1-2所示）具体表现在：

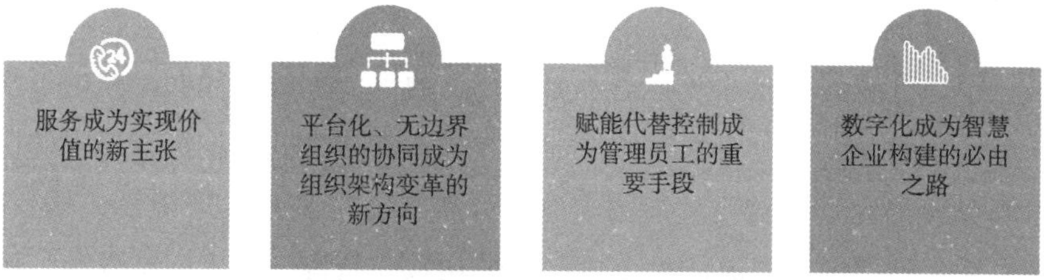

图1-2　数字经济对企业管理变革的影响

（一）服务成为实现价值的新主张

面对数字经济，企业自身在战略规划和商业模式上，将产生新的目标，如何更好地服务客户、实现客户价值，甚至如何使传统供应链的上下游互相服务、创造价值，成为商业模式变革的重要内容。

在服务的价值主张下，单个企业的职能已经发生转变，个性化的服务业将产生颠覆性的改变，促进服务的升级（刘根荣，2017），以至于在未来，任何一个企业都将是服务企业，因为客户真正要的是服务，而不是产品（曾鸣，2017）。正如杰里米·里夫金在《零边际成本社会》中提到的那样，智能技术进步带来的极致生产力使边际成本趋向于零，产品和服务近乎免费（Jeremy，2014），在数字经济时代，这类服务企业将利用互联网和算法的优势，以极低的成本实时服务海量的用户，满足每一个用户的个性化需求。

在共享理念下，服务已经不仅仅是面向客户的一项活动，更已经成为企业面向供应商、监管机构、合作伙伴以及客户的整体理念（见图1-3）。当顾客的“用户体验”成为服务型企业所追求的升级，这种追求在当前的商业环境中更突破了企业和客户的双边关系，与企业经营的利益相关者都产生联系的多边关系。服务理念已经促使企业内部职能部门与外部利益相关者改变相互之间的关系，形成价值链和价值网络，企业的组织结构和企业边界也由此产生变化。

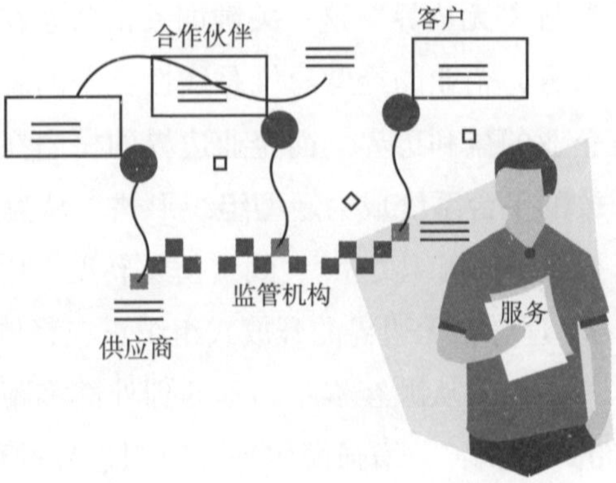

图1-3 服务成为整体理念

（二）平台化、无边界组织的协同成为组织架构变革的新方向

传统的组织结构和层级制度，已经严重阻碍了公司的灵活性和创造性，许多大型企业因此致力于将组织扁平化（见图1-4）。但没有对组织结构根本性的重构，扁平化带来的是机构的进一步繁杂。数字经济时代，“平台化”“无边界”“协同”将成为企业组织结构的关键词。

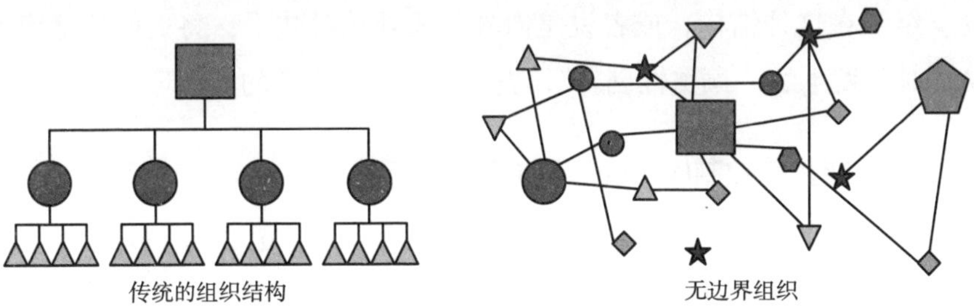

图1-4 传统组织结构和无边界组织结构

“告别公司，拥抱平台”是阿里研究院在2017年发布的数字经济报告中做出的判断。平台早已突破单纯的连接买卖双方的商业模式范畴，成为数字

经济下企业组织结构的重要形式。平台是效率集约的全新生态系统，平台化是将原本明确的组织运作体系向扁平化、开放共享的平台生态系统转变，平台内的员工、合作方都将成为平台上的资源整合单元。原则上能够集中的，都可以通过平台实现共享。

平台化组织通常与“无边界”这一关键词紧密联系在一起。从工业化时代的企业的价值观来看，企业的经营思维是线性竞争的思维，专注于行业内的竞争对手，构筑企业的盈利边界。而企业边界的概念在数字化时代的组织中逐渐模糊，而开放的平台系统成为新型组织形式。从克莱·舍基在《人人时代》中提出的“无组织的组织力量”，到《海尔转型》中实践的“人人皆财务”“人人都是CEO”理念，无边界的开放式组织正在释放其能量。张瑞敏打造的无边界的海尔，使海尔从顾客零距离延伸到外部零距离，推倒海尔与所有外部利益相关者的“围墙”，增强海尔外部组织边界的可渗透性（曹仰锋，2014）。无边界的平台化组织将是数字经济下企业组织形式的一大变革，也是共享、服务理念在组织结构上的体现。

科层制组织结构下，工业时代的分工、分权、分利思想带来了组织内部协同不佳的挑战，而平台化组织的另一关键词就是协同。陈春花（2019）在《协同：数字化时代组织效率的本质》中提到，“效率来自协同而非分工，组织管理从‘分’转向‘合’”。协同的理念本身与无边界理念相互渗透，无边界意味着对外开放，而内部、外部的协同蕴含着“边界共和”“边界模糊”的理念。组织在这种结构，或者说是内外部相处的模式下，将更好地适应数字经济下时常发生的“颠覆性创新”，更好地应对不确定的外部环境。

（三）赋能代替控制成为管理员工的重要手段

陈春花（2018）认为，数字时代，看一个企业管理好或者不好，主要就在于看这些强个体是否能与你的组织组合，提升、吸收更多优秀的人才加盟，在某种程度上我们称之为赋能场景。工业经济时代所创立的管理学体系十分强的控制。控制就意味着自上而下，强制性的管理，控制将会遏制员工对组织提出创造性的意见，使员工丧失自我管理的意识和工作的责任感。数字技术的广泛应用，尤其人工智能技术将会使人类彻底从生产环节之中解放出来，这时人的创造性和主动性将成为管理者关注的焦点。数字经济时代要求管理者转变管理方式，通过积极创造适合的环境和条件，开发和利用员工的潜质和创造，赋能实现员工的自我尊严和价值，进而帮助和引导员工实现自我管理。

（四）数字化成为智慧企业构建的必由之路

全球范围内数字化转型已经成为企业管理者关注的热点。数字化转型是指以数字化技术为基础，以数据为核心，以产品/服务转型及流程再造为手段，从而实现企业绩效与竞争力的根本性提升的一系列变革。企业进行数字化转型的动因，从外部源自于经济形势的变化与不确定性的增加，从内部来说是源自于同行业竞争加剧与企业不断实现客户体验最大化运营的需要（见图1-5）。

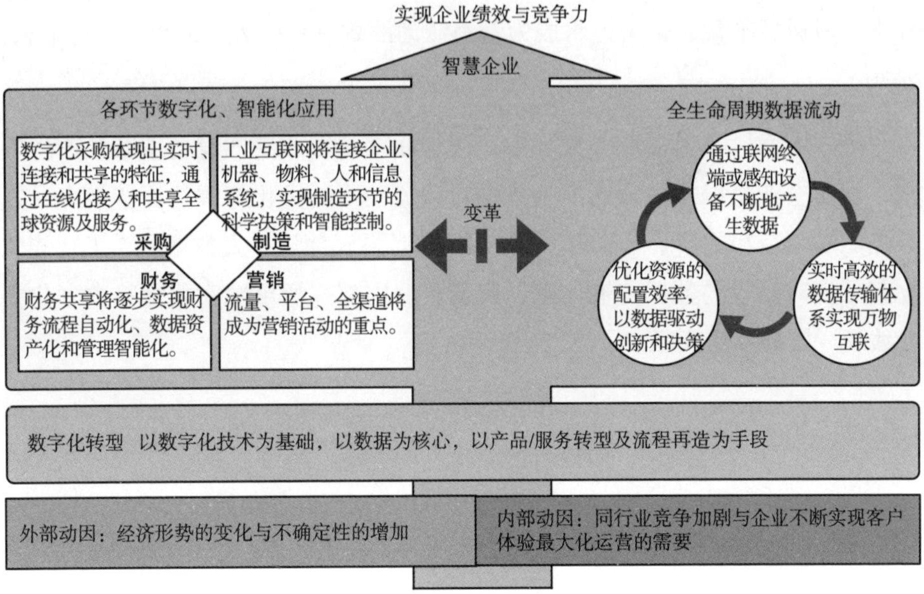

图1-5　企业数字化转型

数字化转型贯穿产品设计、智能制造以及增值服务交付的全过程，因此会涉及企业的方方面面。产品转型体现了功能和形式的设计，能够密切贴合客户的需求，满足和丰富客户个性化的需求。运营转型的目的是提升企业的决策效率，实现消费者快速反馈，改进服务的客户体验，并合理降低运营成本。

企业在数字化转型过程中，在先进的数字技术、工业技术和管理技术深度融合后，“智慧企业”成为新的企业形态。除了上述战略、商业模式和组织结构的变革外，智慧企业还在于各个业务环节的数字化、智能化，以及数据驱动下的万物互联。

一方面，数字化和智能化涵盖了采购、制造、财务和营销等各个环节。在物联网、云计算和大数据技术支持下的数字化采购体现出实时、连接和共享的特征，通过在线化接入和共享全球资源及服务；工业互联网将连接企业、机器、物料、人和信息系统，实现制造环节的科学决策和智能控制（用友科技，2019）；财务共享将逐步实现财务流程自动化、数据资产化和管理智能化；市场营销中“渠道为王”的理念逐渐不合时宜，面对线上平台对线下渠道的冲击，流量、平台、全渠道将成为营销活动的重点（马文彦，2017；黄世忠，2020）。

另一方面，在上述业务流程中，通过联网终端或感知设备不断地产生数据，智慧企业将以全生命周期的数据自动流动不断优化资源的配置效率，以数据驱动创新和决策（安筱鹏，2019）；同时，云计算、大数据和人工智能建立起了实时高效的数据传输体系，智慧企业内部一切可数字化之物数字化并在线化，实现万物互联。

2
第二章

企业数字化转型：从信息化到数字化

阮闯（2014）将企业信息技术的应用划分为几个阶段：（1）一般的行政办公审批+业务支撑（ERP、CRM）系统的1.0阶段；（2）大集中、BPM、PDM、共享服务中心的2.0阶段；（3）电子商务、云计算、大数据、移动化、万物互联、互联网+、数字化转型的3.0阶段；（4）人工智能阶段。笔者赞同这一观点，并认为当前我国成熟的大型企业集团已经进入3.0时代，即聚焦数字化转型的阶段。企业领导者将面临如何进行企业再造，并采用数字技术创造新的服务和相关的组织、运营、商业模式创新的挑战，并考虑如何在市场上形成差异化。数字技术的方法最终将中断所有传统企业维持商业模式的现状，建立新的战略合作伙伴生态系统。

2020年8月21日，国资委发布《关于加快推进国有企业数字化转型工作的通知》，要求充分发挥国有企业在新一轮科技革命和产业变革浪潮中的引领作用，进一步强化数据驱动、集成创新、合作共赢等数字化转型理念，系统组织数字化转型理论、方法和实践的集中学习，积极开展创新大赛、成果推广、树标立范、交流培训等多种形式的活动，激发基层活力，营造勇于、乐于、善于数字化转型的氛围。这一政策验证和指出了当前我国企业未来一段时期所处的阶段以及数字化转型工作的重点。

一、企业数字化转型是企业信息化的延续

讨论企业的数字化转型，我们先要讨论一个与之相关的重要概念：企业信息化。企业数字化转型是企业信息化的延续，分析它与企业信息化之间的区别会凸显企业数字化转型的特征。

1963年，日本学者梅棹忠夫在《信息产业论》中提出信息化的概念："信息化是指通信现代化、计算机化和行为合理化的总称"，其中"计算机化"是指社会组织和组织间信息的产生、存储、处理（或控制）、传递等广泛采用先进计算机技术和设备管理的过程，而现代通信技术是在计算机控制与管理下实现的。

信息化概念在发展过程中，逐渐摆脱了单纯的计算机技术发展范畴，并呈现出从宏观环境影响微观部门的特征。我国学者周宏仁（2008）认为，信息化是利用现代信息技术对人类社会的信息和知识的生产进行全面的改造，并因而导致人类社会生产体系的组织结构和经济结构发生变革的一个过程，是推动人类社会从工业社会向信息社会转变的社会转型的过程。根据维基百科定义，信息化通常指现代信息技术的应用，特别是促成应用对象或领域（如企业或社会）发生转变的过程。可见，信息化的概念包括宏观层面的"信息化社会"，也包括微观层面的"企业信息化"。

企业信息化是指在企业中应用信息技术，并通过跟进信息技术的发展，用信息技术承载原来低效的业务流程，以此促成或达成业务模式、组织架构乃至经营战略转变。在这个过程中，IT部门承担着被动的支撑角色，通过软硬件平台的构建来优化效率，降低运营成本。虽然许多企业认为，当前的数字化转型是企业信息化的升级，这与当前的企业数字化转型概念十分相似，但仍有不同。数字经济专家韦斯特曼（Westerman，2015）从企业经营的角度，认为企业数字化转型是利用技术来彻底改变企业的运营效率、经营业绩，为公司决策提供可靠的依据。用友科技（2019）从战略的角度指出数字化转型的目标在于获得更强的竞争优势，进而实现企业的可持续发展。不同的是，数字化转型这一概念更侧重于传统企业在技术、经济冲击和市场竞争环境下，

利用新兴数字技术，以运用数据、提升数字化能力为核心做出的组织变革。原因在于，数字化强调通过技术将信息转化成二进位数字，并利用数学量化、统计分析方法和数字技术提高人们的认识能力和实践能力，提升产品或工作系统的功效，进而带来增值和能力提升（黄津孚，2014）。以传媒行业为例，信息化使大众传媒的覆盖面越来越广，媒介也不断更新。但是，当从事数字广告业务的新兴公司崛起，可以通过对用户数据的分析提供极为个性化的内容服务时，传统传媒行业便会受到数字化的冲击，因为数字化企业比信息化的企业在数据的收集和使用上更胜一筹，其提供个性化服务的能力远远超过这些信息化企业。由于传统企业需要应对经济形势挑战，同行业、跨行业的市场竞争，企业内部运营的需求等多重压力，面对这些压力，企业必须开启数字化转型的进程，以数字化转型提升企业应对宏观困境的能力，以数字化生态系统的构建，通过高效的平台建设连接上下游企业与合作伙伴，通过数据流转的便利，提供强大的数据分析支持。

对企业而言，信息化和数字化转型同样都是在运用信息技术对企业实施变革，但数字化转型是在信息化的基础上，将业务转化为数据，并以数据驱动业务的发展（杨斌等，2019）。可以认为，企业数字化的转型是企业信息化的一种延续，它以数字化技术为基础，以数据为核心，以产品或者服务转型以及流程优化重构为手段，从而实现企业绩效与竞争力的根本性提升的一系列变革。此时，IT部门所承担的角色已经开始从被动的支撑角色转变为业务的合作伙伴，并围绕业务价值的实现提供服务。如果说信息化是以提升企业效率为核心的，那么数字化转型带来的就不仅是效率的提升，它还会为企业提升更多的能力。这些能力的积累当然来自企业不断的信息化，尤其是当效率积累到一定程度时，便会激发能力的跃迁，这也就是我们说企业数字化是企业信息化延续的原因。

二、企业数字化转型的要点

迈福特（Jürgen Meffert，2018）指出，数字化转型不是孤立的某些流程的改变或是局部组织的调整，而必须在整个企业宏观层面，对流程、人才、组织、文化和制度等方面都做出有计划的、系统性的重大变革。综合当前对数字化转型的研究与实践，本书认为，企业数字化转型不是简单的新技术的创新应用，而是发展理念、组织方式、业务模式、经营手段等全方位的转变，既是战略转型，又是系统工程。从已经开展数字化转型的企业经验分析来看，其要点表现在如图2-1所示的几个方面。

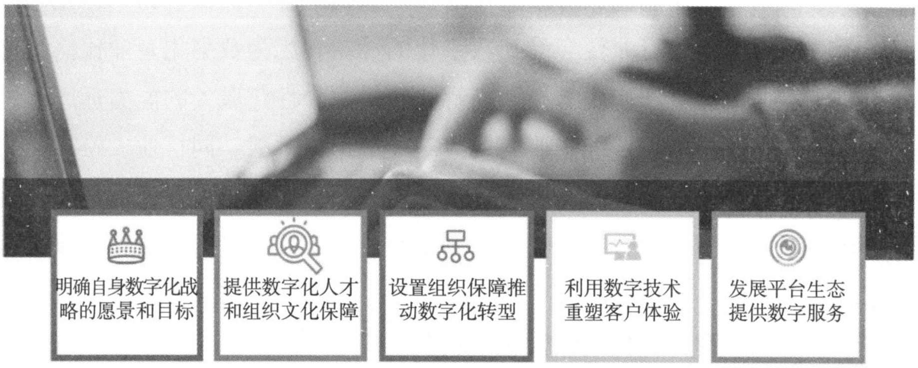

图2-1 企业数字化转型要点

（一）明确自身数字化战略的愿景和目标

当前，面对数字经济环境，大多数企业并未对其战略进行根本性的改变。而将数字化战略上升为企业战略，并且在清晰的自我认知下，明确转型的愿景和目标，有助于企业探索到属于自己的转型路线。麦肯锡（McKinsey，2017）的研究显示，如果企业未能将数字化战略和整体战略完全统一，在数字化颠覆的背景下至多也不过是实现收支平衡。华为技术有限公司（2019）的一份研究报告也指出，数字化战略应当在高层次上面向未来，在方向性、全局性的重大问题上做出决策，成为企业总体战略的重要组成部分，以此来提高转型成功的概率。

当然，企业自身的状态和数字化程度决定了其转型的具体布局，企业需要对自己目前在数字化进程中所处的成熟度有一个相对清晰的认识。应充分分析市场和用户的需求变化，以及内外部资源条件禀赋，谋划好数字化条件下企业业务新的发展模式和推进路径。需要在顶层设计上，从领导力、运营模式、工作资源、信息数据到全方位体验都根据现有的成熟度进行愿景和目标设定，以统一组织内部的思想、目标、语言和行动，提高转型的整体性、协调性和可持续性［IDC（国际数据公司），2018］。

在这一整体战略中，领导者的角色十分关键。领导者需要完成数字化领导力的转型，更新企业的决策模式，将数字作为决策的关键因素，引导企业数字化转型。此外，拥有远见卓识的领导力将是推动数字化进程的必备条件，开放的心态和适应新环境的思维方式将为数字化条件下的人才和组织文化转型指明方向。

（二）提供数字化人才和组织文化保障

“科学技术是第一生产力，人才资源是第一资源”的观念已经深入人心，通过人才驱动数字化成功转型的重要性不言而喻。《中国数字化转型人才培养顶层设计报告》（2019）将数字化人才定义为三类：持续推进转型变革的数字化领导者；将新技术与业务模式融合助力转型的数字化应用人才；为转型提供核心技术支撑的数字化专业人才。可见，领导力、管理人才、精通技术的IT人才缺一不可。不但业务运营人员需要提高自己的数字化运营技能，其他职能部门（如战略、营销、财务、人力资源业务核心人员）也要培养自己的数字化管理理念和技能。为此，企业首先应加强企业数字化战略人才保障，成立企业数字化转型战略研究团队，持续推进企业数字化转型研究和讨论；其次，应根据业务数字化发展需求对人员素质要求的变化，及时做好各个环节人员知识结构的安排，让数字素养成为各业务环节、业务人员知识要求的标配；最后，应加强企业数字科技创新人才保障，提高信息技术研发、集成应用和运维保障等领域人员比例，增强信息服务部门保障能力，以技术创新和先行应用引领企业数字化转型。

此外，我们还应该看到，数字化的管理和运营方式正在逐渐重塑组织的文化。在数字化时代，企业是否能够适应这个时代，并且能够生存下来，取决于企业是否具备能够利用数字化技术进行创新的能力。它表现为企业通过对自身核心数据资产的复用，为客户提供可兑现的承诺。在企业内部，数字化时代，赋能将代替控制成为管理员工的重要手段。即使组织文化各有不同，但对于数字化人才的管理和培养，都更加需要具有利他、赋能、协同和共赢特征的文化（忻榕，2020）。企业需要有意识地培养管理者用数据来说话、决策和管理的组织文化，敢于应对不确定性和自我颠覆的变革文化，以及勇于冒险、宽容失败的创新文化，这些都将是推进数字化转型的动力源泉。

（三）设置组织保障推动数字化转型

企业数字化转型过程中，组织架构转型具有极其重要性。在转型过程中，成立合适的数字化转型组织，通过明确转型责任主体，制订合理的组织业务目标和考核激励机制，协调业务部门和技术部门，可以更有效地帮助企业统筹推进数字化转型的落地。

根据国际数据公司IDC（2018）的总结，企业可以根据自身情况，选择数字化特别项目组、转型办公室、嵌入式数字业务组和数字化业务单元等形式来推进数字化转型。于海澜、唐凌遥（2019）在《企业架构的数字化转型》一书中指出了传统企业数字化转型时，组织调整可以借鉴的4种模式：分散模式、IT支持模式、IT共享模式与混合共享模式。其中，分散模式是指每一个业务单位都建立数字化项目团队，负责本业务线的数字化工作，需要外部咨询和技术公司的支持完成。IT部门负责现有系统的维护。其优点是数字化团队与业务部门结合紧密，熟悉业务情况和转变方法；不足是各部门会有成熟研发，各个业务系统之间的集成和共享可能会出现问题。IT支持模式是业务单位负责本部门的数字化项目，但大数据、人工智能、云计算等基础设施的研究由IT部门负责，各业务部门在IT建立的基础平台上开展数字化转型。IT共享模式是数字化的资源和开发完全集中共享，便于专业技能的集中使用，IT共享模式是数字化的资源和开发完全集中共享，便于专业技能的集中使用。业务部门提出需求后，由IT部门建立数字化项目完成开发，这种模式对IT部门的要求比较高，要求传统的IT部门从人员技能开发模式、技术储备等方面向互联网公司靠拢，同时需要IT人员对业务有很好的理解，能够快速提出方案并实施。混合共享模式是指开发资源由共享服务中心负责提供，业务单元内设置需求设计和部分常设开发人员，数字化项目大部分的开发人员都从共享中心的资源池中调配。项目完成后，开发资源释放回资源池供其他项目使用。这种模式需要企业已经进行了共享服务中心的建设，共享服务中心已经实现了企业组织架构扁平化的转型。

（四）利用数字技术重塑客户体验

研究表明，数字技术对获取信息和通信能力较好的消费者行为产生了重大的影响，拉近了消费者与企业之间的距离，从而能够帮助企业更好地发现消费者的需求（Hong and Lee，2017）。这是众多数字化转型企业在具体实施路径时选择的切入点之一，我们称为客户体验数字化。王兴山（2019）指出，企业数字化转型的过程，就是新一代互联网技术对产业、对企业进行数字化赋能的过程，是客户的数字化体验与产品及服务的数字化价值接触融合的过程。从整体上来看，其实质上是利用技术条件实现企业整体经营和管理的数字化升级。波士顿咨询（2020）指出，当技术使经营管理流程实现自动化时，企业则能够在适当的节点采集数据，并向管理者传递信息与洞察力。企业将通过动态的客户画像，借助数字技术创新产品交付与服务模式，更好地满足客户多样化的需求。因此，技术的迭代升级可以对企业原有的工作流程和处理数据的流程进行重新设计，并为深入挖掘数据的价值创造条件，这并非一次性的临时变革，而是对经营管理方式的根本性重塑。数字化时代的业务流程设计出现的重要趋势就是开放。不仅是向上下游合作伙伴开放，构建支持的生态系统平台，还要向客户开放，让客户更好地参与业务流程的执行，提升客户的体验和进行客户意见的快速反馈。

可见，新技术的运用并不是数字化转型的目的，根本目的在于提升产品和服务的竞争力，让企业获得更大的竞争优势，其实质还是业务的转型。数字化转型是在充分利用数字技术的基础上，实现技术与业务双轮驱动，将技术的优势转变为业务价值。数字化转型也不是对现有业务流程的IT化，而是对业务流程的简化、客户体验和交互的互联网。

（五）发展平台生态提供数字服务

数字化的本质就是要打破物理世界中所受空间和时间上的约束，通过数字化平台跨越过去、现在和未来。企业仅拥有创新的产品或服务还不够，还需要在设计、开发、部署之外，能够提供数字化服务。例如，基础设施即服务（IaaS），软件即服务（SaaS），平台即服务（PaaS）。数字化平台本质上是融合技术、聚合数据、赋能应用的数字服务中枢，构建组织的数据服务能力，充分挖掘数据的价值。一方面，它可以在上述技术条件的支持下，面向全量、全生命周期的数据进行价值挖掘，将自身的最佳实践和数据模型进行沉淀；另一方面，数字平台可以面向价值链提供数字服务，将沉淀下来的数字能力赋能于整体生态当中，通过整合与服务成为数据提供者和体验提供者。统一的数字化平台往往适应了企业未来共享平台、去中心化领导的组织结构发展方向。企业能够将业务系统和职能系统迁移到该平台，实现实时的数据分析和灵活的业务流程优化，承担更多的日常工作，大幅提高运营效率，解放更多的时间和智力资源用于战略性优先工作，提升企业响应速度和加速创新。同时，数字平台能够充分发挥数字技术灵活、弹性、可试错和快速迭代的特点，配合业务创新、组织结构调整、工作流程变革和人员数字技能培训等工作节奏，更顺滑地帮助企业完成数字化转型（马化腾、孟昭莉等，2017）。

三、企业数字化转型中的财务数字化转型

企业数字化转型作为企业信息化的延续，是在新技术的影响下发生的组织变革与业务变革。财务部门同样在企业信息化的影响下正发生着财务职能的转变与数字化转型，并成为推动企业数字化转型的关键力量。

企业信息化过程中建立起来的集成IT环境，使信息在集团中向下、平行和向上流动，为财务部门采集经济业务信息、加工信息以及反映信息的时效性、正确性、全面性提供保证，为提高财务信息质量提供了支持。不仅如此，企业信息化所运用的各类管理软件为财务职能的转变和扩展提供了支持，而财务职能的转型又为企业数字化转型奠定了系统基础、数据基础、信息基础和服务基础。例如，财务借助ERP实现了跨地区、跨部门甚至跨公司的信息资源集成，使财务的管理控制与不同地区的利益相关的业务紧密联系，从而使计划、预算、管控、分析的触角通过网络延伸到各个利益相关者和各个职

能部门的最末端。财务共享服务中心的建设避免了核算系统的重复投入与资源浪费，加强了企业的会计核算能力与效率提升，提升了会计报表质量，降低财务报表舞弊风险与会计信息的披露风险，进而提升了企业集团由于集中而形成的风险管控能力。再如，客户关系管理系统帮助财务部门通过网络实时获取客户信息，通过满意度、忠诚度等分析，揭示客户为企业创造的价值（见图2-2）。总之，企业信息化背景下的IT环境最大限度地保证了会计信息的真实、正确、有效，利用技术进行财务管理模式的创新，帮助企业合理配置资源、动态管理资金，支持企业战略的实现（张瑞君，2015）。

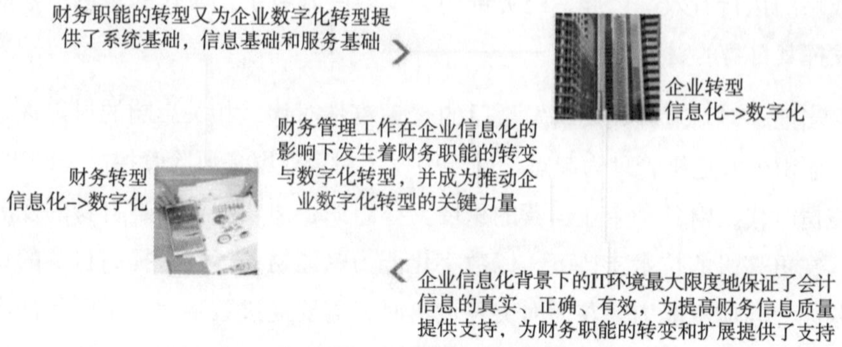

图2-2　财务在企业数字化转型中的作用

与此同时，也要看到，这些构成传统企业信息化系统的一系列系统软件彼此处于相对独立状态，在“烟囱式”的架构下形成了大量数据“孤岛”与信息“孤岛”，使数据采集和运用成为难题，数据共享和业务协同仍未得到有效的解决，财务管控方式如何从基于职能的管理方式向基于价值流的管理方式转化值得探讨。新兴数字技术将使财务获取数据、处理成信息，并利用这些信息为客户提供服务的能力大大增强。从数据应用角度看，财务数字化转型聚焦于企业数字化转型中的数字化管理战略，包括组织转型与业务转型。在推进财务组织架构功能性转型的基础上，财务数字化基于数据驱动，实时生成各类信息，在提高运营效率的同时达到辅助企业管理决策的目的。财务数据本身就是衡量、评判企业运营绩效的重要指标和决策依据，在企业数字化转型的过程中，更加需要财务能够实时提供所需要的数据和报表，为内外部客户提供数字化服务。韦玮、张恩铭、徐卫华（2020）在《数字化魔方——

数字化转型的创新思维方式》一书中指出：在数字化浪潮中，长期被认为位于大后方的财务部门也踏入了旋涡中心，面临前所未有的挑战。一方面虽然传统意义上的后台部门包括采购、生产研发、销售、市场、技术、财务、行政、人力资源等，但财务是其中唯一既参与业务层面和内控体系流程，又掌握所有关键信息的部门，对成本结构、收入来源与资金流向、企业运营状况等有着透彻的了解；另一方面，财务与董事会、管理层有着天然的密切联系，往往能够掌握企业战略规划的第一手资料，甚至能对战略决策产生一定的影响。而且，财务擅长和数字打交道，也更能客观地通过数字来评价和衡量企业战略的执行有效。因此，财务部门必须转变其数字化时代的角色，才能真正发挥其自身的财务价值。

当前，对新冠肺炎疫情发生后的“后疫情时代”相关影响的讨论逐渐增加，而由公共危机管理为起点，同样引发了对企业财务风险管控能力的思考。后疫情时代，财务是企业运营的重要支撑组织，迫切需要调整自身的发展理念，在更高级的技术支持下，以数字化能力赋能财务运营，提高自身的持续运营能力与应变能力。在面对突发危机时，需要通过数字化的手段保证实时协同，支持业务运转，进行正常财务管理，更需要充分利用数据智能做好现金流预测、收入预测、成本和费用预测，以及长期对行业的影响预测等工作，帮助企业渡过危机。此时，财务职能的扩展及其数字化转型，将成为推动企业数字化转型走向全面深入的有力推进器。韦玮、张恩铭、徐卫华（2020）认为，过去财务部门是精打细算的财务总管，被动地记录数字，铁面无私地控制成本和分析风险，这种传统的管控角色认知显然已经不合时宜，而且还有可能成为阻碍创新的一大屏障。实际上，随着时代的演进，财务部门在整体商业价值中能够起到的作用已经今非昔比，财务职能必须进化成为更全面的新角色——通过新技术的应用和辅助实现先进的预测性分析，不但能为业务部门的决策提供更明智的建议，还能整合经营数据，尽可能最大化地挖掘商业模式当中的财务价值，并主动管理风险。当前来看，财务部门的角色，正在从被动式地记录历史信息的“传统部门”转变为能挖掘商业模式财务价值并主动管理风险的业务参与者。具备敏捷特征的财务部门，将能帮助企业在数字化转型的竞争中保持领先地位。

3
第三章

财务数字化转型呼之欲出

数字经济到来之前，企业以规模化发展，产生了层级多、业务经营多元化、分权与集权的矛盾等问题。数字经济提出后，企业内部进行管理变革与转型升级，促进横向与纵向数据贯通，如何更加敏捷地服务于业务创新发展，回应外部的不确定与内部的变化成为大型企业集团主要的努力方向。当数字化转型成为关键词时，财务管理作为企业管理的核心，提出财务数字化转型责无旁贷。

当前，财务数字化转型的研究较多关注转型目标下的管理会计工具运用、财务共享服务的实施和具体数字技术的应用等，以增强会计核算的效率与降低成本、推动财务组织的转型与会计人力资源配置结构的调整，财务数字化转型的实践领先于理论的研究成果。会计学术界也较少通过理论高度去认识新经济、新业态。因此，本书先从会计职能这一基本会计理论要素谈起，从理论的高度，厘清会计职能发展历史和现状，探讨未来企业财务数字化转型背后隐含的理论逻辑。

一、会计环境与会计职能

（一）会计环境与会计职能的互动关系

广义上的环境，指某一事物存在与发展的客观条件与情况。会计环境指与会计产生、发展密切相关，并决定着会计思想、会计理论、会计组织、会计法制以及会计工作发展水平的客观历史条件及特殊情况（郭道扬，1992），它包括了社会经济发展水平、科学技术发展水平和社会文化、教育发展水平等要素。

职能，指一事物所固有的或应当发挥的作用、功用。理论上认为，职能是某一事物客观存在的一种属性，与这一事物的本质密切相关，职能应当体现这一事物本质的功能。会计这一行为，或称现象，几乎与人类的生产行为一同产生，伴随着人类生产行为的发展不断发挥其作用。会计的职能就是会计所固有的本质属性，如何通过所下的定义正确揭示会计的本质特征，最终用一个科学的概念将其表现出来，首先必须明确的一个问题便是如何认识会计职能的问题（郭道扬，1997）。会计职能既关系到对会计本质的反映，也影响到会计目标的认定，是研究会计相关问题不能绕开的一个重要理论问题（见图3-1）。

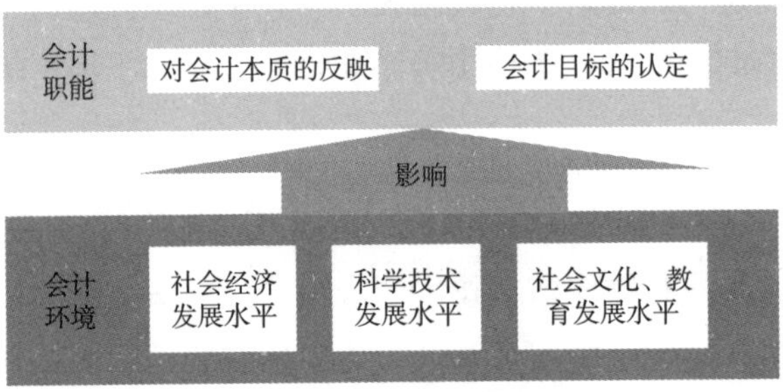

图3-1　会计职能与会计环境

会计的发展是反应性的，会计应一定时期的商业需要而发展，并且与经济发展密切相关（Chatfield，1974）。会计的基本职能绝不是一成不变的，它的发展变化既取决于会计所处的环境的变化，也取决于人们的思想认识水平（郭道扬，1997）。会计具有的职能，取决于客观的经济政治文化和社会等诸因素对会计的要求，随着各种因素发展变化，会计职能也相应发生变化，为实现会计目标，需要重视会计职能并发挥其作用（于玉林，2014）。按照唯物辩证法普遍联系的观点，影响会计与会计职能发展的是会计所处的客观环境。体现在会计职能的研究上，则应当关注所依存的会计环境的变化，来重新厘定和讨论。

（二）从信息技术环境变化看会计职能的历史演进

在经济发展不断推动会计职能演进的同时，科技的进步也极大地改变着会计处理和财务报告的方式，进而影响着会计职能的发挥，最终影响着会计信息的价值实现（见图3-2）。

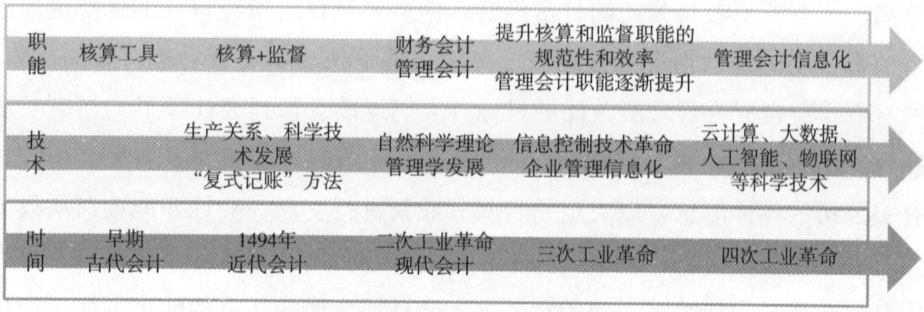

图3-2　会计职能的历史演进

在会计发展的早期，会计环境中经济发展因素成为人们认识其职能的主要依据（见图3-3）。自然经济时期，产生价值的主要因素在于生产，以满足自给自足的目的，而非市场交换，故而会计作为一项“核算工具”，是为了获得与生产经营活动相关的计量信息，以满足自身对收支状况及结果的信息需求（吴联生，2001），这成为人们对会计核算职能的最初认识。随后，不论是早期民间商业、手工业对个体经营情况的记录，还是国家对财政收支状况的记录，都体现出会计“核算”这一基本职能，此时会计更多称为“簿记”。

核算工具	为了获得与生产经营活动相关的计量信息，以满足自身对收支状况及结果的信息需求

图3-3　会计发展早期的单一职能

随着经济与生产力的发展，特别是资本主义经济关系的萌芽，人们对会计职能的认识逐渐丰富。1494年，卢卡·帕乔利在《数学大全》中第一次完整描述了“复式记账”方法，开创了世界会计发展史上的新时代，把古代会计推进到近代会计的历史阶段。这不仅是会计核算方法的升级，更是人们对会计职能认知升级的开始。尤瓦尔·赫拉利在《人类简史》中感叹："在过去500年间，人类的力量有了前所未有的惊人增长"（Harari，2012），新的生产关系、科学技术在这500年间蓬勃发展，而会计职能的演变始终伴随着这一发展历程。

从大航海时代的开启，到第一次工业革命时期，在资本主义市场经济体制的支配下，以荷兰东印度公司为首的股份公司逐步实现经营权与所有权的分离。所有者不参与公司的日常经营，但需要获得公司经审计的资产负债表来监督公司的经营情况。在两权分离的条件下实现所有者对经营者的监督，所有者权益也成为管理所关注的目标。人们逐渐意识到会计除了"核算"职能外，还应在"监督"职能上发挥的作用（见图3-4）。此外，投资者也需要有关公司的各种信息，以决定是否对其股票进行交易，会计职能逐渐从仅为经营者提供核算信息，发展到为不参与日常经营的所有者和潜在投资者提供信息。在委托代理关系形成的背景下，会计所生产的信息的使用群体、信息需求范围和内容都不断扩大，提供信息，成为会计区别于其他行业发挥本质功能的重要体现。

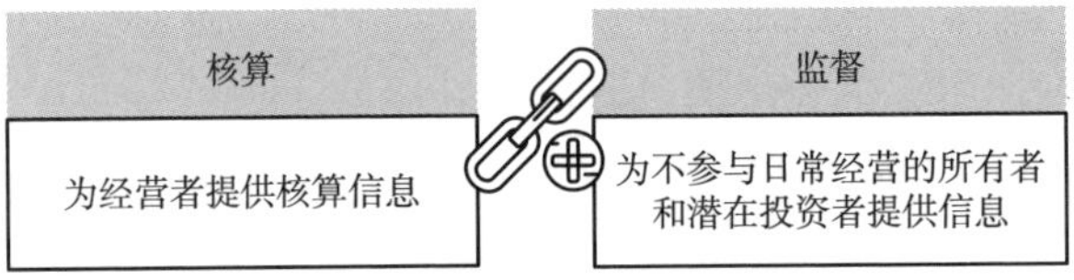

图3-4　近代会计的"核算+监督"职能

在第一次和第二次工业革命相交之际，马克思在《资本论》中对会计的职能做过这样的阐释：会计是生产职能的一种附带性工作，主要作用是过程的控制和观念的总结。在这里，过程是包括生产、分配、流通和消费各个环节的生产总过程。近代以来，传统的会计学理论一般把会计的职能分为"核算"和"监督"，也是源于马克思关于"簿记"是过程的控制和观念的总结的启发（赵玉珉，1983）。

会计的"核算"与"监督"职能，开启了未来上百年对会计职能研究的基础。直至现在，我们如果讨论会计职能，仍会从会计核算、会计监督两个最基本的职能展开。可见，会计基本职能在经济环境的发展中逐渐显现。同时，也必须看到，会计职能也在技术进步的环境的变化下不断扩展和演进（见图3-5）。

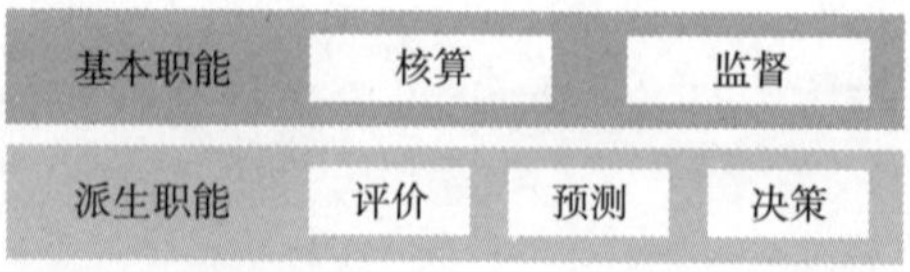

图3-5　现代会计派生出“管理会计”职能

随着第二次工业革命的到来，人类的生产力水平在电气化时代得到进一步提升。与第一次工业革命不同的是，自然科学理论对技术方面起到了直接的指导作用，管理学的发展也在第二次工业革命中形成了比较完整的体系，并服务于工业化的进程。同时，技术革命甚至打破了原有的市场体系，让崇尚自由竞争的资本主义社会面临技术专有带来的垄断，很多技术和资本垄断的巨无霸企业集团出现，技术开始成为企业发展的核心推动力（涂杨举，2019）。此时，公司这种在当时最先进的生产组织形式日趋成熟，并与科学管理理论的发展相辅相成。20世纪初，科学管理之父泰勒的“劳动定额”和“标准劳动方法”等理论促进了管理的现代化（孙世民，1999），会计的职能也因此面临着派生的问题。如何强化组织绩效管理，提升组织价值，成为管理层关注的重要问题，也是企业管理者对会计提出的新期许。会计人员需要提供管理决策所需要的相关信息，会计“管理”职能的延伸开始凸显，逐渐产生“财务会计”与“管理会计”的分离。

美国会计学者奎因坦斯在其著作《管理的会计：财务管理入门》中，首次提及管理会计的术语，当时叫“管理的会计”（Quaintance，1922）。此后，对会计“管理”职能的研究和应用进入了快速发展阶段，逐渐成为会计职能实现的主流和转型的方向，并产生了会计职能的三职能、四职能甚至多职能说。当前，学者们认为，会计的基本职能是“核算”与“监督”（葛家澍、唐予华，1983）；它的派生职能有评价企业的经营业绩、预测经营前景、参与经济决策等“管理”职能（吴水澎，1996）。

如果说前两次工业革命是工业技术的革新，即蒸汽技术和电力技术，那么第三次工业革命则是包括电子计算机在内的信息控制技术革命。由于会计的所有方面都受到数据收集、数据支持过程中技术因素影响（Tee et al., 2007），而且在某些情况下，技术甚至完全控制了会计环境（Sutton et al., 2016）。因此，对比而言，计算机技术的革命对会计职能的影响更为广泛和直接。

电子计算机的应用，提升了核算和监督这两项基本职能的规范性和效率。从会计工具和信息介质上看，计算机的应用实现了会计信息处理、信息储存和运算的电算化，并且将一部分纸质的凭证、报告等资料搬到了线上。这使核算工作可以更准确，并且将会计人员从烦琐的手工填制账本账簿的工作中解放出来，提高了核算工作的规范性（黄秀焕，2012；关盈，2014）。从核算工作的处理流程上看，虽然电算化的会计工作与传统纸质化的会计工作在流程上相差不大，都是记账、算账、报账等，但相对高速且自动化的记账、转账和结算、生成报表等功能，还是可以大大提高会计核算工作的效率，提升了核算的质量，为其职能的拓展奠定了基础（王振武等，2008；刘宇杰，2017）。对会计的监督职能而言，电算化的会计环境使会计数据更加难以篡改，同时可以利用计算机程序处理的标准化特征，对错误信息进行提示和控制，实现会计的自我监督和对经济业务的监督（黄秀焕，2012）。同时，也方便了外部监管者对会计账目的审查工作，进一步加强了监督职能。从手工记账到会计电算化的发展，体现了第三次工业革命对于会计职能的发挥所带来的影响。但现有的会计电算化信息系统并未突破手工会计核算方式的框架，仅仅是手工会计业务流程的高度仿真，先由会计人员手工收集数据，然后进行分类的编制记账凭证，再将记账凭证输入计算机，而后由计算机自动登记账簿生成会计报表，这种业务流程都具有手工会计业务流程的特点，只是将会计业务流程中许多不必要（如编制试算平衡表）和无效的中间环节（如期末账项调整）交由计算机程序完成。并且其作用的发挥主要是在会计核算环节（见图3–6）。

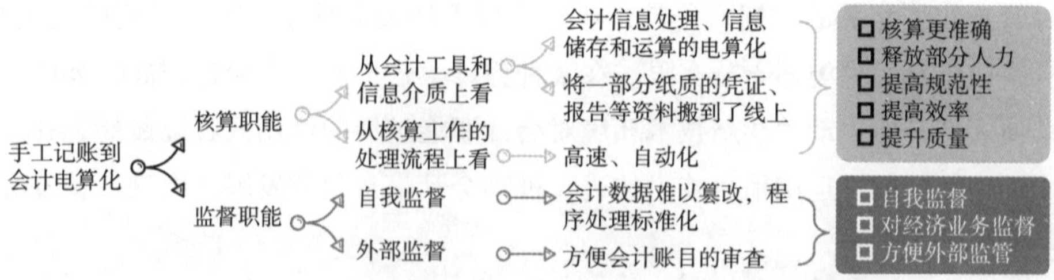

图3-6　第三次工业革命对于会计职能的发挥所带来的影响

当然，这一过程中，企业管理也在信息技术的发展进程中，从最核心的生产制造环节开始了信息化的进程。这主要得益于20世纪50~80年代“系统论”“控制论”“信息论”等系统科学的广泛应用（孙世民，1999）。在上述核算和监督职能得以发挥的情况下，会计职能随着信息化的深入开始扩展，逐渐走向管理和控制。此时，管理会计的作用进一步显现，主要体现在以内部成本管理与控制为核心的成本控制上，通过运用成本会计、全面预算管理等手段，实现会计的管理和控制职能。

在信息技术不断进步的技术环境下，管理会计的相关职能开始超越会计的基本职能，并逐渐成为信息化环境下会计职能发展的主要目标。尤其随着ERP系统的实施，业务财务逐渐迈向一体化发展，物流、资金流和信息流开始实现集成和统一。信息化应用的深入使企业中原本独立的各个子系统相互连接，企业内部管理的重心逐步从传统成本管理与控制向全面内部管理和战略管理转移（马贵兰，2015）。会计的职能也从单纯的成本管控向全面的企业内部管理渗透。这要求信息化背景下的会计工作体现出的管理职能，不仅仅是单纯的财务管理，更是积极参与到企业的经营活动中，通过为企业管理提供更加完整有效的会计信息和决策的依据，提高企业的经营效率和效益（罗洁，2015）。具体而言，会计的职能范围已经扩展到参与企业的战略和计划制定、业务部门的决策过程以及对企业风险进行管控等管理职能。

但是，这一阶段的信息化建设，仍然存在不完善之处，阻碍了会计管理职能的充分发挥。尽管会计职能已经实现了内部会计信息的数字化流动和信息报告功能，但会计信息的采集还只是业务过程中的一个子系统，许多与发挥管理职能相关的数据，尤其是业务数据无法被会计系统采集并充分利用，且获取信息的种类还十分有限。在某种程度上这一阶段对会计职能扩展的需求使人们开始主动关注新技术环境对会计职能扩展的作用或者说赋能，并且主动地期望通过运用信息技术的进步推动会计信息化的发展，以进一步发挥会计的扩展职能。

21世纪，当以云计算、大数据、人工智能、物联网等科学技术为标志的第四次工业革命悄然来临时，技术环境与会计职能之间已不再是单纯的技术影响职能的单向联系，信息技术越来越具有“通用目的技术”的特征。所谓“通用目的技术”，指的是能够同时使用到多个部门的技术。这种数字技术功能的发挥需要具体部门的技术和组织进行配套（陈永伟，2020）。此时，云会计、财务共享服务中心的建设、管理会计信息化逐渐显现出其优势，并将会计基本职能的发挥和延伸职能的扩展推向了新的高度，也逐渐由最初的理论设计变成了现实。这一阶段，数字化转型已经与会计职能转型紧紧地联系在了一起，管理会计信息化已然成为会计信息化发展的主要趋势。其目标在于通过业财一体化在企业管理信息系统中的实现，以财务数据和业务数据为基础，通过新技术的应用和辅助，为业务部门和管理层提供深入的数据见解和预测，为企业开展管理会计活动提供全面、及时、有效的数据支持，最终使财务管理工作与企业战略和目标充分一致，并支撑战略目标的实现。

图3-7　科学技术环境的变化对会计职能的影响

综上所述，结合马克思关于生产力和生产关系的辩证关系，本书认为，科学技术的发展带动了工业革命，工业革命的产生推动了社会经济和企业管理的深刻变革。也正是每一次工业革命，新的技术应用总会升级企业的生产要素，创造出新的生产资源，从而不断解放人的生产劳动。每一次技术进步又会更新会计信息化的手段，影响着会计职能的发挥，也推进了信息技术在会计领域的研究和应用。会计环境尤其是科学技术环境的变化对会计职能的影响，紧紧围绕着基本职能的实现和会计职能的延伸两条路径展开。即从会计的核算、监督基本职能逐渐向管理会计的管理职能及其他派生职能扩展，这也体现出技术赋能下信息化的不断升级促进了会计职能的发挥，会计职能随着会计环境的变化不断演进、不断实现的基本逻辑。

回顾这段历史，我们还会发现，以往会计信息化的主要目标是通过跟进信息化的发展，专注于当时技术能力基础上的效率优化，即用信息技术承载原来低效的会计核算流程。会计信息化所起的作用，更多地承担着支撑的角色，通过软硬件平台的构建，大量手工会计信息的整理和传递被应用程序和网络轻松搞定，以此来优化会计核算的效率，降低会计工作的运营成本。但也必须判断，由于企业的生产方式与组织方式还没有发生根本性的变化，会计信息化并没有根本性地改变会计组织架构和会计职能。就像能力和效率之间的关系，当能力没有大的突破时，就会依赖于不断优化效率来取得进步。当效率提升和积累到一定程度时，便会激发能力的飞跃，这种飞跃往往就是人们所说的颠覆性创新，但颠覆性创新需要新的科学技术的发展来进行实现。

二、数字经济与会计信息需求变化

相比于15世纪到20世纪这600年间，人类社会经济环境和技术环境发生了翻天覆地的变化，会计所处的环境已经进一步改变。因此，我们有必要系统挖掘在新时代、新经济、新技术环境下企业管理以及会计信息需求的重大变化，并在此基础上考察这些全新的会计环境对会计职能转型的影响。但需要明确的是，信息技术与会计职能演进的历史，并没有改变会计的本质，即会计是为提高企业和各单位活动的经济效益，加强经济管理而建立的一个以提供会计信息为主的经济信息系统。新技术在会计领域中不断应用，还是为了解决会计工作如何更好地对信息进行收集、加工、整理、总结、分析，形成高质量的会计信息，以满足经济决策、经济管理的需求（见图3-8）。

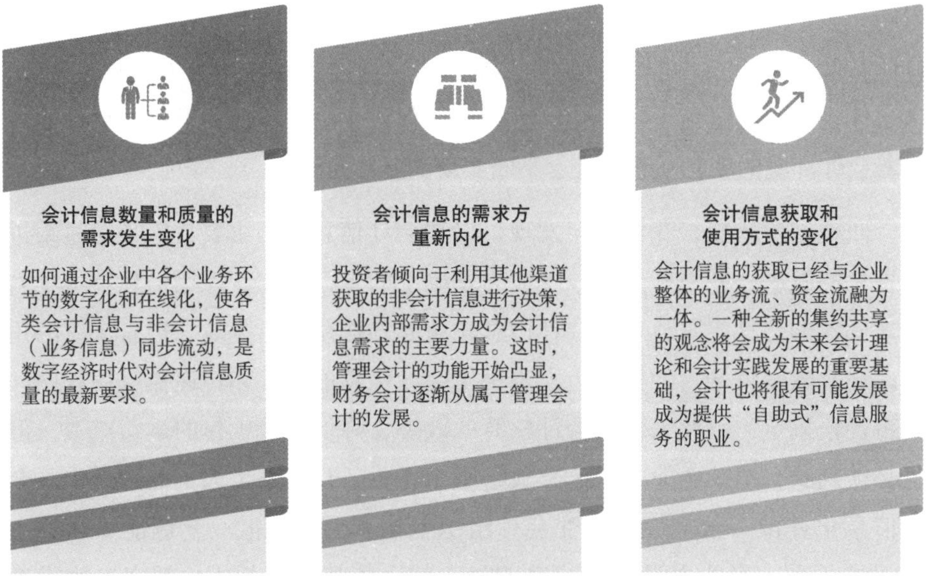

图3–8　会计信息需求的变化

（一）会计信息数量和质量的需求发生变化

面对新的价值创造方式、不断颠覆的数字技术与不确定的环境，企业对自身内部管理、经营风险控制的需求也在不断加强，这也增强了各方对于会计信息高质量的需求。除了利用规范自动的会计处理缓解会计信息失真的问题外，对信息质量的要求更多体现在“实时性”上。如何通过企业中各个业务环节的数字化和在线化，使各类会计信息与非会计信息（业务信息）同步流动，是数字经济时代对会计信息质量的最新要求。

此时，传统的“会计信息质量”评价标准已经无法满足会计信息实时性的要求。数字经济下，要准确核算互联网大数据产品和服务的成本，必须按照业务发生逻辑，即业务驱动财务的模式，以业财融合的思路提供信息（马贵兰，2015）。当前，企业不仅需要会计数据，更需要业务数据，并据此综合形成企业管理所需的大数据，非会计信息将成为会计信息的重要补充。

肯尼斯·库克耶等在《大数据时代》提到了4V理念，即Volume（数据量大）、Velocity（数据输入和处理速度快）、Variety（数据多样性）、Value（数据价值密度低）。过去，会计信息是依据会计规则产生的报表数据，是单一主体、单一属性的小数据。此时的管理会计是基于有限的财务会计产生的数据来进行决策的。新的技术环境下，管理会计将更加依赖大数据提供的信息，这将成为衡量会计信息质量的重要指标。

（二）会计信息的需求方重新内化

市场经济多样化的经营模式、所有权与经营权的进一步分离产生了更多的外部信息使用者，会计信息需求也逐渐社会化（李萌，2006）。但数字经济时代，会计信息的需求方开始重新内化，会计信息更多地与业务信息结合，来满足企业内部的管理需求。

目前来看，以市场投资者为主的外部会计信息需求，由于会计信息相关性不足的问题有降低的趋势，投资者倾向于利用其他渠道获取的非会计信息进行决策。数字经济时代，人才、知识等无形资本的投入、平台资产的网络效益、数据的价值创造功能甚至行业地位产生的价值差异，几乎都很难以传统的会计信息进行反映（黄世忠，2019）。会计信息披露最早本身就是在政府的管制下进行的法规遵从行为，当这种披露所带来的仅有的外部价值也因会计信息相关性的下降而消失时，内部对会计信息的需求逐渐开始显现。

对企业内部的会计信息需求者而言，企业报出的会计信息已经不再是一种公共物品，数据技术的应用可以发挥信息对自身的最大价值。当我们分析会计信息的成本与效益时，对外报送会计信息所带来的价值，明显不如主动分析利用会计信息和内部更易获得的业务信息的价值高。会计信息的生产是有成本的，信息的生产者同样也是信息的需求者，面对这样的权衡，更倾向于自己分析利用。这本身也是面对激烈的竞争环境、精益化管理的需要，由此带来会计信息需求的重新内化。

结果就是，企业内部需求方成为会计信息需求的主要力量，企业需要在数字技术的支持下，充分利用信息以服务于自身，以为企业提供决策辅助和应对不确定性。这时，管理会计的功能开始凸显，财务会计逐渐从属于管理会计的发展。

（三）会计信息获取和使用方式的变化

数字技术的发展造就了以数据驱动为特征的数字化企业，同时在会计信息需求内化、服务企业自身的理念下，会计信息的获取和使用方式呈现出了明显的数字化和服务化的特征。

会计信息的获取已经与企业整体的业务流、资金流融为一体。在无边界的企业组织结构下，协同也体现在会计信息的内外协同，新的组织结构颠覆了会计工作的时空观念和工作模式，弱化会计信息获取的时间、空间限制和对纸质凭证的依赖，会计信息和业务信息将同步在线上获取。同时，过去存在的企业内部职能分割和数据“孤岛”的情况将会得到改善。正如前面关于数字经济特征的论述，对会计而言，数据互联和共享，意味着传统会计领域的边界，也像企业组织边界一样正在消失，财务与整个组织内部其他职能部门，甚至与企业外部的相关方关系也更加密切。如何适应企业管理新模式的变化成为财务未来变革和创新的重点。

三、企业集团财务数据的现状分析

归功于技术创新和大量数字设备的广泛应用，企业创造数据变得更加容易，存储数据的成本也越来越低，数据传输的容量和传输速度变得更大和更快，使企业的数据量正在经历爆炸式的增长。数字经济时代的到来，数据资源成为企业核心竞争力的展示。面对数据这一关键生产要素，提高集团公司的数据管理能力是充分发挥数据价值的必经之路。如何从小数据走向大数据，如何在大数据中创造价值，成为企业数字化转型中要解决的核心问题之一。

集团公司业务规模化发展过程中，各种数据管理问题接踵而来：数据标准不统一、数出多门、数据质量不高、数据价值未得到充分挖掘、缺乏统一的数据管理部门。公司的管理层开始认识到数据对于公司客户挖掘、客户服务、运营提升、风险管理、决策支持等方面将会产生大的价值，企业开始从“抢客户”向“抢数据”转变。

公司的决策层只有充分、及时、准确地从各个部门获得信息，才能获得必要的“原材料”做出决策。《大查账：财政责任与国家兴衰》一书中指出，公司内部报告制度之所以会出现，是因为公司的领导层意识到当流向他们的信息更多时，他们就能更好地控制企业的各项活动。财务数据作为集团数据资源的重要组成部分，蕴含着可以满足商业决策需求的重要会计信息，财务数据价值的实现有赖于集团有效的财务数据管理。但是，目前集团公司对于财务数据价值的认识仍然处于起步阶段，财务数据管理的意识仍较为薄弱，数据管理的水平难以满足数字经济时代会计信息需求的变化。

财务转型源于企业集团财务管理实践中的现实问题，而这些问题透过数据管理的视角，可以发现，其具体问题表现如图3–9所示。

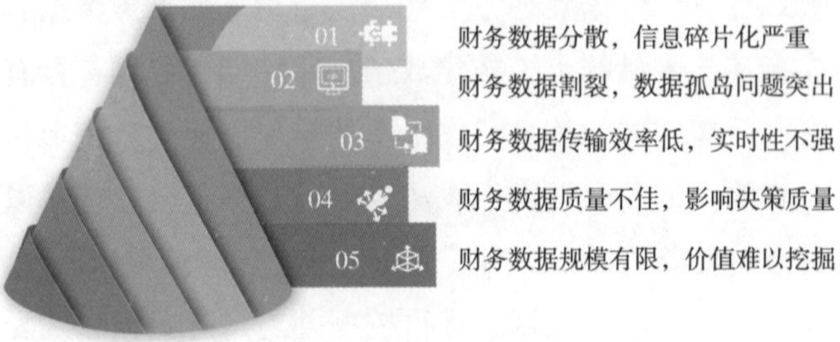

图3–9 集团公司财务数据管理的现状

（一）财务数据分散，信息碎片化严重

集团公司在数字化的进程中，产生了数量巨大但内容分散的数据，分散的数据意味着企业面临着依赖内容不全面、逻辑不完整的信息来进行决策的风险，信息碎片化问题也由此产生。究其原因，集团庞大的组织规模和传统科层制的管理体系、财务数据与其他数据之间相关性的缺失导致了财务数据分散和碎片化问题。

从集团整个角度来看，财务数据散落于多个会计信息系统中，除了合并财务报表之外，缺乏统一的财务数据可视化的视图，呈现出碎片化的现象。当集团的规模逐渐扩大时，分支机构或子公司的数量增多，分散核算的模式在每个分支机构或子公司都设置了独立的财务组织，包括一套完整的财务人员，这种财务数据在不同部门相互独立存储、独立维护的情况下，形成了所谓的物理上的“孤岛”，称为信息“孤岛”。信息“孤岛”则割断了集团内部的信息与沟通机制，造成许多重要的数据以碎片的形式分散在不同下属公司、不同部门范围内，最终导致下级部门无法基于整体的情况做出决策，而集团公司也难以统筹全局，做出同样科学的决策。

除了信息“孤岛”造成的碎片化问题外，财务数据与其他数据的相关性缺失也是原因所在。事实上，数据价值密度低且呈碎片化是大数据的特点之一，最重要的是如何利用相关关系发掘数据之间的关联（Kenneth，2012），从而为集团管理层提供有价值的信息。

当前，限于数据分析技术的水平，集团公司可识别、处理和应用的数据种类十分有限，现有的数据处理方法往往仅适用于如财务数据这样的结构化数据，而不能将其与大量的半结构化数据、非结构化数据进行有效整合。这种情况下，集团所能掌握的信息，仅限于下属单位通过报表形式上报的结构化财务数据，其他类型的数据由于无法与财务数据整合，仍然以碎片化的形式留存于下属公司之中，无法发掘其中的相关性。即使可以通过将半结构化、非结构化数据转换为结构化数据，进行挖掘并与财务数据相匹配，也需要一定的时间。而时效性同样是数据价值的来源之一，在这个过程中同样也会造成数据间隐含关系的丧失（于淇、王迪，2016），从而降低数据对集团公司整体的价值。

（二）财务数据割裂，数据“孤岛”问题突出

前面我们提到了信息“孤岛”，与信息“孤岛”不同的是，数据“孤岛”不是物理上的独立，而是数据流转过程中逻辑上的“孤岛”。同一个经济活动中的不同部门站在自己部门的角度理解和定义数据，使反映同一个经济事实的数据被赋予了不同的含义（涂杨举，2019），这被称为数据“孤岛”。从集团内部各信息系统的关系来看，财务数据之间、财务数据与其他数据时常处于割裂状态，形成数据“孤岛”问题。具体来说，由于技术上或管理制度上的原因，当业务发生时，数据在不同的信息系统按照流程、专业和应用进行分类，储存在包括会计信息系统在内的多个数据库中，不同系统之间的数据

无法共享和关联，增加了跨部门数据合作的沟通成本，使集团公司不具备跨专业平台、多应用场景和全流程数据的互联互通能力。具体表现在：

第一，财务数据之间彼此割裂。现实情况是，同一个集团中，下属部门可能有的用SAP系统，有的用Oracle系统，有的用金蝶、用友系统，还有的采用自己开发的系统，等等。当内部标准化程度较低时，相互之间发生的交易或事项则完全按照各自的标准生成财务数据，造成内部财务数据之间的关系不仅仅是物理形式上的分散，更缺乏逻辑上应有的可比性，从而降低集团整体财务数据的价值。

第二，财务数据与业务数据之间割裂。在企业信息化建设的过程中，传统会计信息系统建设的出发点是减轻会计人员的负担、提高核算效率，按照手工会计处理流程设计的会计信息系统没有实现与业务系统的有效衔接，只是在原有基础上添加新的功能模块。这样一来，财务数据往往独立于其他业务数据，无法进行数据交换、信息共享和实时控制管理，不能与企业内其他管理子系统，如库存、销售、人事、决策等实现对接，难以形成覆盖整个企业业务与职能活动的管理信息系统。我们已经了解，克服数据碎片化问题，最重要的是通过数据处理技术挖掘数据间的相关性。然而当财务数据与业务数据没有对接时，所有定性与定量、会计和业务、确定与不确定、内部与外部的信息都处于逻辑孤立的数据“孤岛”中，即使将它们由分散变为集中，整合在同一个数据仓库中，互相之间也不能“理解”，从而无法提取、加工和分析，同样难以发挥数据的价值。

（三）财务数据传输效率低，实时性不强

时效性是数据存在价值的来源之一。数字经济时代，数据产生的速度快，对数据的应用场景已从离线转向在线，并出现高频、实时处理需求。对集团公司而言，为了迅速应对不断变化的市场环境，实时掌握运营状态，同样需要深入、全面、实时地对海量信息进行分析与挖掘（王劲，2013）。然而，集团对财务数据高频实时的需求超出了现有的信息系统处理能力。财务数据的传输效率较低，实时性不强。问题主要来源于以下三个方面，如图3-10所示。

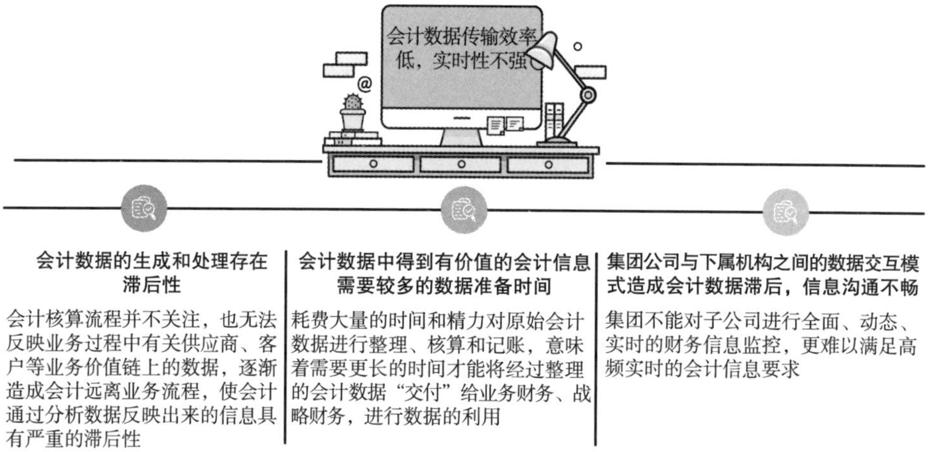

图3-10　财务数据传输效率低的问题来源

第一，财务数据的生成和处理，也就是会计核算过程相对于业务而言存在滞后性。由于会计系统与业务系统存在相互割裂的数据“孤岛”问题，传统的核算业务所采集到的财务数据并不完整，而仅是描述和保存企业经营实践中的事后信息，是更多的实际发生业务信息的一部分。而业务过程中有关供应商、客户等业务价值链上的数据，会计核算流程并不关注，也无法反映。这逐渐造成会计远离业务流程，使会计通过分析数据反映出来的信息具有严重的滞后性。这种滞后性不仅影响会计对业务活动的实时监督和控制，更使会计失去了提供实时数据以支持业务活动、实现业财融合、辅助管理决策、发挥会计服务职能的机会，财务数据的价值也因此流失。

第二，从财务数据中得到有价值的会计信息需要较多的数据准备时间。一项来自高德纳（Gartner）的统计显示，数据分析人员70%~80%的精力，都花费在对数据资源的整理和准备上，对财务数据的处理同样面临这样的情况。作为财务数据的准备时间，会计核算工作耗费了财务人员大量的时间。在传统的集团财务管理中，从事核算、记账等最基本职能的财务人员可以占到整个财务系统的70%左右。耗费大量的时间和精力对原始财务数据进行整理、核算和记账，意味着需要更长的时间才能将经过整理的财务数据“交付”给业务财务、战略财务，进行数据的利用。而“人海”战术提高了财务数据处理的成本，也使财务人员无暇顾及管理者的决策需求。财务数据无法快速就绪，也就意味着财务数据价值释放的过程就被延长，相应也就降低了数据的价值。

第三，集团公司与下属机构之间的数据交互模式造成财务数据滞后，信息沟通不畅。当前，集团公司和各下属部门之间的财务数据交互模式，形式上更多地来自子公司定期上报的财务报告，时间上仅限于报告的时间点。同时，集团公司的财务数据层层合并少则四级，多达八级，并且当集团多元化发展时更涉及多个行业，加大了核算的复杂性（何雪梅，2014）。这些都使集团不能对子公司进行全面、动态、实时的财务信息监控，更难以满足高频实时的会计信息要求。

（四）财务数据质量不佳，影响决策质量

数据是信息的基础，数据经过加工后，形成具有意义的信息，用来改善决策。可见，财务数据质量的好坏直接影响到据此做出的决策质量。从财务数据质量的角度看，财务数据需要满足真实性和统一性两个标准。但目前，集团公司财务数据的质量并不高，影响了财务数据价值的发挥（见图3-11）。

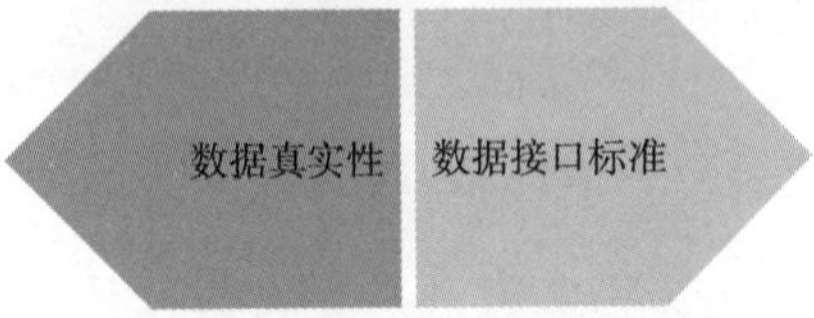

图3-11　集团公司财务数据质量不高的原因

一方面，无法完全确保财务数据的真实性是集团财务数据管理的一大问题。从集团管控的角度看，分散的会计组织不利于集团对各分支机构和子公司进行管控，集团的管控力度不够，加上财务数据分散在各地，总部和分支机构或子公司之间存在信息不对称，无法确保所获取报表信息的真实性，也就不能保证整个集团财务数据的真实性。从信息系统的角度看，各分支机构或子公司相当于集团整个会计信息系统的子系统。子系统是为实现组织目标而设计的，当子系统与另一个子系统或者整个系统的目标不一致，则存在目标冲突（Marshall and Paul，2012），子公司出于局部自身利益的考虑，往往希望财务数据向有利于集团的方向列示，主观上不愿意提供绝对真实的数据，进而存在修改财务数据、粉饰财务报表的动机；而集团的目标是获得反映客观事实的财务数据，在这样的目标冲突下造成财务数据的失真。

另一方面，财务数据接口标准统一同样影响整体财务数据的质量。数据不统一的主要原因来自数据接口的规则、数据管理制度以及数据管理能力。首先，大数据背景下，数据在集团内部强调“跨部门整合”，整合的前提是具有一致的处理接口。但如果集团公司下各单位账套独立、会计政策不一致、采用软件不统一，如会计科目设置和往来单位的录入等重要的数据标签可以自由设置，业务部门和财务部门的统计结果都不一样，将带来较高的合并、调整和汇总成本，更重要的是使合并数据的准确性不高，降低数据质量。其次，数据管理制度不统一使财务数据同样存在“数出多门”的情况，财务数据在层层合并的过程中，同一数据由不同层级的部门重复公布，或者部门之间发布的数据不一致，这同样造成高调整成本、低数据质量的情况。最后，由于集团子公司可能分布在全国甚至全球其他地方，受经济发展和教育程度不平衡的影响，财务人员的素质良莠不齐，将影响该子系统的数据管理能力，从而对集团整体上的数据质量造成不利影响。

（五）财务数据规模有限，价值难以挖掘

数据规模是大数据价值的来源之一。大数据的价值具有高度的领域依赖性，需要在大量数据的基础上，发掘出数据的“隐喻”价值（徐宗本等，2014）。正因如此，财务数据也需要在一定的规模下才能发挥其有用性，为集团管理层提供深度定制化的决策信息。但是，就目前集团财务数据管理的情况而言，数据规模十分有限，难以达到大数据应用的要求。这其中固然有管理模式本身的弊端，但也有数据应用思路上的缺陷。

正如我们前面章节所述，会计信息需求在内化以前，更多的是向外部信息使用者提供，以满足外部受托经济责任的解除和监管要求。这种情况下，财务数据处理的过程是通过会计科目将复杂的交易行为不断压缩，直至形成最小数据集（田高良等，2019），这种数据管理模式倾向于以少量的财务数据

为起点、以法定的会计准则为处理规则、以向外报告为数据使用的终点，来实现财务会计的职能。但随着会计信息需求的内化，会计需要以包括与业务数据相关联的会计大数据为起点、以基于商业价值挖掘的算法为处理规则、以满足于集团管理层决策需求为大数据应用的方向，除事后分析和事中控制外，更多地发挥财务管理事前预测的作用，通过服务来实现管理会计的功能。

同时，由于财务数据管理和应用的意识较为薄弱，集团公司对财务数据的分析仍停留在基于报表数据就会计论会计，对报表上的财务数据进行简单的财务分析，提供些许可供管理层使用的结论。但是，这本身是在“小数据”背景下早已存在的数据挖掘方式，与我们现在所说的“大数据”分析有着天壤之别。究其原因，在于大部分企业还没有建立起一个有效管理和应用数据的模式，包括数据价值评估、数据成本管理等，对数据服务和数据应用也缺乏合规性的指导，没有找到一条释放数据价值的“最优路径”（中国信通院，2019），加上缺乏财务数据明确的应用场景，无法形成有价值的信息输出。

数字经济时代，集团公司不能再依赖于传统的经验决策，而应依赖于大量的数据支持，通过数据获得前瞻性的洞察，这将成为企业竞争力的来源之一。如果整个会计运行的过程中，财务数据管理不能从数据价值的角度看待，实现对业务和战略的信息支持，那么，会计的价值将被大大削弱。

四、会计职能转型：走向服务

我们已经了解，会计作为一个信息系统，其基本职能和扩展职能，实际上都是在提供会计信息，以满足企业内外部需求者对会计信息的要求。面对数字经济的新特征和企业管理模式的变化，会计信息需求的数量和质量、信息获取和使用的方式等，都会发生一定程度的变化。正是这些变化，成为会计职能转型的原因之一。

（一）重新探讨会计职能转型问题有其必然性

阿诺德（Arnold，2018）指出，通常研究者没有意识到，技术现象已经改变了潜在的环境。对会计职能的研究亦是如此，人们在原有的对会计职能的认识上研究现存的问题，而随着企业所存在的会计环境的变化，应当重新厘定和讨论。

经过前面的讨论，我们已经看到，数字经济时代下的会计所处的环境已经发生了翻天覆地的变化。新的商业模式、组织架构和会计信息需求的数量与质量存在诸多差异性。数字经济时代是一个充满不确定性的时代，身处于同一时代的会计不可避免地面对由不确定引发的风险。不确定年代最大的风险，并不是不确定本身，而是我们还在继续沿用原有的逻辑思维思考问题。在会计研究领域中，研究者常犯的错误之一，是不去再次研究某一问题，以至于自己过早封闭，受到自己早期研究的偏见的影响（Arnold，2018）。特别是从工业经济向数字经济时代转变的特殊历史时期，我们更需要重新审视会计职能，探讨其职能是否应当产生相应的变化。会计的职能在扩张之后，是否能够区分出最基本、最核心的职能和派生的职能（刘峰，2012）。否则，如果我们仍固守在传统经济所制约的会计环境的基础上讨论会计职能问题，最终会阻碍会计的发展，无法发挥其应有的作用，真正体现其价值所在。

（二）会计职能转型的方向：走向服务

1.对职能转型思路的彻底转变

会计职能转型，不能局限于财务会计如何更好地计量、反映的视角，也不能在原有的职能认识下，思考管理会计如何发挥作用。下面的两个研究是这种带有局限性的思路的具体体现。

法泽内（Farzaneh，2017）专门研究了数据挖掘技术在会计领域的应用，该研究将数据挖掘描述、预测和对策三项目标，与“两个公认的会计报告视角：回顾和展望”相结合，构建了包含四项功能的数据挖掘技术应用框架，这也是大多数相似的技术应用与会计领域的研究思路。但就会计职能转型的角度而言，这种思路仍然是“数字技术给会计职能的实现提供了哪些可能”，或者“会计如何利用数字技术实现职能”，如利用RPA技术自动化、标准化的特征，提升会计报告的质量等，这确实是会计职能的进步，但仍然拘泥于会计原有的、通过报告实现的反映和控制职能之内，没有直接面对会计职能转变这一根本问题。

另一项有关管理会计和控制实践（MACPS）的研究指出，数字经济时代，管理会计应当对自身的角色（Role）和身份（Identity）采取一种“适应性的立场”（Heinzelmann，2018）。这种角色意味着会计通过理想化的行为，实现人们对其专业行为的期望，也就是会计目标，身份则是会计人员对自身职能理解的变化。但需要指出的是，这里所述的角色和身份，都体现出一种被动的满足于市场、企业需求的思想。而事实上，不论是财务会计还是管理会计，会计人员都应当主动地确认自己的“服务”身份，以服务的理念带动会计职能转型的发展。

笔者认为，面对企业数字化转型的要求，管理会计人员不单是要学会如何使用各种工具和技术，更重要的是怎样利用信息，来起到决策支持的作用（Rafael，2019），从会计职能的角度看，这本身就体现出会计从反映会计数量信息、质量信息，到综合利用各种信息主动服务于企业的转变，会计的职能的重心已经悄然发生变化。

2.重新定位会计的角色

在内外边界逐渐消失的企业平台中，会计同样需要像企业处理与客户、供应商等利益相关者的关系一样，从企业的一个职能部门转向全方位的商业伙伴，在共享与服务的理念下，发挥会计的服务职能。会计角色定位的这一转变，既有来自企业内部的管理需求，也有来自会计对其自身职业价值的反思。

会计职业界需要摆脱仅仅是遵循法律要求，按照会计准则编制财务报告的刻板印象，摆脱会计工作不具有价值创造功能的发展桎梏，积极地投入服务转型中。同样，受数字技术的影响，即使是管理会计，也要摆脱原先仅是“精打细算”的印象，相反要转变成某种程度上的“业务伙伴”，不再仅关注日常的报告工作，而更多地参与到分析、战略制定、计划和管理支持中去（Goretzki et al.，2013），成为企业管理的可靠顾问和业务伙伴，积极地通过信息服务，向管理层提供前瞻性的决策支持，还能整合经营数据，尽可能最大化地挖掘商业模式当中的财务价值，并识别潜在的风险，主动管理风险。而具备敏捷特征的财务部门，将能帮助企业在数字化转型的竞争中保持领先地位。

为了实现这一目的，企业需要充分发挥共享服务的作用。例如，财务共享服务的重要意义在于，它提供了一种很好的财务管理模式，从理念设想上可以将技术环境影响下会计信息化的发展和会计职能的演进相联系，从实际应用上可以为会计服务职能的延伸提供数据基础、管理基础和组织基础，并且为新兴数字技术的创新应用提供了更多的场景，使技术环境变化和会计职能之间更好地互动，推动会计职能的转型。

3.会计服务职能的凸显

任何信息化的问题，其背后仍然体现着管理问题。当企业推进数字化转型、业财融合时，必然会出现来自人员、部门冲突矛盾带来的阻力。稻盛和夫说："不要以为只有购买我们产品的人才是我们的顾客，我们的同事、我们的上司、我们的领导其实都是我们的顾客，如何为他们做好服务也是我们的职责。"当我们从个人、组织行为的角度看待企业数字化转型、会计职能转型问题时，服务职能的重要性将进一步凸显。

信息化背后是管理问题，而管理的背后则是"人"的问题。我们常用工作满意度来衡量员工是否对其工作产生积极的感觉，而在种种因素中，"与同事之间的关系"与工作满意度高度相关（Robbins，2005）。对于会计人员而言，除了同为会计同事外，由于几乎没有不涉及资金的经营活动，会计还可能与企业内所有的人产生工作联系。换个角度思考，意味着企业当中的所有人都可以是会计的"客户"。当其他人员，特别是业务人员对会计工作不满意时，需要会计人员主动"碎石"，以服务为手段解决矛盾冲突及工作价值问题，从而推进企业数字化转型的进程。

为业务和管理层提供服务，是会计职能转型乃至企业转型的重要手段。会计职能的转型，并不是会计自己的事情，在这里也需要转变为协同的组织思想。如果会计组织仍以原有的监督理念来面对业务，将始终难以在配合中实现业财融合。相反，没有人会拒绝服务，甚至会更加配合服务下的组织协同。在服务中实现控制，在服务中实现业财融合，在服务中实现数据归集，将是会计实现转型的重要手段。

（三）会计职能转型引发会计目标变化

我们已经重新审视了会计的本质，以及数字经济时代下会计职能发生的重大变化，而这些内容又对另一重要的会计概念产生了影响，即会计目标。会计的职能是由会计本质所规定的，而职能又是会计所能达到目标的前提，有了职能才能实现目标，职能在先，目标在后（黄世忠，1997）。因此，会计职能的变化和延伸，必然引发会计目标的变化（见图3-12）。

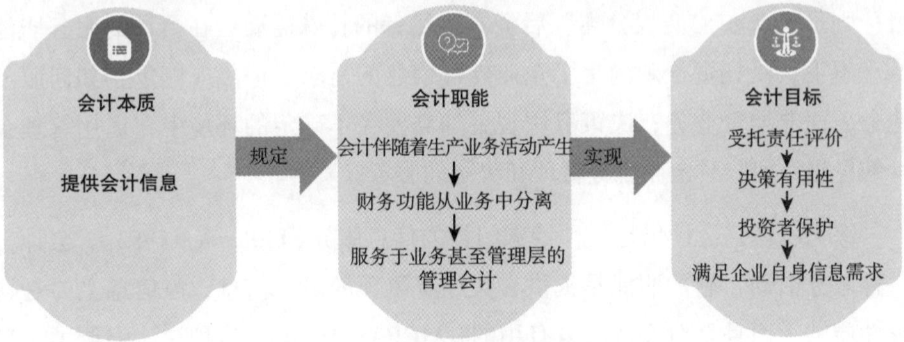

图3-12　会计本质、会计职能、会计目标

会计目标经历了从受托责任评价，到决策有用性，再到投资者保护的演进（谢志华，2017）。其中，报告受托责任主要产生于公司所有权与经营权的分离，会计采用一定的确认和计量方法，反映财务状况和经营成果，这也是财务会计产生的基础，是源于公司内部管理的需要。决策有用性的提出，是在市场经济发展到资本市场，且资本市场日渐发达的结果，此时会计目标主要是满足外部资本市场参与者即投资人、贷款人等的信息需要（葛家澍，2013）。而随着资本市场的进一步发展，会计信息对外实现了证券价格的定价功能，对内通过充分披露加强了公司的内部治理，起到了对市场投资者的保护功能（谢志华，2017）。可见，无论是何种目标，本质上都是提供各种信息，其会计目标就是提供信息服务，这也印证了会计的本质信息系统论的观点。

但是，通过回顾会计职能发展的历史我们还可以发现，会计或财务，与业务本应是一体的，会计伴随着生产业务活动的产生而产生。随着业务活动的不断复杂化，人们不得不将财务功能从业务中分离出来。这样做的目的本身是更好地服务业务，但却演变成对内反映经营者对所有者经济受托责任，对外提供让市场中的投资者做出决策的有用信息，而逐渐忽略了会计服务于业务、服务于企业自身的本质。正因如此，当决策有用观会计目标下所提供的信息，不再局限于以财务报告的形式提供给市场投资者，而是回到满足企业自身信息需求，以管理会计报告的形式满足企业管理和决策的需要时，管理会计才显得如此重要，且体现出会计的价值。

如葛家澍（2013）所言：职能是会计在各个社会中的基本与共同需要，而目标则是企业在“两权分离”后资本供给者的特殊需要。在会计的服务职能的理解下，受托责任观满足了企业外部信息的需求，但更应侧重于如何服务业务，而非监督业务；决策有用观更加需要在不确定的环境中，运用管理会计的思想，回归对企业自身管理和决策的服务。

综上所述，会计仍是一种特殊门类的信息服务（Littleton，1953）。会计是一种服务活动，它的职能是提供有关经济事项的定量信息，该信息主要是财务性质的，而且是对经济决策有用的（AICPA，1970）。这种说法强调了信息服务，并在信息服务与经济决策之间建立了必然的关系。时至今日，会计在企业内部获得的数字化信息也已经突破财务信息的限制，而获取信息后服务于企业的作用将进一步凸显。一种全新的集约共享的观念将会成为未来会计理论和会计实践发展的重要基础，会计也将很有可能发展成为提供“自助式”信息服务的职业。

五、财务数字化转型呼之欲出

明确了会计的服务职能，以及管理会计的发展方向后，我们反观目前企业财务实践发展的现状，发现要在管理会计的框架下，实现会计的服务职能，仍然存在诸多问题，这正是一段时期我们提出“财务转型”的原因之一（见图3-13）。

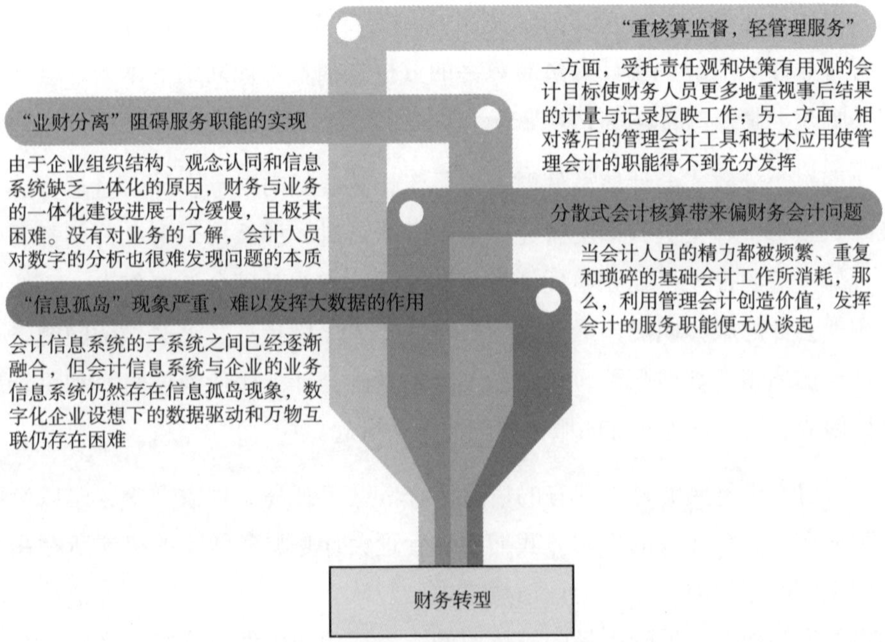

图3-13　企业财务管理存在的现实问题

首先，企业财务管理存在"重核算监督，轻管理服务"的理念。这是会计人员对会计职能的根本认识问题，也是传统会计目标对会计职能发挥的限制。当前，许多会计人员没有摆脱传统的财务管理理念，认为会计的主要职能是会计核算和监督，以及在核算基础上运用某些管理会计工具进行分析。一方面，受托责任观和决策有用观的会计目标使财务人员更多地重视事后结果的计量与记录反映工作，偏重于向内外部利益相关者提供企业财务状况和经营成果信息，而非参与管理；另一方面，相对落后的管理会计工具和技术应用由于缺乏数据的准确性和完整性，使管理会计的职能得不到充分发挥，缺乏事前预测和事中控制，而事后所谓财务分析所起的参考作用十分有限，没有体现出会计的服务职能。

其次，"业财分离"阻碍了服务职能的实现。自会计活动从业务中分离开来后，由于企业组织结构、观念认同和信息系统缺乏一体化的原因，财务与业务的一体化建设进展十分缓慢，且极其困难。面对未来无边界的平台化组织的趋势，我们现在所说的财务"部门"也应当与其他部门实现无边界。否则，即使推进管理会计的工作，财务所制定的计划也会脱离企业发展实际。没有对业务的了解，会计人员对数字的分析也很难发现问题的本质。会计组织要服务于业务，前提是了解业务，实现财务与业务的充分一体化。

再次，分散式会计核算使财务人员工作重心偏向财务会计，且运行成本极高。当每个分支机构都配备完整的财务人员时，那么每个财务部门都需要将大部分资源投入诸如原始凭证核对和处理这样的基础会计工作上。而要充分实现会计的服务职能，最重要的是解决“人”做什么、怎么做的问题。当会计人员的精力都被频繁、重复和琐碎的基础会计工作所消耗时，利用管理会计创造价值、发挥会计的服务职能便无从谈起。

最后，更重要的是，现有的信息系统信息“孤岛”现象严重，难以发挥大数据在管理会计中的作用。我们明确管理会计是财务转型的机遇所在和方向所在，但正如前所述，会计信息需求已经从会计信息扩展到业务信息，从少量的内部数据扩展到大量的、快速的、多样化的内外部数据。当前，会计信息系统的子系统之间已经逐渐融合，但会计信息系统与企业的业务信息系统仍然存在信息“孤岛”现象，数字化企业设想下的数据驱动和万物互联仍存在困难。

为了充分体现管理会计的价值，实现会计服务职能的发挥，面对财务管理的上述问题，财务转型问题呼之欲出。财务转型的效果具体表现为：第一，财务应为企业的战略目标实现、决策管理提供数据支持服务；第二，财务应成为业务管理者的伙伴，为业务的经营管理效率的提升与价值管理实现服务；第三，通过集中、消除信息“孤岛”、数字化运营平台建设等方法、模式，实现信息共享、数据价值提升与财务数字化能力提升；第四，高效完成会计核算，加强管控，合理保证会计信息的质量服务。为此，财务转型，先要解决传统会计组织功能的重新划分，将核算型会计向管理会计转型，同时利用信息技术加强信息共享平台建设，解决报销、核算、资金管理、决策的协同运行，消除空间、时间限制，摒弃会计人员的重复设置，降低信息沟通成本，提高会计信息利用效率。而这个信息共享平台建设的标准需要符合业务标准化、人员专业化与复合化、服务柔性化、软件接口标准化。

财务转型不可能离开信息技术应用创新的支持。最初的财务转型就是通过应用ERP所带来的集中管控，通过运用标准、集成、整合、实时方式最大化实现业务协同、集中管理、信息共享的管理技术目标，从而使会计核算、财务报告的处理工作自动化，优化财务管理业务流程，实现业务财务一体化提升财务效率，运用标准化推进和业务流程再造手段，将会计核算、业务报销等标准财务工作实现共享服务模式，从而降低财务成本，最终实现财务工作由繁至简。此时，全面预算管理、全面风险管理、资金集中管理模式、财务共享服务模式、商业智能（BI）的应用、面向服务的分布式技术（SOA）都在集团管控模式中实现了充分应用。企业财务管控的方式也从基于“职能”的管理方式向基于“价值流”的管理方式转换（梁永忠，2014）。虽然财务转型的愿景是好的，但必须承认现实中原有信息技术的局限性，信息系统建设中缺乏整体的考量所造成的单项应用的不协调，系统林立、技术标准与业务规范不统一等现象依然存在，造成财务业务管理一体化仍然是当前管理最为突出的问题。而建设完成后的财务共享服务中心如何有效发挥对业务财务与战略财务的支持服务作用？如何利用新技术更好地适应财务功能与财务工作重点发生的变化？如何实现数据的高度集中、数据的标准化、业财数据的高度集成化、数据颗粒精细化、数据获取便利化与实时化等问题成为未来会计信息化从控制、集成阶段走向数据管理和成熟期需要解决的核心问题。数字经济与新技术的提出，使这些问题的解决成为可能，如何基于现有的财务转型实现财务数字化转型问题将破土而出。

4
第四章

财务数字化转型始于共享服务

一、共享服务概要

（一）共享服务的定义

根据《辞海》的解释，“共享”是指共同分享、一起拥有；“服务”是指履行职务或替他人、社会做事。共享服务，是指在资源共享的理念下，通过市场化的运作，以客户的需求为导向，按照市场价格和服务水平协议（SLA），为企业内部业务单元或外部客户提供专业化服务的一种管理模式。对共享服务的定义的理解，可以从最直接的“共享”和“服务”两个概念入手。

冈恩等（Robert Gunn et al.，1993）认为，共享服务是公司试图从分散管理中取得竞争优势的一种新的管理理念，其核心思想在于提供服务时共享组织的成员和技术等资源。在资源共享的理念下，共享服务为内部客户提供统一、专业、标准化的高效服务，实现组织整合资源、提高效率、降低成本的目的，进而使集团可以专注于其核心业务活动，创造更多价值。

由此可见，共享服务之“共享”，可以视为一种资源共享。马歇尔（Marshall，1985）从经济学的角度，指出资源共享是集聚外部性的体现。资源共享强调的是以利益为中心，对有价值的资源重新进行配置（王宏起等，

2019)。将这一理念引入组织当中，共享服务中心则以服务客户为核心，承担集团原来分散在不同业务单元或部门的工作，从而使集团整体受益。资源共享的理念很好地体现了共享服务中心“市场化”的特征。例如，对共享服务中心而言，其成本和预算是基于业务单元需求的，而非总部的预算；共享服务中心可以自主选择在劳动力市场、基础设施等各类条件都相对理想的地区，而不一定在总部(Strikwerda，2014)，这种市场化的特征为共享服务发挥其“服务”的核心功能提供了基础。

“服务”是内生于共享服务伊始的一种价值理念。穆勒(Moller，1997)认为，共享服务中心作为一个独立的组织实体，为企业集团内的不止一个业务单元、分(子)公司提供明确的财务活动支持。共享服务中心负责管理针对内部顾客进行的财务服务活动的成本、质量以及时效。它拥有确定的资源，它的服务对象通常存在正式或非正式的契约，通常被称为服务水平协议(Service Level Agreements，SLA)。共享服务研究的主要奠基人昆恩(Barbara E. Quinn)在“*Shared services：Mining for Corporate Gold*”一书中也提及：共享服务是一项商业经营，其理念是“以顾客为中心+服务收费=商业”。以顾客为中心意味着：明确的顾客群是公司后台部门工作的保障，后台部门将公司的其他部门作为其客户，客户的实际需求及其愿意支付给产品或服务的价格是后台部门最大的商业导向，后台部门需要根据这些需要及价格要求来设计产品、提供有针对性的服务。可见，在资源共享和市场化运作的基础上，提供“服务”是共享服务核心价值的体现，共享服务始终以客户为导向，根据业务单元的需求交付服务，并且承担自身对于服务质量和成本效益的责任。

(二)共享服务的理论基础(见图4-1)

1.规模经济理论

作为经济学基本理论之一的规模经济理论，是现代企业理论研究的重要范畴。规模经济是指所有的投入要素以相同的比例增加时单位成本下降。规模经济理论是建立在以下两个假设条件之上的：第一，生产技术水平不变；第二，所有生产要素或投入均按相同的比例变动。

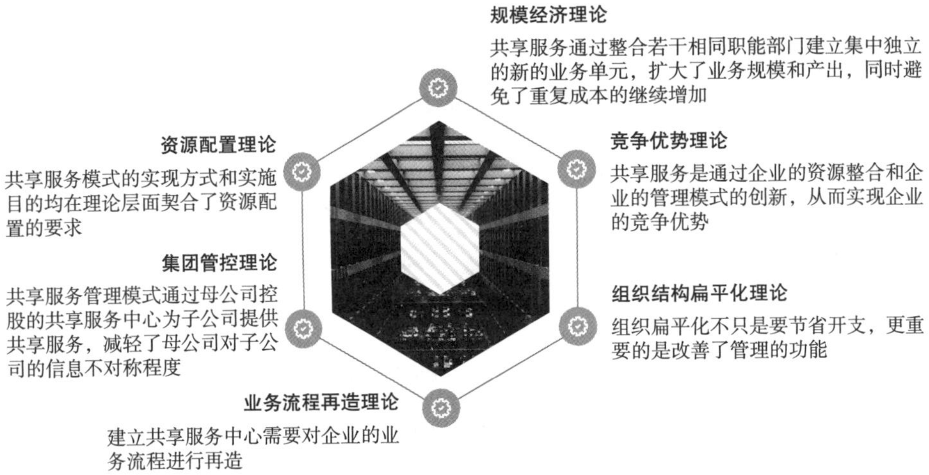

图4-1　共享服务的理论基础

从经济学说史的角度看，规模经济理论的创始人是亚当·斯密。亚当·斯密在其《国富论》一书中指出："劳动生产上最大的增进，以及运用劳动时所表现的更大的熟练、技巧和判断力，似乎都是分工的结果。"他指出是分工提高了每个工人的劳动技巧和熟练程度，节约了由变换工作而耗费的时间，并且促进了机器的发明和应用。由于劳动分工是建立在一定规模的批量生产基础上的，因此，亚当·斯密的理论可以说是对规模经济的一种古典解释。

真正意义的规模经济理论起源于美国，它揭示了生产要素的集中程度与经济效益之间的关系。典型代表人物有马歇尔、罗宾逊和张伯伦等（Alfred Marshall.E H Chamberin，Joan Robinson and J.S.Bain et al.）。马歇尔在其著作中提出："大规模生产的利益在工业上表现得最为清楚，大工厂的利益在于：专门机构的使用与改革、采购与销售、专门技术和经营管理工作的进一步划分。"马歇尔还论述了规模经济主要通过内部规模经济和外部规模经济两种途径形成，即依赖于个别企业对资源的充分有效利用、组织和经营效率的提高而形成的"内部规模经济"和依赖于多个企业之间因合理的分工与联合、合理的地区布局等所形成的"外部规模经济"。他进一步研究了规模经济报酬的变化规律，即随着生产规模的不断扩大，规模报酬将依次经过规模报酬递增、规模报酬不变和规模报酬递减三个阶段。此外，马歇尔还发现了由"大规模"

而带来的垄断问题，以及垄断对市场价格机制的破坏作用。规模经济与市场垄断之间的矛盾就是著名的“马歇尔冲突（Marshall's dilemma）”。他说明企业规模不能无节制地扩大，否则所形成的垄断组织将使市场失去“完全竞争”的活力。之后，英国经济学家罗宾逊和美国经济学家张伯伦针对“马歇尔冲突”提出了垄断竞争的理论主张，使传统规模经济理论得到补充。

美国诺贝尔经济学奖得主萨缪尔森（Paul A Samuelson）在其著作《经济学》中指出：“生产在企业里进行的原因在于效率通常要求大规模的生产、筹集巨额资金以及对正在进行的活动实行细致的管理与监督。”他认为：“导致在企业里组织生产的最强有力的因素来自大规模生产的经济性。”从传统成本理论观点看，在大规模经济规律的作用下，随着企业规模的扩大，企业生产成本将不断降低，直到实现适度生产规模；如再继续扩大规模，则会因管理上的不经济而导致成本增加。

对此，美国哈佛大学教授莱宾斯坦（Leibenstein）提出了效率理论。哈维在《效率配置和效率》一文中指出，大企业特别是垄断性大企业，面临外部市场竞争压力小，内部组织层次多，机构庞大，关系复杂，企业制度安排往往出现内在的弊端，使企业费用最小化和利润最大化的经营目标难以实现，从而导致企业内部资源配置效率降低，这就是“X非效率”，也就是通常所说的“大企业病”。“X非效率”所带来的“大企业病”，正是企业发展规模经济的内在制约 。

以美国学者科斯为代表的交易成本理论则从市场交易成本的角度出发，对企业规模经济做出独到的解释。科斯在其著名论文《企业的性质》一文中指出，交易费用的存在是企业产生的根本原因。科斯认为，企业最显著的特征是，它是市场价格机制的替代物。以价格机制为导向的市场每组织一笔交易都要花费一定费用，即交易成本，包括获得市场信息的成本、谈判和签约的成本、合同风险的成本等。当生产同样产品、零部件以及工艺流程阶段的人将各生产要素集中生产时，就可以减少交易数目、交易次数和交易摩擦等交易成本。换言之，如果通过“组织”并以“权威”方式来“安排”有关活动，交易成本就会得到节省。这里的“组织”就是企业；“权威”是指企业内部的行政管理；“安排”代表了“交易的内部化”。因此，企业实际上成为市场的替代物。只有当组织交易时企业内部的管理费用等于其所节约的市场交易成本时，企业的规模扩张才会停止。此外，交易成本理论对企业的一体化问题也做了解释。科斯认为，当两个或更多企业组织的交易由一个企业来组织时，便出现了一体化，企业一体化的过程就是交易活动内部化的过程。或者说，企业间关系结构的每一步变化都与规模经济有关。企业间合并是否成功取决于所增加的组织费用和所节约的交易费用的比较 。

传统规模经济理论的另一个分支是马克思的规模经济理论。根据马克思在《资本论》中有关经济增长和资本集中理论的论述，在自由竞争条件下，追求剩余价值刺激企业不断扩张，进而导致生产和资本的集中。为了组织现代化大生产，企业需要进行产、供、销联合，降低不变资本，进行专业化生产与分工协作、改进生产工具、扩大再生产，降低可变资本的支出、提高生产效率。这些企业活动，都会导致生产规模的相应扩大，从而引起资本的集中，增加规模经济效应。马克思的全球化理论中说到的国际分工、国际贸易、商品交易与资本的全球化都是追求规模经济的表现。实践证明，市场范围的扩大，资源利用率越高，规模经济效益就越能充分地发挥。

共享服务通过整合若干相同职能部门建立集中独立的新的业务单元，扩大了业务规模和产出，同时避免了重复成本的继续增加。具体来说，共享服务中心可以从以下几个方面实现规模经济效应：避免了重复的组织建设，降低了成本投入；实现协同增效，融资能力增强；标准化、自动化的操作可以批量处理业务，从而显著降低单位成本。很显然，技术进步促进了规模经济效应的实现，因为技术的发展可以在相同的投入下实现更多的产出。因此，实现共享服务模式规模经济的成本优势，需要持续关注和应用进步的技术。

2.竞争优势理论

企业竞争优势理论是指当两个企业处在相同市场中，面对相同的顾客与市场，其中一个企业能够赢得更多的现在或未来的利润或市场占有率时，那么，这个企业就拥有某种竞争优势。换言之，企业竞争优势是指一个企业能够超越其竞争对手的能力，这种能力有助于实现企业的首要目标，即盈利与市场占有率的提高。对此，美国的战略管理学家戴维·贝赞认为，企业的竞争优势不但取决于与竞争对手的对比，而且还取决于企业所在行业的地位。从企业的内部来说，企业的竞争优势来自企业的资源与能力，企业的竞争优势来自企业的创新，企业的竞争优势来自企业的内部化优势。共享服务是通过企业的资源整合和企业的管理模式的创新，从而实现企业的竞争优势。

3.组织结构扁平化理论

随着企业集团的产生发展及其领导体制的演变，企业集团的组织结构形式也在不断发展变化。企业集团组织结构是企业集团内各成员企业之间所确立的关系的形式，其实质上反映了企业集团各成员企业之间的相互关系。企业集团的组织结构应适应外界环境的要求，根据环境的变化进行相应的变革，同时也要适应经营战略的要求，为实现企业战略目标服务。

所谓组织结构扁平化，就是通过打破公司自上而下的垂直的重叠的结构，通过减少管理层次，压缩决策层和操作层之间的中间管理层级，裁减冗员来建立一种紧凑的横向组织机构。中间管理层级的减少，使管理者更容易捕捉市场动态，底层员工也更容易了解管理者的决策意图，组织也就变得更加柔性化。它具有灵活性、敏捷性、柔性和创造性，它强调管理层次的简化，管理幅度的增加，目的打通组织障碍，实现组织内部的沟通和交流、信息的畅通，并最终增长组织绩效。压缩层次是组织扁平化的一种手段，打通组织障碍才是关键。它保证了组织上下层之间的不断沟通，下层能体会到上层的决策思想和智慧光辉，上层也快捷地了解到下层相关情况、客户的重要信息、市场的有关动态，能够吸收第一线人员的营养。

共享服务是集团组织结构的创新，它把一个组织的非核心业务从原来的组织体系中分离出来，转交给一个服务部门统一运作，即将分散的成本中心转化为利润驱动并逐步扩大的专业化利润中心，通过集中、资源共享来提高服务质量，原来的组织本身只专注于核心业务或最有竞争力、附加值高的业务，进而使组织扁平化或瘦身。其特点在于，在等级型组织中建立一个统一服务的组织，通过资源共享、信息共享、服务共享来凝缩时间与空间，加速信息的全方位运转，以提高组织的绩效。共享服务通过压缩组织结构，实施扁平化的设计，不但降低企业的管理成本，还能提供企业的快速反应能力和应变能力。这样减少了时间资源的巨大浪费，极大地提高了企业效率。只有在这样的组织构架下，企业内部才能形成互相学习交流、整体互动思考、密切协调合作的氛围，才能产生巨大的、持久的创新能力与企业竞争能力。

我们可以用原通用电气董事长兼CEO杰克·韦尔奇（Jack Welch）的话加以概括，组织扁平化不只是要节省开支，更重要的是改善了管理的功能。扁平化不仅是为组织节省了费用，更加速了组织内部的沟通，将原本就属于企业的“控制”与“责任”交还给了企业自身。而共享服务中心这种扁平化组织模式的应用必然导致：管理跨度加大，富余人员精简，人员素质提升，业务流程优化，管理重心下移，信息传递快捷，应对市场敏捷，管理水平改善，管理成本下降，交易费用节约，企业效率提高。

4.业务流程再造理论

业务流程再造最早由美国的哈默（Michael Hamme）提出，这是20世纪80年代以来国际上流行的一种新的管理思想和方法，他认为业务流程再造是对企业业务流程的再思考和重设计，强调以业务流程为改造对象，以满足客户需求和满意度为目标，借助先进的信息技术、制造技术和先进的管理手段，取消不能增值的步骤，并对剩余部分进行信息技术处理，最终获得满意的产出。通过打破职能型组织结构，建立新型的过程型组织结构，从而达到质量、成本、服务和速度等关键性业绩指标的显著优化 。

与全面质量管理中普遍提倡的改良思想不同，业务流程再造强调革命性的变革，即重新审视企业现行的所有企业过程，然后取消不能增值的步骤，并对剩余部分进行计算机处理，最终获得满意的产出。共享服务中心使企业可以将那些对于业务单元来说不具有增值功能的步骤剥离出来，作为共享服务中心自身的核心业务。而建立共享服务中心需要对企业的业务流程进行再造。一方面，共享服务中心能够达到更高效率和获得规模经济，同时，为企业提供更高水平的服务；另一方面，各业务单元有更多的时间来从事更具附加值的任务，增加企业价值。

在企业再造中，财务流程再造具有十分重要的地位。所谓财务流程再造，是对财务管理过程和财务决策体制进行重塑，以提高财务运作效率。企业财务流程再造对于提高企业的运作效率、建立和完善现代企业制度具有十分显著的现实意义。对于财务业务流程来说，再造的目标是针对传统财务流程中的不足与缺陷，以大幅度提高财务信息的相关性、及时性，节约财务成本。为此，仿造企业的其他业务流程再造，财务业务流程再造是以财务业务流程为对象，以财务信息使用者的信息需求为驱动力，采用决策模型、网络数据库技术和面向对象的计算机技术，由决策模型驱动，呈报标准的源数据信息，以达到上述再造的目标。例如，财务共享服务使企业会计核算中那些总账业务、应收管理、应付管理、资产成本管理、收入管理、费用管理等重复性高、业务量大、标准性高的业务，作为共享服务中心自身的核心业务。通过业务流程再造，获得高效率，使财务人员把时间和精力花在从事具有附加值的财务管理业务上。

5.集团管控理论

企业集团成立的目的原本是要实现规模经济效应与协同效应。其中协同的实现依赖于母公司对于分（子）公司的管控到位，或者说有效管控。为此，为了避免委托代理问题，避免其中出现的信息不对称或者信息“孤岛”现象，企业集团往往以信息沟通为基础，采取适宜的控制手段，通过相关业绩考核激励机制促使分（子）公司实现母公司的意图。共享服务管理模式通过母公司控股的共享服务中心为分（子）公司提供共享服务，特别是会计服务，降低了母公司获取分（子）公司经营信息的成本，提高了获取分（子）公司信息的质量，减轻了母公司对分（子）公司的信息不对称程度，为评价、激励分（子）公司管理层提供了信息支持，有利于加强集团的内部控制，进行有效管控，实现母公司的战略意图。

6.资源配置理论

在经济学中，资源就是指生产要素。自然要素主要包括土地、森林、河流、矿藏等。西方经济学家认为，资源是有限的，即资源存在着稀缺性，“人力资源和非人力资源的数量都是有限的”，这是进行资源配置的主要原因。美国经济学家萨缪尔森认为，由于“能够生产各种商品的全部资源的有限性，使人们必须在各种相对稀缺的商品中间进行选择”，这种选择就是配置。当一个经济社会“决定生产什么，如何去生产时，它在实际上一定要决定这些资源将如何被分配于千百万种可能生产的不同商品之中”。因此，所谓资源配置，就是在稀缺的或有限的资源中间进行选择以求达到最好的目标的问题。

在《资本论》中，尽管马克思没有直接使用资源配置一词，但他对资源配置问题进行了详尽而精辟的论述，形成了完整的资源配置理论。资源配置，就是指生产要素资源的分配，即社会总劳动量的分配。正如马克思所指出的:“要想得到和各种不同的需要量相适应的产品量，就要付出各种不同的和一定数量的社会总劳动量。这种按一定比例分配社会劳动的必要性，决不可能被社会生产的一定形式所取消，而可能改变的只是它的表现形式，这是不言而喻的。自然规律是根本不能取消的。在不同的历史条件下能够发生变化的，只是这些规律借以实现的形式。”

运用马克思资源配置理论，特别是马克思关于价格、供求、竞争等市场要素能有效配置资源的原理，对充分发挥市场配置资源的基础性作用有重要的意义。在社会主义市场经济条件下，社会经济活动必须遵循价值规律的要求，适应供求关系的变化，通过价格变动和竞争机制来调节社会总劳动时间，把资源配置到效益较好的环节，从而实现资源的合理配置;在竞争机制的作用下，使企业受到压力和具有动力，促进企业改善生产条件，改进经营管理，实现优胜劣汰，使资源在部门内得到优化配置;由于市场具有对各种经济信号反映比较灵敏的特点，可促进生产和需求的及时协调，即在市场机制的引导下，企业根据市场需求来配置生产要素，实现产需结合和供求平衡。在现代商品经济中，市场配置资源对社会经济的发展，具有其他方式不可替代的独特的优点和效果。

共享服务的特征之一就是集中与共享。集中的是职能，共享的是资源。资源配置理论要求组织将有限的资源在组织内部进行合理配置和优化配置以发挥资源最大的效用、带来最大的效益。共享服务模式的实现方式和实施目的均在理论层面契合了资源配置的要求：第一，在共享服务的机构内部，共享服务模式改变了原来资源分散、重复配置的状态，实现了资源的集中共享和集约配置，提高了资源的利用效率。第二，在企业集团层面，共享服务释放了企业的资源和精力，使其得以专注于核心业务。没有什么价值的，只有把它们整合起来，资源才有利于企业竞争行动的选择和战略竞争力的获得。这就是资源的有效配置。第三，共享模式的规模效应提高了资源利用的有效率。

（三）共享服务的产生背景

运用到企业，共享服务作为一种商业经营模式，通过集中集团内大量重复性的工作，通过统一的标准和流程，为集团内部不同的业务单元、分（子）公司提供定价支持服务。因其有利于降低运营成本，提高经营效率，同时有利于实现流程化、标准化，增强企业市场竞争能力，而广为跨国集团公司、跨地域集团公司所广泛使用。其典型的应用场景是：凡可流程化、可标准化、重复性强的同质性业务，均可以利用信息化手段实现共享服务（见图4–2）。

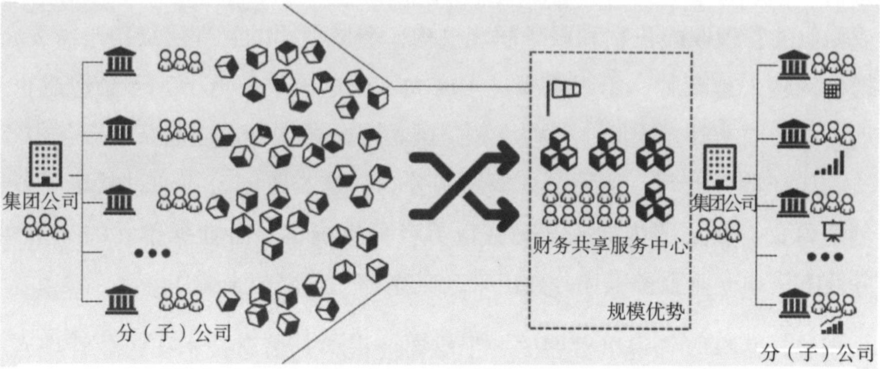

图4–2　财务共享服务中心示意图

共享服务的产生与发展，伴随着经济全球化、企业集团化经营以及信息技术革命等世纪之交重要的发展趋势，并且在数字经济的创新理念下，不断趋于完善，迸发出巨大的数据效能。

20世纪80年代以来，经济全球化成为世界经济发展的重要趋势。国际贸易、国际分工的发展使各国之间的关系发生了深刻的变化，新的世界经济格局已经形成，地区与地区之间的商品、劳务、技术交换十分频繁。随着全球化经济的发展，全世界处在“牵一发而动全身”的境地。尽管各国、各地区之间的经济独立性和差异性依旧存在，但是国与国、地区与地区之间通过商品、劳务、技术、资金等方面的联系，已经形成了一个世界经济的有机整体。

与此同时，在微观层面，为了发挥规模效益、实现优势互补、提高创新能力和核心竞争力，企业发展出现集团化经营的趋势。企业集团在经营规模和经营方式上，表现为规模巨大、实力雄厚，往往跨部门、跨地区甚至跨国度多元化经营；在经营内容的结构上，表现出多元化，企业集团一般都会采取多元化经营战略，通过经营业务的内容结构及层次多样化产生规模经济效应，并不断增强整体风险的抵御能力。

而当企业的规模超出一定的限度，必将降低企业价值链结构资源共享的均衡性，从而对企业集团成长产生负效应。随着企业集团分支机构的增加，过于庞大的组织架构需要进行专业化分工和分层级管理，即管理职能分得越来越细，从事管理和服务的岗位越来越多，并且不同的分支机构都要配备相同或相似的管理职能机构和服务职能机构，造成集团的管理层级越来越复杂，管理机构越来越臃肿。组织规模过于庞大不仅造成效率低下，还会造成企业管理成本大幅上升。因此，一些大型跨国集团公司相继成立起共享服务中心，最早的如福特、杜邦、通用电气等跨国公司。这类跨国公司通过共享服务这一创新模式，将集团内原来分散在世界各分支机构、各业务单元的支持性、事务性工作和专业服务工作分离出来，成立专门的部门来运作。

当然，共享服务得以发展的一个重要前提，是信息技术在企业管理当中的广泛运用。互联网带来的信息传输量、速度和效率的提升促使管理组织结构不断扁平化；以ERP为代表的新一代管理思想从整个供应链的范围来优化企业的资源配置，形成企业信息化的管理系统；管理决策水平也借助各类决策支持系统和专家系统得以提升，这些都逐渐形成了数字经济时代下共享服务的雏形。

（四）共享服务应用的动因

结合共享服务产生与发展的背景，综合众多学者研究与行业协会调查报告，我们可以将集团公实施共享服务的动因总结为经济观、战略观及核心能力观三类（见图4-3）。

图4-3　共享服务应用的动因分析

1.经济动因观

经济动因是共享服务建设的最初目的，主要是缓解集团规模扩张带来的效率低下、管理成本上升的问题。集团公司在核心业务活动和支持性活动的资源配置问题上，面临着“要么生产，要么购买”的决策（Philipp，2017），“购买”即选择外包，而共享服务作为“生产”的决策，可以发挥规模经济作用，将业务成本分摊到更大数量的服务中，并且通过合理规划共享服务中心的选址，雇佣更为廉价的员工从事交易工作，加上再造业务流程、优化信息系统等手段降低人工成本。也正因为如此，早期共享服务建设的绩效评价也多以成本的降低和效率的提升作为主要衡量指标。

2.战略动因观

随着发展中国家和地区人口红利的逐渐消失，企业集团特别是大型跨国公司海外选址的劳动力薪酬大幅提升，通过建立共享服务中心节省人工成本已经不再是共享服务中心的首要目的，标准化、加强管控等与战略相关的驱动因素成为共享服务中心建设的核心动机和价值体现（安永，2015；ACCA，

2017）。集团公司通过标准化、流程化的作业模式，实现总部对海外业务的集中管理，可以更加灵活地应对业务扩张及市场波动、实现组织变革、加快企业转型（中兴新云等，2017）。战略观还体现在通过共享服务中心提供更高质量的服务，实现集团内部的协同效应（Strikwerda，2010）。

3.核心能力动因观

除了经济因素和战略因素以外，共享服务的另一大发展趋势是开始持续关注流程价值链的上游（德勤，2017），通过基础职能与管理职能的分割，使事业部的管理层聚焦于企业的核心业务（Rossiter，2006；中兴新云等，2017），通过提高知识型服务而非事务性工作在共享服务中心的比重，发挥信息和知识在价值链当中的作用，提升共享服务中心和企业整体的价值。

（五）共享服务的类型

德勤（2017）的一项调查数据表明，全球共享服务领域内，财务共享服务应用比例达到88%，其次为人力资源63%，再次为信息技术53%、采购37%、税务32%等。可见，共享服务的应用范围很广，包括财务、人力资源、信息技术等许多领域。而且财务工作的特性使其比其他工作更易于进行标准化和流程化的运作，因此，共享服务最早从财务共享服务开始，并逐渐向其他职能延伸。

要理解共享服务如何使企业“专注于核心业务活动，并创造更多价值”，需要在“后台职能部门资源共享”的基础上，站在价值链的角度进一步思考。

1.共享服务是企业价值链的延伸

从竞争优势理论入手，我们进一步引入“价值链”的概念。迈克尔·波特在《竞争优势》中将与企业相关的竞争活动归纳为图4-4所示的几种类型，并称其为“价值链”（value chain）。价值链当中包括生产、营销、运输和售后服务等基本活动，也包括财务、人力资源、技术等支持活动，这些活动都有利于企业强化客户价值（Porter，1985）。

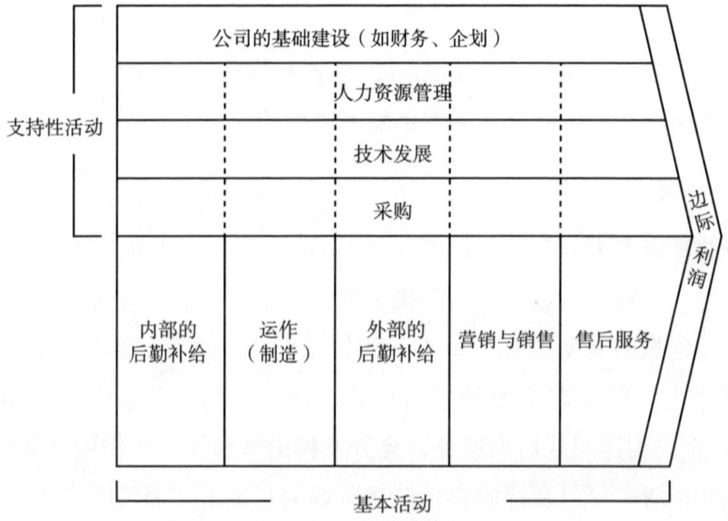

图4-4 与企业相关的竞争活动的类型

迈克尔·波特指出，价值创造过程中的基本活动与支持性活动是相互联系的，价值链是企业为了创造与实现价值所实施的相互关联的活动集合。在这里，我们主要基于企业而非产业的角度，讨论价值链的问题。事实上，对企业而言，价值链中并不是每个环节都创造价值，正如在没有出现共享服务模式时，人们对诸多“后台职能部门”的理解一样，认为其仅是起到一定的辅助功能，是企业的一个成本中心，无法创造价值。而价值链的延伸，就意味着增加企业价值创造和获取的方式。

结合我们对共享服务的理解，共享服务的建设可以被看作企业价值链的延伸。一方面，共享服务通过资源的共享以及市场化的运作，使价值链当中的支持性活动从单纯的成本中心转变为利润中心。共享服务中心出于对自身经营利润和服务质量的要求，会专注于流程再造以改进工作，进而创造出价值，实现从价值链从低位向高位的攀升。另一方面，我们所强调的共享服务以客户为导向的“服务”理念，可以通过满足业务单元（也就是价值链当中的基本活动）的需求，为价值链当中的价值创造活动提供其需要的优质服务，进而提升价值。通过价值链的延伸增加企业价值创造和获取的方式，是共享服务建设的应有之义。

2.价值链视角下共享服务的类型

基于价值链延伸的视角，我们以下列四种类型的共享服务中心为例，理解共享服务所带来的价值创造到底是如何体现的。

（1）财务共享服务中心。

财务共享服务中心（Finance Shared Service Center，FSSC）将企业各种财务流程集中在一个特定的地点和平台来完成。通常包括财务应付、应收、总账、固定资产等的核算业务处理，员工费用报销，资金结算处理等。在这些会计职能的基础上，财务共享服务还肩负着企业财务转型甚至企业转型的“重任”，帮助企业构建起战略型财务，充分发挥出管理会计的作用。从价值链的角度看，共享服务可以在释放会计核算资源的基础上，通过深入的业财融合，为业务部门提供优化资源配置和价值管理的信息服务，在服务与合作中实现价值链的延伸。

（2）人力资源共享服务中心。

人力资源共享服务中心（Human Resources Shared Services Center，HRSSC）是指企业集团将各业务单元所有与人力资源管理有关的行政事务性工作，如员工招聘、薪酬福利核算与发放、社会保险管理、人事档案人事信息服务管理、劳动合同管理、新员工培训、员工投诉与建议处理、咨询与专家服务等集中起来，建立一个服务中心。该中心为集团所有的业务单元提供人力资源管理服务，业务单元为其支付服务费用。通过人力资源的共享服务中心的建立提高人力资源的运营效率，更好地服务业务单元。而企业集团的人力资源部门则专注于战略性人力资源管理的实施，使人力资源管理实现战略转型。人力资源共享服务中心作为一个独立运作的运营实体，引入市场运作机制，却为企业内部服务。它通过服务创造价值，其本质是由信息及网络技术推动的运作管理模式的变革和创新。

（3）信息技术共享服务中心。

信息技术共享服务中心（IT Shared Service Center，ITSSC）可以在企业内提供共同的信息技术服务，包括系统设计、数据处理、信息技术安全性、报告生成等。信息技术共享服务中心价值链的延伸，存在一个非常重要的前提：价值链的虚拟化。雷鲍特和斯维奥克拉（Rayport and Sviokla，1995）认为，除了物理世界的竞争之外，当前管理者还面临着来自由信息构成的虚拟世界的竞争，而这样的竞争当中同样存在价值链，称为虚拟价值链。在传统的价值链理论当中，信息技术只是产生价值的辅助因素，信息也只是众多增值活动中的支持元素，其本身并没有被视为价值的来源。但是随着互联网的发展和知识经济时代的到来，价值的形式也逐渐从物质产品中的价值转变为服务中的价值，并进一步转变成信息和知识中的价值（迟晓英，2000）。结合当前数字资产的重要性以及对大数据价值的认识，信息技术共享服务中心在创造和利用信息、延伸企业的虚拟价值链上发挥着重要作用。

（4）采购共享服务中心。

采购共享服务中心（Procurement Shared Service Center，PSSC）同样是将集团采购、招标业务过程中重复的、基础的、易于标准化和系统控制的工作集中起来，整合公司的采购资源（褚元林，2017）。采购活动是企业价值链当中的重要一环，采购活动直接与外部的供应商联系，在选择和管理供应商方面，采购活动是价值链管理的核心力量。采购共享服务本质上同样是发挥信息的作用，采购活动与生产、库存、资金等业务通过信息的交互共享，避免信息不对称造成的“牛鞭效应”（注：“牛鞭效应”指供应链上需求被异常放大的现象，其本质上是由于无法实现信息的有效共享，进而造成需求信息的失真波动），并在管理需求的基础上进一步向管理供应链、全面增加价值的方向发展（刘宝红，2019）。

可见，当前主流的共享服务中心正是从价值链当中的支持性活动起步的，这并非巧合，而是共享服务作为价值链延伸方式的本质体现。除此之外，共享服务还有金融运营共享服务中心、企业信用共享服务中心、税务共享服务中心等形式。

基于上述解释，我们可以更加清晰地认识到不同类型的共享服务所发挥的作用，以及当中共同的价值链延伸、创造价值的作用。

（六）共享服务的现实

中国企业共享服务建设的起步晚于西方发达国家，但是这并不影响共享服务进入中国后发挥巨大作用。同时，中国的共享服务借助数字技术发展的趋势呈现出新的发展态势和更强的生命力（见图4-5）。

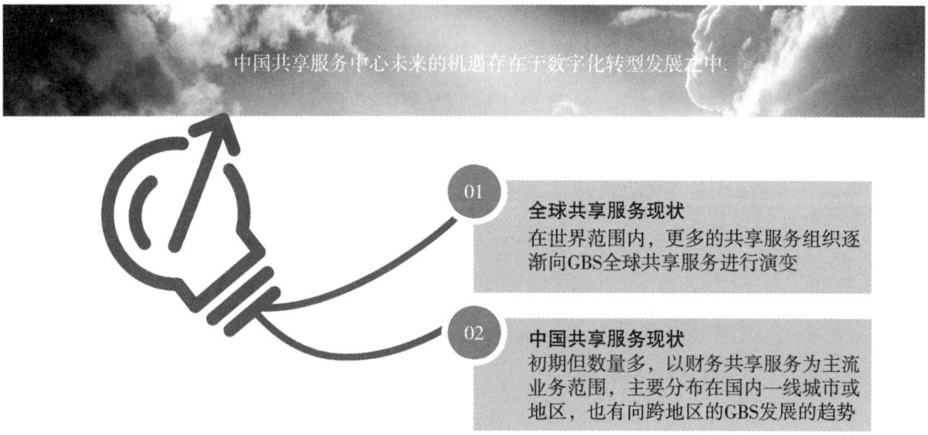

图4-5　共享服务的现实

1.全球共享服务现状

SSON（2019）的一项问卷调查结果显示，从全球共享服务成立时间的现实来看，全球超过50%的共享服务中心成立时间大于4年。根据普遍的建设周期，大于4年意味着这些都已经是较为成熟的共享服务中心，最初经济动因下的目标也已经得到实现，并逐渐向更高价值的共享服务中心发展。同时，全球将近四成的共享服务中心成立时间都已经超过了10年，从中可以看出，全球范围内共享服务建设的成熟度较高。

从运营范围上看，共享服务已经超越了在国内或区域范围内发展，转向针对全球的客户提供服务。当前，全球只有不到三成的共享服务仅为国内提供业务服务。

在服务范围上，多职能的共享中心是企业普遍选择的形式。在全球范围内，有3%的共享服务中心有超过10个职能，具备3~5个职能是全球共享服务中心服务范围的普遍现状，占到38%左右（德勤，2017）。整体上看，高达62%的共享服务中心都是多功能的，从中可以看出，全球范围内共享服务跨地区、跨职能的发展特征。

由此可见，在世界范围内，更多的共享服务组织逐渐向GBS全球共享服务进行演变。为了帮助企业适应高速变化的业务环境与客户需求，深度分工、高度标准化与广范围覆盖的GBS成为全球跨国公司实现战略目标的最佳选择之一。

2. 中国共享服务现状

过去20年间，随着中国市场经济的日益成熟、经济增长势态的强劲，吸引了众多跨国公司在华投资，并在成本和管控的需求下建立起共享服务中心。当前，中国本土企业已经愈发认识到共享服务中心带来的商业价值，并积极推行共享服务模式。

从成立时间上看，中国超过一半以上的共享服务中心处于初创阶段（0~3年），但在数量上有快速增加的趋势（SSON，2018）。在职能范围上，中国共享服务中心大多是单职能的运作模式，集中于财务共享或者人力资源共享。ACCA的调研显示，中国共享服务主要的业务范围集中于费用报销、应收/应付账款、总账管理和资产管理等财务核算业务，原因是这类业务符合共享服务模式“交易频繁且易于标准化”的特征。可见财务共享服务仍是中国当前共享服务的主流。

在运营范围上，中国境内的共享服务中心主要分布在国内一线城市或地区，同时有向“新一线城市”发展的趋势。2017年ACCA的调查显示，63.7%的受访共享服务中心建立在北上广深等一线城市或地区，2018年SSON的调研更显示有近40%的共享服务中心设立于上海。但同时，随着中国企业海外业务的扩张，中国的共享服务中心也有向跨地区的GBS发展的趋势。

对比而言，中国共享服务中心未来的机遇存在于数字化转型发展之中。

当前，机器人流程自动化（RPA）、认知计算、云计算和区块链等新兴数字技术在中国蓬勃发展，这些将为中国共享服务的建设提供创新驱动力。

（七）共享服务的发展阶段

共享服务从产生到现在，大致经历了以下几个发展阶段（见图4-6）。

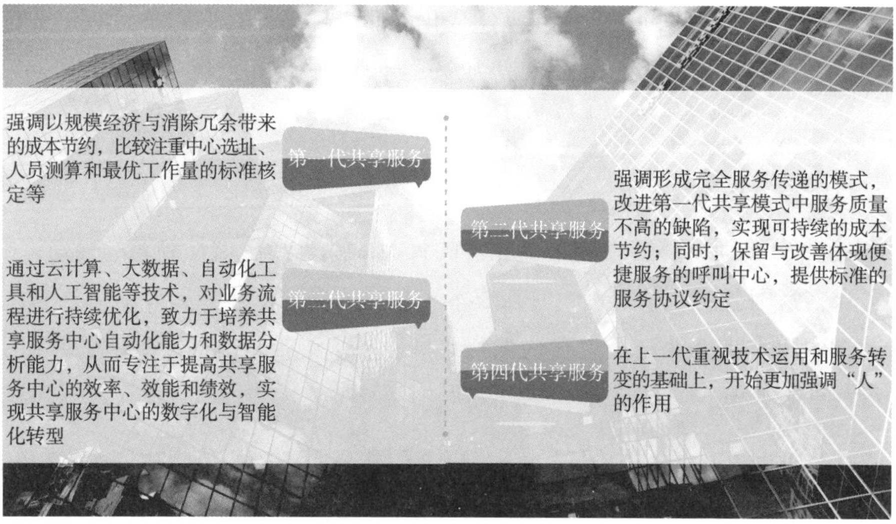

图4-6　共享服务的发展阶段

1.第一代共享服务

第一代共享服务强调以规模经济与消除冗余带来的成本节约，比较注重中心选址、人员测算和最优工作量的标准核定等。这一阶段主要有四个方面的特点，即流程优化与再造、组织的灵活化、分工的专门化和能力的核心化。

2.第二代共享服务

第二代共享服务强调形成完全服务传递的模式，改进第一代共享模式中服务质量不高的缺陷，实现可持续的成本节约；同时，保留与改善体现便捷服务的呼叫中心，提供标准的服务协议约定。以上这些措施将会提高第二代共享服务的服务质量，也只有提高服务质量才能使共享服务成为可持续的普遍接受的商业模式。因此，第二代共享模式在流程、技术和人员方面均有显著改进。在这一时期，企业探讨的内容和课题往往是如何利用企业流程再造、作业成本管理、平衡计分卡、服务水平协议等从管理手段与方法进行更好的管理。当然，在业务服务品质提高的同时，共享服务中心还在平衡如何同时满足成本削减的目标。此外，简单重复性的劳动会使共享服务中心的人员出现流失，如何在人力资源的设计上满足这些人员持续的工作动力将成为人力资源管理的核心内容。

3.第三代共享服务

第三代共享服务伴随着互联网和数字技术的发展而发展。通过云计算、大数据、自动化工具和人工智能等技术，对业务流程进行持续优化，致力于培养共享服务中心自动化能力和数据分析能力，从而专注于提高共享服务中心的效率、效能和绩效，实现共享服务中心的数字化与智能化转型。此时，集团的管理层已经意识到共享服务中心自身的定位对于发挥其最大价值的重要性，开始思考不仅仅将共享服务中心作为成本节约的工具，而是在顶层设计的过程中就已经将其考虑到企业集团的整体战略当中。

4.第四代共享服务

第四代共享服务是在上一代重视技术运用和服务转变的基础上，开始更加强调“人”的作用。SSON（2019）全球共享服务市场调查指出，虽然流程、技术和人员是决定共享服务绩效的关键因素，但人仍然是统一管理的主体，人才仍是共享服务建设当中的一个关键优先事项。因此，共享服务当前的发展机会确实存在于数字化进程中，而真正的价值提升，仍然将取决于员工对工作性质的理解和创造力。

需要指出的是，共享服务发展的几个阶段并不是泾渭分明的，不同阶段之间必然存在重叠的部分。例如，成立不久的共享服务中心可以充分利用数字技术更好地实现流程再造和信息化建设，同时更早地开始重视人的作用。

（八）共享服务的未来（见图4-7）

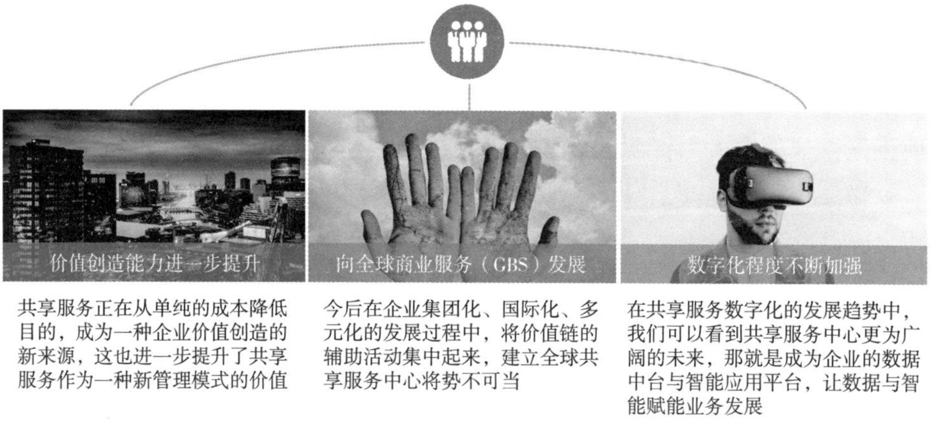

图4-7 共享服务的未来

1.共享服务的价值创造能力进一步提升

未来，共享服务将向具有高附加值的业务和活动拓展。其中，业务是指采用共享服务模式的职能部门或流程，活动是指共享服务中开展的活动类型。在业务上，共享服务将尝试从当前非核心的关键业务流程，如财务、信息技术、客户服务、人力资源和采购等，向包括创新研发、制造等核心业务延伸；在活动上，共享服务中心逐渐从传统的人工和交易性事务，转向“基于知识的服务”。这类知识型服务包括决策支持、报告和分析、预测分析以及采购规划等（SSON，2018）。总体来说，共享服务正在从单纯的成本降低目的，成为一种企业价值创造的新来源（Strikwerda，2014），这也进一步提升了共享服务作为一种新管理模式的价值。

2.共享服务向全球商业服务（GBS）发展

随着经济全球化的深入，越来越多的企业朝着集团化、国际化和多元化的方向发展，单一职能的共享中心逐渐走向了跨地域、跨职能的整合。随着多职能共享服务中心的建立，意味着共享服务中心逐渐向全球商业服务中心（Global Bussiness Services，GBS）发展（PwC，2019）。德勤（2019）将全球商业服务中心的特征总结为跨职能、跨区域、多地点、多来源以及多业务五个方面。其中，跨职能和跨区域是GBS最直接的体现，意味着GBS中包含多个不同的职能部门，并为集团所有业务区域提供服务，使共享服务走向全球化。

同样，中国企业要走向世界，实现共享服务中心的全球化是未来的发展趋势。未来GBS将把财务、人事、IT、法务、供应链、研发、商务等职能整合在一起，结合共享服务、外包、离岸服务和IT解决方案等多种服务交付模式的优势，使共享服务中心提供服务业务的广度、深度、灵活度得到拓展，进一步提高支持性服务的效力和效率，并帮助企业价值的提升（陈虎，2017）。今后在企业集团化、国际化、多元化的发展过程中，将价值链的辅助活动集中起来，建立全球共享服务中心将势不可当。

3.共享服务的数字化程度不断加强

从未来发展来看，共享服务建设初期与数字经济背景下的共享服务，其背景和建设动因已经发生变化。数字经济时代，连接、共享、平台和协同等新特征、共享经济的理念和企业追求服务实现价值的主张，使共享服务的建设成为企业数字化转型升级、实现价值增值战略目标的重要手段。以共享经济理念为例，其以闲置的资源或者冗余资源的共享利用为核心，来实现资源利用的最大化。对于一个集团公司来说，如果仅仅依托分（子）公司的资源投入很难实现资源利用的最大化，而如果由集团投入一种集中的先进技术平台，基于共享经济的思路进行建设，供分（子）公司进行使用，那么，资源利用的效率将大幅提升。更为重要的是，分（子）公司腾出来的时间和精力，将有利于其更积极主动地发现和创造自身的管理创新需求，带动整个集团管理水平的大幅提升。从阿里巴巴阿里指数构建的发展过程来看，共享服务体系对于大数据项目建设具有极大的贡献和支持。它彻底改变了阿里巴巴“烟囱式”系统建设的模式，使新的项目都基于共享服务体系建设。甚至在阿里巴巴集团的中台战略中，共享服务中心充当了重要的基石作用。

此外，随着万物互联、智能计算和开放共享时代的到来，领先的共享服务中心已经开始进行自动化与智能化的探索，共享服务中心的数字技术运用能力和数据分析、决策支持能力将越来越强。德勤认为，当前GBS的发展注重服务范围的扩展、组织架构和工作流程的优化，对数字化技术仅限于一种辅助性的应用而非充分融合。为此，德勤支持建立数字化全球商业服务中心（Digital GBS），并提出包括云技术、机器人技术、协同创新、设计思维与敏捷交付、物联网、机器职能与大数据架构、一切皆服务（XaaS）和区块链技术在内的八大GBS的数字化驱动力。从这个意义上来说，共享服务数字化最重要的价值，是实现对不同职能部门、不同业务活动、不同经营地区的信息和数据，以成本更低、效率更高、质量更有保证的方式进行收集，并为后续处理和决策运用做好准备。因此，在共享服务数字化的发展趋势中，我们可以看到共享服务中心更为广阔的未来，那就是成为企业的数据中台与智能应用平台，让数据与智能赋能业务发展。

二、财务转型始于财务共享服务建设：传统观点的解读

正如Strikwerda（2014）所言，直觉总是先于解释或系统化的理论。初期建立财务共享服务的企业并没有想到财务转型问题，大多是出于成本和管控的角度开展财务共享服务中心建设，似乎核算的效率提升以及会计信息的真实性是建立财务共享服务的真正原因，导致许多企业集团所建立的财务共享服务中心无异于会计集中核算中心，无法真正发挥财务共享服务的优势，无法拓展未来的会计服务的增值效应。当然，也必须认识到，许多企业集团建立财务共享服务初期的数字化的技术优势也没有像今天被政府所大力倡导和应用，甚至纳入国家发展的战略规划层面。

（一）财务共享服务建设的动因

从传统的观点来看，财务共享服务建立的动因体现在以下几个方面（见图4-8）。

图4-8　财务共享服务中心建立动因的传统观点

1.优化业务流程，降低财务成本

制度烦琐以及组织机构官僚化是“大企业病”的突出表现，使一些企业集团陷入烦琐的日常操作管理与职责扯皮之中，尤其是价值链中的辅助部门严重拖延了前方业务部门拓展的速度，以各自利益为中心各自为战的现象十分严重，大大提高了企业集团的运作成本。财务共享服务在优化流程、降低成本方面的优势，使其成为财务转型的重要抓手。

站在集团整体业务流程的角度，我们可以结合价值链所反映的成本优势来理解这种动因。前面我们曾指出，共享服务是企业价值链的延伸。而价值链则是企业了解自身成本优势的工具。企业可以从价值链的角度来考虑产品开发、市场营销、售后服务等基本活动的成本，以取得生产体系和上下游活动最密切配合时的成本优势（Porter，1985），此时需要明确价值链当中的主要流程、辅助流程和子流程。

如果一个企业的价值链当中有类似的子流程，并且这些子流程可以交替地应用于每一个价值链。那么，企业作为一个整体，就可以在多个业务单元或部门中共享这些子流程（Strikwerda，2014）。从这一角度看，财务共享服务中心中承担的一般性的会计核算工作，也是企业价值链核心环节中存在的一个子流程，这个流程当中大量重复性较强、标准化程度较高的工作，便可以运用共享的理念在多个业务单元或部门当中进行共享。

进一步来看，企业价值链的不同部分或活动具有不同的成本曲线，包括边际成本和平均成本。当价值链共享了财务这个子流程后，可以使财务工作的长期平均成本处于或接近最小值，达到财务共享服务中心处理业务的最小有效规模。因此，实施财务共享后，可以对所有子公司采用相同的标准作业流程，废除冗余的步骤和流程，以固定数量的员工负责多个子公司相同流程的操作，进而通过员工熟练度的提升达到提高效率、降低成本的目的。

同时，财务共享服务中心会计处理的规模化“生产”、利用特定区域的人力、地区成本优势，也成为大幅度降低运作成本的原因。

2.集中规范管理，强化集团管控

随着企业集团的全球化经营和多元化扩张，集团逐渐形成了分散的财务管理模式。在这种分散财务管理模式下，集团总部对于分（子）公司的管控水平有限。在人员管控方面，由于财务人员的物理位置分散在各分（子）公司，当地公司领导对于财务人员行为导向的影响能力远远高于集团公司。即使一些公司采用了财务人员的逻辑集中管理，但物理位置带来的影响仍然不可忽视。在风险管控方面，由于会计信息分散在分支机构，总公司和分支机构之间信息不对称，导致总公司难以保证所获取的数据、报表等内容的真实性。同时，由于财务人员分散，总公司所要求的政策、制度等内容在分支机构的执行会存在较多的随意性，导致执行结果严重偏离。在这种情况下，财务风险管控水平会显著下降。

财务共享服务中心的出现，为集团管控水平的改进提供了一个很好的平台与工具。从事会计运营的财务人员在物理上实现了从分散到集中的转变，所有的人员能够基于统一的制度、标准、流程开展工作，人员管理、绩效考核能够得到有效的贯彻落实。同时，会计信息也实现了集中共享，此时，集团公司可以随时获取各分（子）公司的经营结果，并基于财务共享服务中心产生的数据进行实时财务分析。因此，从管控角度来看，财务共享服务区别于以往会计集中核算的做法，实现了会计核算流程的逻辑集中，这种集中有利于会计信息的实时性，并有利于加强集团管控的能力。

3.保证服务质量，提升工作效率

共享服务是商业经营，其运作应以顾客需求为导向，通过与客户签订服务水平协议，明确服务的内容、期限、质量等，要想顾客之所想，向顾客提供及时有效、质优价廉的服务，以便与其他服务供应商竞争。如果财务共享服务中心不能提供更好的服务质量或更低廉的服务成本，不能满足客户要求，客户有权选择其他供应商以获得更高质量、更高效率、更低成本的服务，客户的满意度直接影响合同是否续约。此外，在财务共享服务中心模式下，业务部门或外部客户参与对共享服务中心的监督，财务共享服务中心对其提供的服务成本和质量都承担责任。因此，财务共享服务十分注重服务的质量。这也体现了财务共享服务中心模式的目标优势在于“服务”，而不仅是“共享”。提供会计信息的真实性和准确性是衡量服务质量的重要标准，财务要实现转型，首先要确保会计信息的真实性和准确性，然后在此基础上发挥管理会计的作用，因此强调服务质量是财务转型选择财务共享服务的重要原因。

此外，由于财务共享服务中心可以成为单独核算的利润中心，出于对本身经营利润要求，财务共享服务中心会专注于流程再造以改进工作效率。以付款流程为例，70%的付款障碍来自采购流程，如采购预算与实际采购的差异、采购认可的价格与实收发票的差异以及付款条件与采购合同的差异等。财务共享服务中心为了以投入较少的人工进行更多的付款业务，势必全力关注于采购与付款循环的整体流程的效率。当基础的财务流程效率得到提升时，才有资源投向更具附加值的管理会计领域，实现会计职能转型。

4.利用会计信息，实现财务价值

我们在前面章节中谈及会计信息需求方的重新内化，指出面对会计信息生产的成本与效益权衡，管理者更倾向于自己使用会计信息。本部分我们将进一步讨论会计信息、财务价值以及财务共享服务之间的关系。

从信息生产的角度来看，管理者除了考虑成本与效益的问题外，还会考虑到信息的数量问题，数量包括提供更具体数值的“更优信息”和提供更多信息单位的“额外信息”。对会计而言，额外信息意味着引入新的信息系统，以报告历史成本系统未涵盖的事项（Scott，2018）。管理会计信息是向企业内部提供的以供管理者做出相关决策的信息，这些信息对比于原来的财务会计信息，是一种“额外信息”，正是这种额外信息提升了财务的价值。

美国会计学家巴鲁克·列夫和谷丰从经济学理论中推导出信息有用性的五大标准，其中之一就是“向投资者提供关于公司战略性资源的信息”（Lev et al., 2018）。“战略性资源”是指有助于公司创造价值的资源以及资源整合使用的能力，有价值、稀缺、难以模仿和不可替代是战略性资源的特征。管理会计信息作为额外信息之所以提升了财务的价值，就是因为其具备信息有用性的特征。

基于会计信息需求方内化的观点，通过这些额外信息所反映出来的战略性资源，除了弥补传统财务会计报告给市场投资者提供信息的缺陷之外，更重要的是促使集团内部对影响自身发展的关键战略资源信息进行识别，并通过管理会计的方法加以运用，有利于因此实现财务价值的提升。财务共享服务中心发挥的作用在于，它通过服务于业务客户，充分地了解业务并实现业财融合，为获取并使用额外信息创造了可能。而更深层次的原因，正是财务共享服务通过价值链的延伸，发挥虚拟价值链当中信息和知识产生的价值，这就是财务共享提升财务价值，成为财务转型起点的内在逻辑。

（二）财务共享服务建设成功的关键因素

国内外学者以及众多研究机构都对财务共享服务建设成功的关键因素做出过研究，主要集中于战略规划、选址、组织架构、人员管理、绩效管理、运营管理、制度和流程的标准化、流程管理、信息系统建设、服务和企业文化等方面（Grant and Delvin，1999；Janssen and Joha，2008；陈虎等，2011；Martin，2011；张瑞君等，2011；安永，2015；德勤，2015；杨寅，等，2016），众多观点之间存在相互交叉和选择，并没有统一的结论。

从财务共享服务作为起点、推动财务转型的视角来看，财务共享服务建设成功的关键因素主要包括战略规划、变革管理、流程管理、信息系统以及人员管理。其中，合理的战略规划、管理层的重视与支持是建成财务共享的保障，流程再造与持续优化是实现财务转型的重要途径，信息技术是重要技术平台，适应数字经济时代的复合型人才是财务共享服务未来发展的核心动力（见图4-9）。

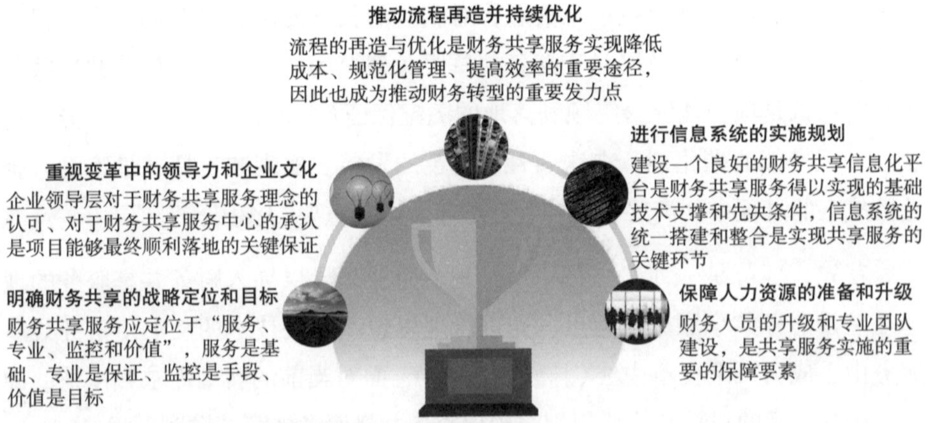

图4-9　财务共享服务建设成功的关键因素

1.明确财务共享的战略定位和目标

财务共享服务建设是对公司财务工作的一次重大管理变革，是关乎企业管理全局的一次重大管理变革，对财务共享服务定位的精准把控是赢得这场管理变革之战的关键。定位是基础，是前提，目标是战略，是源动力。对任何事情而言都是先有定位后有目标，只有准确的定位才能找到切实合理的发展目标，没有准确可行的定位，即使制订再好的目标也是空中楼阁。总结国内外财务共享服务建设经验，财务共享服务应定位于“服务、专业、监控和价值”，四个定位的关系是：服务是基础、专业是保证、监控是手段、价值是目标。

财务共享服务明确定位后，目标也就明确了，即：以客户需求为导向，以优质服务为载体，以专业与监控为抓手，以价值提升为目标，按照专业化管理、市场化运营、信息化集成的总体思路，建成高效、专业、统一、规范的财务共享服务中心，将财务共享服务中心建成财务专业服务中心、财务人才培养中心、企业内外协同中心和数据价值创造中心。在此基础上，可以进一步考虑财务共享服务中心建设过程中的模式选择、职能定位、业务和区域范围以及选址等具体问题。

2.重视变革中的领导力和企业文化

企业的经营理念在很大程度上是企业管理者思想的延伸，企业管理者如果没有鲜明的经营理念或理念落后，对企业的长远发展和生存都会产生很大影响。因此，企业领导层对于财务共享服务理念的认可、对于财务共享服务中心的承认是项目能够最终顺利落地的关键保证（王小静，2011）。领导力是企业管理变革的催化剂，在这项管理变革的发起、实现和支持并最终融入企业的战略的过程中，高层领导和管理层起着至关重要的作用。

首先，变革是一种“一把手”工程，企业领导层导入财务共享服务的理念是建设财务共享服务的起点。先进管理思想和新兴技术的交汇使财务共享服务中心成为一个变革中心（陈虎，2018），面对当前的转型需求和疫情的冲击，做好长远的目标和战略规划将确保财务共享服务的变革顺利开展。

其次，管理层对这场变革的认识和角色定位同样重要。管理层需要充分认识到共享服务中心在为企业带来的好处，在业务、方法与工具和人员调配等方面提供支持，并使企业实施的财务共享服务中心符合企业战略方向。

最后，财务共享服务作为一项财务管理模式和管理结构的根本性变革，又是一个较长时期内才能够完成的项目，并已经成为企业数字化转型的一个关键发力点。要想在企业内部顺利推行，必须将这种变革的基因根植于企业文化当中，实现企业以财务共享服务中心为起点的持续演化与重塑。

3.推动流程再造并持续优化

流程（process）是指一组为客户创造价值的相关活动。流程是企业运作的基础，企业所有的业务都需要流程来驱动，它把相关的信息数据根据一定的条件从一个人（部门）输送到其他人员（部门）并得到相应的结果，再返回到相关的人（或部门）。一个企业不同的部门、不同的客户、不同的人员和不同的供应商之间都是靠流程来进行协同运作，流程在流转过程可能会携带相应的实务流、资金流、信息流进行流转，一旦流转不畅就会导致企业运作不畅。

流程管理（process management）是一种以规范化的构造端到端的卓越业务流程为中心，以持续地提高组织业务绩效为目的的系统化方法。流程管理内涵中包含几个关键词：规范化、流程、持续性和系统化。流程自然是流程管理的核心，流程管理的本质是构造卓越的业务流程。流程管理中的流程应是面向客户目标的流程，流程中的活动都应该是增值的流程。流程管理保证了一个组织的业务流程是经过精心的设计，并且这种设计可以不断地持续下去，使流程本身可以保持永不落伍。

共享服务的核心也是流程的共享。共享服务中心的建设前后的主要思路是不断分析、鉴别、改进、优化现有业务流程，使流程真正做到最优化。在财务共享中心建设过程中，流程标准化和科学化是财务共享服务得以高效运作的基础，同时会影响企业内部信息系统的连接，也是实现信息化的前提。

由于企业业务领域的拓展、组织结构的变化、战略目标的转变，流程管理不可能一次完成，而是一个持续性的过程，这就需要建立不断进行自我优化的机制，从而实现流程的持续评估、改进和提升，以满足公司成本、战略、合规性上的要求，避免由于流程等相关内容的变化而带来财务共享服务质量的下降。财务共享中心业务流程的持续改进同样可以通过细节改进、流程再造的方式实施。但无论通过何种方式落实，财务共享服务中心的持续流程改进的目标不能脱离企业对于公司整体战略、成本、效率和合规性方面的要求。流程的再造与优化是财务共享服务实现降低成本、规范化管理、提高效率的重要途径，因此也成为推动财务转型的重要发力点。

4.进行信息系统的实施规划

在整个财务共享服务中心的业务中，信息化建设是基础，是支撑全业务流程的脉络。对于包括财务前后端的业务而言，与财务流程的整合是提升效率、防范风险的关键，而系统建设是实现这一目标的关键手段。因此，在整个财务共享服务建设项目中，各模块之间系统的整体规划和统一整合、处理好流程管理与信息化建设的关系是必须考虑的关键成功因素。

（1）信息系统的规划与整合。

在财务共享的建设初期，各分（子）公司的财务系统建设程度不统一，能力各异，甚至存在明显缺失，此时需要实现的是统一所有单位的系统平台、功能和流程（陈虎，2011），根据业务需求建立各类财务运营、会计核算、资金管理和税务管理系统时，要能够站在集团公司的角度和企业财务条线角度，考虑系统的整体规划。

在系统规划中实现各类业务相对应的系统后，如果企业多样化的信息系统之间缺乏技术上的整合和统筹实施，则会大大降低协同效应的效果，因此便需要进行相应的信息系统整合工作。从建设失败的经验来看，许多实施财务共享服务中心的企业没有达到预期的投资报酬率、运营效率与服务质量的提升，原因在于财务信息系统没有与财务共享服务中心相对接，无法达到财务共享中心系统的标准，规模效益自然无法显示，流程的效率也无法提高。可见，信息系统的有机整合是决定财务共享服务中心有效运转的关键因素。

（2）利用信息技术优化流程管理。

关于流程管理与信息技术之间的关系，Kris（2003）认为，借助信息技术平台，可以加快流程固化，减少人工操作，实现共享服务中心业务流程的自动化处理，进而提高流程管理的效率和质量。伯杰龙（Bergeron，2003）指出信息技术为流程管理提供了必要的工具和手段，使企业有能力改变传统的管理方式，为整个企业集团业务流程的开发和实施创造广阔的平台。在实践中，流程管理与以信息技术为基础的信息系统之间的关系并没有被很好地处理，更有企业将流程再造简单理解为信息化，而真正将流程再造和信息化有机融合的企业并不多见（曹仰峰，2014）。财务共享服务中心的流程再造和信息系统建设，本质上是管理问题。信息系统的规划与整合，前提是通过流程再造的思维解决财务共享服务的管理问题，信息系统是一种辅助手段。否则，信息化只是将管理问题由线下搬到了线上。正如海尔张瑞敏所说的："IT是企业发展的必要条件，但不是充分条件，管理创新才是！有IT辅助管理，企业不一定卓越，但无IT企业一定失败。重要的是两者的融合。"

总之，建设一个良好的财务共享信息化平台是财务共享服务得以实现的基础技术支撑和先决条件，信息系统的统一搭建和整合是实现共享服务的关键环节。只有在信息系统的支持下，财务共享服务模式才可以跨越地理距离的障碍，向其服务对象提供内容广泛的、持续的、反应迅速的服务。共享服务的模式是在信息技术支持下的管理变革，只有利用现代的IT 技术，才能使企业集团的财务共享服务真正落到实处。通过整合信息系统，建设财务共享服务中心的系统平台，实现公司级数据信息共享，才能进一步为搭建数据中台打下基础。

5.保障人力资源的准备和升级

财务共享服务中心区别于传统的财务组织，主要体现在两个方面：第一，它是一个流程驱动的组织，非常强调标准化和可量化性；第二，从组织架构的搭建到工作职责的匹配，体现在对每个组织和岗位需要从哪些地方招募什么样的人、需要多少人以及对中心人员能力的要求等方面，因此对项目实施过程中的人员准备和升级都提出了要求。

（1）人员准备与项目实施进度要匹配。

在财务共享服务中心建立的过程中，关于中心人员的到位基本上有三种方式：一是全部由企业各级机构抽调组建；二是全部由外部招聘；三是企业抽调和外部招聘相结合。而无论哪种模式抑或两者兼有，人员准备与项目实施进度的匹配是至关重要的。在项目推进过程，几乎所有的项目落地都会挑选一两家成员企业进行试点，来检验业务流程是否通顺、系统是否运行平稳、纳入企业反弹是否太大等。而试点的时间也会根据试点效果来进行确定，所以对于人员准备方面，需要随时根据业务需要进行调整，避免因为预估不足，造成业务量大幅增加而人员准备不足无法应付的情况出现。

（2）人员培训需要及时并适合财务共享。

无论是哪种人员准备模式，培训都是需要的。由于财务共享的模式已经脱离了传统的会计记账、资金支付的模式，因此，在处理规则、流程操作等方面都需要准备相应的培训。在财务共享模式下，首先需要将财务共享服务中心的理念介绍给新员工；其次是专业培训，需要将业务规则进行讲解、介绍行业业务流程，更重要的是，信息化建设带来大量的系统操作，所以系统的实际操作培训变得尤其重要。

财务共享中心建成后，随着自身的发展和业务范围的扩大，对财务共享中心从业管理者素质的需求越来越高，这也是财务共享未来发展的核心动力。财务人员除了需要熟悉企业和共享中心业务的操作，系统掌握财务管理知识、会计核算知识之外，还需要具备一定的数据分析、利用能力和管理能力，以便参与到报告评估、预算分析、资金成本控制、战略风险管理、企业价值评估等深层次的财务工作。

财务人员的升级和专业团队建设，是共享服务实施的重要的保障要素。这需要针对不同类型的财务人员，制定清晰、透明的职业发展通道和岗位职业规划，使业务财务人员学习业务、了解业务，完善知识管理与培训机制，纳入企业人才发展战略，给予足够的支持（用友科技，2019）。财务共享中心未来的发展依靠具有知识复合、能力复合、思维复合，能在多方面、多领域发挥效能的复合型人才。

（三）看上去很美：财务共享服务中心建设的期望差距

对关键成功因素的选定，是为了表明发挥财务共享在推动财务转型方面的优势的关键点。基于对财务共享服务的定位和未来的期望（见图4–10），当前财务共享服务是否真的完美无缺？还存在哪些不足？

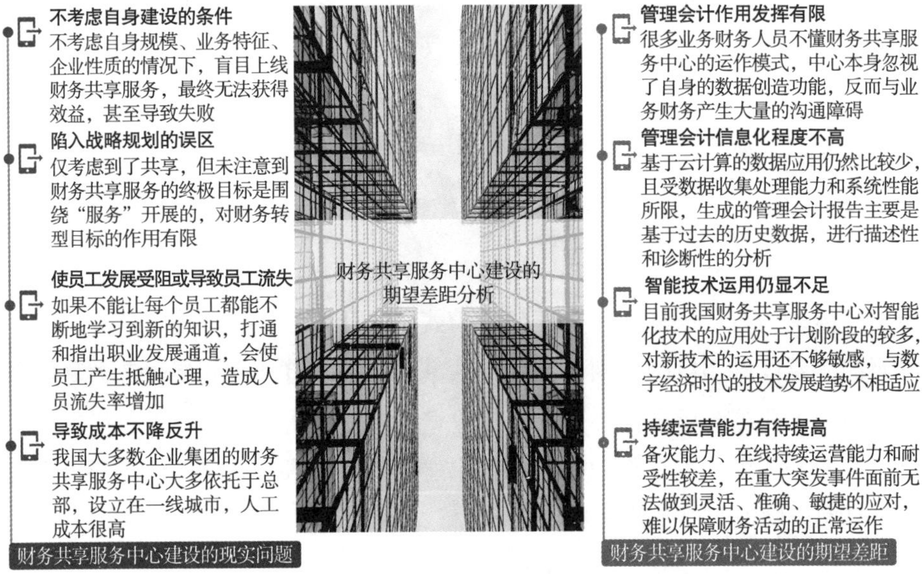

图4–10　财务共享服务中心建设的期望差距分析

1.财务共享服务中心建设的现实问题

（1）不考虑自身建设的条件。

首先，财务共享服务中心适用于大型企业集团，以此才能体现规模效应，才能最大限度地减少人员数量，直接降低人力成本；其次，可以纳入财务共享服务的业务范围必须是具有同质性、重复性强、劳动密集型、具有统一服务标准、行为方式与业务规则，可自动化处理的业务，这样才能体现效率提升和标准化程度；最后，财务共享服务中心建设适用于在战略上不断扩张甚至全球化经营的企业集团，并购重组是这类企业的常态，财务共享服务中心可以大大降低管理的难度，促进新业务的快速整合和资源集中。

然而，受到国家政策和成功企业示范效应的影响，当前存在一种“为了建共享而建共享”的误区，甚至呈现出一种“攀比”的心态。一些企业在不考虑自身规模、业务特征、企业性质的情况下，盲目上线财务共享服务，最终无法获得效益，甚至导致失败。

（2）陷入战略规划的误区。

正确理解共享服务的内涵，将财务共享服务的建设与自身财务转型的目标相融合，才能充分发挥共享服务的作用。通过我们对分散、集中和共享的区别可知，财务共享服务绝非会计集中核算。但当前，财务共享服务中心存在服务定位缺失的问题（李闻一，2017），许多集团公司仍将财务共享服务中心定位为通过集中，监督会计核算的工具，将其简称为“财务共享中心”，甚至“会计加工厂”。还有很多企业集团的财务共享中心依托集团总部进行设置，当大量财务人员集中在脱离业务平台的管理上时，部分共享服务的企业表现出了“共享”而不服务的突出问题，导致机关作风严重、效率低下，违背了财务服务于业务的初衷。这些都源自对共享服务概念的误解、对预期目标的理解上存在偏差，在建设共享服务的战略规划上陷入了误区，仅考虑到了共享，但未注意到财务共享服务的终极目标是围绕“服务”开展的，对财务转型目标的作用有限。

（3）使员工发展受阻或导致员工流失。

财务共享服务中心的作业大多是流程化的、重复性强、工作强度大的简单业务操作，与其所招生的研究生、本科生的人员素质并不匹配。加之，如果没有建立起数据处理和信息服务机制，仅仅成为“会计工厂”，那么共享服务中心的工作与其他部门接触的机会较少，工作内容也相对枯燥，这对于员工的可持续发展和学习带来了很大的挑战。

如果不能让每个员工都能不断地学习到新的知识，打通和指出职业发展通道，仅是日复一日年复一年重复现有的工作，本身会使员工产生抵触心理，造成人员流失率增加，同时也难以持续吸引外部的优秀人才，来实现下一步的转型。此外，不适当的作业导向激励措施很容易导致员工不思进取，使共享服务本身的优势由于人员素质不高而难以得到充分发挥，增值服务功能的拓展受限。

（4）导致成本不降反升。

经济因素是建设共享服务的最初动因，也是财务转型选择财务共享服务作为起点的原因之一。但事实上，我国大多数企业集团的财务共享服务中心大多依托于总部，设立在一线城市，人工成本很高。从已经建设财务共享的企业来看，大多数企业害怕变革带来管理和人员的不稳定，影响业务增长的水平，尤其是国有企业，出于平稳过渡和社会责任的原因，一般不会进行大幅度的裁员或者转型，而会采用上述抽调或重新招聘的方式，来组建财务共享中心的人员队伍，结果就是人员更多、人力资源成本不降反升。

此外，财务共享中心的建设对于 ERP 系统高度依赖，这决定了财务共享中心的建设必须在 ERP 解决方案实施后才能进行下一步，而企业 ERP 变革方案的解决需要投入大量的时间和成本，还要指派专人来负责设计财务共享中心的信息管理模式、系统更新替代方案的选择，又给企业带来严重成本负担。正因如此，如何有效部署可以代替人力的自动化技术、实现财务人员技能的转型，并且探索基于云服务的财务共享平台建设显得更具紧迫性，也更有价值。

2.财务共享服务中心建设的期望差距

除了建设过程中的现实问题外，在通过财务共享推进财务转型的过程中，存在着最初设想与建设成果之间、现有水平与未来发展之间的“期望差距”，具体表现在：

（1）管理会计作用发挥有限。

建设财务共享服务中心的目的之一就是实现财务转型，实现业财一体化，为战略和业务提供决策支持，发挥会计的服务职能。但是，由于很多业务财务人员不懂财务共享服务中心的运作模式，再加上中心本身也忽视了自身的数据创造功能，财务共享服务中心反而与业务财务产生大量的沟通障碍。甚至在某些情况下，本来应该一体化的业务型财务与核算型财务之间会对某一些领域业务、职责划分、权属关系等问题上持不同的观点而产生矛盾，影响公司财务内部合作关系，影响财务部门工作整体运行效率，彼此之间分离的状态时有发生，影响管理会计作用的发挥。这在某种程度上与最初的设想大相径庭。

（2）管理会计信息化程度不高。

数字经济下，推动财务转型需要发挥数据在管理会计中的作用，管理会计信息化是实现这一目标的重要手段。管理会计信息化在获取数据的基础上，利用模型对数据进行处理和计算，再通过各种形式呈现，以供管理者进行分析决策（李彤，2018）。面对剧增的数据量和日益复杂的决策，云计算为财务共享服务中心提供了超大的存储空间、更强的计算能力，而且能够聚集全球优秀的算法精英，为人工智能的运用提供路径，以此来推进管理会计信息化发展（李闻一，2018）。可以说，利用云计算提升财务共享服务中心的数据处理能力，是提高管理会计信息化程度的重要途径。

然而，当前财务共享服务中心基于云计算的数据应用仍然比较少，而且受数据收集处理能力和系统性能所限，生成的管理会计报告主要是基于过去的历史数据，进行描述性和诊断性的分析。如何将财务共享服务中心打造成“数据优先”的数据中台（元年科技，2020），充分发挥数据的预测性作用，提升管理会计信息化能力，是财务共享服务中心建设当前需要考虑的问题。

（3）智能技术运用仍显不足。

在财务共享服务向数据中台转变的过程中，逐步部署智能化技术，实现智能财务，是财务共享服务中心重要的发展方向。智能财务的发展高度依赖信息技术的进步，除了人工智能技术之外，还包括大数据、移动互联、云计算、物联网、区块链以及机器人流程自动化等关键技术（刘勤，2020）。

然而，目前我国财务共享服务中心对智能化技术的应用处于计划阶段的较多，真正投入测试并使用的并不多（SSON，2018），李闻一（2018）经过对我国企业的调查后也指出，财务共享服务中心对新技术的运用还不够敏感，与数字经济时代的技术发展趋势不相适应。新冠肺炎疫情加速了企业数字化和智能化转型，但当前在财务共享服务中，智能化应用的场景仍然不足，这也成为阻碍智能财务实现的一大原因。在未来，财务共享服务中心应更加主动地拥抱智能化技术，思考如何由自动化的应用向智能中心转变。

【神州云和实践案例】

打通财务共享服务最后1公里

N公司是全球领先的生物制药公司，在胰岛素开发和生产领域居世界领先地位，并在肥胖症、罕见血液疾病、内分泌紊乱等严重慢病治疗领域进行研发和药物生产。N公司全球员工总数超过4.35万人，分布于全球80余个国家和地区，产品销售遍布179个国家。N公司成立于1923年，早在60年代就已进入中国市场，2019年，在中国区销售收入超过130亿元。

N公司作为一家全球布局的药品生产企业，在企业内部信息化管理方面，也作出了卓有成效的探索。N公司通过全球领先的S-ERP系统，对核心业务、财务流程与数据进行管理，并通过S-ERP旗下C报销系统，提升报销效率，实现与S-ERP系统主数据打通。N公司在中国区的财务管理，采用财务共享中心模式，各地分支机构的员工报销、对公支付业务，通过C报销系统和S-ERP供应链管理模块进行审批确认，线下将相关单据、凭证，通过邮寄方式寄送至共享中心，由共享中心进行单据、凭证的扫描，数据录入，票单一致性校验，凭证合规性校验以及纸质单据分拣归档。

共享中心模式，对于跨地区多分支机构集团企业来说，极大地降低了财税管理的重复建设投入，提高了资源利用效率，同时加强了对各分支机构的财税数据管控。但财务共享中心模式，仍有许多痛点现实存在，且在过去较长的时间范围内，没有出现较为可行和有效的解决方案。影像和数据都已实现自动化处理，并在一定程度上实现了数字化，智能化，但在纸质单据处理层面，收单、退单、审单等人工校验环节一直无法替代。

共享中心模式最后一公里：纸质单据自动化处理和智能批量审核

N公司通过S-ERP系统和C报销系统，实现业务和财务数据的共享，但当中国区所有分支机构的纸质单据集中于共享中心统一处理，财务共享中心的业务处理效率，就成为制约整个集团财税效率的瓶颈，人工处理模式无法满足日益增长的业务需求，这也成为N公司接下来着力重点解决的问题。

摆在N公司面前的难题概括起来主要有以下两个方面：

1.应付业务合规性审核的滞后性

首先，凭证本身的税务风险校验滞后，包括凭证的伪造、篡改，发票作废、红冲异常状态以及销方走逃、失联等黑名单风险等，在报销和对公支付审批发起环节中，无法预先进行校验，寄送至财务共享中心后，人工校验，发现问题再邮寄退回，导致合规校验的周期长以及极高的单据往返快递成本；其次，在共享中心审核环节，票单一致性校验需要人工逐一比对及核算报销单据、凭证数据，效率低，成本高，且容易出错。

2.纸质单据处理的效率问题

共享中心模式下，各分支机构的财税管理成本得以最大限度的缩减，但单据处理的工作量并未减少，交单、退单、审单的过程战线拉长，在共享中心处理纸质单据的过程中，仍然需要面对大量纸质单据的分拣、核对、扫描等工作，都需要通过人工方式处理。某种意义上来说，财务共享中心模式一定程度做到了“降本”（如果将收退单快递成本计入，实际情况可能“降本”目标也并未真正实现），但是并未“增效”。

解决以上两个具体问题的思路，最合适的解决方案就是通过“机器”代替人工，让复杂的事情简单做，琐碎的事情自动做。具体来讲，就是在共享中心单据集中处理环节，实现批量自动票单一致性核验，以及凭证自动合规校验，纸质档案、影像数据自动归集和匹配关联。当纸质单据处理流程变成全自动化智能化的处理方式，财务共享模式才算是成为一个完整闭环的智能化协同生态。

应用物联网智能收单机器人，实现单据、凭证、影像、数据一体化智能管理

N公司最终通过神州云合设计的纸质单据软硬件一体整体解决方案，为财务共享中心单据处理效率带来了质的飞跃。

在神州云合设计的整体方案中，引入了一款名叫“单多啦”的智能收单机器人，智能收单机器人连接云平台智能审核校验引擎、单据流转追溯引擎、影像归集引擎，建立进项票据数据池，并与S-ERP系统供应链管理模块、C报销系统进行对接，解决了纸质凭证自动批量归档、自动凭证合规校验、智能票单匹配核对、影像及凭证数据集中归档关联等4大问题，如图4-11所示。

首先，在报销和对公支付流程发起时，植入会计合规预审核环节。在员工报销和对公支付业务场景下，根据N公司需求，员工仍通过费控C系统和S-ERP系统进行内部业务合规校验，主流程不发生变化。在保持现有主流程基础上，在报销单生成和对公支付发起阶段，要求员工通过C终端或S-ERP系统拍照上传凭证影像，系统自动通过OCR方式，关联并提取相关凭证数据，再通过智能合规校验引擎，实现对增值税发票真伪、重复报销、销方黑名单、敏感词等强规则的自动校验，当基础预审规则无法通过时，直接状态反写C系统和S-ERP系统，对于发起的内部报销和支付流程直接预警或中止，

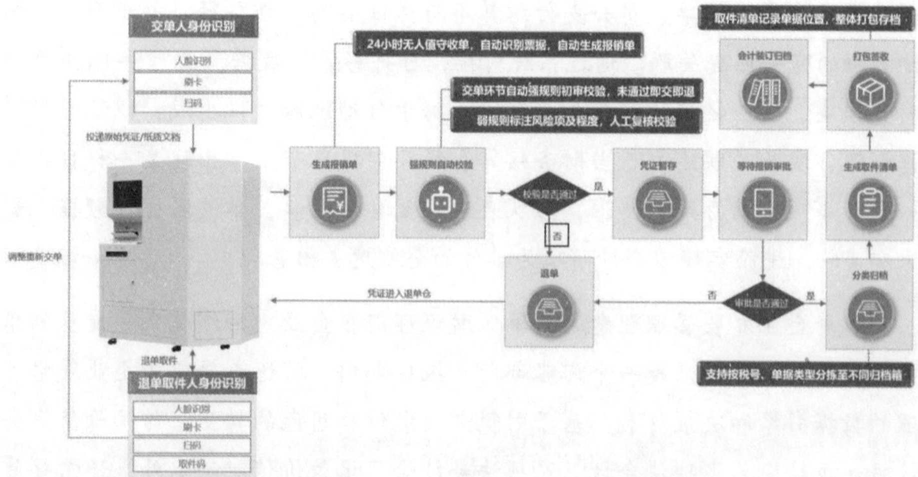

图4-11　神州云合-“单多啦”智能收单柜业务流程

无须在实物凭证寄往共享中心后，查验发现问题再寄回退单，有效降低退单率，节省了纸质单据往返快递成本。

其次，在共享中心部署智能收单机器人，实现纸质单据批量分拣归档、自动票单匹配和二次合规性校验。当内部报销及对公支付流程审批通过后，员工打印报销单封面，粘贴原始凭证，将纸质单据一同寄往共享中心。共享中心专设收单岗，收单岗人员将收到的纸质单据直接投入智能收单机器人。机器人自动扫描报销单条码，在C系统或S-ERP系统中，查询和调用相关审批流程数据，并对凭证实物进行二次扫描和数据提取。通过智能收单机器人，可将从系统中采集的发起审批时填报的数据，与实际收到的纸质凭证数据进行对比校验，实现自动票单匹配校验。当申报数据与实物提取数据不一致时，做退单或人工判断处理；当凭证实物短缺时，通知相关员工补足凭证。此外，智能收单机器人可以对审核通过的单据按税号、按科目等不同维度进行自动分拣、分类，存放于指定归档箱，并生成取件清单，当归档箱容量已满时，可批量取出，统一装订为账簿。

最后，基于智能收单柜实物、影像、数据采集能力，实现应付业务全流程协同。智能收单柜支持全票种影像采集和数据提取，包括发票、单据、合同、文档等各类纸质会计档案。合规单据自动分拣，定向追溯，存放路径关联，进而实现报销单、对公支付结算单与凭证实物存档路径、电子影像、明细数据的完全匹配关联。通过系统对接，可将影像、数据，反写S-ERP系统财务模块、供应链模块和费控C系统，用于自动记账凭证生成，以及原始凭证影像、实物关联追溯。当财务核算和税务申报环节中，出现某一科目或某一会计事项数据存疑的情形，可从表追溯至具体的单，单关联凭证数据、影像和实物，进而实现以会计事项为单位的全维度支出管理。

随着企业发展管理理念的变革，财税部门在企业中扮演越来越重要的角色。财税部门不再只是一个记账部门、报税部门，将逐渐转变为企业战略管理的数据引擎和决策智囊。基于财税部门定位和角色的转变，传统价值法会计将逐步转变为事项法会计，事项法会计除了记录价值流动以外，还需要最大限度地保留与会计事项相关的业务细节和历史处理过程数据，进而为企业管理不同角色提供定制化数据输出能力。

在企业支出管理层面，会计事项通过单据、凭证沉淀数据，并建立统一的进项票据池，用于管理维度和财务维度的数据输出。N公司采用智能机器人，实现纸质单据自动收退单、审单和影像数据管理，可极大地提升会计事项过程数据采集的效率和准确性，进而有力地支撑企业数字化、智能化财税变革进程。

（4）持续运营能力有待提高。

当财务共享服务中心的建设者正在致力于调整组织结构、进行流程再造、升级财务人员、探讨如何实现业财融合和财务转型之时，突发的疫情对财务共享服务中心乃至企业的持续运营能力带来警示。由疫情导致的运营中断问题使许多财务共享服务中心发现自身备灾能力、在线持续运营能力和耐受性较差，在重大突发事件面前无法做到灵活、准确、敏捷的应对，难以保障财务活动的正常运作（安永，2020）。在连接思维下，高度在线化、无接触的财务工作是财务转型的又一方向，如何进行全面的线上化和无纸化部署，提高共享服务中心应对后疫情时代新常态的能力，是对财务共享服务中心建设提出的新要求。

综上所述，看上去很美的财务共享服务中心其实也并不是想象中的那么完美。企业集团应该认真评估自身的业务特征、信息化基础与组织发展战略，考虑清楚财务共享服务中心的战略定位，否则，人云亦云，盲目跟进，就难以达到理想中的财务共享服务中心建设愿景。而且，建成企业的财务共享服务中心，仅仅是实现财务数字化转型的第一步，未来财务共享的数字化转型，以及在此基础上智能财务的构建，还需要我们不断地探索与创新。

三、财务数字化转型始于共享服务：数字化观点的解读

（一）财务共享服务为财务数字化转型提供数据基础

数据是决策的基础，财务的价值在于运用管理会计工具发挥数据对于决策的信息支撑作用。会计作为一个信息系统，要发挥信息对改善决策的作用，前提是捕获不同类型的数据，并对其进行加工处理形成信息，信息数量的增加和质量的改善可以帮助用户做出更好的决策（Marshall，2012），因此数据的质量与数量将直接影响到获得的决策质量。财务共享服务更新了系统中数据输入的情况和对数据利用的水平，同时体现着大数据管理的要求。结合前面谈到的集团公司会计数据管理的问题，财务共享服务为财务转型提供数据基础的优势体现在以下几个方面，如图4-12所示。

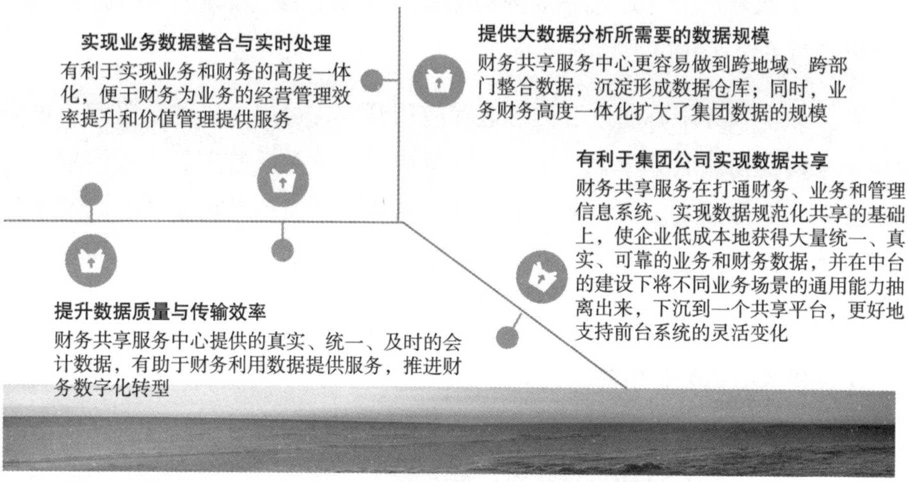

图4-12 财务共享服务的数据基础优势

1.提升数据质量与传输效率

前面指出，分散的财务管控模式由于管控能力较弱，容易导致会计数据失真。财务共享服务中心作为企业的财务大数据中心，可以对所有的交易性业务、相似性质的业务设置统一的数据接口，规范统一各类会计数据的处理流程、数据标准，以确保数据的一致性和可比性。同时，集中处理会计数据，可以强化集团对分支机构会计数据的管控，确保集团上下是一个目标一致的信息系统，进而保证会计数据的真实性，避免会计数据由下向上层层传递而失真的情形。

加之，集中处理避免了集团总部与分支机构数据传递与合并带来的交互不及时的情况，财务共享服务的规模效应也使集团缩短了生成原始会计数据所需要的时间，优化了数据传输的效率。财务共享服务中心提供的真实、统一、及时的会计数据，有助于财务利用数据提供服务，推进财务数字化转型。

2.实现业务数据整合与实时处理

传统信息系统“烟囱式”的建设，阻碍了数据的跨业务连接，财务共享服务能够将传统模式下相对分散的各类财务工作和财务相关职能进行有效整合，从而实现内部信息的快速传输和有效交流，有利于将企业财务流程和业务流程联系起来、会计数据和业务数据整合起来，缓解数据“孤岛”问题，使整体信息系统运转更为顺畅。

财务共享服务中心通过流程再造和应用开发，可以通过差旅服务、供应商集中采购、物流服务集中、人力资源集中、客户关系管理集中等措施，实现财务介入业务前端。这种模式下，会计核算、结算的数据来源全部由业务前端产生，有利于实现业务和财务的高度一体化，便于财务为业务的经营管理效率提升和价值管理提供服务。

3.提供大数据分析所需要的数据规模

由于大数据具有价值密度低的特征，因此数据规模是发挥数据价值的重要前提之一。数据规模不仅指数量，还包括数据类型的多样化和数据范围的扩大。在数量上，财务共享服务中心在统一数据标准的前提下，拥有相关子公司的所有财务数据，做到凭证、账簿、报表的跨地域、跨部门整合。当财务共享服务中心把整个集团公司的基础核算业务集中在一起处理时，本身也就意味着相比于传统模式下更大的会计数据规模。在类型上，数据业财一体化使会计数据不再仅是一个核算结果，而是包含与其同步产生、同时流动、高度相关且类型更加多样化业务数据。通过财务共享服务，会计核算能清晰追溯至业务交易过程，通过对业务交易信息的丰富记录，获取包括业务数据、基础数据和管理数据在内的半结构化甚至非结构化数据。在范围上，财务共享服务中心通过银企互联系统、电子商务系统等获取第三方数据，包括银行对账信息、电子商务售价和销量信息等，甚至通过互联网、国内外政府统计数据库和第三方数据库获得全面且可靠的数据支撑（冯铭韵，2017），通过对各类数据的深挖，为集团提供全方位管理数据，推动企业的数字化转型，以支持实时、智能管理决策。

4.有利于集团公司实现数据共享

当数据实现规模积累后，要真正发挥整个价值链当中信息和知识的价值，还需要实现数据共享。数据共享是指企业内部系统当中数据的互联互通，企业数据共享的方式更加适应当前大数据的环境。当数据实现共享时，除了保证唯一的数据来源之外，各个系统或应用不必为取得同一个数据进行重复工作，进而节约了时间和资源。在此基础上，财务共享服务可以为管理会计的发展提供更好的数据支撑，数据服务可以更加随需应变、满足业务需求和管理需求。

由此，财务共享服务的“共享”的内涵也延伸到了数据共享。财务共享服务在打通财务、业务和管理信息系统，实现数据规范化共享的基础上，使企业低成本地获得大量统一、真实、可靠的业务和财务数据，并在中台的建设下将不同业务场景的通用能力抽离出来，下沉到一个共享平台，更好地支持前台系统的灵活变化。

（二）财务共享服务为财务数字化转型提供组织基础

财务要实现转型，财务组织架构与人员方面的转型同样重要。在传统的组织理论中，资源如何更好地分配并没有被当成设计组织结构时的一个考虑要素（Strikwerda，2014）。由于早期人们对财务共享服务的认识停留在提供集中核算的“会计加工厂”，导致在实施的过程中并未很好地体现出其潜在的组织与人员变革、优化资源配置的思想。

在效率和速度的要求下，资源总是稀缺的，资源配置的实质是需求和供给均衡的计算问题（何大安，2018）。财务工作本身在核算、报告等事务性业务与增值性业务之间面临理性选择。集团作为资源配置的主体，自然希望资源向后者倾斜，以促进组织战略的实现，创造更多价值。但是，在传统的财务组织架构中，我们却会发现，超过70%的人员从事的是基础财务会计工作。这类工作大多是为了满足对外报告和合规的要求，对价值创造的贡献较少，但却耗费了财务人员大部分精力。如果不能释放这部分资源，财务转型将无从谈起。财务共享服务模式通过将财务会计工作进行流程再造与标准化，将分散式、重复性的财务工作进行整合，集中到财务共享服务中心进行统一处理。由分散到集中的规模效益、流程的标准化和技术的进步极大地释放了核算资源，为解决财务资源的高效配置提供了可能性。财务共享服务中心的建立，使财务人员从传统的低附加值、占用大量劳动力的传统会计核算业务中解脱出来，去从事更加具有附加价值的业务财务和战略财务，进而形成共享财务、业务财务和战略财务的专业化职能分工，无形中划分了企业集团的交易处理团队、管理控制团队、决策支持团队。财务共享服务建立的目的表面上是集中，其实是为了未来高附加值财务人员实现更好地分散到各个业务中心和地方区域公司，以更好地服务于当地的管理层，从事预算管理、财务分析、绩效考核、税收筹划、战略管理等高附加值的管理会计工作，了解业务部门需求，促进核心业务发展。

由此可见，财务共享服务是解决事务性业务与增值性业务资源有效配置的前提，只有将财务人员从大量的事务性工作解放出来，才有机会进一步考虑财务数字化转型的方向问题。

（三）财务共享服务为财务数字化转型提供技术基础

期望总是好的，现实却是财务共享服务中心面临着二次转型的问题。由于战略规划和认识上的失误，使许多企业集团财务共享服务中心建设结果陷入“共享”而不“服务”的尴尬境地，甚至出现业财进一步分离的结果。传统企业数字化转型的技术理念为财务共享服务二次转型提供了理念与技术支持，如何利用这些技术优势充分体现财务共享服务的组织平台化与数据共享化，成为数字化时代财务共享服务新的选择。企业也充分认识到，只有基于财务共享服务数字化，构建大数据信息的共享平台才能为企业带来流程的整体优化和业绩的提升，进而达到企业财务数字化转型的目标。财务共享服务不断的进化发展为财务转型提供了重要的技术基础。它包括信息系统的搭建和各类信息技术的运用与迭代。

目前，企业的信息系统建设包括企业资源计划（ERP）系统、会计核算系统、费用控制系统、资金管理系统、影像管理系统，以及财务辅助支持系统等，这些都逐步导入了财务共享服务中心，并且不断升级。例如，通过简单的会计引擎，可以实现记账从人工向自动化的转变；费用控制系统在自动化和数据可视化技术的运用下向财务共享服务作业平台及运营管理平台转变；影像管理系统也从简单的扫描、挂接、展示升级为电子会计档案管理系统；随着基于接口的自动管理技术的运用，资金管理系统也从传统的银企互联演变为功能复杂的全面业务系统，财务共享服务中心在系统建设和技术迭代中不断提升专业化能力。

可见，过去大量财务信息系统的建设已经对财务转型起到了重要的作用。并且，随着智能技术的不断发展，这一领域仍然有大量的空间能够进一步地消除人力，提高价值产出工作的比重，实现财务的数字化转型升级。当电子发票、电子合同使大量纸质凭证从源头实现数字化后，计算机能够通过建立大量的规则、模型，将财务人员手工作业时所使用的思考、分析、判断动作进行系统化，同时借助RPA技术，为系统之间难以集成的业务提供解决方案，从而达到将复杂财务运营业务自动化、智能化的目的。

前期的信息系统建设和技术运用，为未来进一步的财务转型搭建了技术运用平台。财务共享服务中心的数字化转型可在此基础上将现有的系统架构升级为基于云计算模式的IT架构，并且运用数据采集、数据标准化（如

XBRL）、数据转换、大数据存储、系统集成等技术实现集团财务共享服务中心信息化平台的集成，并逐步建设起大数据中台，将人工智能、云计算、大数据挖掘等技术应用到集团的管理与决策支持中，为实现财务的转型升级创造更有利的条件。可见，财务共享服务中心不断的升级再造，为财务数字化转型，甚至整个企业数字化转型搭建了重要的技术应用基础，甚至演变为未来智能财务的关键平台。

（四）财务共享服务为财务数字化转型提供了决策服务理念基础

当前，大型企业集团的经营活动面临着集约化、规模化和国际化所形成的挑战，而风险带来的不确定性更是加强和提升了企业科学的财务预测、分析、控制与决策能力的需求。

前面我们已经指出，会计在新环境下应凸显其服务职能。财务共享服务在释放核算资源、实现财务组织的专业化分工后，更有利于发挥其服务的职能，这种服务职能一方面是提升现有核算的服务效率，但这仅是最初级的功能；另一方面，更为重要的是运用数字技术手段，提供一种基于大数据的服务支持。

财务共享服务通过移动终端进行数据报表的查询和展示，是数据服务理念的一种实际应用。在企业中，员工都希望参与到有关公司整体绩效的讨论中，因此需要各个层面上都进行关键数据的沟通，要实现这一目标，就需要更轻松、更有效的数据可视化手段（Marr，2019），利用移动终端进行可视化的数据服务很好地体现出了会计的服务职能。相对于标准化的财务报告，移动端数据报告可以自定义功能、精准匹配需求，并且具备直观形象、界面友好的优势，成为会计发挥数据服务功能、改善用户体验的重要方式。

但必须认识到，深刻的业务洞察力是数据分析产生价值的前提，仅仅通过财务共享服务中心提供的数据结果可能会使分析不具备业务实质和整体性。在专业化分工下，业务财务和战略财务可以根据自身专业优势，进一步把财务共享服务的会计数据转化为价值信息，为企业的发展提供事前决策支持，辅助管理层做出决策。因此，财务共享服务中心可以在向数据中台的发展过程中承担起数据管理的职责，将数据的收集、处理和应用能力基于系统、模型和逻辑进行沉淀，使业务财务和战略财务以财务共享服务中心提供的数据输出作为基础和线索，展开更为深入、贴近业务实质的分析工作，并直接面向业务用户提供决策支持服务。财务共享服务在这种以数据为导向的服务理念下，可以促进财务价值得到更大的发挥，有力地推动财务转型。

四、财务数字化转型的关键里程碑

财务数字化转型的关键里程碑如图4-13所示。

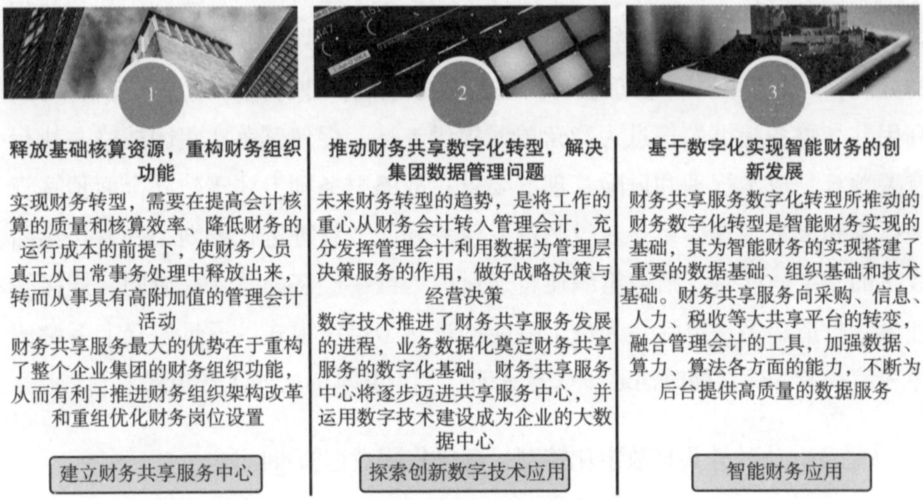

图4-13　财务数字化转型的关键里程碑

（一）释放基础核算资源，重构财务组织功能

财务部门具有收集、整理成本与收益信息的优势以及核算和预测的技术能力。如果其专注于核算的技术层面，必然在管理层面发挥的作用就会有限。在推进财务转型前，集团公司分散的财务组织架构存在核算队伍庞大、成本过高的问题，最重要的是财务人员深陷于烦琐的会计核算之中，仅有极少部分从事管理会计工作。实现财务转型，需要在提高会计核算的质量和核算效率、降低财务的运行成本的前提下，使财务人员真正从日常事务处理中释放

出来，转而从事具有高附加值的管理会计活动。其重点和难点在于将财务基础工作按照标准化、流程化的作业方式进行业务流程再造。目前实现这一目标所普遍采取的模式是建立财务共享服务中心，借此实现数据信息及时、准确、规范，统一标准和流程，提高工作效率、工作质量，降低运营成本。因此，针对财务转型，笔者曾经提出“财务转型始于共享服务”的观点。

财务共享服务最大的优势在于重构了整个企业集团的财务组织功能，从而有利于推进财务组织架构改革和重组优化财务岗位设置。具体来看，从顶层设计入手，基于财务共享服务的建立，逐步形成共享财务、业务财务、战略财务的职能分工。其中，共享财务继续承担了原有的财务基础工作，包括会计核算、资金收付和银行对账、各类报表的生成以及获取数据后进行加工和处理，以此提供未来管理会计所需的数据基础；业务财务则深入经营单元，利用共享财务提供的信息为经营单元提供支持，促使其落实集团战略并执行有关预算、成本管理和风险管理的要求；战略财务则专注于建立全面预算管理体系和成本管理体系，对投融资、税务和绩效管理进行筹划，并参与集团战略的制定。此时，财务组织还将通过引入数字经济的平台、协同、连接等理念，打造扁平、灵活、为员工赋能的进化型组织模式，通过连接上下游伙伴和消费者，建立即时沟通、信息透明、知识共享的协同工作模式。

（二）推动财务共享数字化转型，解决集团数据管理问题

未来财务转型的趋势，是将工作的重心从财务会计转入管理会计，充分发挥管理会计利用数据为管理层决策服务的作用，做好战略决策与经营决策。而发挥这一优势的前提，取决于财务乃至整个企业数字化的程度。当前，企业对数据的分析和处理大多还停留在对会计信息或财务指标的数据处理、图表展现层面，还没有完全实现可以支持管理人员进行分析、判断和决策的功能，即便是一些商业智能（BI）软件，也仅仅是财务指标的多维展现，仍然是就指标论指标，就数据论数据（张金昌，2019）。要实现会计的服务职能，为企业提供决策支持，财务共享服务中心需要探索创新的数字技术应用，为企业各级管理者提供信息服务。面对海量的数据，原有的信息技术和分析质量

远远无法满足企业发展的需求，而要更科学地分析外部环境，更及时地监控绩效指标，必须通过系统优化和智能控制，最终实现数据向信息转化、信息向管理赋能。从“财务服务业务”的角度来看，财务应以业务的底层数据为基础，根据组织架构、时间顺序整合，输出适合不同视角的管理报表，以此实现与业务部门的良好协作，参与到重要经营政策的制定和重要经营决策的过程。从“财务服务战略”的角度看，财务组织作为数据、算法和效益验证的管理方，可以发挥战略性的作用，帮助确定企业转型计划的成功标准（IBM，2018），以公司战略为导向，从战略层面对企业经营活动进行价值评价，在执行战略的过程中引导各部门关注价值创造并不断优化财务资源配置，推进管理会计功能的完全实现。

应该看到，数字技术推进了财务共享服务发展的进程，业务数据化更是奠定了财务共享服务的数字化基础。从数据管理的角度来看，平台化扩展下的财务共享服务中心一端连接业务，一端连接财务，通过财务共享平台，借助互联网的连接和数据获取的能力，可以把交易各方连接起来，获取丰富而有价值的数据资源，并且由业务人员和业务管理者对交易发生的全过程进行事前、事中的实时管控，改变传统基于事后记账、监督的管理模式，提高业务信息的实时性，以助于管理者及时了解事实，做出决策。

在业务数据化的基础上，财务共享服务中心将逐步迈进共享服务中心，并运用数字技术建设成为企业的大数据中心。为此，企业在共享服务建设过程中，会逐步升级企业的信息系统架构，通过信息系统的统一重构、数据中台的建设和新兴技术的应用，使财务共享服务中心有能力整合并共享企业的多维经营数据，实现业务和财务数据全面、广泛的连接，形成宝贵的数据资产，为进一步实现数据支持管理决策奠定基础。

（三）基于数字化实现智能财务的创新发展

数字化是智能化的技术基础，没有数字化所带来的数据化，就不会有智能化。智能化是基于数字化所形成的海量数据，结合计算机的算力，为客户或企业管理提供基于机器学习的算法推荐最优的下一步行动选择。数字化是基于企业信息化所产生的数据进行分析后，提供给运营分析、预测供决策或者运营使用，其目标就已经达成。为此，我们可以判断，智能化将是数字化的终极阶段。

财务共享服务数字化转型所推动的财务数字化转型是智能财务实现的基础，其为智能财务的实现搭建了重要的数据基础、组织基础和技术基础。正如能力与效率关系的讨论一样，最初财务转型的目标并不是为了实现智能，而是为不断优化会计核算效率而实施的，它体现为会计信息质量的提升与管控能力的增强。基于会计集中核算基础上的财务共享服务中心建设就是这一时期推动财务转型的重要工具。随着数字技术的应用，连接、共享、协同、数据中台的理念不断植入财务共享服务中心，尤其是当RPA技术不断应用于财务共享时，财务共享服务的效率得到进一步提升，也让我们看到了智能财务的应用雏形。由于财务机器人可以替代人工完成一些低附加值的工作环节，高效完成重复性高且逻辑性强的一些工作，其效率和流程自动化的程度，让我们看到了基于初级智能的财务共享魅力。但这还不是智能财务，因为业务的数据化程度以及大量“烟囱式”信息系统的架构阻碍了人工智能的进一步应用，具体落实到财务领域，体现的就是财务共享服务的局限性，企业并没有在此基础上实现理想中的财务转型，管理会计的职能也因为信息系统架构的局限性引发业财数据难以融合的问题。于是，基于数字技术的发展，财务共享数字化转型的问题被提到议事日程。其具体的路径是选择了财务共享服务向采购、信息、人力、税收等大共享平台的转变，融合管理会计的工具，加强数据、算力、算法各方面的能力，不断为后台提供高质量的数据服务。此时，数据中台这一信息系统的整合理念恰好分离了前台业务和后台的服务与决策，充当起了数据采集与转换的中心（也可以称之为大数据中心）的角色。对此，王兴山（2019）认为，数据中台的作用是“打通、整合、服务”，以关键业务要素为核心，打通多个系统的数据壁垒，整合建立业务关系的数据链集合，封装为可对外提供的数据服务。当更多的人工智能技术应用到数据中台时，智能财务向前又迈进了一大步。必须看到，这还仅是弱人工智能技术的产物。当效率提升与数据积累到一定程度时，颠覆性创新使人工智能的应用产生更多的应用场景，这将为强人工智能技术的应用提供了可能。王兴山将这种智能财务应用分为三个发展层次：第一，基于规则的自动化（RPA），具体表现为财务机器人的自动对账、智能报告等；第二，基于对话式用户界面（UI）的数字助理，语言交互、人机协作是重要特征；第三，基于深度学习的企业大脑，以大数据为基础的智能决策和风险内控是典型场景。

5 第五章

思维转型：财务数字化转型的前提条件

面对新经济与技术革命，企业的数字化转型成为趋势，财务也正经历着持续的变革与转型。如果要解决集团公司会计数据管理的问题，发挥财务工作的价值，需要财务组织进行转型升级与创新，财务功能进行相应的调整，进而为整个企业数字化转型赋能。财务数字化转型不仅决定了财务的内容边界与方法模式，理念上的障碍更是影响创新最关键的因素之一（ACCA、上海国家会计学院，2019）。前面已经重点指出过，新时期我们不能再继续沿用原有的逻辑思维思考现在的问题。那么，思维转型就是财务数字化转型的前提条件。

对此，我们将财务人员的数字化转型思维总结为以下几个方面：平台思维、连接思维、共享思维、协同思维以及智能化思维（见图5-1）。

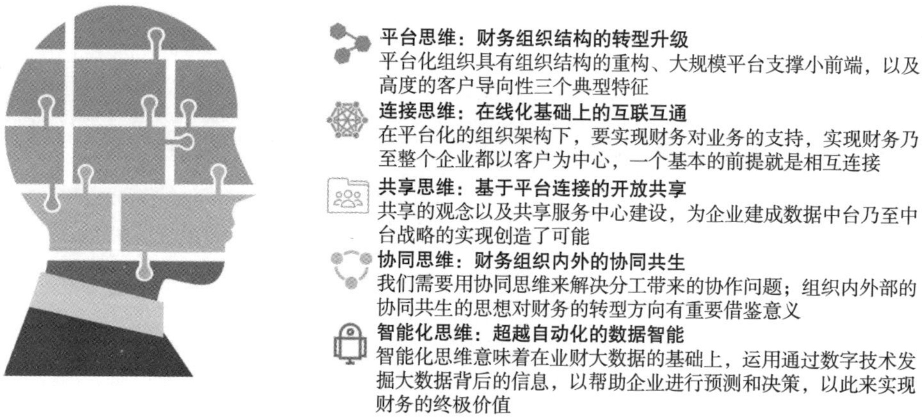

图5-1　财务人员思维转型的五个方面

需要指出的是，正如连接、协同思维所体现出来的理念一样，这五大思维之间并不存在明确的边界，而是相互渗透、相互影响的。因此，本章将在更加深入地探讨这些数字经济创新理念的基础上，重点阐述这些思维上的创新对财务数字化转型的影响，也为财务数字化转型充分融入企业的数字化转型奠定了重要的思维基础。

一、平台思维：财务组织结构的转型升级

随着经济发展和技术创新，企业组织形式经历了从工厂、公司、产业链，再到平台的演变。平台化组织是在平台思维的影响下逐渐形成的，它既是对传统组织形态的扬弃，又是适用数字经济时代的一种灵活高效的组织形式。

平台化组织具有组织结构的重构、大规模平台支撑小前端，以及高度的客户导向性三个典型特征。这些特征正是平台思维的重要体现，运用到财务组织架构的转型升级，具体表现如图5-2所示。

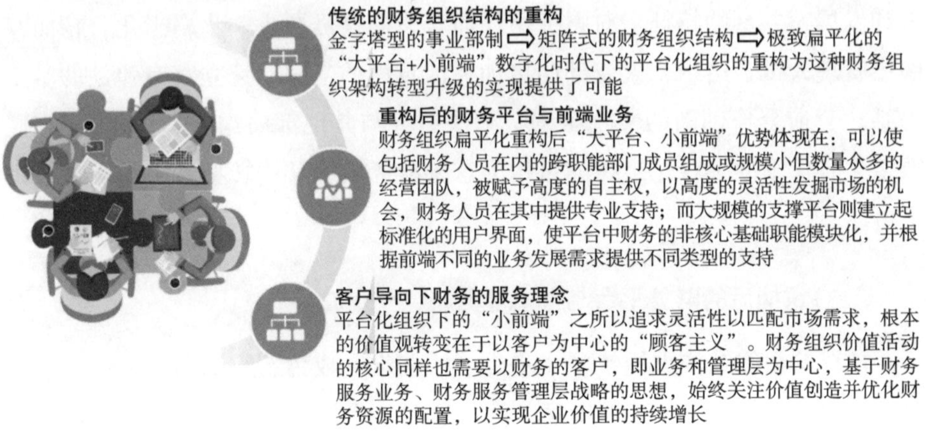

图5-2 平台思维的具体表现

（一）传统的财务组织结构的重构

过去的组织架构主要沿用了“金字塔”型的直线职能制，虽然在集中统一的行政负责人领导下实现了各个专业机构能动性作用的发挥，但其最大的缺点是由于分工而形成的条块分割、各自为战，职能部门之间的协作和配合

性差。集团公司传统财务组织结构也主要采用了“金字塔”型的事业部制，分支机构都设置有自己的财务组织，具有严格的内部等级制度，界定了不同的职责、职位和职权。它除了带来数据管理上的分散和割裂问题外，更大的问题在于各个财务组织也是各自为政，只关注所处部门的局部利益而非集团整体利益，仅关注财务信息而忽视与其他职能部门的横向沟通和业务实际情况（李任斯等，2015）。随后，矩阵式的财务组织结构通过流程岗位化、岗位职责化，力求财务流程与业务流程相互交融，通过跨部门的沟通实现财务对业务工作的支持。这种组织架构流程清晰，岗位职责明确，规范化程度更强，但对流程信息化的需求更为迫切，对各个职能部门及岗位协同能力的要求也比以往更高，一旦运作不好，会导致效率更为低下。

平台思维下，企业组织需要将原先的组织结构彻底“推倒”重建，实现极致扁平化的“大平台+小前端”两种连接体（BCG、阿里研究院，2016；刘绍荣等，2019）。打破传统纵向价值链的线性关系和原有的部门层级设计，以目标和创新为导向形成团队式组织，呈现去中心化、去层级化、关注客户需求和发展、共享的特征。对财务组织而言，同样需要进一步扁平化，精简其中层管理人员，给予个人或部门更加灵活自由的空间，建立富有弹性的员工关系，营造合作创新的文化氛围，解决财务与其他部门沟通和协作的问题。数字化时代下的平台化组织的重构为这种财务组织架构转型升级的实现提供了可能。

（二）重构后的财务平台与前端业务

传统的组织结构重构使“大平台、小前端”成为新组织形式——扁平化管理的典型特征。以互联网电商品牌“韩都衣舍”为例，其采用的就是一个典型的“大平台、小前端”的平台化组织架构（见图5-3），它通过建立7个中后台形式（大平台），去支撑300个左右的前端小组运行（小前端）。一方面，通过保持前端团队规模的小型化和灵活性，更好地匹配市场需求并进行创新；另一方面，通过后台赋能平台去有效地保证每一条业务线的高效运转，为试错和规模化提供可能性。

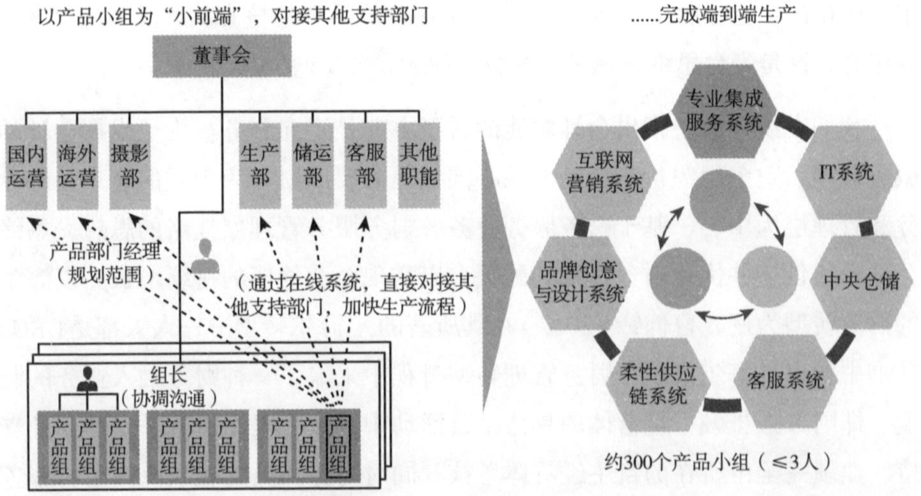

图5-3　韩都衣舍以"产品小组"为核心的运营模式

财务组织扁平化重构后"大平台、小前端"优势体现在：可以使包括财务人员在内的跨职能部门成员组成规模小但数量众多的经营团队，被赋予高度的自主权，以高度的灵活性发掘市场的机会，财务人员在其中提供专业支持；而大规模的支撑平台则建立起标准化的用户界面，使平台中财务的非核心基础职能模块化，并根据前端不同的业务发展需求提供不同类型的支持（BCG、阿里研究院，2016）。可以看到，这种财务组织架构下，在前端强调财务和业务跨职能部门的合作和团队参与，在平台端强调通过自动化的流程、单一的数据源获得一致的、可供决策的相关数据和信息（何瑛，2014），通过组织结构的调整提高财务组织的敏捷度，使财务提供更加及时、准确的数据，以体现财务工作的价值所在。

（三）客户导向下财务的服务理念

平台化组织下的"小前端"之所以追求灵活性以匹配市场需求，根本的价值观转变在于以客户为中心的"顾客主义"。数字经济下，市场中需求和供给的力量已经发生变化：作为需求端的消费者大多"见多识广、互相联系、积极主动、深度参与"（阿里研究院，2017），而作为供给端的企业通过技术手段，与消费者的距离比以往更近，更便于了解顾客以满足和创造顾客的需求（陈春花、赵海然，2018），因此，企业价值活动的核心从产品转向以客户为中心，这是平台思维体现出来的服务理念。

我们在第一章中指出会计职能的转型方向是走向服务。为了发挥会计的服务职能，财务组织价值活动的核心同样也需要以财务为中心的客户，即业务和管理层为中心，基于财务服务业务、财务服务管理层战略的思想，始终关注价值创造并优化财务资源的配置，以实现企业价值的持续增长。以海尔的财务转型为例，曹仰锋（2017）在其所著的《海尔转型——人人都是CEO》一书中指出，海尔集团在财务管理转型过程中采取了一种财务融入业务的制度。即财务人员融入经营体的具体经营活动中，接受集团财务平台的业务支持，业绩完全由所在的自主经济体考核，同时财务人员的收入取决于所服务的自主经营体的绩效。这时，财务人员已经成为自主经营体的一员，他所有的利益都与自主经营体的成败紧紧地捆绑在一起，财务人员不仅要帮助自主经营体做好预算，更需要通过自主经营体的经营数字帮助经营体发现问题，倒逼相关人员去解决问题。此时财务人员在经营体中的职能不只是显示数据的“显示器”，还要成为发现和识别问题的“过滤器”，更要成为帮助经营体解决问题的“加速器”。此时，各级自主经营体成为海尔集团财务平台的用户，他们有权决定使用哪一位财务管理人员为他们服务，当某一位自主经营体需要财务人员时，自主经营体就会把需求告知财务平台，财务系统中通常会有若干个财务人员“竞单”抢人，而只有那些参与方案（预算、预案、预筹）做得最好的人员，才能最终被自主经营体选中。这本身就体现了财务转型后客户服务理念。

二、连接思维：在线化基础上的互联互通

在平台化的组织架构下，要实现财务对业务的支持，实现财务乃至整个企业都以客户为中心，一个基本的前提就是相互连接。从20世纪末互联网、PC以及Web应用开启互联网时代，到3G、4G以及APP应用引发移动互联网革命，再到以5G、云为引领的物联网时代（阿里研究院，2017；曾鸣，2018），所谓互联网思维，其本质就体现为连接。而连接的最直接体现就是

“在线化”，物联网时代同样需要实现物理世界事物的在线化，才能实现万物互联甚至万物智能。而连接也是实现大数据的重要手段。

借鉴连接思维，财务同样需要在高度在线化的基础上，提高财务在整个企业数字化进程中的连接程度，并进一步打开财务平台乃至企业平台的边界，实现互联互通。

（一）高度在线化、无接触的财务工作

会计信息系统在从电算化、信息化再到智能化的发展进程中，逐渐从单机、小范围、基于系统的连接，演变为联机、大范围、基于网络乃至云平台的连接，财务工作不断追求更深程度的线上化和无纸化，并且加强系统之间的联系。但此时的财务工作仍然是以线下为主、线上为辅，线上化和移动化的财务工作革新仅存在于个别财务工作的某些环节中，如报销业务的申请、审核环节和部分电子化的单据等，更多时候，仍然需要员工与领导、财务人员的直接接触，信息化的系统只是提高效率的工具，无法实现基于移动互联网连接的全流程的在线化。

2020年初，一场突如其来的疫情在对人民的生命安全造成威胁的同时，也考验着企业数字化运营的能力。对财务工作而言，人们同样意识到了高度在线化、无接触、全流程在线办公和协作的重要性。事实上，疫情不仅使企业数字化转型成为必选项，更加速了财务的数字化转型。要实现在线化基础上的互联互通，首先需要推动财务的全线上的业务协同和智慧运营，在“少聚集、少纸单、无接触”的情况下保证连续有效的财务工作（德勤，2020），融入企业数字化转型的过程，实现财务的数字化转型升级（见图5-4）。

（二）万物互联背景下的业财互联

在前面章节中，我们已经明确会计数据之间、会计数据与业务数据的割裂造成了数据“孤岛”问题，认为这使集团公司不具备跨专业平台、多应用场景和全流程数据的互联互通能力，而连接正是化解数据“孤岛”问题的关键。

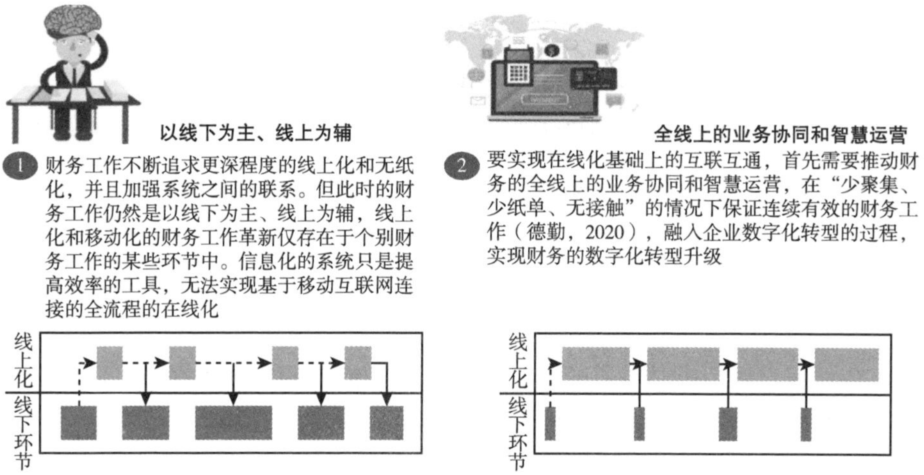

图5-4　财务工作在线化进程

连接有利于解决传统的科层制所带来的企业内部形成的官僚制问题，消除权力所带来的鸿沟，实现扁平化和去中心化，促进平台化财务组织的实现。更重要的是，连接将会实现信息系统之间甚至物理世界与信息系统之间的进一步融合。当前，伴随着终端应用的普及化和传感器成本的下降，人们逐渐建立起准实时反映物理世界的数字孪生世界（阿里研究院，2019），而特别是对制造型企业而言，资金流、数据流和实物流将充分连接与融合，建立起全面、实时、高效的数据采集体系，也就实现了在企业内部的“万物互联”。在这基础上的财务工作则实现了一切业务数据化、一切数据业务化，在数字化系统的基础上通过移动应用、物联网的在线化连接，使业务和财务充分融合，也更便于利用所获得的数据对前端的业务团队提供支持，通过财务的数字化运营提高企业数字化运营的能力，为企业创新赋能（见图5-5）。

（三）财务组织乃至企业的无边界开放

张奇（2016）指出，边界管理理念最早是由通用电器原CEO杰克·韦尔奇提出的。该理论并不是指企业真的没有边界，而是强调组织各种边界的有机性和渗透性，以谋求企业对外部环境的改变能够做出敏捷并具有创造力的反应。无边界融合的财务管理是以企业战略为先导，强调财务以一种无边界的

图5-5　企业内部万物互联

主动管理意识突破现有的工作框架和模式，在价值链的各个环节进行财务管理理念的沟通与传导，形成财务与其他各个部门的融合，促进企业整体价值可持续增长的财务管理模式。无边界融合式财务管理，通过将财务理念渗透到生产经营的各个环节，使信息沟通能够打破部门和专业的壁垒，提高整个组织信息传递扩散和渗透的能力，实现企业资源的最优化配置及价值最大化的创造。

“无边界”也是平台化组织的重要特征之一，是连接由内到外不断泛在化的体现。对财务而言，同样需要突破传统会计主体的边界，从整个企业的角度重视整体利益，与企业数字化转型的目标相匹配，从注重利润最大化、股东价值最大化的目标，逐渐转变为可持续发展和利益相关者的视角（ACCA、上海国家会计学院，2019），否则，财务将难以实现其存在的价值。突破边界的连接使工业经济时代单纯地依赖于自身价值链条的构建实现价值创造，转向依赖于横向的社会化价值链体系实现共同价值创造。通过连接实现的价值网，使财务管理摆脱了过去单一链条的财务契约关系，通过连接实现网状结构，将价值创造活动演变为整个网络链条内多个价值链体系的共同作用，发挥优势互补的协同效应。

通过连接，企业的财务组织还可进一步与更多的“互联网+”的平台实现资源优势共享、互补，更好地体现会计的服务功能。财务本着为业务更好地提供报销、报账流程服务简化的目的，直接面向第三方价值网络实现统一结算，这样不仅实现了业务和财务数据同步，消灭报销、报账行为，还实现了流程自动化、交易透明化、数据真实化。此时，企业也必须忽略传统边界概念，打开自身的边界，推掉组织里的“墙”，变成开放的平台系统，实现共生。可见平台化组织存在的目的不是竞争，而是合作与跨界重整。

三、共享思维：基于平台连接的开放共享

当财务组织的边界被打破、连接不断实时化时，财务便进一步朝着资源共享的“大平台”发展。作为商业创新的共享经济模式，在财务领域通过财务共享服务中心同样发挥着利用闲置的财务资源，提高效率和降低成本的作用。更重要的是，共享的理念以及共享服务中心建设，为企业建成数据中台乃至中台战略的实现创造了可能。

（一）共享服务在财务领域的初步运用

针对集团公司数据管理分散带来的传输效率低、数据质量差、处理成本高的问题，集团财务曾经尝试通过集中来解决，期望集中能够带来更大效率的提升和成本的降低，同时有利于更好地管控。于是出现了会计集中核算中心和资金集中管理的财务公司。

然而，会计集中核算仅是简单的物理集中，这种集中带来会计责任的主体界定不够明确、会计信息的真实性难以监控，最为重要的问题是会计集中核算中心制造了财务会计与管理会计的分离，更造成了进一步的业财分离，最终导致核算效率更为低下。财务公司是我国银行业特殊监管形势下成立的非银行金融机构，其在历史上起到了资金集约管理、增强内外部融资能力、提高企业核心竞争力方面发挥了积极的作用。但是，财务公司也同样面临着支付业务繁多导致大量员工从事简单重复性的低附加值劳动、系

统建设复杂所存在的信息安全隐患、财权过分集中使企业风险增大等突出问题。

数字化背景下，我们更加强调共享的理念。因为共享可以带来资源集中使用的优势，但此时的共享又不同于过去简单的集中，其是基于数字科技的共享，这种共享使更高服务的质量和效率的提升成为可能。财务共享服务通过业务流程、规则的标准化、流程化管理，消除了推诿扯皮与重复作业，大大降低管理的成本。同时，共享还使客户需求的匹配度明显增强，可以满足前端业务多样化的服务需求。

（二）共享升级与中台战略

我们在平台思维的介绍当中提到韩都衣舍“大平台、小前端”的组织形式，这种大量小规模的业务团队利用平台提供的业务支持，本身就是共享理念在组织形式上的体现。这种共享的模式可以进一步延伸，从企业IT架构转型的视角，为财务的转型升级提供思路。

在企业业务职能分类当中，财务和IT服务都属于企业的中后台职能部门。沿用会计是一个信息系统的观点，从企业信息系统建设的视角来看，可以发现会计信息化的建设和企业信息系统建设所面临的问题十分相似：“烟囱式”系统的重复建设和维护造成了成本和资源的浪费；打通系统实现集成和协作的成本较高；由于IT人员“不懂业务”，而使IT信息部门被管理层定位成仅提供业务支持的成本中心等（钟华，2017）。这些问题与财务系统的分散割裂、整合难度大、财务被视为单纯的成本中心、业财分离等问题如出一辙。

为了解决这些问题，以阿里巴巴为代表的互联网企业成立了“共享业务事业部”，将多个平台中公共的、通用的业务功能进行沉淀，以共享技术资源，同时避免重复建设和维护，财务共享服务中心的建设理念也是如此。但共享业务事业部的发展却面临资源分配不均、客户满意度不高等问题，并且由于缺乏对业务的理解和贡献，共享业务事业部始终处于弱势地位。

为此，阿里巴巴在2015年启动了“中台战略”，利用建立共享业务事业部的基础和经验沉淀，进一步通过“中台”来整合和共享整个集团的服务能力。在财务领域，如果说平台思维下形成的“大平台、小前端”运作模式，是基于财务组织结构转型角度的创新，那么中台战略对财务的启示，则是站在整个企业IT架构转型的高度上，将财务的转型完全融入企业数字化转型的进程当中，形成包含财务功能在内的企业级的共享服务平台。

四、协同思维：财务组织内外的协同共生

（一）从分工到协同、共生的思维变化

从18世纪60年代到20世纪初，全球发生了几次制造业的范式革命，其中的一条主线就是通过精细化分工的方式提高生产效率、降低生产成本，以此不断推动工业化大生产。分工要求具有明确的职责和工作范围，并且需要彼此之间相互协作，一旦出现部门、关键环节、岗位之间职责模糊不清、人员摩擦与冲突，就会带来管理现实中的内耗和效率的低下，因此分工带来的最大问题就是协同能力差。当前，财务之间、财务与业务和管理层之间的合作模式是分工思想的产物。在新的环境下，其弊端体现在：责任不清，难以应对变化；财务、业务、管理之间的分离无法实现协作。数字经济时代，互联网乃至万物互联的出现，为组织内、组织间、组织与外部环境的协同提供了可能性（陈春花，2019），我们需要用协同思维来解决分工带来的协作问题。

始自物理学科的协同论自20世纪70年代形成并发展起来后，逐渐被引入管理研究，形成管理协同理论（白列湖，2007）。协同思维是指运用协同的基本原理，认识管理组织的个体系统之间彼此竞争和相互合作的协同活动，通过主体的创造性思维推动组织由无序向有序方向发展变化的思维模式。从主体之间的竞合关系出发，协同思维可以由组织内部进一步延伸到组织与外部环境之间的协同。随着外部环境不确定性的增强，外部因素对财务组织绩效的影响增强。离开了与外环境之间的协同，组织生存的难度也大大增加（陈

春花、赵海然，2018），财务的价值也将逐渐丧失。因此，组织内外部的协同共生的思想对财务的转型方向有重要借鉴意义。

（二）内部协同思想下的业财融合

财务与业务的分工协作是为了更好地发挥财务为业务的服务作用，而不仅仅是为了核算和监督。而现实却是，财务成了一味向外、满足外部利益相关者需求的工具，却不能满足内部管理者对于财务与业务相互协作的需求。核算本身是为外部监管者提供企业报表数据，监督则更是让业务觉得反感。这种业财分离的状态与事实直接造成了管理会计实施中的诸多障碍。因此，业财融合、业财一体化的概念脱颖而出，人们希望通过财务与业务的有效融合实现财务向管理、控制决策等高附加值的业务方向转移。实际上，业财融合的本质就是财务和业务在组织内部的协同问题，没有这种协同，财务不可能达到目标，且难以体现出应有的服务于管理决策的价值。

【神州云和实践案例】

多元化企业Y集团智能财税风控与业财税一体化管理实践

Y集团成立于1993年，为国内著名的超大型多元化经营企业，业务范围覆盖医药健康、大宗商品交易，置业投资及金融服务。各业务板块独立运作，已建立四大下属集团公司。在医药健康领域，Y集团可提供千余种药品、药械、原料药、化工和保健品等相关产品，形成产学研一体的综合性医药集团；在大宗商品交易领域，已成为中国最大的大宗商品交易商之一，连续多年入围中国企业500强，主营石化、能化、金属、农产品、橡胶等大宗商品贸易；在置业投资领域，Y集团以商业综合体建设和住宅开发为主力业务，覆盖12个省市。在金融服务领域，Y集团先后投资建立了商业银行、融资租赁、金融产业投资公司等金融机构，方兴未艾。

一、多元化业务，全国化布局，税企协同困难重重，涉税风险防不胜防

Y集团经过近30年的发展，已在浙江、陕西、山东、广东等22个省市设立近100家进行独立纳税申报的分支机构，多元化业务各具特点，所涉及的业务管理模式、内部管控规则、纳税申报重点、财税风险项目可谓千差万别，如何建立统一的管理体系？如何实现各业务板块、不同层级分支机构的数据共享与业财税协同？挑战远超普通的单一经营企业。

早年间，Y集团通过国内某知名财务软件服务商提供的系统，实现了会计电算化和业财协同，通过N-ERP系统，实现财税管理上云。云平台系统架构，使得Y集团有能力覆盖全国业务及各地分支机构，进而在一定程度上，实现了统一集中管理，会计核算和财务管理的数字化、智能化，以及企业内部跨业务、跨层级的协同。

但在税企协同方面，由于我国税收征管体制改革的历史原因和现实需要，相关系统林立，且具备较强的封闭性，难以与企业内部系统实现自动化办税交互。防伪税控系统管开票，综合服务平台做勾选，查验平台验真伪，电子税局做申报，内部系统管账、管业务，想要实现内部业财系统与税务系统的打通，不具备实现条件。企业内外各个系统间数据的比对、搬运、核算，极大制约了Y集团内部管理效能的提升。

税务和企业系统之间的分立与隔离，造成一定程度上的信息不对称，而信息不对称是造成潜在税务风险的重要原因之一。例如，税务总局通过大数据方式对企业税务风险进行识别与评估，而在企业侧事先无法知晓所评估的重点指标，也不清楚各指标的合理阈值范围，这就造成很多企业并非主观违法，却在客观上付出违法代价，影响自身信用级别；又如税务失信、走逃失联企业开具的进项发票，在收票、入账、认证环节，本身一切正常，但在纳税申报环节，因销方进入黑名单，从而导致进项税额强制转出，收票企业只能哑巴吃黄莲。风险防不胜防，企业却束手无策。

具体在落地执行层面，Y集团的财税信息化升级，概括起来主要需要考虑以下需求：

（1）全国各业务板块、各层级分支机构统一销项开票行为和数据管理；

（2）发票验伪、去重、销方黑名单校验、勾选认证自动化处理；

（3）实现已布局分支机构的22个税区全税种、全流程自动申报；

（4）实现内部各类税务风险指标的自动判别与预防。

二、打通税企协同壁垒，实现企业内外多系统云化集成，风险可视可控，业财税一体融合

整套设计方案，由神州云合设计并最终实施。整个项目方案，包括以下四大核心组成部分：

建设统一销项发票管理平台：各业务板块、各分支机构通过统一平台开票，总部对开票行为和数据进行统一监管；此外，通过内部ERP系统与开票系统对接，通过系统直连自动触发开票，实现开票与业务、财务数据匹配和协同。

建立内部进项票自动合规性校验体系：包括自动批量验伪、查重，以及实时销方黑名单企业校验，数据回写ERP系统，及时对凭证类涉税风险进行预警处理。此外通过财云通平台，实现全票种识别，和票面数据解析；内部系统直连税局综合服务平台，进行进项专票的批量勾选、统计和确认签名。进而实现进项票据从识别、查验、认证全业务流程的自动化、智能化处理。

基于进销项发票统一管理平台，建立统一企业发票数据池，实现自动化智能申报：进销项发票票管理系统沉淀的发票数据，对接N-ERP系统生成统一格式的纳税申报底稿；N-ERP系统对接神州云合财云通税务共享平台，财云通平台自动将底稿适配全国已覆盖的22个税区各类税种申报表样式，审核确认后，实现申报表提交、在线缴款、凭证和申报表归集的一站式自动化处理。

建立自动化的风险指标识别体系，风险预防前置：在底稿生成后，通过财云通平台实现对关联交易、股权转让、对外投资等专项模型，各业务板块所属行业模型，通用全税种风险模型，各地区重点关注风险指标模型等五大

类，数百个风险指标进行识别与预判，生成可视化风险报告，通过内部审批进行风险应对确认，建立完整的税务指标风险管理体系（见图5-6）。

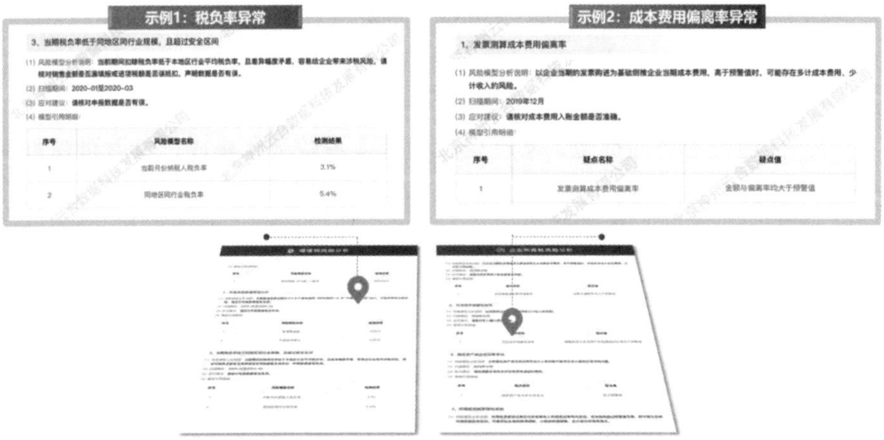

图5-6　神州云合税务风险报告示例

经过系统建设与集成，Y集团实现了不同业务板块、不同层级分支机构业务、财务、税务、发票管理的无缝衔接，在加强内部协同的基础上，打通财税管理最后一公里，实现税企系统集成。升级后的信息化体系，财税管理人员只需要一套系统，即可实现各个系统业务的一体化处理，告别了过去低效、琐碎、重复的手工作业，同时有效提升了税务遵从和内控管理水平。

在协同的思想下，业财融合的核心在于业务与财务在流程、系统、数据三个方面的深度融合。在业务流程方面，业务流程的设计应当充分考虑对财务核算的前置，财务应当更加主动地从财务结果向业务最前端推动，实现从业务端到财务端的流程贯通与线上化；在系统层面上，应当充分考虑会计引擎与业务系统的深度融合；在数据层面上，应当在业务端加强数据治理和标准化，进而在财务结果中充分地进行核算颗粒化和明细化，最大限度地还原、记录业务实质。此外，业财融合要求财务必须摒弃过去控制和监督的理念转向未来的服务。只有服务才容易被业务所接受，业财融合才能具备理念上的前提条件。

（三）外部协同、共生理念下财务的角色

前面提到，平台化组织下广泛的连接打破了财务乃至企业组织的边界。财务在与外部第三方平台实现业务上合作的同时，更促成了一种外部的协同，并进一步体现出组织间共生的理念，打造市场经济意义上的“命运共同体”，而在这个过程中，财务同样发挥着重要的作用。

外部协同主要体现在财务平台与外部各种价值网络的链接上，这种协同也是为了更好地为我们的客户（业务）服务。例如，财务共享服务中心实现的商旅服务、日常采购服务等，将企业各级机构所需要对接的各种供应商进行总对总谈判与对接，通过交易流、信息流的协同，大幅提升业务消费过程的体验，简化财务服务的流程。进一步地，当组织充分开放，融入与客户、供应商、合作伙伴和监管机构合作共赢的生态体系中时，财务可以直接面向客户、供应商等利益相关者，通过协同平台实现实时的数据交换，准确了解客户的需求、供应商的能力，打造共享共赢的数字化供应链（中兴新云，2019），并最终实现以轨迹生态为特征的全社会范围内的深度合作，从传统的产业链进化为协同价值网形态（阿里研究院，2019），促成组织在外部环境下的协同共生（见图5-7）。

图5-7　外部协同示意图

五、智能化思维：超越自动化的数据智能

（一）从数据到数据智能

集团公司会计数据管理的问题阻碍了财务价值的发挥，"价值来源于数据"是背后所秉持的核心思想。如何从数据中挖掘价值，中间的环节便是基于数据的智能，或称数据智能（见图5-8）。

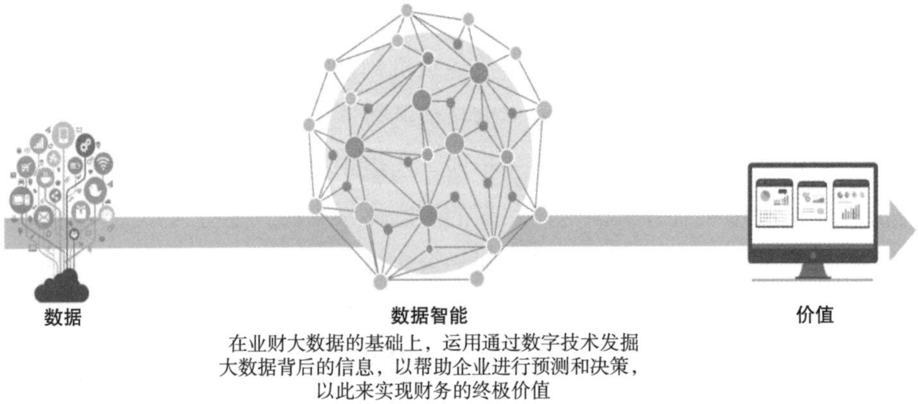

图5-8　数据智能

如何理解智能化思维？迈克斯·泰格马克在《生命3.0》中对"什么是智能"做出讨论，发现即使是人工智能研究者也无法就此问题达成一致意见，并最终广泛地定义为"完成复杂目标的能力"（Tegmark，2018），作为一种通用目的技术，对于不同的目标本身可能存在多种不同的智能。而数据智能则具有很强的限定性。我国领先的数据服务公司Talking Data对数据智能的定义是"基于大数据引擎，通过大规模机器学习和深度学习等技术，对海量数据进行处理、分析和挖掘，提取数据中所包含的有价值的信息和知识，使数据具有'智能'，并通过建立模型寻求现有问题的解决方案以及实现预测等"（Talking Data，2018）。可见，"预测"和"决策"是数据智能的根本目的，这对财务工作，特别是管理会计作用的发挥具有重要的借鉴意义。

对财务转型而言，智能化思维意味着在业财融合的大数据基础上，运用通过数字技术发掘大数据背后的信息，以帮助企业进行预测和决策，以此来

实现财务的终极价值。而数据智能得以实现，有赖于中台战略思想下数据中台的建设。前面所提到的平台、连接、共享、协同思维，无不体现着对数据价值充分挖掘的铺垫，这也是这些思维创新相互渗透的重要体现。

（二）从自动化处理到财务智能化

要实现智能化创新，财务应首先将分散的基础财务业务集中起来，实现财务工作的“工业化改造”，通过标准化、专业分工和流程再造解决低附加值的劳动占用大量优秀财务人力资源时间和精力的问题，使财务资源在利用数据进行预测、决策、控制、风险管理、绩效评价上发挥更大的作用（见图5-9）。

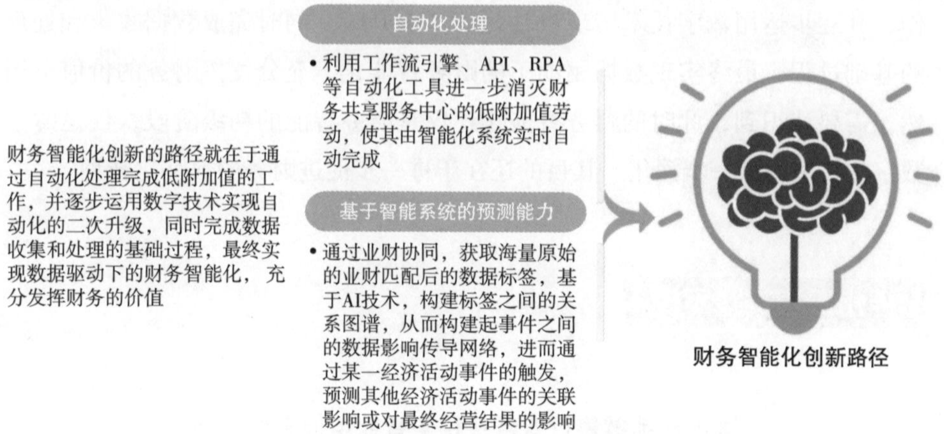

图5-9　财务智能化创新的路径

已经建成的财务共享服务中心，由于仍是建立在低附加值劳动力集中的基础之上，难以避免单纯的核算集中带来的缺陷。因此，共享服务中心要想实现创新，应学会运用智能化的思维，利用工作流引擎、API、RPA等自动化工具进一步消灭财务共享服务中心的低附加值劳动，使其由智能化系统实时自动完成，实现将知识工人中的重复劳动交给机器完成。这样一来，原本大量中台的财务人力资源才会得到最大限度的释放和最大效率的利用。此时的财务企业管理者就可以考虑哪些工作交给机器完成，然后逐步通过员工的培训，承担新的工作分工，此时的工作分工将更具有附加值，更具有敏捷性。

目前，我们能够感受到的智能化仍停留在对于低附加值劳动力的冲击上，但还不能取代更多高附加值的，尤其是具有创造性的劳动。面向未来，智能化思维还将应用于高附加值的经营管理决策过程中。在这一方面，智能化的重点在于实现基于智能系统的预测能力。其基本原理在于通过业财一体化，获取海量原始的业财匹配后的数据标签，基于AI技术，构建标签之间的关系图谱，从而构建起事件之间的数据影响传导网络。进而通过某一经济活动事件的触发，预测其他经济活动事件的关联影响或对最终经营结果的影响。基于这一思路，能够实现投入产出预测等传统管理会计难以解决的问题。当然，这一效果的实现还有赖于数据的积累和算法模型的持续优化。

总之，财务智能化创新的路径就在于通过自动化处理完成低附加值的工作，并逐步运用数字技术实现自动化的二次升级，同时完成数据收集和处理的基础过程，最终实现数据驱动下的财务智能化，充分发挥财务的价值。当然，需要认识到，此时的财务智能化还仅是财务智能的初级阶段，仅是财务数字化转型的进一步深化，其目的还在于进一步促进财务的数字化转型。

【神州云和实践案例】

国内连锁零售行业巨头税务智能申报破局之路

W集团是中国著名的连锁零售领军企业，曾连续多年入选中国企业500强。成立近30年来，在全国拥有近2000家多业态门店，年营业收入超过千亿元。W集团内部积极推进全面的数字化转型战略，与某独角兽零售APP-D平台强强联合，建立了全面的战略伙伴关系，打通线上、线下交易环节，建立了人、财、货、客、场一体的“新零售”服务体系。

随着W集团业务持续增长以及门店、分支机构的全国布局，财税体系的管理效率和服务水平将直接影响企业整体的运营能力。在财税数字化转型领域，W集团一直积极探索，找到了一条适合自己外部业务形态和内部组织结构、管控机制的自动化、智能化管理之路。

早在多年前W集团就已引入全球领先的S–ERP系统作为内部业务、财务管理的核心系统，并成为中国最早一批在零售领域全面推广电子发票的企业。S–ERP系统极大提升了内部业务、财务管理效率，建立了更加科学和及时的财务数据决策支撑体系；通过税控服务器方式开具电子发票，开票效率超过1000张/秒，支持200+开票终端同时开票，并结合扫码开票、线上APP自助开票等方式，极大提升了顾客的开票体验。可以说W集团在财税信息化建设领域，已成为全行业关注和学习的目标。

在解决了业务、财务和发票协同问题之后，W集团想要实现业、财、税、票全流程的自动化、智能化，迎来了最大的难点——申报自动化。为什么W集团一定要实现申报的自动化？申报自动化到底难在哪儿？最终W集团又将如何实现？

一、分支机构众多，税表千差万别，手工填报低效易错，自动申报成为刚需

W集团在全国共有近400个独立核算的纳税主体，分布在6个省份，涉及7个税区（其中含计划单列市）、20余个税费种（含实体税种及地方性、行业性特殊税费金）。在自动化申报之前，各地的税务申报，主要采用属地申报模式，由全国各地的纳税主体独立进行人工算税、填列、申报、缴款和凭证资料归集。集中对各分支机构的申报过程进行管控，对申报结果进行统筹校验，通过自动化工具替代或减轻人工操作，实现降本增效，成为W集团申报自动化建设的首要目标。

此外，由于连锁零售行业的特殊性，W集团在增值税申报环节，销项应税项目涉及一般计税项目、简易计税项目和免税项目的综合处理，进项涉及多品类农产品采购计算抵扣；在消费税申报环节，涉及金银首饰等零售环节征税项目……由于原始数据分散于企业内各个系统，在汇总核算和申报过程中，依靠人工方式导出、匹配数据，人工核算、填列报表，过程复杂，容易出错。数据的准确性，核算和申报的时效性也都是W集团亟待解决的问题。

二、系统集成难，申报规则多，政策变化快，自动申报只是个口号

自1994年起，我国实行分税制预算管理体制。中央与地方在事权、支出和收入上，进行了重新划分，税务机关也分为了国家和地方税务局，部分税种由国税代表中央统一征收，部分税种由各个地方税务局代表地方征收。直至2018年，国地税管理机关才重新进行了合并，结束了长达24年的国地税分立局面。

国地税分立的管理体制，尽管已成为过去时，但由于这一历史原因，各地税收征管仍继续延续以36个税区税务机关独立主导的模式，各地电子税务局分省部署，由全国十余家IT服务单位分别建设，在申报规则、表样规范和系统架构、操作流程上各不相同。

此外，随着国家税收法治进程的推进，以及近年来国内外政治、经济环境的变化，税制改革进程加快，各类政策变化频出，要想实现申报自动化，必须具备依据政策随时调整和升级系统的能力。

然而，以上两点，建设、对接、维护、升级成本极高，难度极大，对于任何一个企业的信息化建设都不具备可行性，对于传统本地化系统部署模式，也不具备实现条件。这就造成了财税科技领域百花齐放，唯独申报自动化长期处于空白的尴尬境地。

问题必须面对，现实困难重重，W集团如何突破瓶颈，实现超越?

三、破局：以不变应万变，通过统一智能申报云平台实现全国全税种自动申报

想要解决系统、规则、表样差异，政策更新迭代应对等难题，最佳解决方案就是通过智能申报云平台实现税企协同，由申报云平台对接全国各地电子税局，处理系统、规则和表样差异，以及政策变化带来的系统迭代需求。而在用户侧，企业内部系统对接申报云平台，以不变的内部核算、管理机制统一进行管理。

模式很清晰，但道阻且长。谁来为W集团提供能够实现全国36个税区、

26+税费种的统一申报平台？这一需求绝非W集团一家的个性需求，每个跨地区管理的企业，都面临这一难题。这一强烈的用户需求和巨大的市场机会，不是没有人看到，而是这里面的水有多深、坑有多少、代价多大，没有人知道。因此国内外众多的税务信息化企业，对于这一领域的探索一直抱有审慎的态度，鲜有突破性成果。

然而机遇总属于那些通过突破性创新持续创造价值的人，一家曾经默默无闻的创业企业，进入了W集团的视野，并将W集团这一理想，变为现实。

神州云合在财税科技领域，一直是一家很低调的公司，很多人甚至没有听过他们的名字，然而他们却是浮躁的互联网创业圈里，一股与众不同的清流。20年前，创始人投身财税信息化服务的浪潮中，近5年里，神州云合就干了一件事：把全国所有36个税区、18个实体税种、各地各行业10余个附加税费金的申报通道和申报流程全部打通。就靠1个销售人员，接了100多个大型集团企业的申报项目，在资本寒冬中逆势崛起；就靠1款过硬的产品，获得来自红杉、IDG、普华、齐心的数亿元融资。在客户群体和资本圈内，都有非常不错的口碑。

W集团经过多方的考察和调研，最终选择与神州云合进行合作，开启了申报自动化、智能化之路。

(一)通过系统对接采集科目余额数据，通过插件采集进销项发票数据，实现底稿全自动生成

W集团通过内部S-ERP系统，对接神州云合财云通平台，实现科目余额、财务报表数据的自动传输，然而由于进项及销项发票管理系统的封闭性，无法与申报平台进行对接，使申报底稿生成环节仍然需要依靠人工方式进行数据的核算与填列，将影响整个申报过程的体验。针对这一问题，神州云合通过一款名叫“云合宝”的智能插件，实现了W集团进销项全量发票数据自动获取，从而解决了纳税申报底稿自动生成这一难题，实现数据自动采集、自动核算与自动填列(见图5-10)。

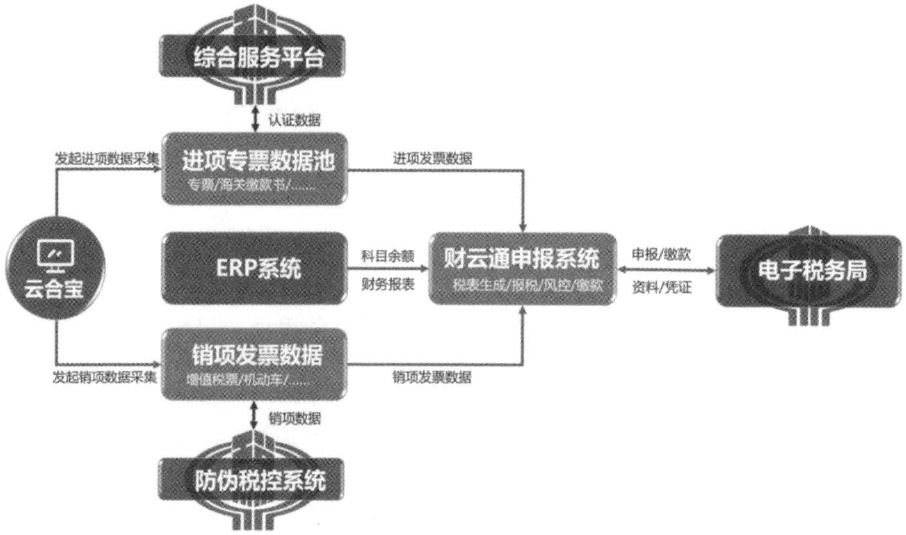

图5-10　神州云合设计的W集团申报自动化系统建设方案

（二）采用全国统一的底稿样式，系统自动适配W集团纳税主体分布的7个税区申报规则和表样

各地纳税主体依照总部管理机构要求，配置底稿生成规则，系统自动抓取全国各地纳税主体内部财务系统和进销项发票数据，自动生成统一样式的申报底稿，在正式提交申报之前，可支持人工二次校验和个别调整。底稿生成后，无须再通过人工方式录入填列纳税申报表，财云通平台可自动实现底稿与各地申报规则、表样的适配，并支持总部管理机构的批量集中审核。

（三）申报提交、在线缴款、凭证及申报表下载归集，在财云通平台批量、自动、一站式完成

各地申报表资料审核完毕后，只需在财云通平台点击提交确认，即可实现7个税区，近400个纳税主体的，20余个税费种的批量财务报表、申报表提交，自动实现在线缴款，而财务计提和缴纳税款的完税凭证、缴款凭证、申报表资料，无须再通过人工方式逐一下载，系统自动进行下载、归集和匹配。

（四）全税种一体化管理，支持增值税免税项目核算，农产品计算抵扣、消费税扣除项目核算

W集团涉及上万个SKU，其中包括外购金银首饰在零售环节计征消费税，以及数百种鲜活农产品的销售与增值税计算抵扣，同时涉及图书、避孕用品的免税项目处理。通过财云通平台可实现数据的批量采集，自动核算，和全流程申报。

曾经很多人认为，自动申报只是一个概念，完全不具备落地的可行性。然而在智能财税变革的浪潮中，将有越来越多像W集团一样的企业，勇于尝试，拥抱变化，以开放的心态，接纳、应用新技术新成果，让自己持续保持领先；也将有越来越多像神州云合一样的企业，坚持以科技创新推动财税体系智能化升级，让企业财税管理更智能、更简单、更高效。

6
第六章

财务组织架构变革：财务数字化转型的组织保障

由于组织具有产生稳定性的机制，因此，当组织面临变革时，这种稳定机制就会产生反作用力，形成结构惰性，以维持原有的稳定状态（Robbins，2016）。当前，减少组织层级、提高组织架构的敏捷性已经成为一个企业数字化转型的共识。但由于其涉及每个管理者，特别是中层管理者的自身利益和领导权力，组织变革往往会遭遇较大的内部阻力。埃森哲（2019）的研究指出，组织上的顽疾是企业数字化转型道路上的重要障碍，这进一步阻碍了部门之间建立起统一高效的数据平台，从而无法建立起高韧性、扩展性和敏捷性的组织，以支持业务的快速扩展和调整。很多时候，导致数字变革宣告破产的，并非技术力量的匮乏，而是源于企业内部的对抗、过于刻板的组织构架和失误的变革期管理（Bloching，2017）。因此，对组织架构进行重构，将是推动财务数字化转型的难点。

一、组织架构转型的重要性

哈佛商学院的钱德勒教授认为，所有企业的成长都有两个变量，分别是企业战略和组织战略。海尔总裁张瑞敏形象地将其比喻为头和身体的关系，即“战略制定后，组织结构要从属于战略。如果说战略是头的话，组织结构就是身体，当头转向战略方向时，如果身体没有转，这个问题就很严重。说明企业还没有真正转过去”（华恒智信，2016）。

数字化转型的实践表明，只有企业对其组织活动、流程、业务模式和员工能力进行系统性、彻底的（或重大和完全的）重新定义时才会成功，而不仅仅是信息技术的变革。美国数字经济研究专家韦斯特曼（George Westerman，2015）在总结了日新月异的技术发展和组织变革的关系后，提出了数字化转型第一定律，即“技术变化很快，但组织变化却慢得多”，他认为大型企业的组织要远比科技更复杂，因而更难以管理并做出改变。IDC（2017）同样指出，数字化转型除了最具时代特征的技术变革外，还应包括业务和组织的转型。

当前，市场上存在各式各样的数字化转型技术选择和解决方案，推进数字化转型战略的企业热衷于投资技术，认为部署各类数字化技术便会使数字化转型有立竿见影的效果（朱伟，2019）。在财务转型的实践中亦是如此，企业往往忽视对财务组织的变革和流程的再造，盲目进行技术投资，顾此失彼，甚至导致企业绩效不升反降。事实上，企业数字化转型中，对于传统企业而言，面临的依然是管理问题，只是比以往的管理命题更具技术性。IDC（2017）认为，组织架构转型的目标与愿景，是掌握数字经济的特征，并把它们融入业务运营和企业文化的核心，成为“数字化原生企业”，而关键是要能够通过组织架构的转型，实现用户体验的改善、商业流程的优化、营销能力的提升、管理控制的加强以及商业模式的改变。技术变革是组织数字化转型的重要特征，但数字化转型不是简单的技术驱动，而是技术和业务的双轮驱动。在任何一个组织里推进数字化转型，人的因素和组织的因素至关重要，企业需要在管理层面上理解数字化转型，重视组织架构的问题，否则将阻碍数字化转型价值的实现。

二、企业组织架构转型的影响因素分析

企业组织总是生存在一定的环境之中，并与环境相互关联、相互作用、相互制约、相互协同进化，最终导致自身相应的结构形态、行为和功能定位发生变化。根据系统论的观点，组织作为一个开放的系统，除了自身的战略因素外，外部环境的变化是企业组织结构变化的主要诱因。外部环境中生产

要素的输入包括人员、资本、自然资源、技术、制度等，当这些生产要素的数量特别是质量发生变化时，企业组织必然进行变革以适应新生产要素的新要求，同时，外部环境中的竞争压力也会输入组织中，迫使组织进行变革。

从目前可以查阅的资料来看，企业组织结构的演化影响因素有很多，如企业规模、战略方向、环境稳定性、技术水平、权力控制因素、企业资源等。但从共性的观点来看，影响组织结构的因素主要包括技术因素与制度因素（见图6–1）。

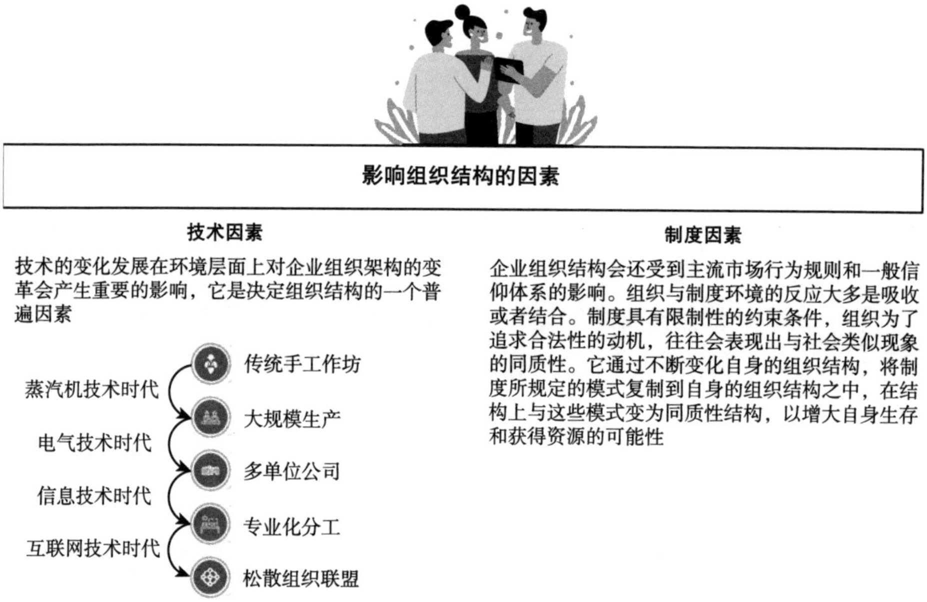

图6–1　影响组织结构的因素分析

（一）技术因素分析

技术的变化发展在环境层面上对企业组织架构的变革会产生重要的影响，它是决定组织结构的一个普遍因素。18世纪中叶以来，人类历史上先后经历了四次科技革命。第一次科技革命可以命名为“蒸汽机技术时代”，它标志着农耕文明向工业文明的过渡。第二次科技革命可以命名为“电气技术时代”，它使电力、钢铁、铁路、化工、汽车等重工业兴起，石油成为当时的新能源，并促使交通的迅速发展，世界各国的交流更为频繁，并逐渐形成一个全球化的国际政治、经济体系。第二次世界大战后开始了第三次科技革命，我们可以称其为“信息技术时代”，这时的全球信息和资源交流变得更为迅速，大多数国家和地区都被卷入全球化进程中，世界政治经济格局进一步确立，人类文明的发达程度也达到前所未有的空前高度。第四次科技革命，是在互联网和新材料、新能源相互结合基础上的科技革命，有些人也将其称为“互联网技术时代”。它以制造业数字化为核心，以互联网产业化、工业智能化、工业一体化为代表，并将对全球技术要素和市场要素配置方式产生革命性的变化。云计算、大数据、物联网、区块链等信息技术与传统行业的融合，将为现代企业发展提供渠道更新、模式更新、管理更新、产品更新及营销更新。在第四次科技革命中，科技创新与企业和经济发展的关系比以往任何时候都更加直接和密切。

在前三次科技革命中，企业组织结构的进化分别经历了传统手工作坊、大规模生产、多单位公司、专业化分工等若干个典型阶段。如果将技术环境重大变革与组织架构相互联系，我们可以看到技术变化与组织结构变化有着明显的对应关系，组织形态呈现出直线式、职能式、矩阵式等组织形态。这其中，信息技术对组织结构的影响，尤其是计算机技术的运用，对企业组织结构的进化带来了重大影响，不仅影响信息的搜集和传递，还影响信息在决策制定中的运用。其实根本原因之一在于它改变了组织成本的构成，从而打破了组织现行的平衡状态，使组织向新的结构模式进化。信息技术使信息的沟通效率大大提高，原来组织内外的某些专用信息或知识很容易被共享或观察，从而降低了组织专用信息和知识资产的成本。信息技术的应用改变了组织运行的环境及相应的组织结构成本，迫使组织重新选择组织结构。组织是选择内部扩张还是外部松散的组织联盟，取决于组织结构成本的变动情况。从总体趋势来看，由于网络组织的成熟与发展，协调成本和不确定性都会呈递减状态，组织选择松散组织联盟的机会逐渐增加。这一趋势在第四次科技革命中所呈现出来的数字经济社会最为明显。我们说的平台思维、连接思维、共享思维、协同思维，都是这一时期数字技术对于组织架构变化所呈现出来的影响。可以预见，在前三次科技革命时期的传统的、集中式的经营活动将逐渐被第四次科技革命的分散经营所取代，传统的、等级化的经济和管控权力将让位于以社会节点组织的扁平化权力。而扁平化结构缩减的原因在于不断发展的信息技术在企业管理中的广泛应用在某种程度上减少了对中层管理的需要。而越来越多的管理层也认识到减少企业的中间管理层次有利于提高信息的传递效率，并使工作更加令人满意，更多的人相信通过扁平型组织也能为顾客提供更好的服务。未来无边界组织、权力指挥链不再是以企业内部权力、运营为中心，而是自下而上的形成组织。组织架构中不再是以职能为中心，而是以客户和终端为中心，逐步形成组织生态圈。即将到来的互联网技术与可再生能源的结合而释放的合作性权力，将从根本上重构人类的关系，这种重构是全方位的，对未来社会将有着深远的影响。可见，技术因素对于组织架构进化所产生的影响显而易见。

（二）制度因素分析

企业组织不仅是技术系统，同时也是制度系统。其结构还会受到主流市场行为规则和一般信仰体系的影响。社会性建构的观念体系和规范制度对组织产生了巨大的控制性影响，即控制其架构又控制其运作。制度因素对于组织架构的影响不同于技术性因素，组织对于技术环境的反应出于流动和信息交换需求，而组织与制度环境的反应大多是吸收或者结合。这主要是因为制度具有限制性的约束条件，组织为了追求合法性的动机，往往会表现出与社会类似现象的同质性。它通过不断变化自身的组织结构，将制度所规定的模式复制到自身的组织结构之中，在结构上与这些模式变为同质性结构，以增大自身生存和获得资源的可能性。例如，制度环境要求一些组织配备的行动者（根据他们的资格）应分配给特定的职责或角色，最显而易见的例子常常要求雇佣特殊的人员具备某种资格证书或者许可证，这些都会对组织结构造成一定的影响并带来变革。无论工作是被简单化、被分配给掌握较少技能的人去做还是分配给拥有较高技能、具有更多行动自主权的人去做，对于组织的结构特征都有影响。再如，税收制度通过改变企业成本来影响企业组织结构的决策，高税收有助于分散化，小企业特别是自我雇用的小企业比大企业更容易降低税负。政府帮助小企业和自我雇用的企业安排也有助于分散化，因为纵向一体化后这些组织结构安排所提供的福利就会减少。对此，企业往往通过强制、规范和模仿等路径去解决，使自身的组织架构与制度环境达成一致，以达到适应环境变化的目的。

三、数字技术影响下企业组织架构变革的方向

目前来看，企业组织架构影响因素中，技术的影响因素强于制度因素，这主要与我国企业的数字化转型和国家从政策层面上的倡导有很大的关系，并且技术层面的影响因素已经在一些互联网企业及传统零售生产企业中进行了实践和改革。从数字技术对于企业组织架构改革的影响方向来看，具体表现在以下几个方面，如图6-2所示。

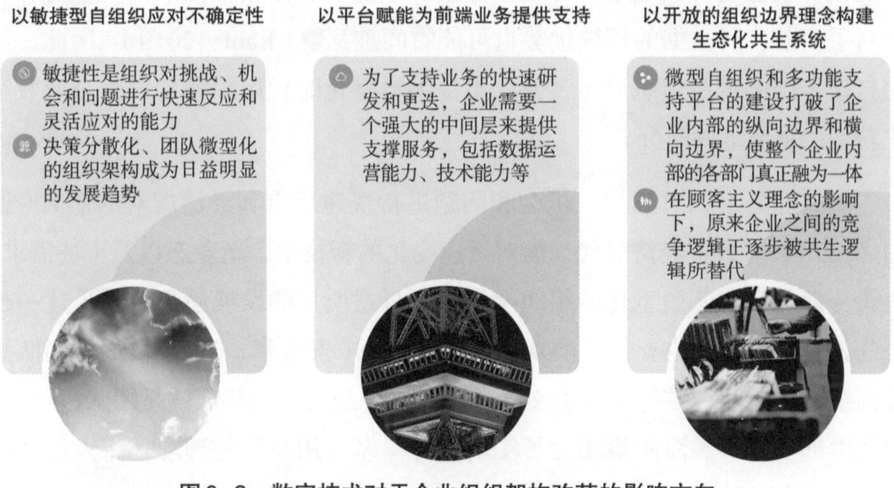

图6-2　数字技术对于企业组织架构改革的影响方向

（一）以敏捷型自组织应对不确定性

从外部环境来看，全新的数字化商业时代呼唤着全新的组织形式，全新的组织形式同样离不开全新的组织架构（曾鸣，2018）。在《世界是平的》一书中，作者托马斯·弗里德曼指出，当今世界改变的速度已与过去不同，每当文明经历一个颠覆性的技术革命，都给这个世界带来深刻的变化。过去数年很多遭受失败的高科技公司给我们敲响了警钟：它们现在面对着无法回避

甚至无法预测的挑战，但是缺乏适应这些挑战所必需的领导、灵活性和想象力。不是因为它们没有意识到这些问题，也不是因为它们不够精明，而是因为变化的速度超过了它们。

身处VUCA时代（注：VUCA是Volatility；易变性；Uncertainty，不确定性；Complexity，复杂性；Ambiguity，模糊性的缩写），不断加速的技术变革和风险的多样性增加了企业所面对的不确定性。从市场的角度来看，需求端消费者力量的增强对组织的反应能力提出了更高的要求。通用电气前CEO杰夫·伊梅尔特曾说过："制造类企业信守的是持续改进模式，数字化企业信奉的则是持续创新。对于那些专注于提供经济型、效用型产品的传统企业来说，敏捷、快速、简约且实时响应实在是太高的要求了。"一旦组织无法跟上市场的变化，就会随时被赶超。即便企业组织本身没有做错任何事情，在跨界竞争对手面前，所占据的传统优势也可能瞬间被瓦解（Kant，2019）。因此，如何打破传统的企业组织形态，建立敏捷型数字化时代组织架构成为企业数字化转型的重要组成部分。

敏捷性是组织对挑战、机会和问题进行快速反应和灵活应对的能力（曹仰峰，2019）。数字经济时代，面对迅速变化的新技术、新业态以及市场需求，决策分散化、团队微型化的组织架构成为日益明显的发展趋势，满足这一趋势的就是以敏捷为主要特征的众多微型自组织（安筱鹏，2019）。微型团队是提高组织敏捷性、推行顾客主义的有效方式。最明显的特征就是团队数量多、团队内部人数少。海尔集团为了实现自身"基于用户"的理念，将人员规模从8万人精简到2万人，在全集团组建2000多个"自主经营体"，3个人即可形成一个经营单元。华为在一线采取"铁三角"模式，由客户经理、解决方案经理、交付专家组成一个灵活敏捷的小团队，并赋予极大的决策权，让这些"听见炮火的人指挥战斗"。这类团队勇于试错、行动敏捷，在企业整体战略的共识下自发洞察客户需求，整合企业内部资源为顾客提供服务，形成一种自组织。

自组织是由协同学派的创始人、德国理论物理学家哈肯提出的。他将组织分为他组织和自组织两大类，他组织是指系统靠外部指令而形成组织，而自组织则是在不存在外部指令的情况下，系统按照相互默契的某种规则，各尽其责而又协调地自动地形成有序结构。由于微型自组织可以高效协作，减少组织内耗，并根据清晰的战略目标进行迅速调整和扩展，因此成为数字经济下企业组织架构转型的方向。

当然，敏捷型组织能力的打造是衡量这一组织架构变革成功与否的重要标志。具体体现为：快速的响应力、强大的执行力与持续的创新力。对于一个传统企业的组织架构而言，如果做一件事情，就需要层层审批汇报，然后到最顶层审批下来，再返回去，才能执行。组织结构的复杂性告诉我们，这类公司不可能做到快速反应。不是因为人的能力差，也不是因为技术原因，而是因为组织结构过于复杂，层级过多。敏捷组织的优势就在于将这些组织结构打通，实现端到端的价值链连接，打破壁垒实现扁平化，从而让每个团队都像创业团队一样构建全功能团队，具备高速的响应力。

（二）以平台赋能为前端业务提供支持

仅仅依赖于众多的微型自组织进行独立决策以应对瞬息万变的市场，显然是不够的。而传统的后台部门又存在由于专业细分、部门协作引发的沟通壁垒问题，经常造成沟通过程中的信息衰减和数据丢失，这种恶性循环使跨部门沟通与协作变得更加困难，经常不欢而散，最终的结果是后台部门远离前台业务部门，无法为一线业务整合资源，提供最佳服务。

为了支持业务的快速研发和更迭，企业需要一个强大的中间层来提供支撑服务，包括数据运营能力、技术能力等。我们将这种通过平台为前线业务提供的支撑能力行为称为“赋能”。如何实现赋能？McChrystal（2017）认为，共享理念是赋能的基础。以阿里巴巴为例，其共享业务事业部以及由此发展起来的数据中台正是利用共享理念进行的前台业务赋能的具体体现。此外，还有华为集团在各级市场组织之中构建的“资源池”，作为其赋能平台的重要组成部分，按照专业分工，为一线的“铁三角”提供多功能支持服务，也是一种赋能体现。赋能平台有利于支持前端的自组织迅速掌握信息，快速做出判断，引领整个组织为顾客创造价值。

（三）以开放的组织边界理念构建生态化共生系统

无论是利用共享的大平台赋能，还是运用敏捷的业务小前端进行快速反应，其核心都是在强调“顾客主义”的观点。因为，面对不确定性增强的环境，顾客是一个相对而言更“明确”的群体，这是数字化生存下的战略底层逻辑（陈春花，2018）。为此，它需要一个企业的组织架构必须保持较强的开放性。切斯特·巴纳德（1938）最早以系统观念为依据，将组织看作一种“开放式系统”，他认为，组织以及组织中的人员通过调整内部和外部的各种力量，以维持一种动态的平衡（傅平，2005）。时至今日，这种具备平衡性的组织被生动地比喻为“生态型组织”或“共生型组织”，并且赋予了更丰富的含义。正如生物间的生态循环，生态型组织的适应性较强，并且具备自主进化、生长、修复和进化的能力。为了提高组织的适应性，企业需要不断对组织结构进行调整，使其拥有开放、可渗透的边界。这使内外部环境中的资源和信息能够顺利穿越组织边界，为组织发展提供能量。

企业的边界可以分为涉及管理层级、职位等级的纵向边界，衡量部门专业化程度的横向边界，组织外开放程度的外部边界（曹仰锋，2019）。微型自组织和多功能支持平台的建设打破了企业内部的纵向边界和横向边界，使整个企业内部的各部门真正融为一体。同时，在顾客主义理念的影响下，原来企业之间的竞争逻辑正逐步被共生逻辑所替代。目前我们能够看到的快速发展且增长强劲的优秀企业大多是构建了良好的共生平台生态圈的企业。它们彼此之间拓展了各自的成长空间，与客户和平台使用者共享、共创价值，与外部环境融为一体，成为“共生型组织”。

综上所述，数字经济背景下组织架构的发展趋势是通过不断减少组织层级，在组织规模不断增大的情况下提高灵活性，并且在组织形式上向“有机模型”转变（Robbins，2016）。有机模型追求跨职能、跨层级、信息自由流动、控制跨度款和决策分权化的特点。在具体设计组织架构时，往往涉及工作专门化、部门化、指挥链、管理幅度、集权与分权以及正规化六个关键要素（Robbins，2016）。而组织架构的转型就会涉及对这些方方面面的调整和重构。

四、传统集团财务组织架构的弊端分析

对于一个单体公司来说，其财务组织架构相对简单，这是与其规模小、生产技术相对简单相对应的，一般会采用与其企业组织架构相适应的类型，即直线结构或者直线职能式结构，由于管理者是全能式的人物，因此财务部门参与管理发挥作用的空间很小，仅需要做好成本管理，为创造利润服务即可。随着单体公司的发展和外界的联系越来越多，上下游企业间的关联程度越来越高，公司会由一个点演变成供应链条上的一个节点，把供应链条上的所有企业放在一起来看就形成了价值链，这时公司的目标仍然围绕于成本的降低来实现利润最大化。那么，它就需要从整个供应链上看怎么降低成本，那么生产的外包和服务的外包应运而生，但并不会对自身的财务组织架构产生过多的影响，此时财务部门的预算功能显得十分重要，对于精细化管理需求的程度也会有所增加。

随着企业规模的扩大，单体公司会演变成一个大型企业集团，它控制了若干家子公司、分公司，甚至是四级、五级、六级的孙公司。此时，传统集团财务组织架构仍然是按照法人的概念设立。成立一家新的分（子）公司，就会在会计主体上明确成立一个新的财务组织，以正确反映其财务状况和经营成果。与企业集团的法人治理结构与组织架构相适应，其大多会采用事业部式或矩阵式组织结构。

（一）传统集团事业部下的财务组织架构

在事业部组织架构下，一般实行战略决策与日常运营决策两项职能分离，分别由总部和各个事业部（利润中心、成本中心、收入中心）承担。各事业部在集团总部的统一领导下，实行独立经营、单独核算、自负盈亏。实行事业部的企业集团，可按职能机构设置层次和事业部取得职能部门支持性服务的方式划分为产品事业部和区域事业部两种结构类型。产品事业部下的每个事业部都拥有完整的职能资源，它可以针对自己的产品、市场和顾客做出反应，并适应需求的变化。区域事业部则是出于满足不同区域的特殊需求，员工按照地区性目标而非国家性目标来分配。在事业部组织结构下，分（子）公司设

立财务部门，同时还要突破法人概念，在事业部设立财务部门。从财务控制权来看事业部组织架构下的财务控制一般会采用分权控制，即将重大经济事项的控制权放在集团总部，将大部分财务控制权下放到事业部层级，总部和事业部分别安排不同的控制权。事业部财务组织架构的优点是有利于适应稳定环境下的快速响应，有利于事业部内跨职能的高度协调，有利于分权决策。其缺点是失去了职能部门内部的规模经济，容易产生内部竞争，缺乏产品线之间的资源协调，产品线间的整合与标准化变得困难，自然隶属于不同事业部下的财务部门组织架构也不可能一致，但总体还是自上而下的“金字塔”型（见图6-3）。

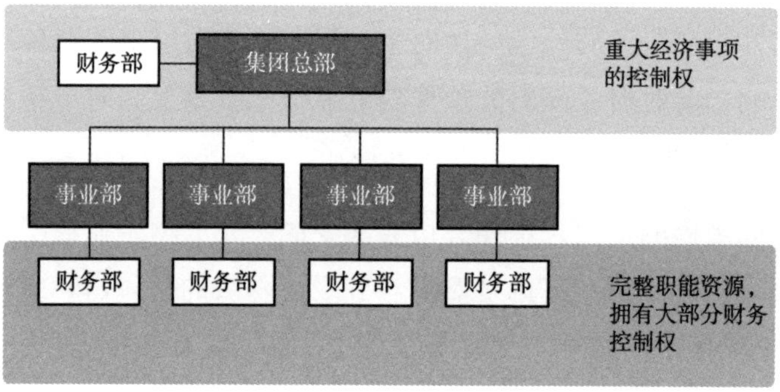

图6-3　传统集团事业部组织架构下财务组织架构

（二）传统集团矩阵型组织架构下的财务组织架构

一个组织的结构可能会同时专注于产品和职能，或者强调产品和区域。尤其是当客户需求或者技术迅速变化、未来经营环境具有很大不确定性时，就需要一种新的组织架构来适应经营管理的需求，这就是矩阵式组织架构。它的独特之处在于将职能部门之间的横向联系与纵向的专业知识紧密结合起来，成为一种具有弹性的组织结构。

在矩阵型组织架构下，企业集团可以在分（子）公司和事业部内部都设立财务组织。根据张瑞君（2015）的研究认为，从横向视角来看，每个事业部或者分（子）公司的财务核算与管控需求如下：第一，财务部门对事业部或者分（子）公司的经营活动采购、生产、销售等进行实时反映核算控制，并提交财务报告。第二，财务部门提供双向信息：一方面为事业部或者分（子）公司各级管理者提供事业部或者分（子）公司员工的财务报告和评价信息；另一方面从集团管理的角度按照纵向价值链的管理需求，为集团提供财务报告和评价信息。从纵向视角来看，集团的财务核算与管控需求如下：第一，集团财务部门负责编制多角度的财务报告；除了编制对外的财务报告、资产负债表、利润表、现金流量表外，还需要收集下属成员的财务信息，并按照员工、业务群组、业务线、经营板块等提供内部的管理和控制报告。第二，集团财务部门负责对集团重大经济活动进行监控，并合理配置整个集团的资源。从财务核算控制和报告来看，集团的财务核算与控制需求如下：第一，战略层面。集团董事会和最高管理层承担组织结构、公司目标、营销策略、财务策略、长期计划等方面的责任。第二，战术层面。区域组织高级经营管理人员在区域资产处置、资金调拨、经营过程控制等方面承担责任的同时，集团从纵向业务群组的角度承担此类业务的审批权。第三，业务层面。突破了法人的概念，横向组织的财会部门按照横向区域出具报表，对会计信息的准确性、可靠性承担责任；集团财务部门利用集成的IT环境从各个法人实体处收集信息，按照业务群组出具纵向报表，对会计信息的准确性、可靠性承担责任，并在横向和纵向上共同承担控制责任。第四，财务控制权方面。集团财务的纵向控制权大于横向组织的控制权，例如，集团财务需要从企业集团角度根据集团管理的要求按产品（如某一系列产品单一产品）、按某一特征（如订单、项目、小组）、按业务（独立核算的单位）、按群组（某些独立核算的单位）、按公司或集团进行多视角的分析，并实施财务控制。又如，集团财务通过制定控制制度来规范整个集团的控制体系，并从横向和纵向实施控制：根据标准值的设定进行警告控制；根据项目计划进行费用支出控制；根据合同付款条款进行付款和费用支出的控制；通过系统设置权限，对查询数据范围进行控制；设定签字权限审批规范，对费用的支出、合同的签订，通过上一级审批方式进行控制（见图6-4）。

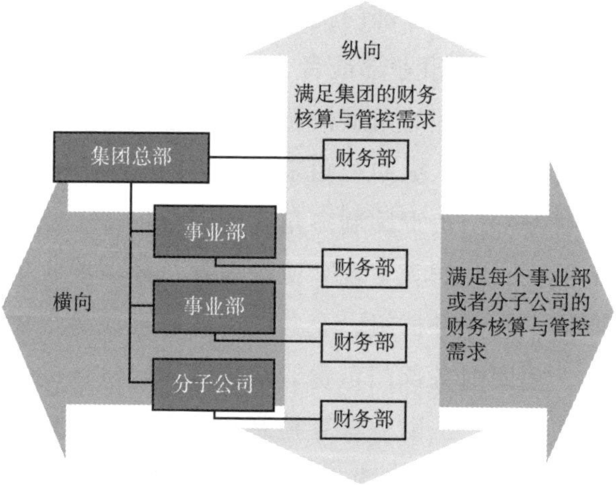

图6-4　传统集团矩阵组织架构下的财务组织架构

矩阵型财务组织架构的优点是：有利于适应不确定条件下的财务决策与经常性的变革，有利于为职能和生产技能的改进提供条件，有利于实现产品间人力资源的灵活共享。缺点是：导致财务部门的员工卷入双重职权之中，财务部门员工需要良好的人际关系技能与培训，需要很多的财务经理人才来维持这一过程中的权力平衡。

（三）传统集团基于会计集中核算的财务组织架构

规模越大的企业集团，越会强调集团管控在公司治理中的重要性，甚至将其作为公司治理的重要组成部分去看待，认为管控效率效果越好，公司治理的效率与效果越好。从管控的实务来看，集中体现在对于财务业绩的评价和管控上。而此时传统的分散的以法人组织为会计主体的会计核算，使会计信息出现信息“孤岛”问题，无法保证新的真实性、及时性和有效性，也给企业集团带来前面章节所说的诸多数据管理问题。那么，在信息技术的支持下，一种突破法人的会计集中核算、资金集中管理的财务组织，以及在此基础上发展起来的财务共享服务中心的创新组织形式孕育而生。

在我国，会计集中核算模式是在会计委派制的基础上探索出来的，较早出现在行政事业单位，后来推广到企业之中。会计集中核算是在集团总部财务组织架构内部成立独立的会计核算中心机构，确保原来单位对资金的所有权、审批权和控制权不变的条件下，由会计集中核算中心对各单位的账务核算、资金支付、银行账户等方面进行集中管理的一种财务组织形式。会计集中核算这种统一管理既可以采取物理集中的方式也可以采用虚拟集中方式进行。对所属各核算单位来说，由于并不改变原有的资金使用权和财务自主权，对财务整体的事业部、矩阵式组织架构并不会带来很大的影响，会计集中核算中心定位为财务组织的一个职能部门。分（子）公司实行委托代理记账，只设报账员，取消单位银行账户，会计核算中心被赋予会计核算和会计监督的职能。当然，会计集中核算中心在运行过程中，由于分（子）公司信息技术差异性、流程再造不足、业财分离等诸多原因，尤其是对于体现财务组织更高价值的管理会计功能来说，还是显示出明显的不足。这与会计集中核算建立的过程缺陷有关，由于它仅仅是原有业务、流程及资源的地理位置转移与集中，是将原有同质、同类的财务业务与财务人员集中到一起，通过减少机构与人员的冗余来达到节约成本的目标，通过统一财务业务处理来实现规范化、标准化目标，但对于分（子）公司业务管理支持的服务考虑的并不多，实际上导致了财务与业务的进一步分离，不利于集团公司的整体价值创造。它仅是财务组织会计核算能力的增强，但不利于财务组织的价值体现与整体的转型升级。

2013年，财政部发布《企业会计信息化工作规范》（财会〔2013〕20号文件），从制度因素推动了一种新的财务组织形式——财务共享服务中心的发展。文件指出：对于分（子）公司数量多、分布广的大型企业、企业集团应当探索利用信息技术促进会计工作的集中，逐步建立财务共享服务中心。在这种制度因素以及我国所处的产业转型升级政策背景下，众多企业集团纷纷开始尝试在会计集中核算的基础上构建财务共享服务中心。财务共享服务中心的组织设计打破了传统的法人概念，将分散在集团不同公司、业务单元、集团总部中的易于实现标准化、流程化、重复强、占用大量人力的会计核算业务分离出来，设立单独的财务共享服务中心，由这个中心为全集团不同的业务单元、公司、项目等核算单元提供会计核算和报告。财务共享服务中心不因企业集团组织形态的变化而变化，它独立于业务单元，并通过网络跨越时空为全集团提供实时、高效、低成本的服务。此时，传统分散的分（子）公司设立财务组织的观念再次受到挑战，各个分（子）公司取消原有的会计核算岗位，并且由于信息技术引发的效率提升，成本降低，原有的集团与分（子）公司财务人员面临转型问题。由于多级法人核算体系向一级二级管理模式转变，取消了大量末级、中央级和中间级的会计核算岗位，使许多新的财务管理岗位孕育而生，风险管理、内部控制、全面预算、成本管理、绩效管理岗位孕育而生或者得到加强，传统财务工作的重心由财务会计转移到管理会计。

总体来看，财务共享服务中心得到推动的原因有其深刻的技术环境背景因素，即我国从政府层面大力倡导的“互联网+”、数字经济推动产业升级、进行供给侧结构性改革、借力信息化产业转型升级赋能、加快传统产业数字化转型而不断发展起来的移动互联、云计算、大数据、物联网、人工智能等信息技术因素。这些技术因素推动企业整体应用的同时，也间接地推动了财务部门的数字技术运用与思考。需要说明的是，财务共享服务并不适用于所有的企业集团，其有效运行依赖于强大的信息系统、管理模式和员工素质作为技术支撑。也与企业发展的组织规模、组织发展战略、集权分权的考虑、环境的不确定性等诸多因素密切相关，而不仅是财务部门主动发起建立那么简单。财务共享服务中心推动了传统的管理会计职能与会计核算功能的分离，在集团财务与分（子）公司财务组织之间设置了一个中间层，并突出了会计职能为业务服务的导向，有利于财务组织加强对业务洞察的能力，在摆脱基础、重复性会计工作的同时，能够加强对业务的支持、分析预测等工作，帮助集团实现业务增长，这在财务转型的道路上已经迈出了坚实的一步。

从目前我国已经建立财务共享服务中心的组织定位实践来看，一般采用了隶属于集团公司财务部与平行于集团公司财务部两种组织形式。两种组织设置形式各有利弊，平行关系的组织设置模式会导致财务共享服务中心跨部门协调不畅，增加核算政策管理的难度。隶属关系下的组织设置模式有利于从集团财务的角度加强总体的管理和协调，但层层的汇报关系也会导致财务共享服务中心的地位沦为“会计加工厂”，与财务共享服务设立的初衷出现背离。从财务共享中心内部组织的设计来看，其主要遵循了事业部式的组织形式，分为按职能、区域中心、产品、客户来进行划分的财务共享服务中心。

从选择的方向来看，其与企业集团在成本降低、加强管控、提升客户服务满意度等因素方面的考虑有极大的关系。当财务共享服务中心发展处于初级阶段时，它倾向于选择按照职能划分内部组织部门，这种组织形式有利于强调专业化、流程化的分工，最大限度地发挥财务共享服务中心效率，降低业务处理的成本，同时加强集中管控，保证会计信息的真实性。这与最初的会计集中核算的目标没有太大的差异性。随着组织成熟度的提升，财务共享服务中心会更倾向于按照产品、区域、客户去设置内部组织，这有利于从内部突出“共享与服务”，从外部突出“客户”导向，大大提升财务共享服务中心的价值。甚至从国外的发展趋势来看，很多企业集团将其设置为一个综合性的大共享服务中心，使内部组织的职能变得更加丰富。

应该肯定的是，会计集中核算为财务共享服务中心搭建了重要的组织基础、技术基础、制度基础与文化基础。初期实行财务共享服务中心的企业集团虽然没有引发财务组织架构的整体变革，但却将财务职能在各层级财务组织之间进行了充分分配。集团财务、财务共享服务中心、各分（子）公司财务的职能界限变得更加清晰。这为下一步财务共享服务中心推动整体财务组织架构的转型奠定了重要的基础。但脱胎于会计集中核算的财务共享服务中心由于组织定位的差异性引发了财务共享服务中心的会计服务职能作用发挥并不明显，甚至在管理层看来，财务共享服务中心仅是会计集中核算的“翻版”，仅是在报销环节上部分应用了数字化与智能化，对于整个企业数字化转型与财务数字化转型的推动意义并不大。为此，财务共享服务的进一步数字化转型显得十分必要。

五、数字经济背景下集团财务组织架构转型方向

（一）由“金字塔型”向“橄榄型”转变

在社会收入结构中，高收入、低收入者较少，中等收入者占大多数的社会，即两头小中间大的社会收入结构，称为“纺锤型”社会，也称“橄榄型”社会，与其相对应的有“金字塔型”社会和“倒丁字型”社会。各国的发展经验表明，中等收入者占大多数的社会，即两头小中间大的“橄榄型”或

“纺锤型”社会，是比较稳定的社会，也是理想的现代化社会结构。与之相对的则是传统的“金字塔型”结构，即少数人居于社会上层，中间呈过渡状，而下层很大的社会结构。不少学者认为，我国正处于“金字塔型”向“纺锤型”过渡的转型期。王元、孔伟艳（2019）指出，到2035年，中国将开始向“橄榄型”社会结构转变，部分发达地区将会率先形成“橄榄型”社会结构，部分欠发达地区达到目前全国平均水平。社会中间层比重按照21世纪第一个十年（2000—2010年）增长率为26.82%、第二、第三、第四、第五个十年增长率依次提高8、7、6、5个百分点计算，到2035年，社会中间层比重预计增加到26.44%。随着不同社会阶层收入以递减的速度提高，不同社会阶层收入差距将会缩小，社会中间层将会真正成为中产阶层。

IMA（1997）将财务职能分为三种主要活动，分别是交易处理、控制和风险管理以及决策支持。其中，交易处理涵盖了传统的会计职能，如应收应付、成本核算、总账核算、外部报告等；控制和风险管理包括预算、经营绩效、现金管理等职能；决策支持则通过对绩效、成本等要素的分析，提供战略规划支持。仅从这一份较早的研究结果来看，目前许多企业财务部门会计核算类的交易处理功能仍将占到财务部门全部作业的80%以上。相当一部分企业的财务人员仅有不到4%的可用时间和资源投入思考未来和支持面向未来的分析中。如何调整这一结构？本书认为，财务的组织架构应借鉴社会结构调整的理念，由“金字塔型”向“橄榄型”的财务功能转型，以充分发挥居于中间层面的管理会计人才的作用及其功能（见图6-5）。

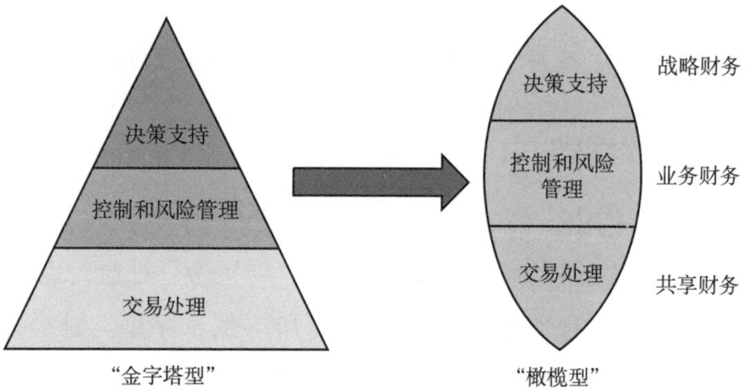

图6-5　财务组织转型：由“金字塔型”向“橄榄型”转变

传统的财务组织结构是“金字塔”式的，不仅加重了企业运作的成本负担，还降低了市场的应变能力。在“金字塔型”的组织架构中，财务人员长期被困于大量烦琐的票据处理、账务处理等工作中，工作效率低下，很多有专长的财务人员由于长期从事基础性工作，体现不出价值，同时，财务基础性工作量巨大，核算过去的时间长，管理未来的时间少，难以及时发现和预防风险。财务共享服务中心的建立，有利于将分散、重复的会计核算和账务处理业务予以标准化、流程化，同时推动财务管理的重心向预算、财务分析、风险监控转移。

基于此，从财务组织架构上，原有的财务团队被分成三层，即共享财务、业务财务与战略财务。其中，业务财务与战略财务的比重明显增加，而以承担核算功能为核心任务的共享财务比重大幅下降，从而使新的财务组织呈现出“橄榄型”结构。共享财务承担了原有的财务基础性工作，基于财务共享信息化平台，核算和报表工作的效率得以大幅提升。由于工作的烦琐性大幅缩减，效率大幅提升，释放出来的大量财务人员得以摆脱基础性工作，在业务财务和战略财务的全新定位下，充分明确个人的发展路径和所需要掌握的业务能力，更好、更多地为公司创造价值，并实现自我提升与发展。其中，业务财务则专注于支持和服务，作为融入业务单元的财务专业人士，成为赋能业务发展和构筑行业领导地位的战略伙伴。战略财务专注于政策和监控，其核心在于决策支持和财务、业务分析，通过对一系列业务和管理模型的构建和应用，主动管理风险，分析业绩数据，随时监控公司运营，辅助战略落地。

关于三者的关系，陈虎、孙彦丛（2018）认为，如果仅仅有共享财务，整个财务就会沦为会计核算部门，或者一个数据中心；如果仅仅有战略财务，缺乏业务财务的支持，战略财务也无法将其决策落实到位。新的研究趋势表明，共享财务与业务财务将统一于数据的共享。而基于大数据的业务财务分析和战略财务，是共享财务作为赋能平台为业务提供数据支持服务的又一特色，也是未来向财务共享服务数字化转型的方向与智能财务发展的前提条件。在财务功能性调整的基础上，财务组织架构将伴随着数字化企业的组织架构转型，也开始出现敏捷、赋能和开放的趋势，进一步形成“小前端”+“大平台”+“富生态”的组织架构模式。

（二）财务职能融入分散的业务单元之中

众多微型自组织带来的敏捷性是对传统组织架构的根本性转变，财务组织架构也由此产生变化。前面指出，自组织可在清晰的战略目标下自发进行迅速调整和扩展，其中的财务工作亦是如此。在战略财务通过经营信息分析制定整体经营方针后，业务财务则作为公司战略和政策的推进者和落实者，具体执行战略财务的决策，将预算、预测、决策、财务管理等职能分散服务于各个自组织中，更好地满足业务的个性化需求，形成“集权+网状辐射”的财务组织架构，使财务职能更好地融入前端分散的业务单元中（见图6-6）。

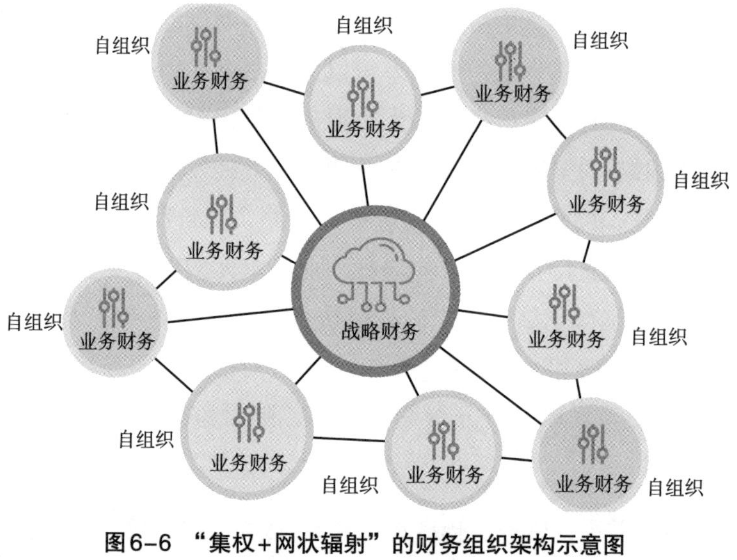

图6-6 “集权+网状辐射”的财务组织架构示意图

自组织行动敏捷的核心之一在于快速试错。精益创业理念的创始人Eric认为可以通过开发最小可行性产品（MVP）来加快方案的迭代速度，从测试中学习，并以此来提供客户需要的服务。可见，快速迭代是自组织敏捷力的来源。正如Eric（2012）所言，新创企业太难以预料、无法精确地做出预测和确立阶段性的目标，传统标准的核算形式对评估创业者没有帮助。因此，需要一个有条不紊、系统的核算方法，来确定组织是否取得进展、有没有获得经证实的知识，Eric将这套替代传统核算方式的系统称为“创新核算”。其中，作为“业务合作伙伴”的业务财务将发挥自身的作用，成为创新核算的源泉。业务财务通过深入一线，分析业务单位的财务支持需求，利用管理会计工具评估业务团队提供产品或服务是否满足顾客需求，进而帮助团队提高敏捷性。具有敏捷特征的财务部门，将能帮助企业在竞争中保持领先地位。

海尔是践行这一财务组织架构转型思路的典范。海尔财务管理系统变革的一个关键战略，就是将财务职能融入“全流程的经营体”之中，实现从发现顾客需求到满足顾客价值的闭环流程。海尔改变了传统财务管理的派驻制度（集团将财务人员派驻到不同的业务单位中，负责监管业务单位的财务系统），让财务人员通过竞聘上岗，融入经营体的具体经营中（曹仰锋，2014），这本身是财务服务业务进行业财融合的很好体现。从组织架构的角度看，这更实现了财务组织的柔性化转变，有助于提高组织的反应速度，促进价值创造。而基于战略财务所制定的目标，通过灵活地设置团队付诸实施，有利于更好地适应数字经济时代下的组织需求。

（三）财务共享平台赋能业务财务

前已述及，众多微小的自组织需要通过多功能平台对其“赋能”，以此来支持前端业务的灵活需求。借助这一理念，业务财务在服务于业务团队的过程中，也同样需要获得来自共享财务提供的平台支持。结合共享财务定义，其除了将简单重复、可流程化、可标准化的会计核算业务、资金管理业务进行集中处理，释放核算资源外，更重要的优势是有利于实现财务与业务的共享和联动。这种共享和联动的体现便是财务共享服务通过集中所形成的数据平台，其目标还不仅限于此。未来的财务共享服务数字化转型将进一步提升财务共享服务中心作为企业级大数据中心的地位，迈向数据中台，为整个业务提供数据决策服务。

关于财务共享赋能业务财务的实践，可以海尔的财务共享服务中心的现实为例进行分析。海尔将财务共享中心分为会计平台和资金平台两大部分，在以共享平台构建智能财务的转型过程中，海尔借助信息技术手段，使共享平台更好地赋能于业务活动。

一方面，在会计平台建设上，海尔基于业财税深度一体化理念，建设智能财务共享平台。通过财务共享服务中心的建设和信息技术运用，海尔实现了业务流程、会计核算流程和管理流程三方面的有机结合，完成了端到端的智能核算。海尔财务共享中心在云端搭建“财务云平台”，链接差旅服务、办公用品、大宗采购以及内部资源采购，实现企业消费业务和采购业务对供应商的直接结算。同时，基于电子发票信息，实时抽取归集集团各法人的进销项数据，为业务用户提供数据及决策支持，规避税务和经营风险。在业务自动处理的基础上，通过财务共享中心输出标准的会计报告以及企业中非常精准的节点、结构化数据，实现企业经营核算端和管理节点的数据并联，为企业经营分析和决策提供更多的支持。

另一方面，在资金平台的建设上，海尔基于大数据和智能算法，建立起全球资金管理平台。服务于众多小微企业的“资金通”平台，利用新模式、新技术连接资源与用户，实现了资源整合的需求定制。“资金通”平台通过风险评估模型、敏感性分析、用户画像、KPI资金指标等，形成资金大数据，制订资金解决方案，降低金融风险，实现高效的融资、全球结算、结售汇和现金池管理，从而为众多的小微企业赋能增值（董兴荣、李菲，2018）。

（四）构建边界开放的财务组织

借用开放、共生的理念，财务部门也应在企业平台生态圈中找到自身的位置，实现与平台生态圈的组织和谐共生，而不是单纯的核算或者是事后审核、监督。在整个企业平台生态圈的打造中，财务部门不可能独善其身，固守于原有的会计核算职能、封闭自身的信息系统，这样难以体现财务组织的真正价值。

财务共享服务中心的建立，推动了战略财务、业务财务、共享财务三个财务功能层面的分离，改善了财务部门工作重心的比例，推动了财务会计向管理会计职能的转型，以真正体现财务部门的决策服务价值。为了实现这一价值，借助于数字经济下企业组织架构开放转型的思想，财务共享服务中心可以打开财务共享系统的边界，不断整合前台中的低附加值的重复业务，运用数据治理的理念，与第三方平台（例如，税务、差旅、采购、信息等外部平台）链接实现共生、共享，以最高的效率、规模化最低的交易成本共同服务于内外部会计组织的客户。通过“财务即是业务，业务即是财务”的理念，打通彼此之间的数据壁垒，实现业务财务、内部外部的大数据整合。这时，财务共享服务所构建的大数据中心、智能中心、业务中心会逐步定位会逐渐清晰，成为整个企业平台生态圈的中台系统，可以随时应对前台业务客户的多样性需求与不确定性，并随时将数据传递给后台战略分析部门，实现及时有效的决策和风险管控。

7
第七章

财务共享服务数字化转型

一、财务共享服务数字化转型的动因与目标分析

前已述及，组织变革的技术决定论观点认为，信息技术是组织变革的根本动因，它将改变组织形态和管理工作本质。财务共享服务在西方早已有之，为什么在这个时期需要数字化转型？笔者认为，这是与企业所处的阶段、周围发生的环境变化有着直接的关系。这其中最为重要的是信息技术环境的重大变化，它颠覆了我们对于传统财务、传统企业管理的认知，给过去的不可能提供了可能。

财务共享服务的发展经历了两次重大的演进过程（见图7-1）。最初建立的目的是从降低成本、加强集团管控的目标建设财务共享，因此企业实现了管控模式从分散到集中的过程。但这个过程并不是我们所谓的会计集中核算，区别于传统的物理集中，它是一种逻辑上的集中，笔者将其特征称为“集中的更集中，分散的更分散”。由此带来财务功能内部的专业化分工，划分出共享财务、业务财务与战略财务三个功能。其中，业务财务与战略财务主要针对的是没有进入财务共享服务的员工，也就是从会计核算等基础业务中释放的财务人员。按道理讲，这部分财务人员应该按照业务财务与战略财务的职责去从事经营决策服务、战略目标实现的价值管理等高附加值工作内容。但事实上，我们看到的结果并非当初的设想，产生了期望差距。其中既有财务

组织架构改革滞后的原因、也有流程再造不彻底、财务人员能力的原因，还有当时的信息技术落后等具体问题。总之，传统财务管理的问题全部暴露出来，“一集就死，一放就乱”的弊端使很多建立财务共享服务的企业集团抱怨之声不绝于耳。在前面的论述中，我们就已经指出，看上去很美的财务共享服务中心本身存在着诸多的问题，这些问题使其无法发挥管理会计的价值，业务财务与战略财务处在尴尬的境地中，由于它无法充分利用来自财务共享服务的数据，导致很多企业集团的业务财务与战略财务又回到原来的老路上。此时，财务共享服务迎来了第二次大的迭代，即，如何推进业财融合甚至是业财税一体化的能力，它的起因源于管理会计的兴起。它要求业务财务人员不仅要懂财务，更要懂得业务。如何像企业财务的神经网络融入企业的业务流程之中，打通业务与财务之间的壁垒，成为业务财务的主要任务。从系统整合来看，体现为财务共享中心如何与ERP系统进行有效对接。这自然就要发挥财务的服务功能理念，真正深入业务过程，为业务过程提供数据参考依据。真正熟悉管理过程，为管理决策提供相关的信息支持。这时，其实我们又回到财务共享服务中心的数据服务能力如何加强的问题。要求我们将财务共享服务数据中心视作企业的大数据中心，至少是管理会计的数据决策中心。如何运用连接、共生、协同、平台等理念，针对来自企业内外部的大量、完整、多类型、异构的数据运用数据采集、数据加工、数据挖掘、算法、模型等进行数据的加工管理，释放数据价值，最后进行数据可视化的展示，推动企业数据中台与财务智能化，成为财务共享服务中心第二次演进的目标。笔者也认为，这就是财务共享服务的数字化转型需要达到的目标。应该看到，数字技术的飞速发展为财务共享服务的第二次演进实现了可能。因此，本书将对财务共享服务的数字化转型动因，数字技术在哪些方面影响了财务共享服务两个问题进行探讨。财务共享服务在西方早已有之，为什么在今天需要数字化转型？数字化转型又会把财务共享服务带向何处？组织变革的技术决定论观点认为，信息技术是组织变革的根本动因，将从根本上改变组织形态和管理工作本质。我们从财务数字化转型、财务共享服务中心效率以及数据价值三个视角阐述财务共享服务中心数字化转型的动因，并指出财务共享服务数字化转型所要达到的目标。

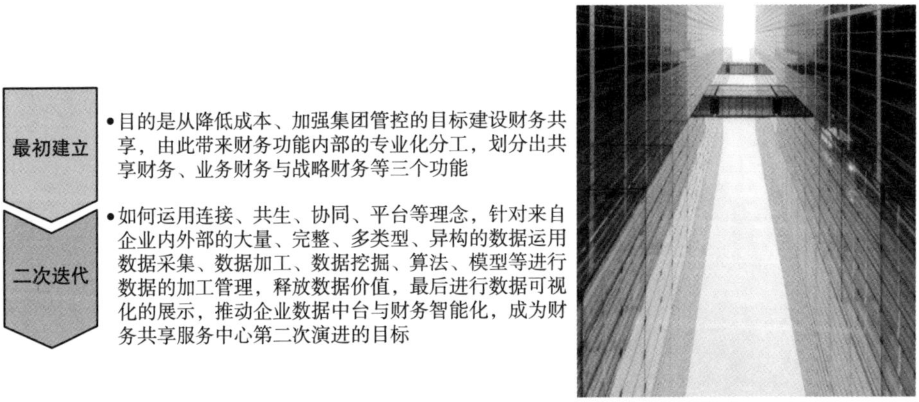

图7-1　财务共享服务发展的两次重大演进过程

（一）财务共享服务数字化转型的动因

财务共享服务数字化转型的动因如图7-2所示。

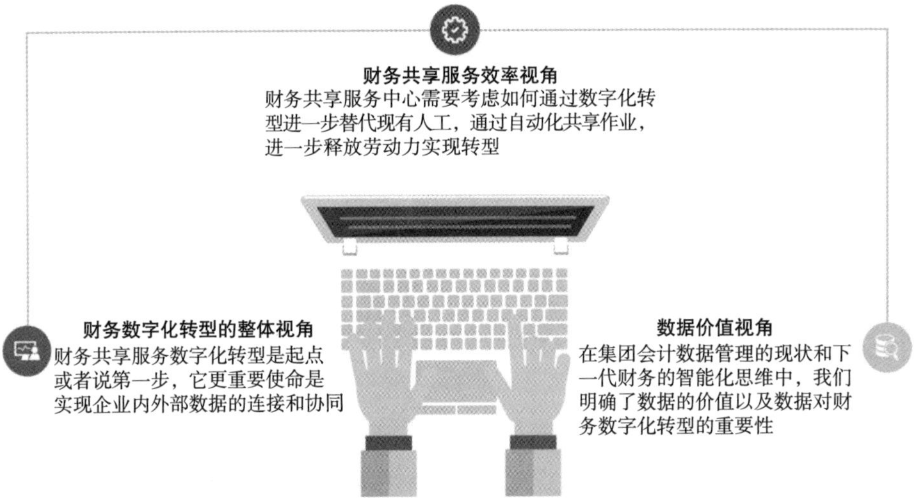

图7-2　财务共享服务数字化转型的动因

1.财务数字化转型的整体视角

在前面的论述中，我们就曾提出过财务数字化转型始于共享服务的观点，这主要源于财务转型始于共享服务的认知，源于财务共享服务中心的优势。它解决了企业集团存在的数据管理问题，并为财务数字化转型搭建了重要的数据基础、组织基础、技术基础与服务基础平台。财务数字化转型是指企业在财务领域运用云计算、大数据等技术来重构财务组织、再造业务流程，提升财务数据质量和财务运营效率，更好地赋能业务、支持管理、辅助经营和支撑决策。显然，看上去很美的财务共享服务中心距离财务数字化转型的要求还有很大差距。但是作为企业拥抱数字化浪潮的先行者，机器人流程自动化（RPA）、人工智能、区块链等数字技术已经开始在财务共享服务中心不断进行应用尝试，并为流程效率提升提供了更多的空间，以帮助财务共享中心降低交易处理的人工投入，促进财务共享服务中心在流程整合方面投入更多资源，促进财务共享服务中心的演进。也就是说，从财务数字化转型的整体视角来分析，财务共享服务数字化转型是起点或者说第一步，它更重要的使命是实现企业内外部数据的连接和协同，它包括业务环节的数字化，还包括与客户、供应商、投资者、债权人等第三方的连接数字化。这是财务共享服务数字化转型的动因之一。

2.财务共享服务效率视角

目前，财务共享服务中心的工作效率仍有较大的提升空间，效率提升不明显的问题主要来自中心的工作流程和技术应用两个方面。

首先，财务共享服务将核算等重复性工作集中后，中心财务人员面临较大的工作量。虽然财务人员只须查阅电子影像而无须查看实物进行核验，但仍没有摆脱大量的收据录入、审核判断等人工处理。因此，许多财务共享服务中心在实际应用中往往效果不是十分理想。尽管缩减了企业整体的财务人员数量，但共享中心上百人集中处理各种单据，依然面临巨大的工作量。更为重要的是，此时财务人员提供的会计数据类型单一，数据量较小，对管理会计的决策支持功能依然较弱，对企业的规划、决策、控制、评价以及价值创造方面的作用也不大。此外，从整体的角度来看，财务共享服务中心效率的提升还应带动企业整体运营效率的提升。事实上，许多财务共享服务中心的流程将原始数据录入等工作转移到了业务人员的身上，使其增加了不必要的工作，这与提升企业整体效率的目的显然是相违背的。

其次，财务共享服务中心实施过程中，其效率受技术应用的影响较大，而建设的早晚以及管理水平的高低又决定了财务共享服务中心的技术应用能力。常媛等（2020）通过对部分我国制造业企业财务共享服务中心效率的静态和动态分析发现，较晚实施共享的制造企业拥有可借鉴的成功经验以及可供应用的新技术，因而效率普遍更高。而较早实施财务共享服务中心的企业高管可能对其重视程度有所降低，实施效率略逊一筹。应该看到，管理水平也影响了先进技术在财务共享服务中心的运用，如果企业仅是简单套用现有财务共享服务的实施模式，则可能影响企业对新技术的应用，只能通过当前技术效率的提升来提高财务共享服务中心的效率。

新技术的应用，特别是自动化与智能化技术的部署，成为提高财务共享服务中心效率、进一步释放核算资源的关键所在。财务共享服务中心需要考虑如何通过数字化转型来进一步替代现有人工工作，通过自动化共享作业，进一步释放劳动力实现转型。例如，在审核环节，可以引入机器学习引擎，实现对单据的风险等级判断，提高审核的靶向性，而审核后的结果则通过会计引擎完成全自动的记账核算。这样所构建的财务共享服务平台会消灭大量低附加值的报账、审核、核算环节，由智能化系统实时自动完成，使财务的有限人力得到最大限度的利用，避免了财务共享服务中心自身由于单纯的核算集中所带来的缺陷。

【令才科技实践案例】

“AI智能技术—慧算”助力Z企业财务共享服务二次转型

近年来，财务共享服务中心迅速发展，但内部问题也逐步显现：员工工作量大、基础工作多、业务效率低、员工价值提升难、人员流失率大……因此，集团公司的财务管理者开始思考借助新技术、智能化等手段，优化共享中心的服务与运营，实现二次转型。

1.项目背景

Z企业财务共享服务中心作为一级共享中心，承担着15个分部及下属各控股法人的相关审核工作。随着财务共享服务中心运营的开展，一些问题逐步显露出来，例如，工作量大、基础工作多、效率较低等。同时，现有系统因规模过于庞大而优化缓慢，也阻碍了自动化率、智能化的提升。当人工智能技术出现并逐步成熟时，Z企业财务管理者开始意识到，从新技术的应用及加快系统层面的优化改造，将对组织未来发展尤为重要。近年来Z企业也在积极寻找，引入时下先进的账务系统、OCR技术、人工智能技术等。一方面有利于提升财务工作效率，降低基础工作成本;另一方面有利于积累大量结构化数据，形成部分数据自动流转逻辑，从而加大工作自动化率、智能化程度。如何将人工智能技术和之前累积的结构化数据、自动化经验相结合，以实现更多财务工作的无人处理，进而大幅提升工作效率、准确率和企业智能化水平，成为目前需要解决的突出问题。

2.场景痛点分析——Z企业客商审批

以Z企业客商审批数量为例，月均15000多单，随着业务扩张还将逐步上升。业务涉及相关单据类型共包含八大类:客商新增单、客商变更单、已有客商银行账户新增单、银行账户变更单、二级客商新增单、二级客商与客商关联单、二级客商变更单、客商与银行账户关联单。前端业务根据自身需求提交相关申请，于系统中完善所需字段并上传相关附件，以辅助共享中心员工审核该客商信息是否准确。此类工作专业性较低，录入信息量大。审核工作相对基础，不利于员工价值提升，且非工作日无法完成审批。Z企业财务共享的运营管理者希望借助人工智能技术，减少前端业务申请时录入的信息量，协助财务共享中心员工做客商信息的审核，以实现提高客商审核时效及前端业务信息的规范提供程度，同时降低人力成本，提高业务人员满意度。

3.解决方案

本次项目的核心是建立起各标签下的文本数据的关联关系，难点在于数据来源渠道多、数据量大、存在大量自定义类文本数据，导致标注和降噪工作量非常大，Z企业财务共享服务中心希望本次立项项目使用人工智能技术——机器学习寻找的数据关联，实现成本降低和效率提升。

经过前期的调研分析，令才科技为Z企业定制了项目实施方案，通过令才科技“AI智能技术—慧算”自主研发的产品，对Z企业上一年度数据进行标签化，构建出一套神经网络单一模型，再通过分类器完成不同数据标签的关联输出。为了大幅减少参数调整量和后期运维量，方便Z企业未来更全面地应用人工智能技术，更灵活地调整机器学习参数，令才科技将开发出的算法封装，在系统间搭建起高速接口，并提供数据训练前台。

具体来看，“AI智能技术—慧算”产品从提、审两部分对场景进行了优化。第一部分为前端提交申请节点。解决方案通过外部信息获取（如天眼查、人员姓名身份证匹配工具等）帮助前端申请人完善提单信息的填写，提单人将共享要求信息以附件上传提交。第二部分为共享审核节点。客商申请在到达共享审核处理人节点前，先进入慧算系统中，通过OCR识别技术提取用户所上传附件中的明细信息，并按照审核规则同单据填写信息进行核对，如填写内容无必要条件缺失且与附件信息一致，慧算将通过此客商申请并对此申请进行记录，以便慧算自动学习完善校验规则；如审核校验规则不通过，将流转此项申请至人工审核处，并反馈此事项未通过校验的规则，辅助人工审核快速定位问题。

4.应用效果

“AI智能技术—慧算”有别于传统解决特定任务、硬编码的软件程序，它是使用大量数据训练，通过各种算法从数据中学习如何处理新的任务。本案例通过“AI智能技术—慧算”建立起了针对Z企业客商智能提单、审核的神经网络，构建起人工智能解决需求的系统体系，并开发了支持模型输出结果管理、主要参数调整、数据导入/导出的前台。从整体上，提升了Z企业客商审批自动化、智能化水平，让更多财务工作实现无人化处理。一方面，减少前端业务申请时录入信息量，提高了提单规范性；另一方面，协助财务共享中心员工做客商信息的审核，实现了客商审核时效、准确性的整体提高。

3.数据价值视角

从财务转型的方向上来看，财务共享服务中心的价值并不能止步于效率的提升，在集团会计数据管理的现状和下一代财务的智能化思维中，我们明确了数据的价值以及数据对财务数字化转型的重要性。

为了发挥数据的价值，企业需要建立采集数据的触角，并在管理数据的平台上通过对数据质量的控制，找到能深度分析和挖掘数据价值的算法与模型（赵兴峰，2019）。财务要实现数字化转型，应及时、广泛地采集企业内外部数据，从企业的小数据集转化成大数据中心，借助经营预测、风险预测的模型和工具为管理者提供服务。可以看到，获取和采集数据是数据利用的前提，然而在这一环节上，财务共享服务中心存在数据采集率低、数据颗粒度（数据集的最小单元）不够细致等问题，这也难以满足管理会计决策的大数据分析的要求。

受财务特殊的数据处理方式的影响，目前财务共享服务中心业务数据化程度仍然较低，所采集到的数据仅是企业可利用数据的“冰山一角”，并且集中于结构化的财务数据。IDC（2018）的研究指出，当前企业数字化转型数据仅涉及10%的管理数据，90%的物理世界数据处于“沉睡”中，要推进数字化转型，能否采集物理世界的全量数据、能否将不同物理世界数据融合、能否将物理世界数据和现有管理数据融合是数据价值创造的核心关键点。面对企业业务活动的原始数据，财务记账工作通过层层压缩，导致每一次信息传递都带来信息的衰减，数据从最初的业务被简化为几项信息指标，最终在原始凭证、记账凭证、明细账、总账的记录过程中成为会计科目中的一个金额。这的确是复试记账法的奇迹，但在信息化、数字化的时代下，数字技术使人类处理大量数据成为可能，也促使财务在基本的记账规则下，走向更大范围、更细颗粒度的数据采集。

区分“业务数据化”与早已有之的“业务流程信息化”概念，也有助于我们加深对业务数据化的理解，更好地指导实践。建立在信息化技术基础上的ERP系统是企业财务共享服务中心建设的重要支撑（王兴山，2018），而信息化建设主要以业务流程为核心，注重满足流程需求，而不关心数据之间的关系。例如，以财务管理为主导的ERP系统以及在此基础上建立起来的财务共享服务中心，大多只关心流程中的财务信息或货币化的劳动有无被记录，而忽视了采购、生产和销售等环节数据的逻辑关系，更没有对细致的数据进行采集（赵兴峰，2019）。与此不同的是，业务数据化更强调从数据采集到数据应用整个环节来构建数据逻辑，避免信息化建设所造成的数据“孤岛”问题。因此，业务数据化将为财务共享服务的数字化转型，特别是大数据的利用奠定基础。

（二）财务共享服务数字化转型的目标

正是由于财务共享服务中心的现实与最初设想的期望差距，它迎来了转型的重要时机，这个时机就是数字技术所产生的强大推动力引发的财务共享服务数字化转型阶段。

目前来看，专门论述财务共享服务数字化转型目标的观点并不多见，从下述专家的结论中我们可以看到一些端倪。

王兴山（2018）认为，未来财务共享服务将朝着智能化的方向发展。智能化意味着财务共享服务应当在新技术的作用下，推动管理会计的创新发展和大数据的落地，以互联、共享、智能的财务共享模式推动企业的财务转型，使财务共享不仅支持当前标准化、规范化的工作，更逐步向支持灵活性、可扩展性工作转变，提供满足客户个性化需求的柔性流程。

贾小强等（2020）认为，财务共享服务将在“互联网+”时代转型成为业财税深度一体化的智能共享中心。在智能共享中心将实现以下变化：（1）财务流程自动化。固定流程、数据智能采集和数据传递等工作由RPA自动完成。（2）财务处理电商化、数字化。通过搭建在线消费商城，实现交易透明化、流程自动化和数据真实化。（3）数据资产化。通过数据挖掘、治理、可视化等方式来支撑发展。（4）管理智能化。深度运用人工智能技术，使系统可以识别、互动、分析和学习。其本质是基于新一代的信息技术，实现对企业更广泛业务（从记账、算账到报账、采购、税务等）的数字化，并对企业财务体系、业务流程、商业模式进行颠覆性的升级。

陈虎和郭奕（2020）认为，财务共享服务中心应当为新兴技术提供应用场景，为实现从信息化到自动化、智能化、数字化的升级奠定基础。企业应通过流程再造、业务在线互联，实现数据生产的流程化、标准化，企业经营相关的信息、数据汇集到财务共享中心，使财务能够进一步成为企业利益相关者的信息中枢和企业的数字神经系统。再通过财务共享服务中心的持续运营，不断提升财务专项能力、信息采集能力、业务支持能力，实现财务的数字化转型，使财务在企业管理的转型升级中发挥作用。

裴丽群等（2020）指出，建设财务共享服务中心应当实现以下管理成效：（1）利用专业化分工、标准化作业，以及信息化、自动化和智能化的技术应用，提升业务效率，优化资源配置；（2）遵循“全业务流程贯通、业财系统高度集成”的原则，推进业财融合，提高精细化管理水平；（3）通过整合业务、统一管理标准，提升集团的规范化管理水平；（4）通过沉淀大量数据，打造企业数据中心，加强多维度数据分析，支持管理层展开战略决策；（5）规范化、透明化风险管控，支持集团经营管理决策；（6）建设人才中心，打造人才队伍。

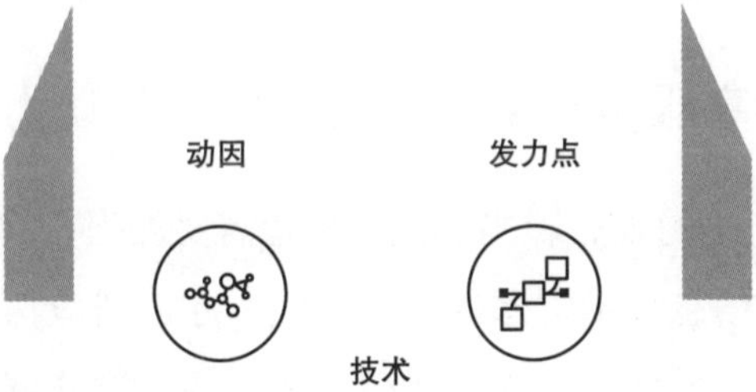

财务共享服务中心数字化转型的目标主要还是如何利用数字技术，通过连接、共生、协同、平台等理念，针对来自企业内外部的大量、完整、多类型、异构的数据，运用数据采集、数据加工、数据挖掘、算法、模型等方法进行数据的加工与管理，释放数据价值，最后进行数据可视化的展示，推动企业数据中台的建设，以带动整个财务数字化转型，充分发挥管理会计的决策功能

图7-3　财务共享服务数字化转型的目标

综上所述，关于财务共享服务的未来发展目标以及趋势的论述中，主要提及了财务共享服务智能化与通过业财税一体化沉淀数据打造企业数据中心

的两种观点。本书认为，目前谈及财务共享服务的智能化还为时尚早，没有数字化所带来的数据化，就不会有智能化。智能化的实现必须基于数字化所形成的海量数据，智能化是数字化的下一步行动选择。目前，财务共享服务中心数字化转型的目标主要还是如何利用数字技术，通过连接、共生、协同、平台等理念，针对来自企业内外部的大量、完整、多类型、异构的数据，运用数据采集、数据加工、数据挖掘、算法、模型等方法进行数据的加工与管理，释放数据价值，最后进行数据可视化的展示，推动企业数据中台的建设，以带动整个财务数字化转型，充分发挥管理会计的决策功能（见图7–3）。这其中，技术不仅是推动财务共享服务数字化转型的动因，也是实现转型的发力点之一，财务共享服务的数字化转型强调通过技术的应用来实现效率的提升、信息系统的整合以及数据服务能力的提升等。从信息系统整合的角度来看，财务共享服务的数字化转型体现为财务共享中心如何与ERP系统进行有效对接。这自然就要发挥财务的服务功能理念，真正深入业务过程，为业务过程提供数据参考依据，并真正熟悉管理过程，为管理决策提供相关的信息支持。这时，我们就又回到财务共享服务中心的数据服务能力如何加强的问题，要求我们将财务共享服务数据中心视作企业的大数据中心，至少是管理会计的数据决策中心。

二、财务共享服务数字化转型的技术驱动力

在技术决定论的观点影响下，管理者需要加强自身企业的技术应用能力，密切关注外部信息技术资源的快速迭代，才能适应信息技术所带来的冲击。目前，大数据、云计算、人工智能、区块链和物联网等数字技术正在颠覆传统行业，而财务共享服务中心的业务特征又天然具有应用这些数字技术的基因。因此，数据的采集、加工、提升客户体验等成为财务共享服务中心应用这些数字化技术的突破点。它们为实现财务共享服务的数字化转型带来了前所未有的技术支撑，成为推动财务共享服务数字化转型的主要技术驱动力。其具体表现如图7–4所示。

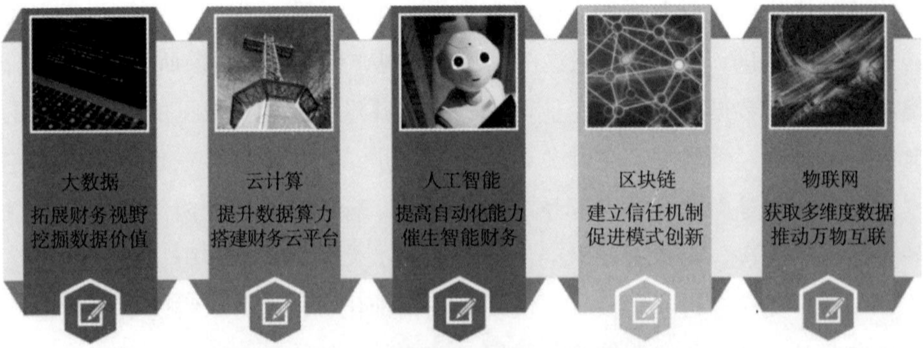

图7-4 财务共享服务数字化转型的技术驱动力

（一）大数据：拓展财务视野，挖掘数据价值

大数据（Big Data）的概念和相关的技术经过多年发展，目前主要围绕“数据价值化”这一核心目标展开，即，如何从大数据中获取有意义的价值。大数据技术本身就是以挖掘数据价值为目标的一系列工具，涉及数据采集、数据整理、数据存储、数据安全、数据分析与处理、数据呈现与应用等环节，运用大数据技术就是利用这些新的手段存储并分析海量数据后，挖掘出数据价值的过程。结合大数据自身的特征，其应用主要体现在以下三个方面。

第一，大数据转变了分析和处理数据的思维方式（许金叶，2013）。首先，数据收集和存储技术的进步使财务采用的是全数据模式，而非抽样样本；其次，财务数据精确到小数点后两位，却难以提供准确的分析结果，大数据使财务更注重分析的效果，而非仅追求绝对精确；最后，大数据更强调相关关系而不是因果关系，将更有助于财务从复试记账法借贷双方中发现更有价值的关系，识别关联来帮助对现象进行分析。

第二，大数据拓展了财务视野，提升和扩大财务“看得见”的数据量级和范围。数据容量大（Volume）、数据类型多样化（Variety）是大数据的两个典型特征。当前，数据量早已从TB（1024GB）级别跃升到PB（1024TB）、EB（1024PB）乃至ZB（1024EB）级别，而且至少达到了PB才能称作大数据。而多样性则意味着数据类型的丰富，除了能在表格或数据库中处理的结构化数据之外，还包括非结构化数据和半结构化数据。非结构化数据是指不能匹配于传统结构化格式或数据库中的所有数据，半结构化数据则介于前两者之间的重叠部分（Marr，2019）。从这两个特征可见，仅凭财务目前所涵盖的数据，很难称得上大数据。一是在企业内部，数据并没有达到大数据的量级；二是财务所处理的经营数据、会计分录等数据仅是结构化数据；三是财务所能控制的数据主要是面向企业内部系统进行集成，管理的是企业内部数据。对财务管理工作而言，大数据技术的出现，真正扩大了财务的视野，数据的汇总核算可基于交易进行明细核算，实现真正精细化，使财务获得的数据类型从财务向业务、结构化向非结构化扩展；随着数据的边界越来越模糊，企业可以将产业链端的能力释放出来，收集产业链上下游的数据，同时接入社会级、行业级数据，帮助企业从全产业、全行业视角评价经营行为，使数据由内部向外部扩展。

第三，大数据使财务运用数据的能力增强，从而可以更深入地挖掘数据价值。大数据的另外两个特征是时效性（Velocity）与价值性（Value）。大数据往往以数据流的形式动态、快速地产生，具有很强的时效性，用户只有把握好对数据流的掌控才能有效利用这些数据（李国杰等，2012），这就需要不断缩短处理和分析数据的时间。基于数据之间的相关关系，大数据可以预测未来的趋势，具有比一般分析更高的商业价值。因此，在时效性和价值性的影响下，大数据技术可以使财务由事后周期记账方式转变成实时核算，实现财务报告从事后编报向实时报告发展。对大数据的分析和挖掘将为企业提供预测性信息，使会计工作从反映过去逐渐向预测未来发展（秦荣生，2014）。

总的来说，大数据技术从数据来源、处理、分析和输出等方面，从更大、更广、更快和更深的角度影响企业会计数据管理，进而改变企业决策环境。大数据技术将为财务共享服务中心提供强大的数据基础和数据处理能力，助力财务共享服务向企业大数据中心和数据中台的转变。

（二）云计算：提升数据算力，搭建财务云平台

美国国家标准与技术研究院认为，云计算（Cloud Computing）通过可用、便捷、按需的网络访问，快速提供网络、服务器、存储、应用软件和服务等

共享的计算资源。基于提供服务的类型，可以将云计算分为三种类型：（1）基础设施即服务（IaaS），即由云服务供应商通过网络，为企业提供需要进行高额投资的网络基础设施服务；（2）平台即服务（PaaS），即利用互联网构建的应用程序和服务平台，为企业开发、测试和管理软件提供环境；（3）软件即服务（SaaS），即企业直接使用开发商提供的软件服务，这些服务方式为基于财务共享服务搭建财务云平台提供了技术基础。总的来说，云计算资源共享、按需取用、动态调配和实时响应的核心理念，对财务共享服务中心不仅是基础设施的虚拟化、动态化和高效率，更重要的是推动组织架构和流程的再造、经营模式和理念的转变（何瑛，2013）。

在基础设施升级上，一方面，财务共享服务中心可以将作业系统或终端架构在IaaS模式下，直接将应用系统和数据库部署在云服务提供商上；另一方面，财务共享服务中心亦可以作为SaaS模式产品的直接使用者，租用第三方的云服务产品，将自身的作业平台建立在云服务产品上。这些方式都可以通过按需租用云计算资源的方式，实现轻资本运营并灵活增减算力资源，减少信息化的开发和维护成本，助力财务转型。云计算技术通过对计算能力的共享和按需取用，支撑起了处理大数据的计算基础，为大数据和人工智能的技术应用提供计算海量数据的算力基础。正是得益于存储和计算能力的提高，企业才能对各种数据源的快速移动的海量甚至是实时数据展开分析。

在对流程和模式的转变上，云计算技术的不断发展与完善为组织间的协同和共享提供了技术支撑，从而进一步推动企业集团财务流程再造的进程。企业集团通过持续的财务流程再造和协同整合，将逐步实现财务集中、财务协同、财务共享向“财务云服务”的转型。财务共享服务中心“上云”可以降低企业信息化建设的成本，并且在与企业内部各信息系统平台的连接当中实现信息流、审批流和票据流三流合一，并为外部系统对接提供了可能（贾小强等，2020），这将进一步打破物理世界的“围墙”，实现从员工费用报销，到应收应付管理、资金管理、资产管理和合同管理的端到端的全连接，形成业务连接和数据汇集的平台，推动业财资税一体化（王兴山，2020）。

（三）人工智能：提高自动化能力，催生智能财务

埃森哲（2019）将人工智能背后广泛的技术视为一套能力框架，包括感知能力、理解能力、行动能力和学习能力，并根据工作复杂性和数据复杂性，将人工智能的潜在应用分为自动化和提升能力两个主要方向。其中，工作越是常规、可预测、基于规则且只需处理少量稳定的结构化数据时，人工智能应用更倾向于自动化；相反，工作的临时性、判断性和不可预测性越强，数据越倾向于大量、易变化且非结构化时，人工智能的应用更倾向于能力的提升。按照人工智能应用方向的划分，人工智能在财务共享服务当中的应用主要体现在：

第一，实现会计工作的自动化作业。财务共享服务中心将企业重复性高、业务量大、标准化程度高的财务业务进行集中处理，符合常规、可预测和基于规则的工作条件以及少量、稳定以及结构化的数据条件，可以通过部署机器人流程自动化（RPA）的形式，实现常规业务活动的自动化作业。

第二，在自动化的基础上，利用机器学习技术发挥人工智能作用。机器学习是赋予人工智能此类能力的技术核心，已经实现的前瞻性判断预测系统、解读语音和文本的自然语言处理系统、识别视觉内容的机器视觉技术等都依托于机器学习技术。机器学习通过模型和算法的应用，可以在复杂的变化当中学习和适应，以保持对规则判断的一致性（Dutta，2020），当自动化的程序具备学习与判断的能力，便具备了一定程度的智能。这种思路应用到财务共享服务中心作业中，传统财务共享中心审核人员的思考过程就可以通过规则引擎转换为机器规则，嵌入计算机系统处理程序。再结合电子发票、电子档案、电子签名、光学字符识别（OCR）等技术，由机器替代人工审核，审核通过后由会计引擎根据业务类型、单据及单据要素信息完成全自动的记账核算，实现会计核算流程的自动化、智能化。这样所构建的财务共享服务中心会进一步减少大量低附加值的报账、审核、结算环节，为业务财务和战略财务作用发挥提供可能。

当人工智能技术与云计算、大数据结合时，还可以发挥模型和算法在数

据处理方面的功能。此时，要实现人工智能技术对财务管理工作能力的增强，前提是提高财务共享服务中心在获取数据、处理数据方面的能力，基于不同业务设计出合适的应用场景，进而发掘数据价值，在财务共享服务数字化转型的基础上向实现智能财务迈进。

（四）区块链：建立信任机制，促进模式创新

区块链（Blockchain）是利用加密链式区块结构来验证与存储数据、利用分布式节点共识算法来生成和更新数据、利用自动脚本代码（或称智能合约）来编程和操作数据的去中心化基础架构与分布式计算范式（袁勇等，2016）。区块链具有去中心化和不可篡改的特点。其对智能合约功能的重新定义，为企业的数字化转型提供了技术条件。首先，去中心化体现在区块链采用纯数学的方法建立分布式节点间的信任关系，形成可信的分布式系统，产生交易、验证交易、记录交易信息、进行同步等活动均是基于分布式网络完成的。其次，特殊的加密技术保证了区块链的安全性，想要篡改区块链中的数据只是在理论上可行，但所花费的电力、设备等成本并不符合成本效益（沈鑫等，2016）。另外，智能合约作为一种嵌入式程序化合约，可以内置在任何区块链数据、交易、有形或无形资产上，形成可编程控制的软件所定义的系统、市场和资产。这些特征为企业提供了去中心化的交易模式与数据安全保障，还为自动化业务提供了解决方案。

利用上述特征，区块链在财务共享服务中心的应用将对财务会计信息系统和决策支持信息系统都产生影响。对会计信息系统而言，基于区块链的可信信息保障机制可以使原始交易和会计处理过程固化。具体来说，利用区块链技术与外部交易信息系统连接，在确认环节保证全部节点数据准确、在计量环节为各类计量属性提供全面准确的信息、在记账环节利用分布式的记账体系确保不可篡改、在报告环节实现自动披露，降低信息不对称。同时，区块链的智能合约同样可以实现交易的自动化处理，并确保交易的可靠性。一旦满足了事前定好的条款，将会自动触发交易，执行约定的合同条款并满足上述记账条件。在不需要交易双方进行文字确认的情况下，基于区块链的智能合约将大大减少业务的交易成本，提高财务共享服务中心运作的效率。对决策支持系统而言，区块链的价值传递属性能够以极便利和低成本的方式促使价值在信息流上高效传递与共享，为实现业财深度一体化奠定基础，进而利用区块链打通整个供应链条，通过构建联盟区块链实现与企业上下游的无缝对接，通过财务会计信息系统的自主管理模式强化交易与税务数据的关联，并通过价值链成本管控实现整个价值链的成本优化与价值最大化（何瑛等，2020）。

因此，区块链去中心化、不可篡改的特征也在提供技术支持的前提下，促进了财务领域工作模式的创新。在实践中，海尔集团的财务团队运用区块链技术，打造了自己的结算体系——“票联网”。海尔集团基于结算业务，整合税票、资产、费用、收付、往来平台等内部资源，链接税务和法务等外部资源，有效并联供应商、客户、资源方以及相关的信息化平台，最终形成一个内外部协同的基于区块链的结算生态。票联网不仅实现了结算效率的提升和成本的降低，更将众多利益相关方通过技术手段进行并联，打破了企业的组织边界，实现了各方数据的安全共享和交易，有助于实现各方的共赢增值。可见，区块链技术还将助力财务组织的功能性转型，实现开放的财务生态圈。

（五）物联网：获取多维度数据，推动万物互联

物联网（The Internet of Things，IoT）是指通过信息传感设备，按照约定的协议，把任何物品与互联网连接起来，进行信息交换和通讯，以实现智能化识别、定位、跟踪、监控和管理的一种网络。它是在互联网基础上延伸和扩展的网络。基于互联网和广泛的数据采集实现的万物互联是物联网的主要特征，它可以实现物与物、物与人的广泛连接，实现对物品和过程的智能化感知、识别和管理。因此，物联网成为大数据的源泉，物联网的深度应用加速了大数据的形成，开创更多万物互联的场景并产生海量数据，推动大数据时代真正来临，进而为人工智能的深度发展创造条件（王兴山，2019）。

物联网的技术架构主要由感知层、网络层和应用层构成。其中，感知层通过RFID（射频识别）、传感器等数据采集技术或感知终端，对物体进行识

别和数据采集；网络层通过接入设备与互联网、云计算平台等连接，迅速、准确、安全地传递和处理在感知层获取的信息；而应用层则利用经过分析处理的信息，为用户提供特定服务（王慧等，2012）。具体来看，物联网对财务共享服务数字化转型带来的影响体现在以下两个方面。

一是在技术上，物联网可以通过感知层的数据采集功能，帮助财务共享服务前端实现业务数据化，并确保会计信息的真实性和完整性。从采购到入库、生产、物流、销售等所有环节中，可以通过在原材料、设备、产品等资产中嵌入RFID电子标签，利用感应设备或手持读写设备自动识别该物体的信息并将其录入相关的数据库中。由于不需要人工进行数据录入，通过技术保证了获取数据的真实性。同时，物联网多维度的传感技术满足了多种类型结构数据的要求，进而有助于推动财务共享服务中心向大数据中心的转变。在迅速、可靠地获取数据的基础上，财务共享服务中心可以借助物联网技术实现对生产成本、销售成本以及资产状况的管理，提高财务共享服务中心业务财务一体化的能力。

二是在理念上，物联网在IT行业又叫“泛互联”，意指物物相连、万物互联。因此，物联网是连接思维在新技术条件下更高级的体现。在物联网时代，广泛的连接使用户的需求从产品延伸到服务，并衍生出基于场景的社群经济，这对传统的组织维度、产品维度和用户维度都发起了挑战。万物互联的理念下，海尔集团的财务在物联网生态品牌战略下利用顾客价值表、共赢增值表等工具，从用户、资源方、生态平台价值、收入、成本和边际收益六个方面来监控、评价和驱动企业、利益相关者和用户的增值，运用物联网万物互联的理念促使财务管理的升级。

三、财务共享服务数字化转型应具备数字化能力

数字技术并不是转型成功的充分条件。对不同企业而言数字化转型的路径不尽相同，因此要充分发挥技术以及数字经济时代下的其他优势，还需要具备相应的财务数字化能力。能力，是指完成一项目标或者任务所体现出来

的综合素质。IDC（2018）认为，数字化能力是企业落实数字化转型项目、实现转型目标所需具备的综合素质和前提条件，数字化转型的核心正是组织的数字化能力建设。财务组织只有具备了与转型阶段相匹配的数字化能力，才能释放财务基础资源、促进组织架构的功能性调整、解决数据管理的问题并实现智能财务的创新发展。总的来说，财务数字化能力体现在以下几个方面，如图7-5所示。

图7-5　财务数字化能力

（一）数字技术应用能力

财务组织应当积极拥抱数字技术，提高数字技术的应用能力。原因在于，这是实现财务为企业提供决策支持，进而发挥好服务功能的作用。企业的持续经营能力，离不开企业持续做出更好的决策，而这些决策离不开来自财务组织提供的信息支持。数字技术的应用能力能够对企业的认知能力和决策水平产生影响，如果能够利用数字技术提高企业的认知、思考能力、决策水平，那么企业就会有更强的竞争力。

要实现财务对数字技术的应用，财务组织需要与企业的其他部门一样，时刻保持对数字技术的敏感性，关注其发展的现状与趋势。在此基础上，财务组织需要及时评估技术对财务活动的影响，提高技术与财务活动的结合能力。技术人员可以依托技术背景，深入财务活动的场景中，实现技术和业务的真正融合。

（二）数据智能和价值创造能力

财务要提高数据智能和价值创造能力，需要了解数字技术的特征，确保数据的质量，并广泛采用通用性更强的数据。

财务组织需要意识到，在数字经济时代，数字技术的运用与互联网背景下的技术运用存在一定差异。在互联网时代，对技术运用的侧重点在于流程的优化，财务共享服务也是利用互联网的技术来优化流程、提升效率。而当前，财务组织更加需要思考如何运用数字技术来发挥数据的作用，实现企业决策的优化和升级，如何将靠人指挥的事务转变成通过系统和数据来指挥和管理（赵兴峰，2019）。通过数据来创造价值，这正是数据智能的体现。

但必须明确，并非所有的数据都是有价值的，正确的数据才更加具有意义。信任决定了数据的价值，质量不佳的数据会导致误判并伴随风险（IBM，2020），虚假的数据会导致企业得出无效甚至错误的大数据分析结果（冯登国等，2014）。特别是据以决策的财务数据，要实现数据智能，前提需要通过财务共享服务的建设来解决数据的真实性、合规性、完整性、及时性和有效性等问题。

在保证数据质量的前提下，IBM（2018）认为，企业从数据中获得的洞察取决于数据的通用性，也就是数据来源的广泛程度和数据类型的多样性。调研显示，财务数字化转型较为成功的组织采用通用财务数据的比例比同行企业高出 83%，采用通用非财务数据的比例是同行的两倍还多。因此，财务组织需要采用高级分析技术，整合企业中的结构化和非结构化数据、财务数据和非财务数据，提高财务对数据的分析能力。这样一方面有助于找到新的价值实现和获益方式；另一方面还有助于开发新的业务模式，确定价值链改进计划，通过更加全面的方式应对风险。

（三）数据安全能力

财务要实现数字化转型，数据安全是不可忽视的问题。在企业数字化转型进程中，不仅要通过数字技术重塑企业的核心业务，还需要与之相配套的数据安全能力。财务共享服务在与业务活动的融合过程中、在与外部利益相关方的广泛联系中，获得了更大规模的数据。而目前，大数据在收集、储存和使用的过程中，面临着诸多的安全风险。大数据导致的隐私泄露，如客户数据的泄露，可能使企业为此承担法律成本和经济赔偿损失，更会对企业的声誉造成损害。事实上，数据安全问题在数字化转型的背景下，是整个组织面临的问题。组织需要从业务范围内数据全生命周期的角度出发，开展对数据安全的保障工作，包括数据采集、数据存储、数据处理、数据交换和数据销毁安全。同时，从组织建设、制度流程、技术工具和人员能力等维度出发，培养组织的数据安全能力。

（四）数字化领导力

财务数字化能力的构建既是理念和技术问题，又是领导力问题。财务组织需要避免自身数字化转型缺少来自企业顶层的支持，或者财务部门的管理人员陷入观望而不断推迟转型等误区，要让分管财务的管理人员逐渐参与到企业的数字化变革当中。皮普金（A.L. Pipkin）曾指出，如同对整个企业的影响一样，技术正在造成财务主管工作的完全转变，并且正重新定义整个财务系统（申香华，2005）。数字技术通过彻底改变企业的财务模式，创造机遇的同时，给财务组织带来了新的挑战，要求财务管理者加速转变为数字模式，从企业数据中实现更多新价值（IBM，2018）。对财务组织的管理者而言，财务数字化领导力将成为转型成功与否的重点。

如何衡量财务的数字化领导力？韦斯特曼（Westerman，2015）认为，企业的业务领导和技术部门的联系是否紧密，是衡量数字化领导力的方式之一。原因在于，企业数字技术和业务的融合程度，决定了在数字化转型中的不同的战略选择，进而影响数字化转型的效果。当财务组织青睐于使用技术而与业务结合不紧密时，则容易使发展偏离正常轨道，达不到预期的效果；反之，如果不能提高财务的数字技术应用能力，则会使财务创新越来越受限于技术因素（杨斌等，2019）。数字技术只有与财务活动相互融合，才能为财务组织提供持续的优化，财务数字化转型的领导者的战略选择在其中起到举足轻重的作用。

四、财务共享服务数字化转型的实现路径

财务共享服务数字化转型的实现路径如图7-6所示。

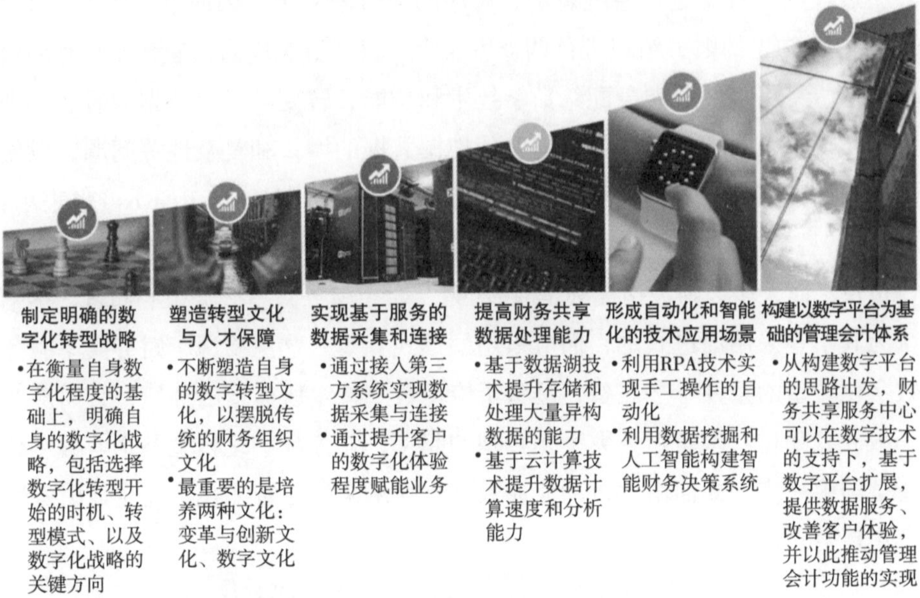

图7-6　财务共享服务数字化转型的实现路径

（一）制定明确的数字化转型战略

与企业数字化转型一样，财务共享服务的数字化转型需要在衡量自身数字化程度的基础上，明确自身的数字化战略。其中包括选择数字化转型开始的时机、转型模式以及数字化战略的关键方向。

当前，中国经济正处于整体的数字化转型阶段，数字科技有利于推动传统产业转型升级，推动实体经济和数字经济融合发展，推动互联网、大数据、

人工智能与实体经济深度融合，促进整个社会转型发展，数字经济已经成为中国落实国家重大战略的关键举措。大多数企业管理者已经意识到业财融合是数字化时代企业发展的必由之路，企业数字化转型的第一步应实现财务数字化转型。此时进行财务共享服务的数字化转型应该是最佳时机，具备了天时、地利、人和。

从转型模式上来看，主要有两种选择：颠覆式变革和渐进式变革。颠覆式变革意味着采取新技术、新管理思路和新商业模式等；而渐进式变革的转型过程则相对稳定，通过稳步、有序的项目来实施，因而进程较慢。IBM（2018）对领先的财务组织进行调查后认为，财务组织应当快速转变自身的成本结构，将更多的资源分配给数字技术和功能，转变自身对数据的看法和理解，实现整合数据，解决创新速度、把握数据的增长和复杂性等问题，以便尽快开始数字化转型的进程。波士顿咨询的里夫斯（Martin Reeves）也表示："成功转型最重要的一个因素就是他们是否能迅速开始。因为数字化颠覆发生得很快，而大多数财务指标都是滞后的。"对于财务共享服务中心而言，本书认为其不宜采用渐进式的，而应采用颠覆式变革。这主要源于财务共享服务数字化转型的条件十分完备，具备了应用数字技术所需要的环境，且财务共享服务数字化转型是财务数字化转型的起点，财务数字化转型是企业数字化转型的第一步。如何由此带动业务数字化与未来财务智能化将是企业财务数字化转型的关键方向。

当然，颠覆式的变革要求企业"一把手"必须有魄力，具备数字化的领导能力，并拥有充分的信心和决心。要制定严密的实施计划，配备充足的资源支持，并针对实施情况制定奖惩措施。同时，加大培训的力度，灌输全体员工的数字化变革思维。

（二）塑造转型文化与人才保障

优秀的组织文化可以促使组织成员认同并致力于比个体利益更高层次的事物，并且使企业不会拘泥于传统，保持创新（Robbins，2016），进而推动转型战略的实施。在明确了财务共享服务中心的转型战略、不断推进技术与业务的深度融合过程中，财务组织及其人员应通过不断塑造自身的数字转型文化，以摆脱传统的财务组织文化。对财务共享服务中心而言，最重要的是培养两种文化：第一，变革与创新文化。例如，海尔集团“自以为非”的基因是变革文化的极佳体现，它具体体现为拥抱变化、自我颠覆、持续变革的组织文化特征，也正因为如此才创造出海尔集团独特的管理会计体系。第二，数字文化。数字文化是指财务人员应积极拥抱数字化，并通过数据来改变传统的记录习惯，形成数字化的思维与工作模式，并习惯于用数据说话、用数据决策、用数据管理、用数据创新。

文化氛围对于财务共享服务中心人才的思维转变、技能培养十分重要，它有助于吸引更多外部优秀人才加入财务共享服务中心，并为财务共享服务的数字化转型提供活力。IBM（2018）的一项调查表明，绝大多数领先的财务组织所采取的人才技能提升措施都包括打造数据驱动的企业文化。数据驱动的组织文化是财务组织发现、留住和培养所需人才，启动并推进数字化转型的重点。在人才保障方面，应针对财务共享服务中心的发展情况以及数字化转型的要求，完善现有人才的评价标准体系，并有针对性地制定人才培养方案。对此，熊焰韧等（2016）从胜任能力、专业技能、知识重要性以及职能发挥作用等四个方面展开分析，指出企业在设计人才评价体系时必须具有前瞻性，不能仅考察财务人员的传统专业技能，还应重视新兴技能的培养与发展，如数据挖掘能力、信息集成和整合能力、数据可视化能力和信息展示能力等。这些技能既是时代发展的要求，也是财务人员更好服务于企业数字化转型战略实施的必然选择。

（三）实现基于服务的数据采集和连接

IBM（2020）指出，采集、管理、动态同步互联数据并自动执行操作，是高管对数字化转型成果的迫切要求，实时获取数据有助于财务共享服务中心协助企业获得切实可行的即时洞察，从而提高企业整体的响应能力，构建起财务大数据中心。

以下两种途径分别解决了如何获取数据以及如何利用数据提供服务的问题。

1.通过接入第三方系统实现数据采集与连接

根据前面所描述的集团公司会计数据管理现状，可以看出，当前许多企业的业务流程与财务之间都存在数据“孤岛”问题。由于业务流程并不存在于统一的数据共享平台之中，造成财务部门无法获取准确、完整的信息。而通过数据抽取、分析、展示的信息又都属于事后分析，难以做到实时分析，也就无法利用数据对业务形成洞察力和控制力。目前，基于财务共享服务打造的采购共享、商旅共享和税务共享成为目前企业实现从会计数据到业务数据、结构化数据到非结构化数据、内部数据到外部数据扩展的重要手段。具体来看，有以下几点。

第一，在连接和协同思维的启示下，财务共享服务中心的职能应当融入业务前端，通过财务共享与采购平台协同的模式，打破采购行为与内部流程之间的壁垒，使整个采购流程中的审批、下单、付款、发票管理、账务处理实现自动化、智能化。第二，在云计算技术获取数据、安全存储数据、处理和共享数据的技术支持下，财务共享服务中心可以将外部的供应商与客户纳入企业内部的管理系统，通过商旅共享平台建设链接第三方“互联网+”平台，例如，携程、艺龙、京东、天猫、滴滴、顺丰等，同时利用智能化、移动设备等终端，通过设置控制的表单内容和形式，实现对于有用的业务数据的采集。商旅共享平台的建设可以帮助财务共享服务中心获取大量细致、完整的会计记账数据、订单交易数据、发票完整信息等，与采购共享平台一样使所有数据都取自交易前端，通过打通内外部数据来实现业财融合。第三，面对企业税务管理制度体系不完善、管理流程不健全的问题，以及由此导致的涉税风险，财务共享服务中心可以架构从企业内部税务活动到税务机关征管平台的税务信息共享路径，承担企业集团全税种、全主体、全业务、全流程的税务管理应用，实现低成本、高效率、低风险的税务管理目标。其中，特别是要实现税务预警的功能，更需要在确保涉税数据准确性、完整性和有效性的前提下，通过在平台中的规则、逻辑和模型发挥预警功能（贾小强等，2020）。采购共享、商旅共享和税务共享还仅是财务共享服务中心实现业务数据化和广泛连接的途径之一，除此之外，还包括前面提到的基于物联网技术对生产、资产等业务的数据采集和连接。但不论是哪种业务，这种采集都是直接从交易端或业务系统中自动实时地进行数据采集和处理，从而在丰富和高质量的数据基础上开展数据洞察与分析。

【久其实践案例】

财务共享服务中心与外部系统的连接

从久其软件的实践来看，已经建设完成的大部分财务共享中心都会向前后两个方向演进：第一，共享中心与前端与业务系统整合；第二，共享中心与后端与相应管理系统整合。在整合的过程中，共享中心会将与相关外围系统进行必要的衔接。衔接后的共享中心的职责由传统的审核、核算、记账的职责逐渐扩大，实现了税务共享、采购共享、合同共享、人力共享等一系列相关的职责，相关整合的本质也体现了数字化转型背景下，财务深度参与企业运营，以及企业运营深度融入社会价值链的趋势。例如：

1.与税务系统的连接

从久其的客户来看，进入成熟阶段的共享中心案例中，70%以上的企业都实现了与税务共享系统之间的衔接，并实现了以下三点功能：第一，对进项的税务数据进行集中获取，避免因发票丢失造成的数据丢失；第二，通过直接与业务前端的连接获取更多业务信息，如通过支付宝获取餐饮菜单、通过高德或滴滴获取出行行程单，解决税票的真实性风险；第三，通过数据分析实现一定的税务筹划，平滑进项与销项之间的差异，既避免频繁退税，又合理规划税务和现金流之间的关系。衔接后的共享服务中心除了完成税务数据和企业ERP数据之间的核对、相应核算的三单匹配以外，还做到了相关税务数据分析与企业的风险控制管理相结合以及税务大数据分析。对于税务当中的供应商、商品等数据可以结合采购、成本等具体的业务场景进行更准确、深入的分析。

2.与采购系统的连接

除了税务共享以外，在大部分的共享中心建设的升级阶段也实现了采购共享。例如，一些施工企业在采购过程中面临“项目管理一支笔”、全国地域分布广、无法集中配送的问题，造成采购物品单价高。此时，通过将采购环节的入库单和共享中心工单相结合，对发票和采购物料主数据进行分析，发现价格变化大的物品。同时借助互联网爬虫技术获取当地大宗商品的平均价格，综合以上办法实现基于采购共享的成本控制。除此之外，再如国内最大的一家地产共享中心通过采购共享，大大缩减了采购和预算之间不必要的管理循环，采购工作的效率提升了10%~20%；又如，在国内一家排名前三的大型旅游集团共享实践中，通过共享中心融合集中采购以及供应链的优化，在保持与CPI增长的同步，实现了连续三年重点单品采购成本年均降低5%~10%的优异成绩。

3.与商旅等系统的综合连接

此外，还有财务共享服务中心通过接入外部商旅服务和银行、税务系统，实现了共享服务中心效率的进一步提升。例如，国家开发投资集团有限公司（以下简称GTSW集团）在财务共享服务中心引入了商旅服务，员工出差申请单经审批后，即可通过中航服APP预订机票，报销时可直接引用机票信息，公司统一月结，简化员工报账手续；同时，GTSW集团的共享平台通过接口获取核算系统银行日记账和资金系统交易流水等信息，通过预置对账规则，实现一键自动对账，自动生成余额调节表、收款认领等操作；不仅如此，共享平台还打通了税务系统接口，实现发票真伪系统校验、发票认证实时触发、开票指令在线传送、税控系统联动开票、纳税申报表自动生成等功能，不断删减非增值业务，提高财务共享服务中心的效率。

2.通过提升客户的数字化体验程度赋能业务

当前，众多企业数字化转型的具体实施路径都将客户体验数字化作为切入点。不论是咨询公司还是实践企业，都不止一次强调改善客户体验是数字化变革的核心。数字化企业在与客户接触的过程中尽可能多地采集相关数据，对用户进行精准画像，进而可以提供更加符合用户需求的服务。如淘宝、天猫实现的千人千面，即不同的客户有不同的推荐界面，甚至一人千面，即同一客户在不同时期有不同的推荐界面，这都是获取数据、再利用数据提供服务，达成客户满意度的极佳体现。

福雷斯特（Forrester，2017）指出，CFO需要打造简便、有效、有情感的员工体验，财务管理者要能通过新技术预测员工的需求，并在员工需要时及时伸出援手，从而实现超出员工预期的结果。这意味着客户体验并非只是产品设计、销售等人员考虑的问题，在发挥会计服务职能的要求下，财务共享服务中心同样需要提高对员工、客户的数字化体验。例如，财务可以通过对员工乘飞机差旅出行的时间、舱位、航线、航班等要素的分析，结合市场价格因素，为员工提供更加方便、实惠、个性化的差旅服务推荐，既确保了业务真实性，又提高了员工的满意度。当然，这还只是针对差旅活动的举例，在其他业务中，同样可以在广泛采集数据并连接的基础上，提供数字化的服务。服务是根本目的，也进一步获取数据的手段，从而不断地在数据的采集与使用中保证会计数据的真实完整性，实现业财融合，提高财务服务于业务的能力，实现数据赋能业务的目的。

（四）提高财务共享服务中心的数据处理能力

在获取了大体量、多类型数据的基础上，财务共享服务中心需要存储和分析这些数据，将数据作为其运营的重要组成部分。但仅凭普通硬盘或内部服务器这类传统的数据存储和处理解决方案很难满足运行的要求。数据湖技术以及云计算解决方案为财务共享服务中心提高处理运行的效率提供了强大的技术支持。

1.基于数据湖技术提升存储和处理大量异构数据的能力

数据湖是企业各类数据，包括结构化、非结构化、半结构化数据的载体，其中存储的数据并不采用任何预定的结构，可以迅速转化为任何需要的格式以供存取、处理、分析及传输，能够全量采集数据、支持任何数据来源并基于数据标准化，帮助企业统一数据标准层、数据结构层。为了实现财务大数据中心的功能，数据湖将弥补数据仓库技术的不足，提供强大的数据处理能力。

与传统的基于数据仓库的数据存储处理机制相比，数据湖最重要的区别在于数据存储类型和数据处理模式。例如，数据存储类型方面，数据仓库中数据以分层逻辑方式进行组织，具有明显的结构化特征。而财务共享服务中心在业务数据化过程中将面对大量的半结构和非结构化数据，这也意味着传统的数据仓库技术难以满足财务共享服务成为企业大数据中心的愿景。以数据湖为技术基础，可以使财务具备应对大量异构数据的能力，财务共享服务中心可以利用数据湖来存储来自企业各种来源、各种类型的数据，如ERP、OA、CRM乃至物联网设备产生的数据，以及企业外部第三方、社交媒体、在线交易等数据。针对数据处理，传统方式下，在加载数据到数据仓库之前，首先需要定义好它的存储结构或者模式，即“写时模式”（Schema-On-Write）。而数据湖只需加载存储原始数据，当准备使用数据时，才对其进行定义，即“读时模式”（Schema-On-Read）。数据湖特殊的数据处理机制，可以提高财务共享服务中心对数据模型定义的灵活性，满足更多不同上层业务尤其是用户需求灵活多变的高效率分析诉求（陈永南等，2019）。基于数据湖技术，可以构建起能够满足大量异构存储和实时分析的大数据体系，实现财务共享服务中心向大数据中心的转型，帮助会计人员开辟未曾触及的数据洞察与渠道，提供决策支撑。

2.基于云计算技术提升数据计算速度和分析能力

大数据的关键在于挖掘数据价值而非简单的存储数据信息，企业也不会花费大量成本存储无用的数据信息，如何提升计算速度以及对数据的分析能力成为挖掘数据价值的关键，而云计算技术恰恰支撑了大数据的广泛应用。当财务共享服务中心面对大规模、多类型、高速度和高价值的数据，需要通过云计算技术来增强自身数据计算速度和分析能力。

在数据计算速度上，财务共享服务中心把内部设备转接到云中，使其具有高拓展性、同构计算节点可互换、动态负载平衡等特点，往往数万至数十万的计算节点赋予它前所未有的计算能力（程平等，2015），这种超级计算模式使数据的处理速度大幅提升，甚至可以达到每秒10万亿次的计算速度，足够快的计算速度为大数据在各类场景中的实时应用提供了可能（贾小强等，2020）。在计算速度的保证下，财务共享服务中心云平台更能适应自身企业的数据应用需求，通过数据湖、数据仓库技术、数据挖掘技术识别财务数据类别，分析关联性、趋势、偏差、离散程度、规则特征、序列模式，并按应用主题重新组织并归纳推理，从中挖掘符合企业自身特点的决策支持。

【久其实践案例】

中铁建共享服务中心：以技术支撑提高数据处理能力

中国铁建股份有限公司（以下简称中铁建）财务共享中心建设从一开始就非常注重技术支撑的选型，要求符合中国铁建长期的发展战略，从硬件环境、数据库、关联业务系统等多个方面进行了详细评估。

在系统建设论证期间，中国铁建经过详细调研，每个工程局建立共享中心的硬件基础设施大约在千万级投入，每年运营费用也在百万级规模，需要大量的技术投入和人力投入。经过论证，为了有效降低成本，中国铁建决定采用云技术的解决硬件设备投入的问题，与中国电信上海数据中心合作：一方面以租赁方式替代一次性采购，大大降低了一次性投入成本；另一方面利用电信的技术、设备、专家建立了中国铁建财务数据中心，将分散在全国20多个机房的系统整合到一起，为全国大集中打下了坚实的基础。其以技术支撑提高数据处理能力（见图7-7），主要体现在以下几个方面：

（1）应用云服务平台。其将财务核算系统、报账系统、影像系统、报表系统全部安装在中国电信云服务平台上。应用云服务平台大大加快了财务共享中心建设进程，实现了应用负载能力可弹性扩充，节省了信息化建设投入，降低了日常运维成本，解决了困扰企业信息化建设的网络带宽、存储空间、异地灾备等问题。

（2）强大的负载均衡能力。久其DNA平台支持应用服务器与前端硬件\软件负载均衡系统的适配，实现可灵活配置的负载均衡方案，实现用户访问按组织机构、用户属性等多种负载分配方式。

（3）深入融合国产达梦数据库技术优势。鉴于国产数据库在特大型企业集团应用层面的探索背景，久其通过业务侧数据的技术优化，在保障整体技术路线的稳定的前提下，实现了财务共享与内外部系统的无缝对接，实现了海量数据快速迁移，保障了前期投资。自主可控，保障系统安全，支持异构数据库实时同步备份。

（4）数据库底层调优。与数据库厂商深度合作，财务共享服务中心的所有核心SQL逻辑与数据库原厂工程师联合调优，平台级支持读写分离，最大限度地用数据库处理能力。

（5）核心业务数据可异步处理。借鉴互联网行业的处理模式，支持复杂事务可分解后异步处理，保证关键操作极好的用户体验。

（6）集成接口平台。资金、影像、核算、主数据等重要数据接口，都支持服务化调用和采用中间库落地的数据交换方式，避免接口成为大开发的“瓶颈”。

（7）统一的主数据\元数据管理。提供统一的参数服务器，确保应用服务器不断扩充后，主数据和元数据智能分发。

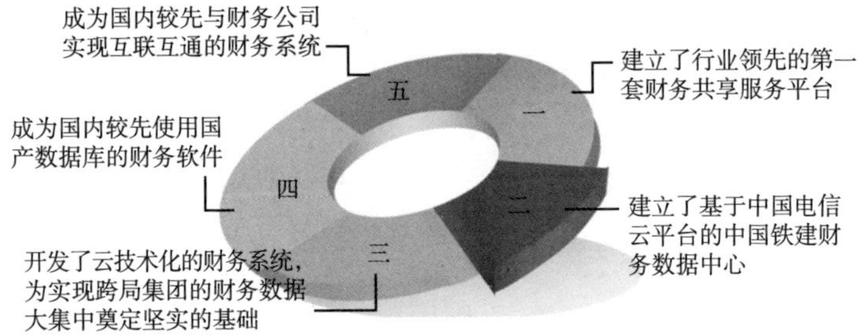

图7-7　中铁建硬件基础设施投资后的成效

（五）形成自动化和智能化的技术应用场景

借鉴企业数字化转型的经验，我们提出财务共享服务推进数字技术应用的两个原则：第一，多技术并举原则。除了在大数据、云计算等系统层面的部署外，在诸多业务层面的应用需要根据不同的业务场景，综合运用多种技术以加快数字化转型的进程。第二，技术与业务双轮驱动原则。技术总是和业务的痛点紧密联系在一起的，也是持续进步和发展的，在不同时期也会有着不同的技术焦点。在正确认识各种技术的特点和优势后，需要将技术优势与业务痛点结合来解决问题，从而形成技术应用的场景。

遵循这些原则，结合下一代财务的智能化思维，财务共享服务中心应当通过自动化处理完成重复性、流程化程度高、低附加值的工作内容，从而进一步释放财务共享服务中心的财务人员，完成运用数字技术实现自动化的二次升级，同时完成数据收集和处理的基础过程，最终实现数据驱动下的财务智能化，充分发挥数据的决策价值。具体来看：

1.利用RPA技术实现手工操作的自动化

当前被广泛讨论的财务机器人，是机器人流程自动化技术（Robotic Process Automation，RPA）在会计和财务领域的应用，是基于明确的流程规则，实现部分业务处理的自动化。但是，RPA没有真正实现智能，它只能通过固定的脚本执行命令，进行重复的和机械性的劳动，以外挂的方式部署在原有的系统上（陈虎等，2019），以满足财务工作服务业务自动化的需求。基于RPA技术的财务机器人似乎使财务人员面临“淘汰危机”，但事实上，财务工作自动化并非全新的理念，只是在新的环境中体现出更大的价值。在财务机器人出现之前，财务组织已经开始通过简单的宏工具或传统IT流程的部署实现自动化，面对财务转型的新要求，如果要迈入数字化乃至智能化的阶段，则需要将多种信息技术进行组合使用，而RPA是其中重要一环。

RPA运行原理是通过模拟人工作业的方式，将一些无法通过系统集成的系统手工操作进行自动化的处理。例如，在应付流程当中，RPA可以协助企业进行供应商信息更新、创建采购申请、查询物流信息、更新采购计划、收货确认提醒、三单匹配核对、核对价格、检查付款差异、信用检查以及银行对账等，通过这些环节的自动化应用，会在很大程度上提高应付流程的执行效率和质量。可见，RPA技术最大的优势在于能够实现跨系统平台的作业，这与只能在封闭系统中运行的宏工具不同，实现跨系统平台作业则与人工作业的情况极为相似，有助于提高自动化作业在不同业务流程中的适应性，更好地实现技术与业务的融合。而从数据管理的视角来看，RPA能够实现对多流程自动化任务的统一管理，清晰地监控这些自动化任务发生的过程和执行结果，进而生成有关软件性能和流程的分析信息，有助于财务组织改善控制；同时，RPA遵循规则、具备数据验证能力的特征可以提高数据的准确性，降低数据加工的成本，为数字利用创造了条件。

具体来看，RPA技术在部署过程中，需要考虑以下两个问题：

首先，在技术与业务双轮驱动的原则下可知，RPA的实施并不仅仅是个技术问题，核心在于对流程的分析和梳理，并基于流程分析的发现设计实施方案。这个过程更偏重于对流程的理解，因此财务共享服务中心需要根据RPA技术的特点进行流程挖掘。通常来说，企业内外跨系统而短期内无法打通、由于权限或地域问题无法直接获取数据，或涉密数据需要无人处理等流程，都可以通过RPA来实现运行（杨菲菲，2020）。可见，RPA的项目不能脱离业务开展，必须依赖一线业务人员的深度参与，才能够发挥其价值和效果。其次，应意识到RPA并不是万能的，需要衡量投入与产出的效益。实践中，投入RPA后的企业很容易不断追加投入。但事实上，80%自动化的业务可能只需20%的开发时长，剩下的业务自动化则需耗费更多资源。因此，在投入与产出的衡量下，并不一定要用RPA实现100%业务流程的自动化，更好的解决方案是实现系统的深度集成。

必须看到，RPA在信息采集和执行操作上表现优异，但缺少了能够支持决策或进一步执行的能力。运用RPA技术更重要的是与人工智能等技术结合的过程中，所体现出来的学习能力、推理能力，从而考虑如何为智能财务的实现提供帮助。未来，RPA将呈现出智能化、工具化、交互化的特征，这类技术被称为“认知RPA”（Cognitive RPA），它使流程自动化拥有了一定程度的可调空间，其应用范围得以大大扩展。升级后的RPA不再局限于简单的规则，而是作为“数字员工”与财务人员进行人机互动，甚至成为每个员工的助理，进一步解放员工在非生产性工作上消耗的精力，更多地从事业务财务、战略财务方面的工作。随着RPA应用场景的增加，构建多流程、跨地域、多单位的集团部署架构并与人工智能技术结合，是未来RPA技术创新的重点。

2.利用数据挖掘和人工智能构建智能财务决策系统

智能财务决策支持系统是在现代管理科学与信息技术的基础之上，运用经济学、模糊数学、人工智能与数据仓库等技术，以计算机为工具，对财务管理中的半结构化和非结构化问题进行人机交互的决策活动，是一种对财务进行预测、分析、控制、决策一体化的智能决策支持系统。

智能财务决策系统的技术核心在于数据挖掘及人工智能技术。数据挖掘技术是从大量的数据中发现隐藏的、有价值的知识与信息，财务数据挖掘则是从大量财务数据中发现知识，其目的就是在经过数据清洗和整合后的数据仓库中寻找隐含、未知、潜在有用的信息，然后根据这些信息发现关联性规律并做出重要财务决策。在扫描所有数据后，管理人员可利用数据挖掘过滤器按照给定的标准和类别识别相关的财务数据和规则模式，其中要加入可以刺激直觉和帮助直觉判断的机制，或提供可能关注的重点问题的指引（程平等，2015）。结合人工智能技术通过模拟专家利用的知识与逻辑对复杂问题的求解和推理能力，这类技术的运用为基于大数据的财务分析、构建财务决策系统提供了强大的技术支持。利用这些技术，可以实现会计信息系统从核算型转变成经营决策型，为管理与决策者提供有帮助的智能型人机交互信息系统。

构建智能决策支持系统，本质上是为了发挥管理会计的作用。管理会计本身在企业内部作为决策支持系统，为决策者提供了前馈信息和反馈信息。但实际运用中，因为决策者和会计人员不了解各类决策的信息需求，管理会计提供信息发挥的作用有限（于增彪，2014）。同时，由于管理会计在理论上较为零散，工具和方法相对独立，管理会计信息系统的应用常常被包含在

ERP软件之中，管理会计信息化的建设并不成熟。为了发挥管理会计的作用，智能决策支持系统从大数据、模型化和多视角三个方面提升了管理会计信息化的能力。在广泛的数据采集和连接的基础上，智能财务决策系统可以建立量化模型来模拟企业的商业模式和业务模式，在业财融合过程中逐渐将管理会计的工作细化到产品视角、客户视角、区域视角、渠道视角和部门视角中（韩向东，2015），创造多种技术应用场景，实现财务对业务决策的支持作用。总之，在数据采集与连接能力、数据处理能力和自动化能力的提高下，财务共享服务中心可以进一步基于数据挖掘技术，结合人工智能的运用，构建起职能财务决策系统，在将数据与流程相互融合，形成财务服务于战略和业务的应用场景。

【久其实践案例】

西部机场财务共享服务中心：利用RPA智能化技术实现自动化流程

西部机场集团（简称西部机场）是全国第二大跨省区运作的大型机场集团，隶属于陕西省人民政府，其前身为西安咸阳国际机场，2003年机场属地化改革后，西安咸阳国际机场接收榆林、延安、汉中、安康四个支线机场，成立陕西省机场管理集团公司。

西部机场通过全面的业务调研，对西部机场财务及业务管理流程和单据进行梳理分析，提出“西部机场集团共享服务建设方案”。在完成共享服务中心的整体规划的同时，借助内外专家力量统一建设西部机场集团共享服务平台，以财务共享服务为突破口，在集团范围内完成财务共享服务系统的目标。

有别于传统的交易型财务共享中心，机场行业财务共享更侧重业务财务在业务领域的数字化探索，在具体建设层面，西部机场梳理了包含航空性收入、非航空性收入、主营成本、三大费用、固定资产、职工薪酬、税务等全业务流程，并打通前端业务与生产系统，实现业财一体化；在信息系统层面，搭建了包含业务台账、收入结算管理、报账平台、作业管理、资金管理、集中核算于一体的综合性财务共享服务平台，打通业财链条，为财务转型打下坚实基础。

在共享服务中心建设的过程中，西部机场积极利用新兴数字技术，基于当前的信息系统、针对自身业务流程，设计了诸多自动化和智能化的应用场景。以货运收入结算和财务共享服务中心人员审核业务流程为例，西部机场设计了以下的RPA的应用场景：

1.场景一：货运收入结算

步骤一：模拟物流管理员登录货运系统、查询货运明细，将查询结果推送中间库；

步骤二：模拟物流管理员登录共享平台，获取货运明细，填写到销售日报中上报，并填制货运结算单；

步骤三：最后模拟财务人员，填制收入确认单，引用货运结算单并确认生成凭证无误后结束流程。

2.场景二：财务共享服务中心审核

步骤一：模拟财务共享审核人员登录共享平台；

步骤二：打开任务处理功能、提取规则范围内的单据；

步骤三：打开单据，进行审核处理，系统自动检查预置的审核要点，根据审核结果自动勾选是否满足业务审核规范点，审核通过或驳回，流程结束。

上述场景一与场景二共同构成了货运收入结算确认和共享服务中心人员审核的业务流程，整体如图7–8所示：

可见，在RPA的智能技术帮助下，传统业务模式中需要人工完成的“登录”“查询”和“填单”等工作被机器人取代，提高了从业务信息转化为财务信息的效率，同时由于业务处理速度的提升降低了成本；在“审核”工作中，通过规则化智能技术预置的逻辑条件进行确认，提高了判断的效率和准确性；同时，自动化流程中保留了必要的人工审核点，形成了人机交互的工作模式，

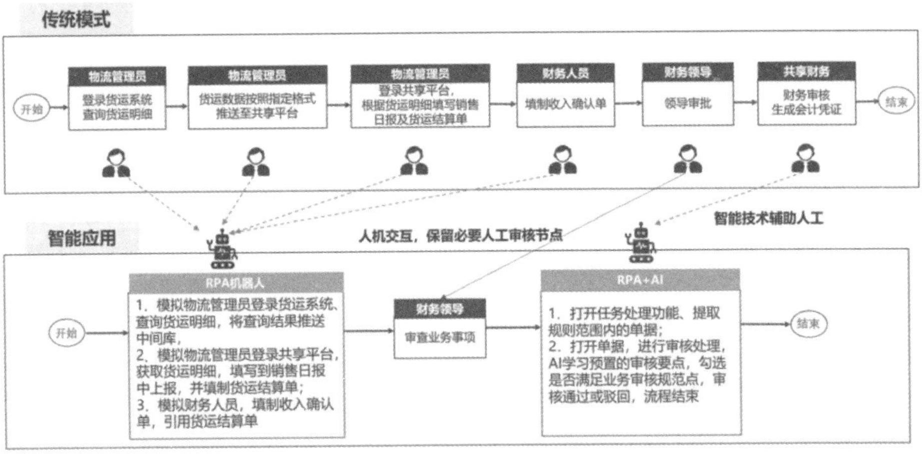

图7-8　货运收入结算确认和共享服务中心人员审核的业务流程

这不仅可以防止机器判断差错造成的损失，也可以基于机器学习的原理使得人工智能审核的准确性不断得到提升。

智能RPA技术的应用既是财务流程“破圈”深入到业务运营的关键，同时也是企业充分利用既有信息投资，融入“新基建”与IoT时代的整合利器。

（六）构建以数字平台为基础的管理会计体系

企业数字化转型通常需要构建数字平台以提供数据服务，或利用数字平台获取数据服务。针对数字平台的内涵，IDC（2018）认为，企业数字平台以智能数据技术为部件、以数据为生产资源、以标准数字服务为产出物，可以帮助企业实现业务创新和高效运营、助力企业数据管理和价值挖掘、降低技术运营和技术管理的复杂度。从构建数字平台的思路出发，财务共享服务中心可以在数字技术的支持下，基于数字平台扩展，提供数据服务、改善客户体验，并以此推动管理会计功能的实现。

目前，大多数企业所成立的财务共享中心服务仍停留在发票、凭证、核算、支付的集中处理上，未真正地实现数据的实时处理和共享，企业的各个分支机构仍需要设置专门的财务部，导致人工成本、管理费用的不经济及财务工作的效率低下。云计算技术的推广和应用使数据在存储、安全保密和计算能力等方面的问题得到妥善解决，并且可以实现财务数据乃至非财务数据的全面共享，消除数据“孤岛”，建立各个板块、业务之间的数据集中覆盖和集中调动使用。管理会计工具作用的发挥需要以真实、完整的财务数据为基础，而基于财务共享服务中心的数字平台建设为管理会计的发展提供了更全面、更真实的数据基础，将整个集团的会计核算工作集中到一个平台进行，实现了集团公司数据的集合化。此时，分（子）公司的数据不再进行分散管理，避免了信息的割裂与各自为政，这不仅大大降低了管理会计基础数据的获得成本，还提高了这些基础数据会计信息的可靠性，促进业财税一体化。同时，通过规范化、流程化的管理，财务共享服务中心可以确保所有的基础数据都遵循一个统一的逻辑规则，极大地减少了数据加工处理过程中遇到的数据转换、数据假设等问题，使报告和决策支持在数据层面得以保证。在这样的数字平台上，财务共享服务中心可以采用“按需构建”的战略，结合其他数字技术揭示洞察，实时响应来自企业自身客户的查询，进而实现改善客户体验的目的。

在数字化转型的过程中，数字技术的运用是一项非常复杂的工作。这种复杂性体现在两个方面：一方面，数字化需要解决信息化过程中的遗留问题，而解决的成本和难度都比较高。对于大型信息系统的建设而言，一般建设周期长、结构复杂，且受制于当时的技术条件，在维护的过程中多是修修补补，难以做出较大革新，导致系统之间的整合和数据的打通较为困难；另一方面，数字技术的运用具有选择性，能够达到目的的手段并不一定是最佳路径，可能只是暂时性的解决方案。例如，企业可以选择通过企业服务总线（ESB）来打通信息系统之间的交互、集成和协作，但这种方式成本较高，且效果也并不一定理想。

集团财务本质上就是一个复杂的信息系统，涵盖对集团财务组织所有职能的支撑，以及与企业主价值链业务流程的无缝衔接。但在传统的信息系统建设过程中，大量的功能和业务存在于多个系统之中，导致重复建设和核心能力分散。不同部门之间的数据互不相通，就像一个个孤立的烟囱，可能满足了单一的业务场景，却阻碍了企业数据资产的全链路管理，使企业数据难以被全局规划与定义，组织灵活度降低（陈虎、郭奕，2020）。面对这些问题，财务共享服务中心在数字化转型的基础上，需要能够对业务和数据进行抽象、对服务能力进行复用，构建起企业级的财务数据服务能力，实现业财税数据全域贯通、数据资产价值变现，以财务服务直接赋能业务发展。

近年来兴起的“中台”，正是复用服务能力、打通整合数据并实现数据价值变现的一种架构理念。可以说，财务共享服务的数字化转型并非财务数字化转型的全部，而要克服技术运用的复杂性、实现信息系统特别是数据的整合与打通，财务共享服务还需要广泛借鉴中台建设的理念，在向共享服务中心演变的过程中逐步向企业数据中台转变，实现财务数字化与迈向智能财务的中间连接价值。

【久其实践案例】

首汽租赁：从财务共享到数据中心
——智能出行时代，财务数字化转型的引领者

首汽租赁有限责任公司（以下简称首汽租赁）成立于1992年，是首旅集团、首汽集团旗下控股企业，也是新中国第一家从事专业性、综合性汽车租赁服务供应商，是目前国内汽车租赁行业的中流砥柱。

2014年，首汽租赁进行战略布局调整，将公司营销网络向全国市场进行扩张，以“实业+互联网+资本”为战略目标，先后孵化了互联网约车平台首汽约车、新能源分时租车平台GoFun，构建了首汽智慧出行生态圈。截至2018年底，首汽租赁公司营销网点已覆盖全国超79个城市、境外150多个国家，企业长租规模持续位居全国第一。

1.智能出行时代，财务数字化转型的背景

在互联网经济下，“实业+互联网+资本”战略就意味“智能出行+新消

费+管理数智化”，管理数智化在“数”的层面需要承载消费侧的“城市布局—消费偏好—消费粘性”等相关市场侧数据，管理数智化在“智”的层面要体现产业侧“车辆采购—车辆调度—车辆运维”的灵活性，首汽租赁结合战略上对“数”与“智”的思考，最终选择了以财务共享为突破引领企业的数字化转型，如图7-9所示。

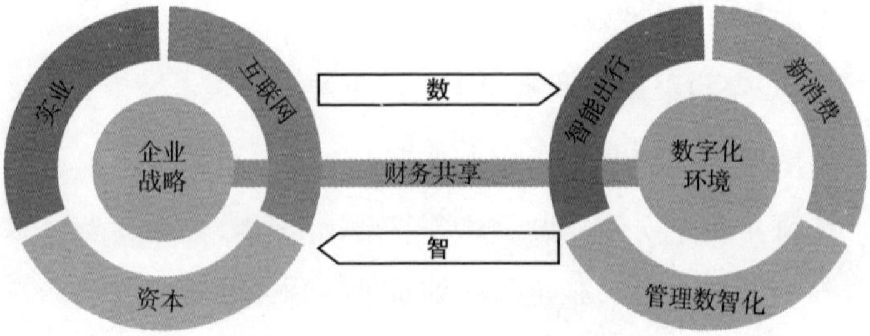

图7-9　首汽租赁的数字化转型

首汽租赁快速发展的同时，借助财务共享实现了财务管理的变革，逐步上线全面预算、费用控制、资产应用平台、财务核算等系统，为公司战略布局调整提供强有力的支撑。但是，首汽租赁因营销网络、车辆及人员规模新业务等多方面的迅速扩张，首汽租赁的财务共享服务中心面临以下的新挑战和新需求：

（1）产业层：汽车租赁行业处于竞争优化阶段。

我国汽车融资租赁行业整体起步较晚，目前，汽车融资租赁市场整体规模依然较小，仍处于发展的初级阶段，但发展迅速，潜力巨大。根据调查显示，2012—2018年，汽车融资租赁行业市场复合增长超20%。2012年中国汽车租赁行业市场规模仅仅达248亿元，并呈现逐年增长态势。到了2016年中国汽车租赁行业市场规模突破500亿元。截至2017年，中国汽车租赁行业市场规模增长至679亿元，同比增长32.6%。进入2018年底，中国汽车租赁行业市场规模超过800亿元，达到了802亿元，同比增长18.1%。

以分时租赁为代表的中国汽车租赁行业已经进入快速发展阶段，随着新能源补贴等政策的调整和行业竞争的加剧，中小平台纷纷出局，5月底全球范围代表性的分时租赁品牌之Car2go也宣布退出中国，整体汽车租赁行业正处于竞争优化阶段。成本高、车辆空置率高等问题不断显现，以首汽租赁为代表的汽车租赁企业在激烈的市场竞争环境下，急需寻找能够提升企业运营效率、提高企业市场竞争力的途径。通过业财数据的积累迭代出优秀的经营方法和调控算法、分时租赁平台探索与无人驾驶、5G车辆网技术的结合等手段逐渐成为各大汽车租赁企业寻求突破的手段。

（2）管理层：集团财务共享服务中心转型的内在需求。

随着业务规模的逐年增长，首汽租赁财务共享服务中心面临的管理挑战越来越大。在预算测算方面，由于业务规则比较复杂，集团无法根据乘客上车计划准确测算出收入、成本和利润等指标，预算标准不准确；在支出控制方面，经营规模快速扩张，成本费用无法得到有效控制。同时，线下纸质审批流程效率低下，无法支撑企业的发展节奏。不仅如此，由于考核体系缺失，企业管理工作繁杂，支出控制效果不甚理想；除了上述问题外，集团财务共享服务中心还希望通过信息化手段强化管理意识，规范审批授权和业务流程，并且通过模型测算战略目标的可行性，进而为经营决策提供支撑。

总之，数字化转型成为首汽租赁共享服务中心升级的必经之路。首汽租赁基于对内外部环境的分析，结合自身发展需要，决定正式启动集团财务共享服务中心的数字化转型建设。

2.首汽租赁财务共享服务中心新趋势：数字化转型

财务共享服务作为目前国内大多数企业财务变革的最佳突破口，可将企业内部各不同商业模块及财务数据信息进行有效的集中和整合，通过企业财务与业务的相互融合，逐步实现业务一体化经营，提升企业财务的价值创造及管控支撑能力，为企业风险管控、战略决策提供有力的数据支撑，从而提升企业整体管理水平，促进企业效益的稳步增长。首汽租赁财务共享服务中心建设后，实现公司业财一体化，为公司的业务拓展提供强有力的保障。首汽租赁财务共享服务中心建设后，业财一体数据流向如图7-10所示。

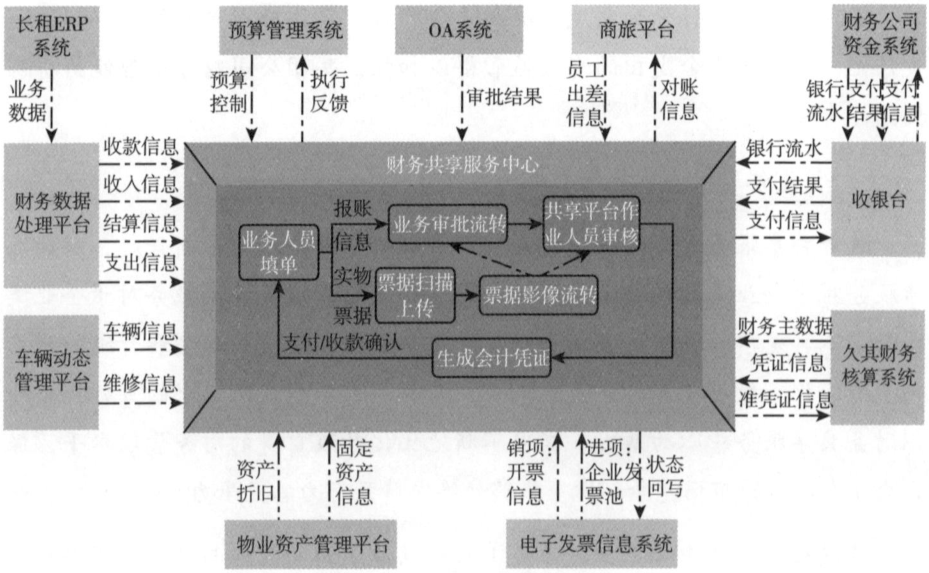

图7-10 业财一体数据流向

在上述趋势和需求下，首汽租赁财务共享不断迭代，呈现出以下新的趋势，其中本案例将重点介绍数字化转型相关举措：

（1）职能升级：实现财务组织架构的功能性转型。

首汽租赁通过财务共享制度规范体系和信息系统平台的建设带动财务数据标准化的进程，提升财务数据处理效率，提升业财一体化水平，减少重复工作和人为干预，实现财务信息质量的进一步提升，从而为经营决策提供有力支撑，形成战略财务、业务财务、共享财务的集团财务三分架构体系，实现从价值守护者向价值创造者转型。

（2）流程管理：提高管控与治理能力。

首汽租赁将公司财务管理相关制度规范和内部控制要求通过业务流程控制节点嵌入信息系统，业务与财务职责界面清晰，有效防范运营风险与财务风险，集团相关制度规范得到有效贯彻落实，公司风险管控得以有效保障。

通过财务共享服务中心统一、集中、透明的资金使用审批流程管理，加大资金监管控力度，实现“黑灰名单”管理，规避资金风险事件的发生。同时，还可以降低备付资金额度，提高资金收益，集团公司产融结合得到进一步强化，使大额资金支出的有效监管得以加强，集团公司财务治理能力得到提升。

（3）注重体验：以智能化手段提高效率。

随着共享服务中心的全球化发展以及新兴信息技术的不断兴起，财务共享服务对于企业集团的意义也在不断发生在改变，财务共享服务对于企业集团而言不再是单一的资源集约平台，更是企业财务管理的转型和升级的代名词。智能化、数字化等标签是未来企业在财务共享模式下追求的目标，企业以财务共享服务中心为基础，需要不断地优化升级自身的财务管理水平，保证企业在激烈的市场竞争环境下能够始终保持强有力的竞争力。

首汽租赁共享中心更加关注员工系统操作方面的智能与效率。提供更加简单、便捷的操作方式，持续提升完善系统功能，并且继续开拓创新，应用了OCR发票识别功能、移动提单等新兴技术，配置了“一键出表”“一键结账”等可以取代人工机械操作的功能。并且将新技术应用推动下的流程定义、重述与变革作为共享中心今后发展中持续关注的目标领域。

（4）培育人才：实现财务人员的蜕变与转型。

财务共享服务促使集团财务体系从财务管理融入项目之中，共享中心的成员在这个过程中完成了一次蜕变和转型，转型为技术型、产品型、项目管理型人才，形成了一条从业务骨干到核算经理、预算经理、再做计划管理的纵贯业财的项目CEO职业发展通道。在企业内构建起财务螺旋到业务，业务螺旋到财务，机关螺旋下去、基础螺旋上来的业务中台式的人才构建体系。财务共享中心将成为价值创造者，成为各成员企业生产运营的重要支撑，成为管理者的数据智库路上更进一步。

（5）数聚未来：实现数据广泛连接与共享。

首汽租赁通过财务共享服务中心完成数据的集中存储，并且利用共享平台设计标准化、规范化的数据采集标准，基于经营决策的需要对数据统一的顶层规划和管理。财务共享平台集成了包括核算系统、集团网报系统、收银平台、新车辆管理平台、长租业务系统、短租业务系统等在内的10个业财系统，形成了以共享中心为信息中心，集成了“客户关系管理系统+多业务系统+资产管理系统+数据处理中心+财务共享服务中心+财务核算系统+报表管理系统+资金管理系统”的多维度管理架构，共享系统已逐步发展为首汽租赁的信息枢纽及数据中心。

3. 财务共享服务数字化平台介绍（见图7-11）

图7-11　财务共享服务数字化平台

（1）财务共享平台。

首汽租赁的财务共享平台历经两期建设改造，涵盖了预算管理、业财一体化、费用控制、资金结算、税务管理、绩效管理、管理报表等模块，集成了核算、资金结算、集团网报，各业务系统的信息整合和高度协同，最大限度地保障了财务信息体系的一体化管理。其具体功能模块包括：

• 报账平台：用于支撑日常业务处理，包含收入与收款确认、费用报销、资产采购、调拨与处置管理、税金计提与支付管理、资产筹划管理等单据填制与业务流程审批。

• 运营管理平台：建立财务共享中心业务流程和管理规范，包括信用管理、绩效管理、质量管理等。

• 预算平台：建立成本费用标准体系，规范费用“事项化”等管控方式，将预算管理端口前置到业务环节，由系统自动转化为财务预算，实现业财深度融合。

• 结算平台：用于支撑资金结算业务，包括费用报销付款、采购类业务付款等。支持线上支付线（财企）和线下支付（网银支付、支票支付、自动划扣、确认支付）等支付方式。

（2）管理报表。

首汽租赁在共享中心平台中完成自定义的管理报表搭建工作，并实现与核算系统集成。利用数据提取工具，每日实现管理报表数据自动提取、自动填报，降低手工维护报表数据的频率。采用权限控制的方式，实现集团公司用户自动填报需求以及分子公司用户数据查看需求。管理报表能够推送至绩效看板，通过绩效看板进行可视化展示。同时，在管理报表体系设计时，充分考虑了管理报表业务需求的拓展性和变动性，报表模板能够灵活支持后期因业务变动等原因带来的报表优化需求。

（3）一键结账。

首汽租赁财务共享服务中心对核算系统结账环节进行功能调整优化，包括凭证转账、凭证审核、凭证记账、月末结账四个功能，实现了共享系统单点登录、核算批量凭证转账、批量月末结账等功能点操作，优化增值税转账模板，实现增值税一键结转，增加一键审核、一键记账功能。

（4）一键报表。

因首汽租赁共享中心负责全国各级分子公司网报管理，为提高全组织网报数据提取时效，优化集团网报系统，公司对网报系统进行拉网式排查，在业务和系统方面进行双向优化。针对部分账表逻辑不适配首汽租赁业务的问题，对既有的月报取数逻辑进行优化，对全套报表指标进行逐一梳理，补充和调整缺失或不匹配的取数逻辑（重点梳理往来明细与现金流量项目取数逻辑），从而提高账表自动化程度。

不仅如此，首汽租赁还采用数据提取工具，建立核算系统与报表系统间的数据连接，支持对指定的多单位多报表进行手动或自动批量数据提取，并提供一键运算、一键审核、一键上报，保证数据准确性，批量实现共享中心承担的多家单位报表诉求。

（5）税务管理。

首汽租赁财务共享服务中心建立起统一的税务管理系统，实现统一的发票在线验证、查重、认证等发票管理事项，自动计算并计提各项税金，自动生成纳税申报表，并完成报表校验，提升税务管理效率，保证报表数据的准确性与合规性，实现全国开票由总部统一管控的目标。

（6）移动报账。

首汽租赁将共享系统单据适配到移动端，实现业务移动端全流程制单，实现全部业务移动端审核，同时在移动端增加了OCR识别功能，发票信息智能识别与采集，同步上传票据影像文件。移动报账大大提升了业务人员的办公效率，全业务移动端审核提升了财务效率，真正实现了敏捷办公、高效办公。

（7）多业务系统连接。

首汽租赁财务共享服务中心打通了各业务系统数据“孤岛”，将车辆数据、业务数据、财务数据进行有效整合，实现业财物的高度统一。在系统层面上将首汽租赁包括长租、短租、商务车队、二手车等各业务纳入共享系统，形成为企业“业务数据化”的统一平台；在数据层面上实现了全业务覆盖；在数据维度与颗粒度上向业务管理看齐，建立财务到完成财务端向业务端的延伸。公司可以根据细化的数据角度，如从物业资产平台和业务系统的提取的月度实际投入车辆数、单车相关数据、收入数据、出租率标准等，为企业业务流程的优化和重组提供数据基础，逐步形成从数据转化为信息的分析能力，不断向“数据业务化”的迈进。

4.首汽租赁财务共享服务中心数字化转型的经验分享与启示

有别于传统面向于交易效率的财务共享中心模式，首汽租赁财务共享中心的建设背景和建设理念具有极强的“互联网基因”。首汽租赁财务共享模式的特点恰恰在于将财务的转型是深度融入整个企业的数字化转型当中。相关经验概括为：数据思维引领、组织变革护航、融合集团战略、业务转型引导、财务持续变革。

（1）数据思维引领——重视新旧管理思维的转变。

财务共享服务中心的建设和转型升级，不仅仅是一个信息系统的建设，更重要的是对企业管理者的管理理念的转变，从原来的分散式管理、结果导向式管理转变为集中管理、先驱管理，从原来的流程思维转向数据驱动流程的新思维。企业管理思维能不能在财务共享服务中心模式下与时俱进是企业建设财务共享服务中心的关键成功因素之一。近年来，随着市场环境竞争日益激烈，管理转型是各大企业集团增强自身核心竞争力采用的重要手段，以财务共享服务中心为代表的数字化转型是企业集团管理转型的重要途径，数字化转型需要通过新的管理思维来推动实现，而管理思维的转变则需要通过数字化转型来完成，两者相辅相成。

（2）组织变革护航——组织人员的协调安排。

财务共享服务中心的建设和转型不管是对于企业还是对于财务人员来说，都是一个重大挑战。财务共享服务中心的建设，势必需要收起对于分子公司财务人员的相关权限，对于相关人员的职能进行重新划分。从组织层面需要进行人员行政归属、人员调配、人员工资的重新考虑，并且是需要重点考虑的部分。财务共享服务中心的转型需要全体员工树立起数字化思维，升级自身的知识结构。考虑到各企业集团组织人员情况各不相同，在进行财务共享服务中心建设时，需要结合企业自身情况进行组织人员的协调安排。

（3）业务转型引导——基于现有业务，面向业务转型、支撑业务扩张。

财务共享中心的建设通常需要对企业已有信息系统业务流程进行改造，流程的改造与整合是财务共享服务中心建设过程中需要面临的重难点问题，如首汽租赁财务共享服务中心建设过程中预算费控系统业务流程的改造问题。如何确保财务共享服务模式下企业流程的标准化及精简化是财务共享服务中心建设质量的重要标准。

（4）融合集团战略——合理划分集团、企业、门店管理边界，实现与现有管理融合。

企业集团财务共享服务中心向数据中心转变的过程中，原有财务系统是否保留及新旧系统之间如何进行切割是企业需要面临的最困难的问题。首汽租赁财务共享服务中心的建设过程中，考虑到首汽集团财务核算系统为首旅集团统一建设，是首汽租赁上报首汽集团财务信息必不可少的系统，财务共享服务中心建设后，是否重新建立首汽租赁自有的财务核算系统及未来新旧系统如何进行切割、历史数据如何进行存储是项目重点需要考虑的因素。系统间的切割不仅涉及企业集团数据资产的安全性及完整性，同时也涉及财务操作人员的使用习惯，所以在财务共享服务中心建设过程中需要重点关注系统间的切割问题。

（5）财务持续变革——持续财务共享模式下的企业财务管理转型升级。

随着共享服务中心的全球化发展以及新兴信息技术的不断兴起，财务共享服务对于企业集团的意义也在不断发生在改变，财务共享服务对于企业集团而言不再是单一的资源集约平台，更是企业财务管理的转型和升级的代名词。智能化、数字化等标签是未来企业在财务共享模式下追求的目标，企业以财务共享服务中心为基础，需要不断地优化升级自身的财务管理水平，保证企业在激烈的市场竞争环境下能够始终保持强有力的竞争力。

【每刻实践案例】

DH公司财务共享中心向数据价值中心转型

DH公司是全球领先的以视频为核心的智慧物联解决方案提供商和运营服务商。2008—2019年连续12年被列入国家软件百强企业，连续13年荣获中国安防十大品牌，连续14年入选《a&s》“全球安防50强”，2020年排名全球第二位，在Omdia2020发布的报告中全球CCTV&视频监控市场占有率排名第二位，中国智慧城市建设推荐品牌和中国安防最具影响力的品牌之一。

DH公司充分享受了行业高速发展带来的红利，营收从2004年的1.2亿元发展到2019年260多亿元，现拥有16 000多名员工，研发人员占比超50%。在快速发展的过程中，如何搭建起适应公司全球业务发展的财务管控体系，成为公司解决的快速发展面临的首要问题。2004年12月。DH公司前瞻性地提出“打造集中化、标准化、信息化、自动化的财务工厂”的信息化建设目标，并进行了实践尝试和持续改进，为DH公司的全球化发展奠定了良好的财务管控基础。

一、DH公司财务管控面临的突出问题

（一）分支机构设立频繁，监督资源不足

DH公司通过建设立体化的营销服务体系来不断满足客户的需求，而伴随着业务的拓展，不同类型的分支机构纷纷设立。如何加强对这些分支机构的监督管理成为首要问题，尤其是向海外业务拓展的加速，管理跨度和管理难度不断加大。

（二）供应商和产品繁多，产供销管理难

由于安防行业特殊性，产品应用环境比较恶劣，产品使用寿命周期短。同时，数字化、网络化、高清化的技术发展大大加速了行业产品的升级换代。因此对于将产品作为安身立命之本的DH公司来说，公司产品生命周期短则半年，长则一年。平均每半年就会对产品进行优化更新改版，一年就会对产品更新换代。产品线从最初的嵌入式DVR发展到前端、存储、人脸识别、云计算、AI等全系列产品，也对公司的产供销管理提出了苛刻的精细管理需求，要求从采购、生产、库存再到交付的每一环节都不能出现任何差错，结果是往往需要花费大量的人力资源和世间资源，费时费力的通过邮件、电话来与供应商及客户进行沟通协调。

（三）费用报销流程繁琐，管控效果不佳

随着公司业务的扩张，费用报销业务的量级对比原来增加很多，无疑是大部分员工在工作中经常涉及的事务。但是越来越完善的内部控制流程也将原本简单的报销事情变得复杂起来。对于员工来说，在工作时间贴完发票后，还要经过漫长的报销，层层审批完，资金却迟迟批不下来；对于财务人员来说，不仅需要装订、校验、存储杂乱无章的纸质发票，还要解决发票连号、来源真伪难辨、重复报销等问题；对于管理者，还需要把控员工因公消费的程度。此外，因业务量的增加，电子发票的推广，涉及相关发票的岗位工作量比纸质发票时代更加复杂。DH公司的高速发展迫切需要从源头来减少因报销带给公司各部门的额外工作量。

（四）跨区跨行业务繁多，资金风险加大

DH公司由于跨地区经营、分支机构间的差异性，需要与多家银行建立业务往来。但是各商业银行提供的现金管理产品及网上银行等服务系统之间相互独立，相应地给公司的资金管理提出了尖锐问题，例如，如何对分散在各家银行账户的资金进行集中监控与管理？如何及时获取各银行账户的资金余额及交易信息？如何快速高效办理各银行账户的日常收付款结算业务？DH公司的高速发展迫切需要对各分支机构的资金预算和资金用途进行精细化管理。

二、DH公司财务管控体系的创新实践

针对上述需求，DH公司财务负责人提出了“打造集中化、标准化、信息化、自动化的财务工厂”的转型目标，并开始进行实践尝试，总结并提炼出了“信息化+财务，全球一套账”、“电子数据为主，纸质凭证为辅”等理念，有效推动了DH公司业务管理和财务管理的“六化”进程（规范化、标准化、流程化、电子化、自动化、智能化）。具体来看：

（一）从集中协同到共享云服务

1.财务集中阶段（2001—2005年）

2005年之前，DH公司规模并不大，仅有4家法人主体、6家事业部，无论组织，还是产品、业务都相对单一，财务管理规范化的基础相对薄弱。限于当时的信息系统，财务业务一体化和会计凭证自动化都没有实现，财务内部除了总账和资金团队是工厂化集中统一管理外，其他模块，比如成本、应收、

应付都是按公司组建团队的，管理会计领域的投入也相对缺乏，也没有管控支持、决策支持和业务支持这三方面的人才。会计核算工作处于半手工状态，不仅核算工作量大，核算质量也无法保证，更谈不上对业务的支持和业务财务一体化，尚处于“客户货款不要少收、供应商货款不能多付，税款不可交错”的初级阶段。因此规范操作、集中控制、统一标准、统一流程，同时开始启动公司信息化网络的基础设施建设，成为这一时期的财务工作重点。

2.财务共享阶段（2006—2010年）

2006年，DH公司筹备上市，财务部承担了三项工作：第一，机顶盒业务剥离出售给摩托罗拉；第二，引入战略投资者、券商、会计师事务所、律师筹备IPO上市发行；第三，实施以金蝶K3为基础的信息系统改造项目，2008年初彻底替换2005年上线的新中大ERP。在实施信息系统改造的过程中，DH公司重新优化了业务及财务流程，对财务团队进行了优化分工，将原有部分按法人分工的模块改变为按专业模块分工，各个模块按照统一标准来处理所有法人的业务，实现了财务业务一体化和会计凭证自动化，初步建起了基于金蝶K3ERP为核心系统的工厂化财务共享平台。财务共享的建设有效推动了DH公司集团业务管理和财务管理的“六化”进程（规范化、标准化、流程化、电子化、自动化、智能化），为公司长期稳步发展打下坚实基础。

3.财智云联的生态圈建设（2011年至今）

2011年开始，DH公司在原有一体两翼的IT系统架构基础上，不断引进更多的SAAS云平台来提升公司IT服务能力，并于2015年成功将一体两翼中的金蝶K3ERP系统切换至为系统架构灵活、处理能力更强、国际化支持更佳、支持多组织多准则多本位币的国外ORACLE系统，逐步实现了公有云与私有云的并存，公有云逐步取代私有云的发展趋势。这期间建设了包括资金集中管理系统、银企互联系统、每刻SAAS云报销系统、CRM(Salesforce)及供应链金融等外围应用的SAAS云平台，同时以ORACLE系统为核心的私有云平台拓展全球化应用。随着云平台的持续引进，DH公司的财务管控体系有效获取了公司基于运营场景的完整生态链数据，支撑了财务团队向复合型经营顾问专家团队转型，使得财务走到一线，为业务提供专业性的指导和建议，促进了业务和财务的有效融合。

（二）建设基于生态链的渗透式云财务共享

历经十年，DH公司已经基本建成特色鲜明、卓有成效且功能模块相对完备的基于生态链的云财务共享体系。具体包括：费用生态共享、产供销生态共享、资金生态共享、总帐及税务生态共享、成本共享、电子档案共享等。

1.费用生态共享："每刻云报销"让报销不再烦恼

对企业来说，报销一直是个痛点问题，费时费力。尤其对于业务分散、跨区域的大中型集团来说，很容易造成业务端和财务端的数据分离，报销流程复杂，效率低下。"每刻报销"就是基于这种背景下，从解决企业管理者、财务人员、员工三方的流程痛点为出发点，以财务共享为理念，聚合了移动互联网、云计算、大数据来解决大中型企业的费用报销及管理问题，实现了报销系统管理平台与银行信用卡系统、电子银行支付系统、第三方消费平台、企业内部系统平台的有效集成，彻底实现费用报销管理全程的自动化。具体来看：

（1）每刻云报销平台的共享特点

每刻报销的产品生态体系由第三方服务、核心费用管理、信用刷卡对接、银行支付对接、发票电子数据动平台、企业信息系统对接等六大模块组成，全链条打通了消费、报销、审批、财务审核、出纳支付、入账以及费用分析和管理环节。目前，每刻报销已经与第三方消费平台打通，如高铁管家、滴滴、携程、连锁酒店、饿了么、阳光公采等平台，并直接将外部消费数据自动导入每刻报销系统中。在一次差旅中，打车、高铁、住宿、吃饭的记录一目了然，点击即可直接生成报销单。这样既保障了消费的真实、有效、透明，节省了员工手工填写费用的工作量，也减轻了财务审核工作量。每刻报销的费控规则引擎将复杂的差旅及费控规则内化于系统中，标准化报销流程和费用处理；通过发票电子数据云平台打通国家税务总局的底账库，能够对电子发票进行查重和验真，获取发票的全票面信息；辅助核算模块能灵活支持企业各种费用核算要求；而报表模块，可以让企业管理者轻松获取全面的数据分析报告。

每刻报销云平台加每刻电子会计档案系统结合应用后，很好实现了纸质发票电子化，电子发票不打印的效果，为报销人、财务节省了大量电票带来的工作量，真正实现了报销无纸化。

（2）每刻云报销平台的应用场景

以客户招待为例，每刻云报销通过第三方消费平台加商务卡模式，员工在商家的消费数据就不用手动录入了，消费的金额、消费商家、消费的时间等数据直接上传，实现消费电子数据与指定商务卡数据的双单合一，加上餐饮菜单数据，真正实现电子化的三单合一，消费平台和银行每天将DH公司员工的消费数据和商务卡信息推送给报销系统，员工报销审批完成当日，出纳会直接将报销款打回到员工的银行工资卡中，资金流和信息流的循环就此结束。这个商务卡绑定工资卡由员工个人承债，公司是免责的。

以滴滴出行接入为例，员工在滴滴出行上因公用车无须发票，只需凭电子数据报销，报销之后财务中心统一向滴滴出行通过每刻系统接口开具汇总发票，不仅打车成本降低20%，每月的打车票下降了2/3，费用会计审核报销单的效率也大幅提升。

以携程差旅机票为例，从2015年实际统计数据看，DH公司减少差旅借款4500多万元，节约利息270万元；机票折扣率下降18%、酒店折扣率下降15%，节约差旅成本730万元；费用处理效率提升234%，节省了大量人工成本。

（3）每刻云报销平台的独到创新

DH公司报销流程与当前主流费用共享模式不同之处在于：员工电票直接上传报销APP不打印、纸质发票群拍群读电子化，国内分支机构通过集中邮寄的方式，纸质原始凭证的快递至财务中心，节约了员工打印报销单和电子发票的工作量同时，省去了大量的A4纸张消耗，经济环保；海外分支机构通过对原始凭证的手机拍照，财务基于拍照影像来进行处理，纸质凭证不再邮寄总部，当地存查；随着电子发票的推广，该模式可直接过渡至电子发票模式，没有任何沉淀成本，这是传统共享模式无法比拟的。

此外，第三方消费平台带来的大数据应用体验，也是意义深远。比如通过对机票折扣数据分析，足以警告折扣差的部门或员工下个月不再出现在落后名单中。同样，在回程机票数据上，将在上午乘机在50%分位以上的员工，与晚上乘机在50%分位以上的员工，两者之间的业绩水平进行对比分析，查找员工勤奋度与业绩间的关系规律，也是很有意义的大数据应用尝试。

每刻的云报销平台已与市面上主流的电子发票平台打通，通过集中开票、电子发票电子归档不打印等业务模式，大规模消灭纸票。

2.产供销生态共享：供应商协同云平台、每刻发票电子数据云平台、客户协同云平台

产供销链是指围绕品牌核心企业，通过信息流、物流、资金流控制，从采购原材料开始，制成中间产品以及最终产品，最后由销售网络把产品送到消费者手中，从而将供应商、品牌商、加工商、物流商、分销商，直到最终用户连成一个整体的网络链结构。贯穿整个产供销链的主要有三流：信息流、物流和资金流，也是以最终用户需求为起点，到以交付对用户有价值的产品服务为终点的一系列活动。DH公司的产供销生态链信息化目的就是通过信息化和云计算，提升产供销中的三流的自动化操作和处理大数据的能力，加快流动速度，同时也可使得各个节点的企业结合更紧密，形成共生共荣的生态圈。

（1）供应商协同云平台+每刻发票电子数据云平台

DH公司每年采购金额100亿元以上，有超过700家供应商，供应商协同云平台是基于管理前移的产供销主数据和结算管理的财务应付共享模式，从共享的角度出发来将订单和收货管理与应付结算对接，使原本由应付会计的工作借助系统自动和供应商辅助完成，然后与ERP实现接口对接，进而实现统一的订单与收货单、发票的三单匹配，具有耗时少、差错小、效率高的优点。具体体现在：

第一，业务全程电子化。采购订单、送货通知、验收、入库、对账、开票申请、开票全程电子化，除了增值税专用发票有纸票外，其他环节一律脱纸，开增值税专用发票只是一个为符合税法要求的一个辅助行为而已，真正实现业务到会计核算的依据全面电子化。

第二，协同快速对账开票。采购全过程数据均在云平台上进行，货物验收入库后的数据可即刻同步至协同平台，双方人员平台上确认对账结果后，系统自动根据开票规则及入库单数据，自动匹配入库单与发票的关联，生成标准的开票数据，供应商开票系统可以与协同平台接口对接，开票数据自动传输到供应商开票系统，供应商完成开票后，协同平台自动将开票数据传递到ERP系统应付模块。

第三，发票快速验证核销。应付会计收到供应商纸质发票后，可通过发票上的二维码快速扫码或扫描上传，系统结合定单、收货单和发票信息，按预设逻辑进行判断后进行处理并自动过账。收到电票则直接进入每刻电子会计档案系统，在档案系统与相关记帐凭证自动关联，电票不再打印。

第四，发票差异快速协查。发票电子数据云平台从国税底账库采集基于DH公司的发票电子数据传输到ERP，与ERP发票电子数据自动比兑差异，生成差异表，从而使应付会计能快速协查差异，减少被动等待税务协查通知的困境。

第五，进项税自动批量勾选认证。每月结账后，ERP系统自动将已到票数据传输到发票电子数据云平台，实现自动批量勾选认证。

DH公司的云财务应付共享，通过供应商协同云平台简化了与供应商的交互并使其自动化，从而加快了周转时间并降低了采购部门和结算付款部门的管理成本。另外可以使计划、安排和采购过程中的来源分配得到改善、更加精确，并借此加强对供应商绩效的评估。

更为可贵的是，DH公司这种基于生态链应付共享模式（如图7－12所示），较之传统的扫描入账模式效率至少高出5~10倍。并且这种架构可以直接迎接增值税专用电子发票的到来而无需调整IT架构。而传统的扫描式应付共享IT架构，则将面临全面淘汰。

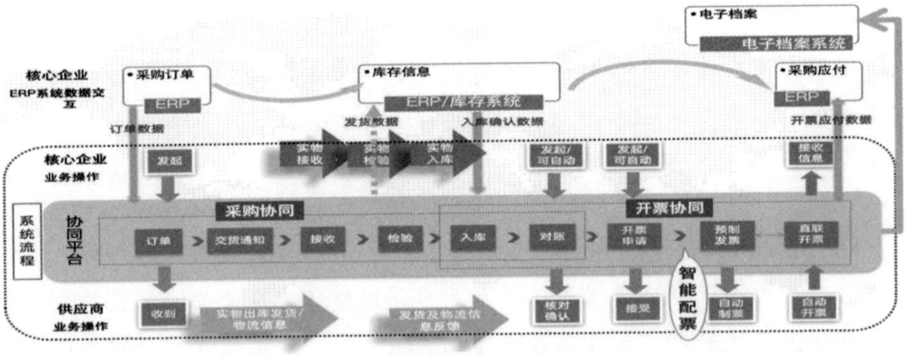

图7–12

(2)客户协同云平台+每刻发票电子数据云平台

客户协同云平台是基于管理前移的产供销主数据和结算管理的财务应收共享模式，通过对客户、销售机会、合同、订单的管理，将行业客户的全生命周期进行管理，将行业解决方案给客户带来的价值充分展示给客户，并将客户对行业解决方案的需求传递回给开发部，进一步完善解决方案。

该平台充分支持国内市场渠道下沉战略，通过渠道门户，450家一级代理商，近3000家二级代理商与DH公司在平台上形成良性互动，产品信息、促销信息能通过渠道门户发布到代理商手中，而市场信息也能快速传递到公司，双方的在线订单交互、对账、开票也降低了双方的交易成本，提高工作效率。

该平台真正实现业务全程电子化。二级渠道订单、一级渠道订单、发货单、物流、收货确认、对账、开票申请、开票全程电子化，除了增值税专用发票有纸票外，其他环节一律脱纸，开增值税专用发票只是一个为符合税法要求的一个辅助行为而已，与采购环节一样，真正实现业务到会计核算的依据全面电子化。

从财务应收共享角度来看，该平台不但使DH公司与客户间实现信息实时透明交互，而且实现了透明对账和智能开票。也就是说，对账环节一旦确认，协同平台将会自动根据双方确认的发货单数据生成预制发票，开票者只要根据预制发票张数维护进拟开联号发票起始号，触发开票命令，系统会自动将数据传入开票系统，打印机自动打印出纸质或电子增值税专用发票，同时还可以自动打印出快递单，将发票快递给客户。同样，该架构也可以很好过渡到增值税专用电子发票的到来，也可以承接纸电票混合阶段的业务，没有沉淀成本。

3.资金生态共享：SAAS资金管理平台和银企互联

DH公司通过和招商银行合作，打造一体化的SAAS资金平台和银企互联云平台，实现了整合公司在多银行多账户，以对账户交易的流程化控制为核心，强化流动性管理，关注风险管理和决策支持，并提供更多的现金管理增值服务。

通过标准数据接口，对外，与各商业银行的网上银行或核心业务系统在线对接，实时获取分散在各银行系统中的账户数据信息并进行有机整合，并通过系统直联渠道，向银行传递账户交易指令和接收反馈信息；对内，与DH公司财务系统或ERP系统直联对接，实现企业一体化系统运作和数据交互。同时，在银企协定和系统设置的前提下，资金互联平台可自动进行集团内部同行或跨行资金归集和下拨的操作，通过事先自定义好的集团内资金划拨模式（如划款时点、金额、间隔、方式等），平台系统会按照事先所设定模式自动执行，集团资金集中管理更加高效和智能化。

另外可以通过系统平台的账户管理模块，登记和维护需要管理的集团及各成员机构银行账户信息，将集团管理架构体系“复制”到系统中，准确体现集团内多层级账户管理及授权关系。也可以为不同类型的账户定义其性质，如收入户、支出户、基本户、综合户、税收户等，并进行不同方式的监管。因此，通过账户管理功能，集团可随时查询和掌握各成员机构的账户资金变动和交易状况，及时获取所需的账户交易数据和要素信息。

从资金共享角度看，DH公司财务资金部门通过资金平台可以实现对公司全球近千个账户的结算管控。最让人瞩目的就是全球160多家分子公司，只有两个出纳。例如，每天一次的报销打款，由费用会计从报销平台发起，数据批量进入资金平台，采购付款一个月一次，从ERP应付模块发起，数据批量进入资金平台，出纳核对无误后点击通过。一切都是系统互联，批量处理，会计凭证也相应自动生成，一切都变得简单，这就是为什么全国球两个出纳的原因。

这里的收支会计核算的中心思想是电子数据为主，纸质凭证为辅。即收支凭证生成依据是银行结算电子数据，银行纸质回单只是事后补充依据而已。并且大部份银行回单不打印，直接电子归档。

4.供应链融资云平台

DH公司认为产供销各环节的核心企业应该充分利用其信用为上游供应商提供融资服务，将银行提供的供应商融资产品用于远期应付款结算，由此不但可以解决中小企业融资难和核心企业三角债问题，而且可以向供应商争取一个更好的账期，银行也能从此类创新业务中获得相应的收益。具体来说，供应链融资云平台可以分为商业承兑汇票支付结算平台、远期支付结算平台、银行承况汇票票据池叁种模式。这叁种业务模式，全面实现电子化，参于各方无须向银行提供任何纸质凭证(收到的纸质银行承兑汇票交银行除外)。

(1)商业承兑汇票支付结算云平台。

商业承兑汇票支付结算云平台是指产供销链中的核心企业通过网上银行中的银行汇票平台开具电子商业承兑汇票给供应商，供应商可以在网上银行实现贴现或到期委托收款，核心企业利用自身在银行的信用保证到期付款给供应商或贴现。具体操作模式为：

开具票据指令由核心企业ERP系统批量传输到主办行的网上银行；票据到期，主办行从核心企业账户自动划款支付，超过账户存款余额的，自动计为法人透支额度，当超过法人透支额度时，核心企业需及时补进不足支付额度部分存款；供应商持有的票据贴现利息率由核心企业统一谈妥，不受保理票面额度大小及供应商信用等级影响，供应商需要开通核心企业指定主办行的网上银行。整个流程的完成不需要任何手工操作，实现了供应链融资业务的平台化、自动化、自助化，有效降低了各方尤其是银行方的操作成本，实现各方多赢。

（2）远期支付结算在线保理云平台。

远期支付结算在线保理云平台是指产供销链中的核心企业将远期支付指令传输到网上银行远期支付结算平台，供应商可以在网上银行实现应收账款让渡或到期委托收款，核心企业利用自身在银行的信用保证到期付款给供应商或应收款购买。具体操作模式为：远期支付指令由核心企业ERP系统批量传输到主办行的网上银行；远期付款指令到期，主办行从核心企业账户自动划款支付，超过账户存款余额的，自动计为法人透支额度，当超过法人透支额度时，核心企业需及时补进不足支付额度部分存款；供应商应收账款让渡利息率由核心企业统一谈妥，不受保理票面额度大小及供应商信用等级影响，供应商需要开通核心企业指定主办行的网上银行。

对于中小企业来说，上述解决方案可以很好解决其融资效率和融资成本问题。对于核心企业来说，可帮助中小供应商实现低成本、高效率、高灵活度融资，从而获得供应商更长的结算账期。同时，若核心企业的下游核心企业也采用这种结算模式，则核心企业还可以从下游客户手中获得可靠的供应链融资产品，从而减少应收账款管理成本。对于银行来说，能有效简化供应链融资业务流程，实现供应链融资平台化、批量化、自动化，大幅降低人工成本。此外，这种模式可以提供核心企业的诚信自觉度，从多赢角度创建一种促进社会诚信的有效机制。

（3）流水式网络电子票据池云平台。

流水式网络电子票据池是基于票据可以像现金一样自由流转的观点基础上提出来的，该票据池最大的优点就是可以将企业收到的不同类型的银行承兑汇票融化成票据基础单元——票据现金流量积数让企业随时可以自由对外支付电子银行承兑汇票，支付时只需考虑票据池总额度，无需考虑据池内票据带来的现金流入和现金流出之间的实时匹配问题。彻底打破了当前票据池内现金流入与现金流出需匹配的主流理论。是一种创新型的票据池。具体体现在：

第一，票据池票据准现金化。企业存进票据池的票据可以随时全部使用完毕，存进的票据就像现金一样，存进去之后，可随时支取，企业资金部门不必因存票与付票到期时间不一致而产生的缺口作任何资金调度。

第二，流水式电子票据池运行模式。核心企业将不同期限银行承兑汇票存进主办行的票据池，票据池实时体现票据结存额和现金结存额。在票据池存储额度内，结合法透业务，按银行有关银行承兑汇票规则，企业可随时对外批量开具任意票面金额和账期的电子银行承兑汇票，当开出电子票据到期兑付时，企业勿需考虑自身在票据池中理论现金结存额是否足以保证支付，即使不够，银行可动用法透完成支付，也就是说，收支之间的平衡由票据池主办行利用法透原理来调剂。

票据池定期结账，结算现金流差异利息，可以一月、一季或半年一结。期末结账原理为：票据池现金流量余额积数 × 结算利率。当票据池现金流量余额积数为正数，则结算利率为活期利率，为银行应付企业利息。当票据池现金流量余额积数为负数时，则结算利率为法透利率，为企业应付票据池主办行的利息。此外，主办行还可以向企业收取必要的相关手续费。这种结算模式意味结算期内，企业在票据池中出现现金余缺额度有自动冲低之效果，也就是说，假如企业一个结算期内，有一半时间有资金结余，而另一半时间有法透支付时，结余积数与法透积数可自动冲抵，也就是说，企业的一部份法透业务流水因被前面产生的现金结存业务流水所冲低，从而让银行损失了该部份法透利息与存款利息之间的差额，同时，也就意味着企业有因此受益。因此，银行如何发展这项业务，减少不必要的损失，可以做进一步商谈。

第三，票据池云平台与核心企业ERP系统高度集成自动，企业对外开具票据不需提供相关贸易凭证。

票据池云平台与企业ERP高度集成，企业ERP可定期向票据平台批量传输开票信息，企业资金部门可在票据池平台上实现高度自动的批量开电子票，从而大幅减少企业资金部门开票工作量。企业对外开具票据不需要再向银行提供相关贸易凭证，银行凭企业ERP传输过来的开票信息——企业交易电子数据为准，监管机构可以随时通过系统抽样企业开票信息，必要的话，可以到企业抽查纸质凭证，等将业会计凭证电子化后，金融监管机构可以通过系统追索到企业收到的电子发票，并在税务验证系统抽样验证，这个上门抽查纸质凭证的步骤就可以省略了，一切都可以在线。

第四，企业的供应商可以在票据池云平台上自助办理银行承兑汇票贴现和托收

企业的上游供应商，收到企业开具的电子银行承兑汇票后，向票据池主办行申请用户名和密码后，可登陆票据池平台上自助办理票据贴现和到期托收业务，实现票据业务自助化。当然，供应商也可以根据自己的意愿到其他银行的票据平台去贴现。

5.总账共享

财务云服务项目中打造的多组织业务财务一体化的管理系统，实现共享全球统一的会计科目表（Chart of Account，简称COA），基于法人、关联方、业务单元、成本中心、产品线、项目、会计科目等多维度进行核算，方便财务数据汇集、整理，可对财务数据进行全面分析，有效提炼管理者最关心、最需要的报告级数据，以PRC GAAP为基准，中英文双语核算，集团总账统筹管理境内外所有公司的核算业务，高效实现集团合并报告、内部管理报告的出具；并由国际财务部转换为当地语言、当地准则，满足当地合规需求。

DH公司目前全球基于中国准则的账务一套系统，一套标准，负责中国准则总账在杭州只有10多个人配置。也就是说，DH公司的总帐第一时间是生成中国账，而基于当地语言及准则的账务，则由国际财务团队或外包团队翻译。正因为这种先中国后外国的做法，DH公司的全球财务账的时效性能第一时间保持全球同步，同时，DH公司的审计外勤不需出国，因为账务都在杭州，遇到盘点这种外勤，底稿由国内事务所做，现场盘点由外包海外合作所负责。

6.税务共享

与总账一样，DH公司全球税务也在杭州总部，原则上能网上报税的一律网上报税，不能网上报税的，报税文件由杭州总部税务团队编制，只是报税

及审核环节外包给专业事务所。对于新建公司的国家，如果杭州一时招聘不到合适人才，则全部外包，等将来有合适人才时，再逐步减少外包比重。

7.档案共享

每刻电子档案系统，电子凭证不打印，纸质凭证电子化，电子凭证为主，纸质凭证为辅。

通过每刻电子档案系统解决方案，将企业的内部电子原生凭证电子归档，外来纸质证证电子化归档，纸质档案只作为备查归档。

三、创新取得的成效

基于生态链的全球财务管控体系的建立，为DH公司业务的全球化高速发展打下了良好的基础。DH公司营收从2004年的1.2亿元发展到2019年的260多亿元，年复合增长率远超行业平均水平，员工从200多人发展到1万多人，利润从1500万元发展到30多亿元，其间离不开财务体系的有力支持，特别是在2015至2016年期间，平均每年海外增加20多家子公司，财务也顺利的完成了支持体系的承接。其主要成效有：

（一）财务运营效率得到提升

主要体现为四大效率的提升：（1）会计凭证全面实现自动化，企业成本及财务报告提速3天，相应准确性也得到了有效保证；（2）财务核算效率大幅提升，财务人员有更多精力从事管理，目前DH公司财务属性人员占公司正式员工总人数的比例仅1.25%；（3）财务费用大幅下降，近年来DH公司财务费用的销售占比下降趋势显著；（4）钱账税以外人员占财务人员总数接近50%，包括财务内控、信用管理、计划分析、产品线、供应链和销售线等财务人员，这些人员已经成为业务部门的得力助手。

（二）财务业务融合得到推进

通过将企业经营中的业务流程、财务会计流程、管理流程有机融合，将计算机的“事件驱动”概念引入流程设计，DH公司建立了基于业务事件驱动的财务一体化信息处理流程，打破信息孤岛，使财务数据和业务融为一体，最大限度地实现数据共享，实时控制经济业务，真正发挥出会计控制职能。

（三）全球会计科目得到统一

通过共享全球统一的会计科目表（简称COA），DH公司实现了基于法人、关联方、业务单元、产品线、项目、会计科目等多维度进行会计核算，方便财务数据汇集、整理，可对财务数据进行全面分析，有效提炼管理者最关心、最需要的报告级数据。

（四）公司业务范围拓展显著

财务云服务项目以及其子系统，有效支撑了DH公司国内市场渠道业务下沉、深化行业解决方案应用两条腿走路，实现了海外市场加大自主品牌建设的战略落地。

（五）会计档案管理成本降低

“基于生态链的电子原数据为主，纸质凭证为辅助”的会计核算策略，大幅减少了会计对纸质凭证的依赖，纸质凭证不再是财务核算的依据，而是为了符合国家税法或其他相关法规的依据。在国家没有全面完成推广电子票据之前，全面以生态电子数据为核算依据，纸质票据则采用按月集中开票的模式，大幅减少了纸质业务发票量，移动拍照扫描识别验真的大量推广，节约了大量的扫描设备、条码设备的硬件投资以及软件投资，节约了员工打印的工作量，减少纸张浪费。

（六）财务队伍高度精简

全球财务属性人员占公司正式工人数的1.25%，远低于2%到3%的同行平均水平。

8

第八章

共享服务中心与数据中台建设

随着阿里巴巴、腾讯、百度等企业大规模组织架构的调整，中台概念的热度陡增，众多企业与咨询公司开始提出中台建设的概念。中台由于消除了企业内部各业务部门、各分子公司之间的数据“孤岛”、信息壁垒、数据面窄、系统分散、管理困难等问题，而广为大型企业集团所应用。基于中台，企业可以快速构建面向终端消费者或者客户的前台应用，从而满足前台个性化的服务需求，为企业进行“以客户为中心”的数字化转型服务提供了平台，通过数据助力业务，也为企业数字化转型提供了明确的转型方向。那么基于财务共享服务的数字化转型，如何进一步搭建企业的数据中台，推动企业级服务能力的形成，进而推动整个企业的数字化转型，将成为本章研究的重点问题。

一、中台概述

（一）中台的定义

“中台”并非一个新词，传统企业的职能分工本来就有前台、中台、后台之分。前台是与客户直接互动的岗位；后台是幕后的职能岗位，又称后勤部门；中台则利用后台资源，为前台提供专业性管理和指导。

中台一词在新的历史时期被赋予了新的含义。在数字经济时代背景下，领先的互联网企业构建起了更具创新性和灵活性的“大中台、小前台”的组织机制和业务机制，作为前台的一线业务会更敏捷、更快速适应瞬息万变的市场。中台则集合整个集团的运营数据能力、产品技术能力，对各前台业务形成强力支撑（钟华，2017）。

Thought works首席咨询师王健（2019）认为，中台就是企业级的能力复用平台。“企业级”表明中台的建设范围是跳出单条业务线，站在企业整体视角来审视业务全景；“能力”是中台主要承载的对象，不同能力的抽象形成了不同类型的中台；“复用”是指企业能力供前台重复使用，以形成对前台业务的支撑①；“平台”区别于传统的信息系统，对业务更具柔性，能够快速响应需求。

李广乾（2019）认为，中台的技术与理论创新来自企业IT架构的不断深化，推动了企业的信息化建设②。他认为中台就是架构领域中存在的一种特定模型，可以基于横向的业务领域，实现业务功能复用。因此可以参考这种模型构建中台，且数据中台将成为各类中台的基础。

陈新宇等（2019）认为，中台是企业能力的枢纽和对能力的共享，它既是一种企业组织管理模式和理念，也是一种新型企业IT架构。中台组织方式就是在公司内部构建统一的协同平台，通过各业务部门的独立和分权，来保证对业务的敏感性和创新性，同时用一个强大的平台来对这些部门进行总协调和支持，并为新业务、新部门提供生长空间；企业IT架构层面的中台则是企业级共享服务平台，它解决了传统烟囱型系统中功能重复的问题，对能力进行细粒度分析，识别共享能力，并将共享能力建设成为统一的平台。

王兴山（2019）指出，中台的本质是将支撑前台多种业务形态的技术和业

① 复用源自通信技术概念，指软件开发人员为了避免重复劳动，利用现成的、模块化的组件来构建系统，从而把大部分的时间用在小比例的创新工作上。

② IT架构是企业建立信息系统的基础，由应用架构、数据架构和技术架构组成。其中，应用架构是企业信息系统的蓝图，可以指导具体解决方案的制定、系统的开发和部署；数据架构可以使企业的数据管理有序，数据价值充分发挥，即数据可管可用；技术架构是应用的数据的支撑，描述用于部署业务、数据、应用服务的软件和硬件的能力。

务能力进行沉淀，形成综合服务中心。它在保障后台应用稳定的前提下，既能有效整合后台资源，快速适应市场及用户需求变化，又能沉淀前台应用中可复用的公共业务资源，用以提高效能、消除冗余和降低成本。中台思想是当前大型企业信息化建设当中一系列建设方法的提炼、梳理、总结，其核心目标是以用户为中心来进行持续规模化创新，用更好的响应服务引领用户。

李原（2019）认为，中台是将数据、算法、调度能力进行沉淀后，供客户使用的一种产品。面对互联网流量红利的减弱、人力成本的急剧上升，企业内部管理转向精益化，外部战略也开始向包括云、大数据、人工智能、支付能力等对企业端客户开放的服务转型，建设中台提供服务是互联网企业战略转型的关键举措。

综上所述，中台可以从众多不同的视角进行解读，其定义主要从企业级能力复用平台、企业组织架构转型、IT架构升级、信息化建设、综合服务中心、产品观等角度出发，通过对企业能力的复用来为业务提供支持，实现企业精益化管理和战略转型。其中能力、复用与共享是各中台定义中出现最多的三个关键词。综合众多中台定义的观点，本书认为，中台是一种管理理念，它通过调整企业组织架构和IT架构，从企业层面打通业务流程并整合数据，实现对企业能力的复用与共享，为前台提供服务，从而帮助前台更为敏捷地开展业务，以适应企业新的经营目标和战略目标。其典型特征表现在以下几个方面，如图8-1所示。

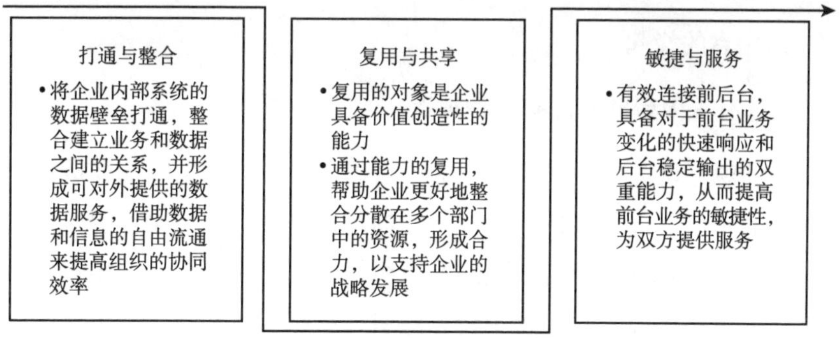

图8-1　中台的典型特征

第一，打通与整合。在企业信息化的进程中，随着组织架构和层级不断扩张，企业内“部门墙”高筑，部门之间的数据互不相通，跨部门协作阻碍重重，执行效率和灵活度降低。中台将企业内部系统的数据壁垒打通，整合建立业务和数据之间的关系，并形成可对外提供的数据服务，借助数据和信息的自由流通来提高组织的协同效率。

第二，复用与共享。复用与共享服务中的“共享”理念十分类似，不同之处在于复用的对象是企业具备价值创造性的能力，而传统的共享侧重于对非生产性职能进行集中处理。中台具备复用与共享的基本特征，通过对公共、通用的业务进行模块化，输出标准的服务。中台与共享服务一样，可以发挥规模效益来降低成本、提升效率，但更重要的是中台通过能力的复用，帮助企业更好地整合分散在多个部门中的资源，形成合力，以支持企业的战略发展。

第三，敏捷与服务。面对快速扩张的业务和复杂的需求，前台需要持续创新、快速迭代。而后台修改的成本和风险较高，越稳定越好。介于两者之间的中台可以有效地连接前后台，具备对于前台业务变化的快速响应和后台稳定输出的双重能力，从而提高前台业务的敏捷性，为双方提供服务。

需要提醒的是，中台虽然核心是要满足业务的需求，提升服务能力，但又不能过度参与业务，更不能成为业务发展的“瓶颈”，这就要求中台更应具有灵活性和可定制性。

（二）中台的缘起

目前，有关中台的起源有两种观点：

第一种观点认为，现代意义上的中台思想源自早期美军的作战体系。美军用强大的中台炮火群支持前台极小化的作战单元，成为全世界范围内灵活性、核心竞争力和打击能力极强的军事组织。面对快速多变、难以预测、不确定性强的市场环境，企业将中台思想引入组织变革和技术变革之中，通过构建中台来平衡前台的敏捷机动和后台的有序稳定。

第二种观点认为，中台思想源自2015年阿里巴巴高管拜访游戏公司Supercell之后所提出的“大中台、小前台”战略。Supercell在游戏开发过程中，将公共、通用的游戏开发素材、算法进行沉淀和复用，使其拥有快速试错的能力，仅凭不超过200人的总员工数开发出了众多知名游戏。而早在2009年，阿里巴巴为了打通淘宝与天猫的数据和业务，成立了共享业务事业部，将两个平台中公共、通用的业务功能进行沉淀，避免重复建设和维护。这一建设多年的共享服务体系定位于为各类前端应用提供支持，已经体现出中台复用和共享的特征。在“大中台、小前台”的组织架构转型目标下，共享服务体系逐渐演变为中台架构（季献忠，2020）。

这两种起源虽然说法不同，但都体现出了前面提到的中台典型特征。从阿里巴巴中台建设的经验来看，中台的形成与共享服务的建设具有一定的关联性，这将有利于引导我们进一步探讨共享服务与中台之间的关系，并从共享服务中获得中台建设的启示。

（三）中台的类型

根据复用能力的不同，目前主流的中台主要有业务中台、数据中台和技术中台等三种类型。此外，还有像算法中台、研发中台、组织中台、AI中台、移动中台等中台。本部分我们将重点介绍业务中台、数据中台和技术中台。

业务中台的作用是“沉淀、标准、共享”。业务中台沉淀基于最佳业务实践的业务模型、业务构件、RPA组件等资源，通过将不同系统相同功能的服务聚合起来，统一标准，统一规范，统一出口，形成面向未来业务流程的、可复用的标准化组件，实现企业业务的整合，通过这种整合实现资源与能力共享，支撑新应用于新业务的快速开发与迭代，以满足快速变化的用户需求。以业务领域模型为核心，建立共享服务中心，支持前台应用快速构建（王兴山，2019）。将这一定义与阿里巴巴中台建设的起源相结合，可以发现中台本身就是从共享多个相似的前台业务的需求中产生的，因此最先提出的中台就是业务中台。典型的业务中台由多个业务服务中心组成，如阿里巴巴的会员中心、商品中心和交易中心等。总结来看，业务中台构成了一种前台可以复用、共享的服务能力，为前台提供强大的“炮火支援”。

数据中台的作用是“连接、整合、服务”。数据中台连接各类场景下的数据源作为其生产原料，整合大数据的计算和存储能力形成其生产能力，并提供标准的数据服务进一步将数据与应用场景连接起来，通过数据采集、清洗、管理和分析能力，实现数据精细化运营，从而形成一套让企业可持续地利用数据的机制，通过数据分析能力，帮助企业从数据中学习改进，调整方向。通过连接与整合，数据中台可以将企业内部割裂的数据进行汇聚、治理、建模加工，消除数据“孤岛”，实现数据资产化，为企业提供客户立体画像、商品智能推荐、业务实时监控，助力企业实现数据驱动业务。总体来看，数据中台构成企业的数据处理能力，起到了“监测”作用。

技术中台的作用是“集成、支撑、赋能”。技术中台对企业的云基础设施进行集成，作为工具和组件提供建设其他类型中台的技术支撑能力和基础设施复用能力，从而大大缩短建设周期。如果说业务中台和数据中台是强大的中台炮火群，则技术中台提供的是如何根据需要快速搭建中台炮火阵地，即创建和部署不同环境下的中台（陈新宇等，2019）。

总的来说，业务中台和数据中台关心的是如何满足业务要求，而技术中台主要是提供基础设施底层的能力，各种中台之间虽然存在边界但又相互促进。尤其是业务中台与数据中台更是数字中台的重中之重。其中，业务中台通过后台资源的整合，形成了前台可以重用、共享的核心能力，为前台提供强大的“炮火支援”，并提供了统一、标准的数据，减少了系统间的交互和团队间的协作成本。它有利于实现一切业务数据化。而数据中台则通过连接业务中台、后台和其他第三方资源，实现海量数据的存储、清洗、计算、汇总等，形成企业核心数据能力，通过一切业务数据化为前台提供支撑。两者相辅相成，互为补充。不同类型的中台与不同类型的共享服务相比，区别主要表现在：第一，中台按照不同的企业能力进行划分，而共享服务按照职能进行划分；第二，不同类型的中台存在相互配合的机制，不同类型的共享服务则有着较强的职能分工。正如我们在第四章指出的，各类共享服务正在朝着综合职能的大共享服务发展，向具有高附加值的业务和活动扩展，共享服务的价值创造能力将进一步提升。在由共享服务中心向中台转型的过程中，我们需要找到一个合适的切入点，而数据中台作为中台架构的核心，是较为合适的选择，有利于整合，进一步释放共享服务的数据价值。此外，从技术系统层来看，中台就是企业级共享服务平台。它可以将企业的各种资源转化为易于前台使用的能力，换句话说，凡是企业以用户为中心的数字化转型服务的平台都是中台。

（四）中台的核心：数据中台认知

在中台席卷各个行业之时，数据中台在企业数字化转型的背景下尤为引人注目。从管理的角度看，数据中台的形成与企业对于数据利用的需要密切相关，其核心能力有助于推动企业数字化转型，并解决跨主体合作过程中“知识分立”问题。因此，面对众多类型的中台，数据中台成为中台架构的核心。

首先，数据管理科学发展的基本规律，使我们必须从与大数据的关联当中去寻找数据中台所具备的独特性和专业属性。数据中台的形成与长期以来企业对数据利用的需要和数据管理技术的演进密切相关，是在大数据环境以及中台理念等多种因素共同作用下产生的一种数据利用机制。图8-2展示了数据利用视角下数据中台的形成过程（白发川，2019）。

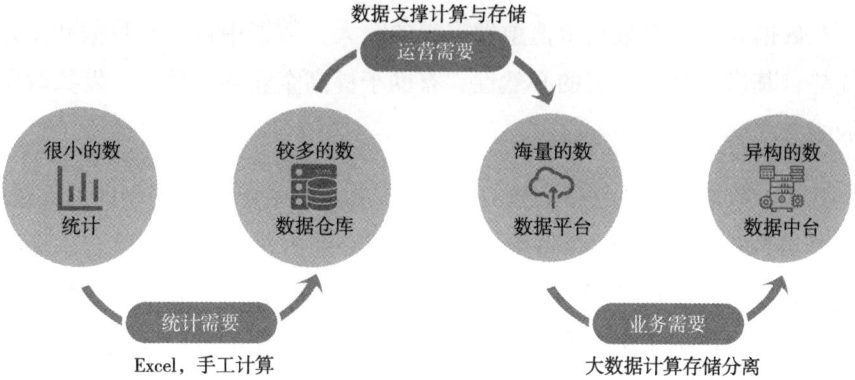

图8-2 数据中台的形成过程

第一，统计需要阶段。在数据规模较小的阶段，由于数据利用的意识和需求都不强，企业主要通过手工或电子表格的方式进行数据的处理，以满足统计方面的需要。

第二，运营需要阶段。当数据量开始增加时，企业逐渐意识到数据对运营的价值，开始通过数据仓库、数据平台技术来对数据进行计算、处理和存储，解决处理分析报表的需求，只不过一个是通过报表分析，一个是通过提供数据集来提供管理决策服务。其中数据仓库是存储和管理一个或多个主题数据的集合，而数据平台是在大数据的基础上实现的结构化与非结构化数据融合的基础平台。

第三，业务需要阶段。随着大数据的暴发，当数据分析细化到业务需求时，大数据分析技术的硬件要求、学习门槛、团队成本都已提高，停留在运营阶段的数据分析技术和利用能力带来严重的投入产出不对称，并且难以满足企业的需要。此时，企业对业务系统的数据存储和数据计算能力进行剥离，集中在中台上进行处理，并利用中台架构的特征与优势实现数据的打通与整合，提供各个业务系统可以复用的数据服务，更加近距离地为业务提供敏捷服务，这种不服务不仅限于分析场景，还包括交易场景，从而形成了基本的数据中台架构。当然，数据中台架构在数据仓库与数据平台之上，是加速企业从数据到业务价值创造的中间层。

在数据爆炸、对数据价值愈发重视的今天，数据中台具有数据利用方面的优势，其形成具有一定的必然性，有助于提高企业利用数据、发挥数据价值的能力。

其次，数据中台所具备的核心能力使其成为企业数字化转型的关键选项。咨询公司Forrester（2019）将数据中台的核心能力总结为汇聚整合、提纯加工、服务可视和价值变现四个方面。第一，数据中台帮助企业实现数据的汇聚整合，完成数据采集、交换、集成等任务的可视化配置以及监控管理；第二，数据中台实现数据的提纯加工，帮助业务加深对数据的理解，得到高质量的数据标签；第三，实现数据的服务可视，提供简便的数据服务开发环境以及先进的数据分析等能力；第四，实现数据的价值变现，打通数据驱动业务的通路，跨部门实现业务价值。具备以上四种能力的数据中台将支持企业实现快速转型。以数据中台为基础的洞察系统将位于企业数据应用的核心，通过数据技术、数据体系和数据服务的全流程平台，实现以客户为中心，用洞察驱动企业稳健行动。在数据中台的帮助下，企业将以数据为基础，支持大规模商业模式创新，盘活全量数据，帮助企业构筑坚实壁垒，实现持续领先（见图8-3）。

图8-3　数据中台的核心能力及其带来效果

最后，数据中台将通过数据的流动，提高大型企业集团内部分工与协作能力。根据数据、信息与知识之间的演进关系，数据之间的阻碍导致信息乃至知识的分立，从而无法合理地利用知识进行正确的判断和决策，进而影响分工与协作。诺贝尔经济学奖获得者哈耶克把“分立的知识”（Divided knowledge）视为经济学中的核心问题，他认为：“若干人（其中每个人都只有一点知识）之间所发生的互动关系究竟是如何的？究竟什么方式才是运用最初由个人分散掌握的那些知识的最佳方式？”这一问题源自于经济管理领域理论研究与实践应用的最为古老、最为核心的课题——分工与协作的平衡（李平等，2020）。通过数据中台，前台业务数据和信息可以快速、规范、准确地进入后台系统，后台系统可以自动地获取前台数据、反向追溯前台业务信息。向前，是前台业务创新、用户需求、用户体验、快速迭代的支撑；向后，是解决后台系统灵活性不足的一种补偿性手段，是前后台各部门可以实现基于数据的合作。数据中台以数据的自由流动为基础，帮助企业内部解决知识分立的问题。这些都使数据中台在所有中台里最为基础，应用最为广泛，成为中台架构的核心。

最后需要澄清的是，数据中台不同于数据仓库，数据中台更加贴近业务，不仅提供数据分析功能，更重要的是可以为业务提供服务，与业务中台或者业务系统连接更加紧密。而数据仓库更多解决的是通过事后分析如何“看数据”的问题。因此，更不能简单地将数据中台等同于大数据。其中，常见的大数据处理技术仅是加速了数据中台的战略成熟。

二、中台建设与财务数字化转型

陈新宇等（2019）认为，企业的数字化转型是将数字技术应用集成到企业内部管理领域及外部的商业变化环境之中，从而对业务的价值链产生决定性的改变。中台作为一种管理理念，同时作为一种技术框架，有利于帮助企业数字化转型。中台实现了将数字技术赋能企业商业领域运营，支撑前端业务快速多变与创新，并逐渐成为企业数字化转型的基础和保障。

在财务领域，企业同样可以引入中台的概念，使其成为财务数字化转型的基础和保障。特别近两年在财务领域开始出现与数据中台有关的理论探索和实践，例如，韩向东（2019）从底层数据治理、中层数据模型和上层数据应用三个层面，基于数据中台重构了管理会计信息化框架，利用数据中台的能力将管理会计基于历史数据的分析转向基于未来的数据预判，从过去依赖于管理人员的个人经验的决策转向自动化、智能化的决策，从而为企业运营管理增值赋能。王兴山（2019）认为财务中台是实现财务数字化转型的重要举措之一。财务中台基于财务共享服务为核心进行构建，具备敏捷的组织配置能力、灵活的业务支撑能力、高效的数字化协同运营能力以及财务大数据应用能力，推动企业财务应对变革。陈虎和郭奕（2020）认为，建立财务数据中台可以聚合内外部的海量多维数据，将原始数据转化为数据资产，快速构建数据服务中心，为企业制定各种适配业务场景的数据解决方案，实现数据可视、易懂、好用、可运营，进一步实现企业财务数据能力和数据资产的沉淀、共享，为企业经营和发展提供专业洞见。由数据中台、业务中台和技术中台共同构建起的财务中台将支撑各类财务应用服务，形成卓越财务能力中心，以推进财务的数字化转型。

综上所述，本书认为，中台作为一套从企业层面对能力进行复用的管理理念与IT技术框架，是企业数字化转型的基础和保障，有利于驱动数字化转型。财务数字化转型作为企业数字化转型的重要组成部分，应该是局部与整体的关系。它有利于推动财务共享服务的数字化转型，有利于构建财务数据的服务能力，沉淀共享数据资产，更好地实现财务数字化转型。

（一）中台有利于实现数据的互联互通和共享

技术本身无法创造价值，如果技术效果不好，甚至还会削弱价值。传统企业在信息化进程中形成的IT架构较为复杂，阻碍数据的互联互通和共享，这是造成数字化转型过程中惰性和成本的主要因素。这种复杂性表现为：传统架构下企业建立的各类信息系统像不同的烟囱一样彼此独立，造成信息系统之间形成数据“孤岛”，也无法联通外部数据，使数据分布广、格式不统一、不标准，为企业运用大数据带来了阻碍。同时，烟囱式架构造成系统功能重复建设和维护，带来重复投资，且独立的功能不利于业务的沉淀和持续发展，无法满足业务快速响应和业务模式创新的需求（钟华，2017）。对于财务而言，这类问题即使在财务共享服务数字化转型后也依然存在。例如，大数据、云计算、OCR光学识别、机器学习等技术的深入应用，使财务共享平台的资金管理、总账核算、应收应付、影像及档案管理等模块，在功能实现上，呈现出了更多的可能性，企业数据采集前端化、核算处理自动化、财务档案无纸化、会计职能服务化、会计核算智能化。云计算技术虽然提升了数据计算速度和分析能力，但由于受安全性和成本因素影响，企业通常采用涉及多个云计算服务的多云策略，这将使企业的IT架构更加复杂，同样面临底层数据互联互通的问题。

数据中台的出现从架构这一核心要素上为解决这类问题提供了可能。结合我们对中台的特征以及数据中台核心能力的理解，数据中台最直接的作用，是将企业各类信息系统由分散的烟囱式系统集群变革为部署在同一平台下基于服务的应用系统集群（周勇等，2019）。数据中台架构可以确保同一类或同一个数据来源是唯一的，其他系统可以把这些数据复用、共享起来，使以此数据产生出来的后续处理的数据结果具有准确性、唯一性。同时，其他系统不必为取得同一个数据再做重复的工作，节约了时间和成本。基于数据中台架构，会计信息系统可更高效率、更低成本地获取所需的数据（韩向东等，2020），进而使数据在互通和共享的基础上实现重复使用。这种架构可以帮助财务共享服务进一步解决数字化转型过程中数据联通问题，也为财务共享服务进一步向企业财务数据中台的转型创造了条件。

（二）数据中台有利于财务组织架构的功能性转型

1969年，计算机科学家康威（Melvin E. Conway）指出："设计系统的架构受制于产生这些设计的组织的沟通结构"，这一结论被称为"康威定律"。这意味着，组织架构影响IT架构。众多数字化转型领先的企业率先开始IT架构变革，正是为了顺应组织架构变革的需要。例如，阿里巴巴以业务和数据双中台推进"大中台，小前端"的组织架构变革；海尔打造数字平台以支持小微企业、人单模式、创客平台的组织创新。随着数字经济时代财务组织架构的变革，敏捷化、平台化、生态化的财务组织架构也需要一定的IT架构设计与之相匹配。数据中台对财务组织架构转型的作用体现在以下两个方面：

第一，数据中台架构顺应了财务组织架构中敏捷与赋能的要求。我们在第五章曾指出，在财务组织架构的功能性转型中，财务职能应融入分散的业务单元之中，并以平台赋能为前端业务提供决策支持。前台业务要能响应甚至引领客户需求，应不断探索和创新业务模式，这对财务组织提出了更多资源需求和快速响应要求，只作为后台资源稳速运行的传统财务已经无法支持前台的快速变化（王兴山，2019）。数据中台架构在前台快速响应能力与后台稳定支撑需要之间形成了一个中间层，迈福特（Jürgen Meffert，2018）将这种架构称为"双速IT"：依靠"敏捷IT"实现随需应变，可以加强财务内聚外联、协同运营的能力，满足前台以用户为中心的创新诉求；依靠"传统IT"进行稳定和可靠的控制，保障后台应用稳定。通过调整IT架构，既能有效整合后台资源，迅速适应市场及用户需求变化，又能沉淀前台应用中可复用的公共业务资源，用以提高效能、消除冗余和降低成本，可以很好地适应环境变化下组织架构转型的要求。

第二，数据中台有助于实现财务组织架构向“橄榄型”转变。我们知道，业务财务是“橄榄型”财务组织架构的主体，也是发挥管理会计功能的主体。但是，当前管理会计更多地用于支持面向领导的管理报告，对一线业务部门的赋能和对运营的支持较为薄弱。其原因在于，企业所依赖的数据仓库技术主要的应用场景是支持管理决策，而且财务对数据采集、整理和加工的速度太慢，较难发挥业务财务的作用（韩向东等，2020）。数据中台为企业提供了强大的数据资产获取和存储的能力，是企业“业务+数据”的沉淀，能够将数据服务化之后提供给业务系统。其目标是将数据能力渗透到各个业务环节，为业务提供更多更精确的数据支持，而不仅仅局限于管理决策分析类场景，可以实现财务从管理的大决策向对业务的小决策转变（付登坡等，2020）。因此，在数据中台架构下，业务财务可以更加灵活地为组织“小前端”提供数据服务，从而赋能业务，推动财务组织架构由“金字塔型”向“橄榄型”转变。

（三）数据中台有利于财务更好地提供数据决策支持服务

数字经济时代企业数字化转型的核心理念是围绕数据资产，进行价值的持续积累和释放，这在财务共享服务中心数字化转型以及数据中台的建设中都得到体现。财务共享服务数字化转型的核心理念，就是提高其采集数据、处理数据并利用数据提供服务的能力。而数据中台的核心是“让数据持续用起来”，快速形成数据服务能力，两者在理念和使命上是一致的。数据中台在架构层面打通数据的基础上，将数据作为资产进行沉淀，为企业经营决策、精细化运营提供支撑，其根本性创新就是把“数据资产”作为一个基础要素独立出来，将成为资产的数据作为生产资料融入业务价值创造过程，提供推动企业发展源源不断的生产力（付登坡等，2020）。

数据中台具备这种功能的原因在于，它是大数据平台发展到一定阶段后的一种思维升级。大数据平台是一种“技术优先”的思维，而数据中台则是“数据优先”的思维。“技术优先”思维下的大数据平台更关心技术层面的事情，包括研发效率、平台的大数据处理能力等，针对的往往是技术人员。例如，在财务共享服务数字化转型过程中，为了广泛获取数据同时提高数据处理的能力，我们综合运用了各种技术，包括数据仓库、数据湖、云计算等；但是数据中台不仅包括在大数据平台基础上已经沉淀的采集、计算和存储能力，统一规划的数据治理能力，还包括长期积累下来的一些可复用度较高的技术组件和数据产品（刘童桐，2019）。它与数据处理和存储技术的区别在于，它在“数据优先”思维下不是单纯的技术叠加，不是一个技术化的大数据平台，而是基于数据和算法来科学决策，拥有依靠数据决策提供数据服务的能力，要结合场景通过服务直接赋能业务应用。举例而言，银行的数据中台会在客人进店后立即展示出客人画像，其包含：客人的级别？在银行是否有存款或贷款？来过银行多少次？而后根据银行产品和服务匹配最优选择项，指派相应工作人员去接待。整个过程留下了数据痕迹，使银行可以分析该客人是否成为客户的原因，深入并有针对性地找到解决对策，不停迭代和优化模型（张敏，2020）。

可见，数据中台不仅面向技术人员，更需要面向多个部门的业务人员、面向未来的预测，是对业务的指导。因此，数据中台可以使财务真正实现数字化转型的目标，在大数据的基础上运用人工智能技术实现智能财务，在“数据优先”的思维指导下提供数据决策支持服务，发挥服务的更具附加值职能。

三、共享服务中心与数据中台的关系

财务共享服务数字化转型是财务数字化转型的起点，财务共享服务本身是共享服务的主要应用形式之一。我们曾指出，企业中台与共享服务中心（有的企业已经建成GBS）之间有着密切的联系。例如，阿里巴巴以其共享服务体系作为实施中台战略的基础；宝洁在自身数字化转型的进程中，IT部门和GBS是同一位领导者，使其可以充分调动GBS的关系和能力来应对数字挑战。具体而言，共享服务中心为数据中台提供了数据、技术和人才基础，共同构成数据应用闭环，最终共享服务中心逐渐向企业的数据中台转型。

（一）共享服务中心为构建数据中台提供基础（见图8-4）

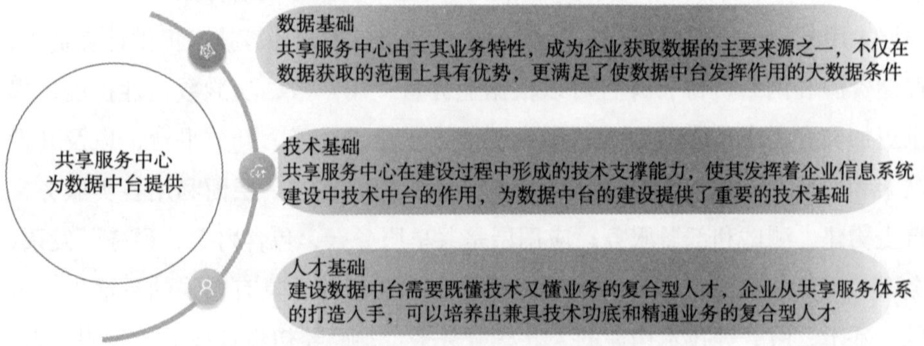

图8-4 共享服务中心为构建数据中台提供基础

1.共享服务中心为数据中台提供数据基础

数据中台本身几乎不产生数据（付登坡等，2020），但需要各类数据源作为其生产原料。共享服务中心由于其业务特性，成为企业获取数据的主要来源之一，不仅在数据获取的范围上具有优势，更满足了使数据中台发挥作用的大数据条件。我们曾指出，财务共享服务为财务转型提供了数据基础，涉及数据的质量、传输效率、整合与实时处理、数据规模以及共享等。共享服务为数据中台提供的数据基础在同样的方向上更近了一步。一方面，数字化的全球商业服务可以使企业接触到全球各业务单元的完整客户数据，进一步扩大了数据的范围。ACCA全球共享服务负责人汉德（David Hand，2018）指出，全球共享服务中心通常连接庞大的数据库，其所能接触到的数据远多于企业内部的其他任何部门。另一方面，在共享服务中心产生的数据，经由数据中台的汇聚、开发和数据资产管理，为前台工作提供数据服务，更有助于发掘大数据背后的价值。通过有效利用共享服务中心提供的大数据基础，企业的数据中台能够拥有更深刻的商业洞察力，从而提供更有价值的数据服务，帮助业务制定更精准可行的商业规划。

2.共享服务中心为数据中台提供技术基础

数据中台需要依靠底层的业务端获取内外部数据来源，依靠网络和云计算平台提供技术支撑，而共享服务中心在建设过程中为数据中台打下了技术基础。企业跨职能、跨地域的共享服务中心又被称为“大共享”，李闻一和徐凯（2020）从资源层、平台层和应用层构建起了大共享的总体架构。其中，资源层采用基础设施即服务（IaaS）的模式，利用各类云计算技术提供计算资源、存储资源和网络资源，并且可以根据业务量、用户数、功能数弹性扩展，提供更加契合需求的基础服务；平台层相当于是一个能力开放平台，以及开发框架和环境，企业可以基于资源层的技术支持，在这一层面利用各类服务来自主构建、测试和部署服务；应用层是共享服务云，包含财务、税务、发票、金融、人事、商旅、IT等共享服务模块，覆盖广并且具有较强的灵活性。可见，基于云服务等技术构建的大共享服务平台，已经初步具备了“技术中台”的雏形。共享服务中心可以发挥技术中台的作用，作为整个中台的技术支撑，集成各种软硬件的能力接口，为业务中台和数据中台提供技术基础设施的使能工具（王兴山，2019）。共享服务中心在建设过程中形成的技术支撑能力，使其发挥着企业信息系统建设中技术中台的作用，为数据中台的建设提供了重要的技术基础（见图8-5）。

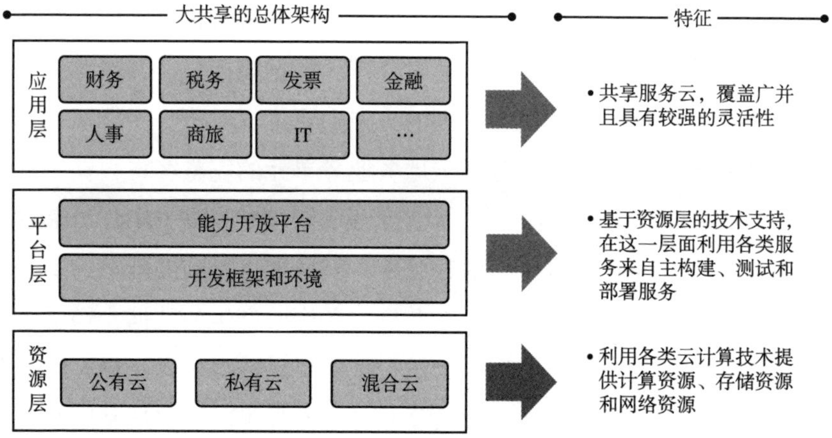

图8-5 大共享服务平台，已经初步具备了“技术中台”的雏形

3.共享服务中心为数据中台提供人才基础

我们曾分析过人才对于数字化转型的重要性，数据中台的建设同样离不开专家团队的支持。季献忠（2020）认为，建设数据中台需要以下几类人才（见图8-6）：（1）数据收集团队。进行数据采集、存储、加工和处理数据，以及提升数据中台的性能。（2）数据分析团队。完成数据价值分析、探索场景，产生更多的数据服务。（3）数据治理团队。梳理数据标准、构建数据安全和隐私规范，解决数据质量和安全问题。（4）智能算法团队。为数据分析、业务探索提供智能和算法工具。

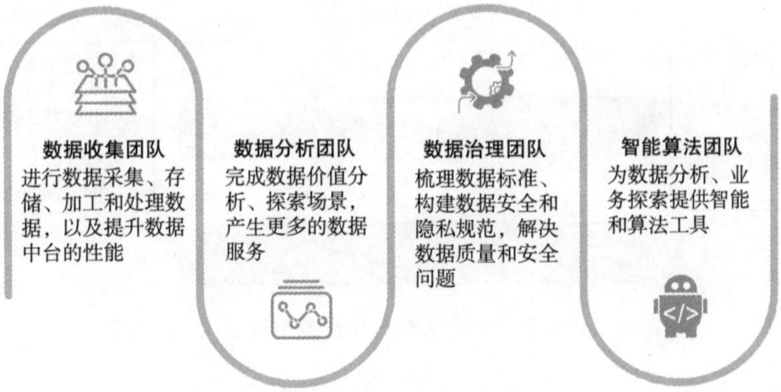

图8-6　建设数据中台的人才需求

其中，要真正发挥数据的威力，需要围绕着业务场景利用数据创造真正的业务价值。简单来说，建设数据中台需要既懂技术又懂业务的复合型人才。但现实中，数据科学相关专家往往只是对自身的数据平台功能、算法和使用了如指掌，对于企业的业务没有深入的了解；对业务有足够精湛的理解的人员，对数据的能力和算法并不擅长；最终导致能基于对业务的理解提出对数据中台建设需求的专家犹如凤毛麟角，这不利于数据中台的建设和发展。

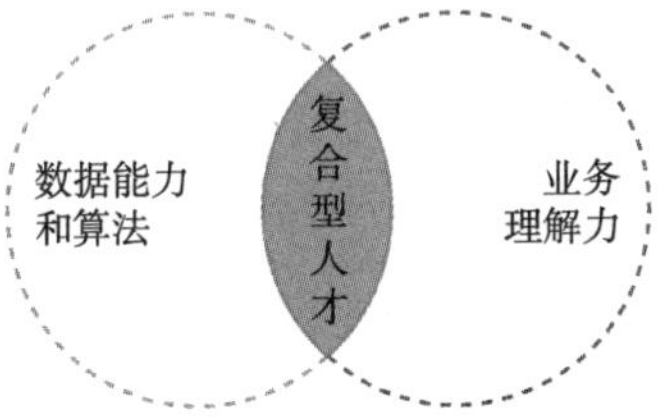

图8-7　复合型人才示意图

然而，钟华（2017）认为，企业从共享服务体系的打造入手，可以培养出兼具技术功底和精通业务的复合型人才。一方面，共享服务中心通过集中运营，形成较为独立的组织形态，作为一个整体提高组织运营能力，避免了传统分散职能下技术人员无法对某一业务领域有持续理解和沉淀的问题；另一方面，建设共享服务带来的组织架构调整使财务人员、技术人员和业务人员组成基于企业核心业务和数据进行运营的团队，这种组织模式将逐步培养出企业最稀缺的“既精通业务，又熟悉技术”的复合型人才。可见，共享服务中心为数据中台的建设提供了人才基础（见图8-8）。

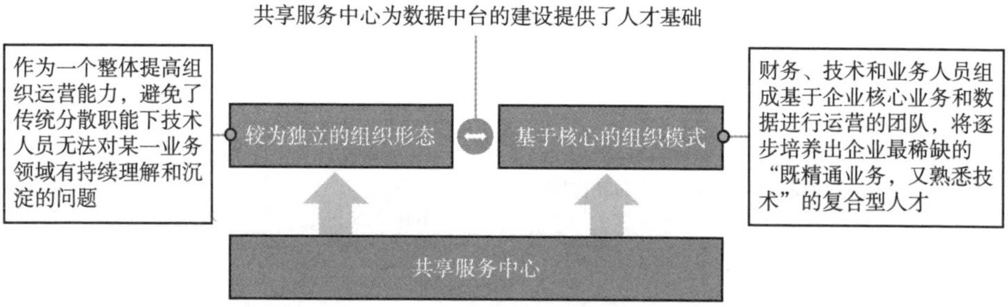

图8-8　共享服务中心为数据中台的建设提供人才基础

（二）共享服务中心与数据中台构成数据应用闭环

最常见的两类中台是业务中台和数据中台。业务中台可以抽象、包装和整合后台资源，转化为便于前台使用的可重用、可共享的核心能力，实现了后端业务资源到前台易用能力的转化（陈新宇等，2019）。两者的区别在于，业务中台更多偏向于业务流程管控，将业务流程中共性的服务抽象出来，形成通用的服务能力；数据中台则是抽象数据能力的共性形成通用数据服务能力。

即使共享服务中心与中台之间存在差异，但共享服务中心与业务中台在功能上也存在诸多相似性，都强调把共性的职能或能力进行抽离并以此提供服务。中兴新云（2019）认为，财务共享服务中心通过对财务业务的全流程进行梳理、拆分，整合为一组组“财务能力”，如支付结算、发票复核、发票开具、发票查验、成本结转、凭证生成等，将其中易于标准化的、可复用程度高的、业务价值高的财务能力形成标准、规范的财务服务产品，供业务前台灵活、按需调用，实现企业财务能力的精准沉淀和财务服务共享，这本身就是业务中台抽象化、整合化，并提供标准服务的体现；同样地，对于整个共享服务而言，在发展过程中逐渐超越单纯的职能集中，将具备价值创造能力的各项业务能力进行沉淀，共享服务中心也可以视为一个功能更加齐全、服务范围更广的业务中台。进而，共享服务中心与数据中台的关系，可以从业务中台与数据中台之间的关系来思考。

共享服务中心与数据中台是相辅相成、互相滋养的关系，共同构成数据应用闭环。共享服务中心在运行过程中，通过自动化、智能化的数据采集和汇聚，产生海量的数据和企业多维度的信息，并将实时与离线的数据打通关联，为数据中台提供了数据基础；数据中台对这些数据进行体系化的加工，构建了从数据输入到输出的全过程，包括数据采集、数据治理、数据建模、数据开发等，并形成有针对性的数据服务来支撑各个业务场景中的应用，从而提升业务运行效率、持续促进业务创新，使业务中台的能力不断迭代升级；而这些应用产生的新数据又流转到数据中台，形成循环不息的数据闭环（付登坡等，2020），如图8-9所示。

图8-9　共享服务中心与数据中台相辅相成

（三）共享服务中心转型的方向：企业数据中台

结合我们在第四章指出的共享服务未来发展的趋势，共享服务的数字化程度将不断加强。从实务的经验来看，数据中台通常是一般企业财务共享服务中心成功上线三年左右以后的方向，也有少数优秀企业在成功上线共享服务中心1~2年后开始数据中台的建设。这主要是受共享服务中心数字化转型和企业信息系统架构转型两个因素共同驱动，使共享服务中心向企业数据中台的方向转型。

1.共享服务中心数字化转型驱动

共享服务要体现价值必须进行数字化转型，而数字化转型后的共享服务中心与数据中台的建设目标相契合。共享服务中心作为一个协作的平台，本身是以服务为对象建立的一个在线市场，在市场中共享服务平台把服务提供者和服务消费者连接起来。共享服务平台是各方参与共建，把离线的数据和服务能力在线化的过程。只有在线的数据足够丰富，线下的服务能力都能同步在线上得到支持，也就是进行数字化转型后，共享服务平台带来的价值才会最大化（钟华，2017）。借鉴财务共享服务数字化转型的经验可知，财务共享服务中心数据范围的扩展、数据的广泛采集和连接、数据处理能力的提升以及各类数字技术的场景化应用，可以强化其利用数据的能力，而持续“让数据用起来”正是数据中台所追求的目标。因此，共享服务数字化转型将不断深化其利用数据的能力，最终朝数据中台的方向发展。

2.企业IT架构转型驱动

数据中台的建设将从根本上改变企业IT架构，使传统架构下的共享服务中心在IT架构的转型中向“中台化”的方向发展。在未来，企业IT架构都将基于业务中台和数据中台来构建（李彤，2020），在新的架构下，共享服务中心将在流程管理和数据管理的基础上，进一步呈现出中台化的趋势：一是足够敏捷，可以快速系统支撑业务发展；二是可伸缩，可以适应业务成长的需要；三是个性化，能够助力企业尝试新的商业模式。企业对信息系统的基本要求是作为一个整体的运营支持系统，未来共享服务中心的数据与业务会更紧密地结合，完全融为一体，统一成企业数据中台（见图8-10）。

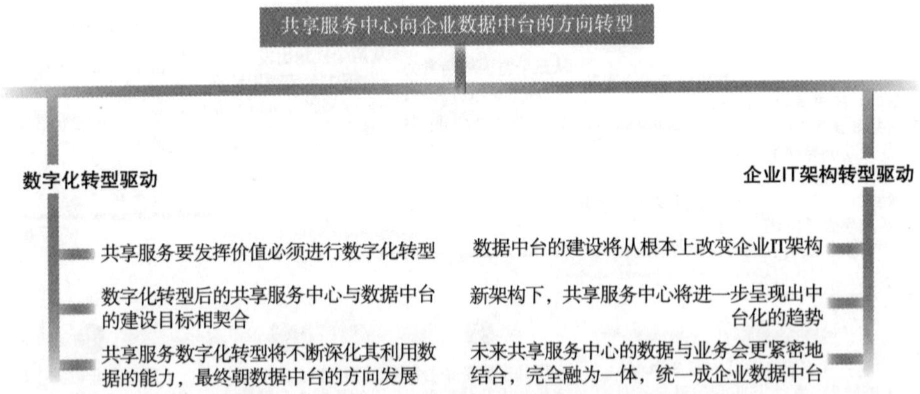

图8-10　数据中台是共享服务中心的转型方向

需要明确的是，共享服务中心作为中台建设的基础，具备业务中台和数据中台的部分特征，且数据中台作为中台的核心，未来也可能基于数据中台整合为企业的“大中台”。因此，本节所述的共享服务中心与数据中台的关系，是随着建设的深入处于动态发展中的，我们可以据此进一步探究如何基于共享服务中心，建设企业数据中台。

四、基于共享服务中心的数据中台建设路径

根据共享服务中心与数据中台的关系，我们可以构建出基于共享服务中心的数据中台建设路径：（1）由财务共享服务向共享服务中心、GBS转型，扩大其职能和服务范围；（2）推动共享服务的数字化转型，加快其中台化进程；（3）基于共享服务中心构建数据中台架构；（4）建立企业数据中台持续运营机制，如图8-11所示。

（一）由财务共享服务向共享服务中心、GBS转型，扩大其职能和服务范围

1.从财务共享服务中心走向共享服务中心

财务共享服务中心是大多数集团公司共享服务建设的起点，但一定不是终点，初期单一功能的共享服务中心必然随着企业发展逐渐叠加新功能、新

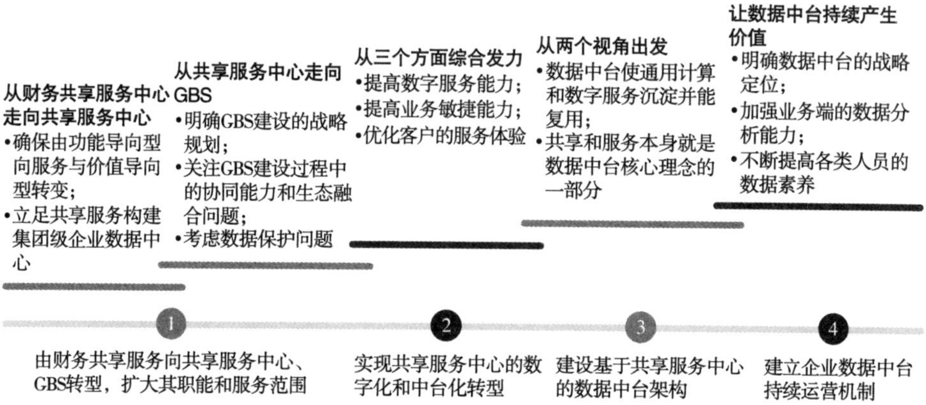

图8-11　基于共享服务中心的数据中台建设路径

流程。王兴山（2019）总结了我国财务共享服务多年的应用实践，提出财务共享服务中心的五级成熟度模型，分别从核算共享、报账共享、标准财务共享、业财一体财务共享逐步成为管理成熟度和信息化水平最高的“大共享”。大共享意味着共享中心不仅涵盖财务，更是把其他各类职能都纳入管理范畴，将传统的财务、人力资源、采购、市场管理和信息技术共享服务中心等都集中在共享服务中心。在推动财务共享服务向大共享服务转型并建设数据中台时，需要明确共享服务中心的两个重要定位：

第一，确保共享服务中心由功能导向型向服务与价值导向型转变。国内大多数财务共享服务中心作为传统单一职能的共享中心，定位于功能导向，一般会隶属或平行于集团的职能部门。未来服务与价值导向型的共享服务中心会成为一个独立的实体或法人，它不仅可以对内服务于本企业，也可提供市场化的专业共享外包服务，更加注重服务的满意度、流程高效与专业性，以高质量服务换取更高的价值。共享服务中心在这样的定位下，一方面实现由职能共享向能力复用的转变；另一方面不断提高快速适配客户要求的能力，为发挥中台的快速响应能力打下基础（冯宇，2020）。

第二，立足共享服务构建集团级企业数据中心。在财务共享服务数字化转型中，我们利用采购共享、商旅共享和税务共享，来扩大数据采集与连接的范围。而在由财务共享服务走向共享服务的过程中，企业可以将财务共享与其他各类共享服务平台进行集成，进一步构建起集团级企业数据中心（屈涛，2019）。基于大共享平台，不仅使企业内部各类信息系统完全打通，更连接了供应商、商旅、客户、银行、税务等外部系统，实现了业务流程、会计核算流程和管理流程的有机融合，为数据中台的建设提供更为丰富的数据源。

2.从共享服务中心走向GBS

我们在第四章指出共享服务未来将向全球商业服务（GBS）发展，这顺应了共享服务中心的发展趋势，同时也是为提高服务能力、扩大数据范围所做出的举措。但鉴于GBS的特殊性，在这一转变过程中企业还需要考虑如下问题：

首先，明确GBS建设的战略规划（见图8-12）。从共享服务的演变趋势和发展特征可以判断，当前全球商业服务中心的发展具有很强的阶段性，最高级的形态是在全球范围内，覆盖大多数分支机构和分子公司。但需要注意的是，GBS的发展战略规划应根据企业的建设目标、多元化和国际化经营程度、业务覆盖范围来选择。因此可以参考中兴新云（2019）发布的《2019年中国共享服务领域调研报告》，按照不同的战略布局和建设目的，对GBS的建设进行战略规划：（1）企业在成本降低的单一目标下，可在一定范围内通过专业化分工和标准化流程，进行共享服务中心初步试点；（2）为了进一步发挥规模效益，可以将单个或单类流程进行全球统一标准，建设专长型共享服务中心；（3）随着业务范围的扩大，企业需要发挥加强管控、资源协同的管理价值，可以考虑建立区域型共享服务中心；（4）当集团多元化、国际化程度进一步提高、业务范围覆盖全球时，则可以选择建立全球型共享服务中心，也就是GBS来实现全球资源的整合与调度，发挥统筹规划、洞察机会、预警风险的战略价值。

根据德勤（2019）的经验，集团在GBS设立伊始，通常选择在不同地点建立多个对应不同职能的专长型共享服务中心，当其逐渐演进并发展为GBS时，再将多个不同地点的共享服务中心逐渐合并为少数几个中心，并采取跨区域的交付模式或者轴辐式的分布模式，最终使其服务范围得以覆盖全球。

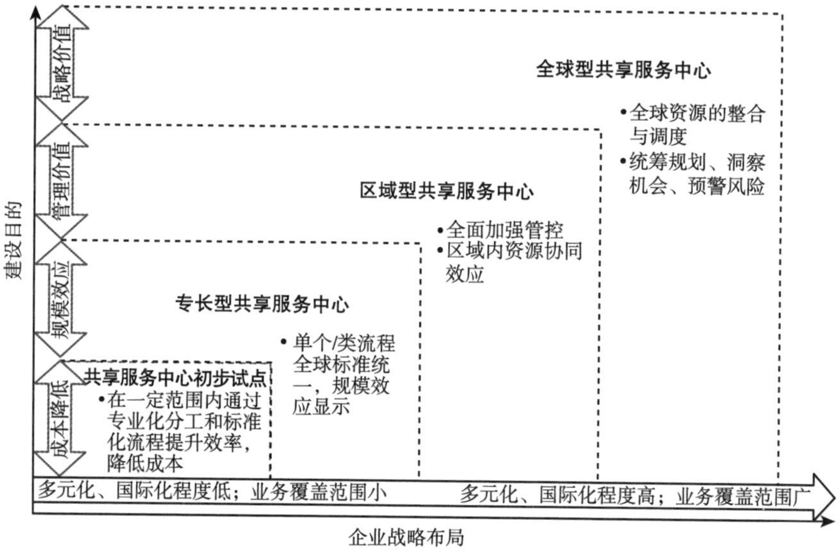

图8–12　GBS建设战略规划

其次，关注GBS建设过程中的协同能力和生态融合问题。一方面，在设立伊始无论是按区域还是按层级设置的多共享中心，都需要具备多组织架构能力和灵活调整能力，实现人员配套、流程协同与服务请求的派转；另一方面，需要考虑全球范围内的语言、税种、制度等差异化问题，以及吸引全球化稀缺人才的困难性，从语言、制度、文化、人才等各个方面实现GBS建设的生态融合。

最后，当GBS具备了全球服务能力并掌握了最大范围内的数据时，需要考虑由此带来的数据保护问题。随着欧盟的《通用数据保护条例》以及我国网信办关于《数据安全管理办法（征求意见稿）》的出台，对GBS的数据使用、授权、存储的要求将会更加严格（冯宇，2020）。在此基础上，数据中台围绕着数据创造价值，不可避免地面临着对数据安全管理能力的挑战。

（二）实现共享服务中心的数字化和中台化转型

国际上优秀企业的GBS已经通过数字化转型，超越了单纯的GBS或IT部门的范畴，成为实现企业数字化管理的重要组织，如宝洁、玛氏等。德勤

（2019）在《建设数字化全球商业服务中心的驱动力、趋势与方式》中指出，GBS未来的价值在于整合来自不同业务领域、职能部门、地区的数据和信息，在消耗更少资源的同时为企业带来更可观的价值，通过预测分析得到的洞见，以空前的速度实现用户体验的提升。这实际上勾勒出数字化的GBS所应具备的能力，而洞见、速度和体验正是共享服务中心进行数字化转型的三个关键词，也是由共享服务中心向数据中台演变的必经之路，我们称其为“中台化”。相应地，共享服务中心需要从以下三个方面综合发力。

1.提高共享服务中心的数字服务能力

前面的章节中我们已经指出，在未来共享服务的价值创造能力将进一步提升，将从传统的人工和交易性事务转向“基于知识的服务”，如决策支持、报告、预测分析等，从单纯的成本降低目的成为企业价值创造的新来源，并进化成为企业的数据中台。要实现这一转变，共享服务中心需要在数字化转型的过程中广泛采集和汇聚数据，并通过模型分析充分开发数据价值，提供数字服务。共享服务最初的理念强调把附加值低的工作整合起来，利用信息化的手段提高资源利用的效率，从而使企业有资源和精力专注于核心业务。现在，数字技术进一步提高了共享服务中心获取数据和利用数据的能力，使其能够发挥的作用不只是通过流程的共享提升效率、释放资源，更实现了广泛的数据收集、高效的数据处理以及对数据服务的共享，将共享服务中心的数字化能力以共享的方式供各分子公司、业务单元甚至独立的员工使用，使他们从数据中获得洞见，而这正是数据中台的建设理念。

2.提高共享服务中心的业务敏捷能力

共享服务中心数字化转型的第二个关键词是速度，也就是提高自身响应前台服务的敏捷性，结合中台“敏捷与服务”“复用与共享”的特征可知，这是共享服务中心成为数据中台所必须具备的能力。共享服务中心面对多样化的客户、复杂化和差异化的行业，其流程需要像中台一样具备快速响应、匹配并搭建服务的能力。为此，共享服务中心可以从业务流程梳理和共享服务架构两个方面入手。

在业务流程梳理方面，共享服务中心可以通过对前台各成员单位的业务进行分析、归纳，形成业务标准化管理流程、管控点和岗位职责分工，根据流程的关键节点提取相应业务职能，将其中逻辑稳定的、多场景可复用的、业务价值高的工作流程形成标准、专业的服务产品，按需组合，提供灵活的服务调用支持，支持前台对经济业务的处理（王兴山，2019）。通过这样对前台的核心业务能力抽离、整合在共享服务中心，也就是中台，就可以提供标准的、快速响应的服务和支持。以财务工作为例，当前台业务有创新变化时，在共享服务中心形成的财务服务能力可以实现高配置力和快速响应，提供核算、结算、税务、报表等服务，避免灵活多变的前台业务对后台财务的冲击，同时在不增员情况下能够支撑企业更大规模的扩张和高速发展。

在共享服务架构方面，要提高共享服务中心的响应速度，需要构建起“轻量化”的共享服务架构。冯宇（2020）指出，当前在中国市场上常见共享服务软件平台分为轻量化和重量化架构两种，轻量化的共享服务架构只包括共享服务组织自身的业务运营和共享水平协议管理功能；重量化的共享服务架构除此之外，还包括共享平台所服务业务的应用功能。问题在于，重量化共享服务在系统部署上不利于提高共享服务的相应速度，难以满足数据中台的建设要求。由于重量化共享平台会存储大量的业务与财务数据，而基于合规要求，集团化企业将上市公司 ERP/财务系统独立部署时，重量化共享平台必然要独立部署。因此，重量化架构的共享服务中心将会面临多套共享平台，不同平台间的人员岗位、请求派转、服务流程、水平协议的统一以及协同化的难度将会日趋加大，运维的成本与效率问题也将纷至沓来。相反，轻量化共享服务架构是通过与业务系统相集成的方式，实现服务请求的提交、派转和处理；并且共享服务流程运行在共享服务平台上，而财务、业务交易数据依旧存储在原应用系统中，这样既可以实现业务的快速响应，又不会因为合规问题而使财务系统独立于集团一体化平台之外，将有助于共享服务中心提高自身的敏捷性，向中台建设更进一步。

3.优化共享服务中心客户的服务体验

共享服务中心与中台建设的最终目的都是通过服务来支撑前台业务，将业务能力沉淀并抽象成服务的方式输出，确保最低服务体验标准，以提升前台用户的体验。而这也是中台建设与传统信息系统建设最大的区别之一。例如，传统的ERP系统是典型的后台信息系统，在满足人财物一体化、流程自动化的过程中，更多考虑的是企业的管控、效率、分析与绩效，如在自动生成会计凭证的同时归集各类数据和信息，从而使决策者与管理者实时了解经营状况、资金状况、预算状况、财务状况等。其要求所有的数据是透明的、实时的、全过程追溯的。但在这种管控要求之下，对用户操作的实时性要求、输入量要求、准确性要求很高，操作用户的体验必然会受到一定的制约（冯宇，2020）。这并非中台特别是数据中台的建设目标，中台更多强调的是客户体验，是业务和数据服务。对于为了强化企业整体控制、风险与合规性要求的业务流程，如果不能通过中台实现，还是更适合放在后台系统。

因此，共享服务中心的数字化转型要借鉴中台的服务体验思想，对于强调服务的业务流程应当向提高体验的方向靠拢，以客户为中心提供定制化服务，通过人机协作有效参与管理流程，利用多种渠道与客户进行交流。例如，运用基于RPA技术的虚拟客户助理，全天候为客户解决问题，从而增强客户体验；或者建立起共享服务运营平台，在跨职能、跨地理位置的共享服务中心通过一个整体的平台来集中管理资源和分配工作，实现共享服务中心的作业人员和派单人员的高效协作，增加作业效率，提高作业质量和客户满意度。这类以客户体验为导向的数字化转型举措，可以使共享服务中心形成以客户为中心的工作流程，为每一位客户提供个性化且稳定一致的客户体验，在共享服务中心的每个触点上都体现出对员工和客户的价值。这给未来中台建设过程中考虑服务对象提供了重要的思想和工作流程基础。

（三）建设基于共享服务中心的数据中台架构

当前，人们在讨论数据中台时缺乏明确的架构模型，而且不同企业对数据中台有不同的业务诉求重点，自然也有不同的实施路径。因此，在技术维度上，每个企业不可能有完全相同或标准的数据中台架构，数据中台也不适合用某种特定特征或某项数据技术来做概念界定（李广乾，2019；缪翀莺等，2019）。但是，数据处理和利用的基本方法论、共享服务中心与数据中台的关系，可以为我们构建基于共享服务的数据中台架构提供思路。

一方面，数据中台作为一种数据处理和利用方法论，它基于企业全局数据，形成统一的数据标准、计算口径，统一保障数据质量，并面向数据分析场景构建数据模型，使通用计算和数字服务沉淀并能复用。这套方法论能够适应数字经济时代下的发展特性，解决企业数据共享和数据治理问题，满足多元业务下不同应用场景数据使用效率和数据创新业务需求，是企业在数据优先思维指引下实现数据价值的核心。因此，企业需求固然影响数据中台架构，但数据处理和利用的方法论是数据中台架构的基本思路。

另一方面，数据中台实际上是共享服务理念和企业级互联网架构的结合，共享和服务本身就是数据中台核心理念的一部分。但与共享服务的不同之处在于，数据中台不仅满足内部流程和功能的需要，如财务共享服务更有效率地进行账务处理，更从客户体验的角度开发中台的数据服务功能。因此，数据中台必须以共享服务为基础，并进一步解决如何把共享服务中心生成的数据体系业务化，为前台提供数据生产力。

从这两个视角出发，本书将数据中台架构分为数据基础层、数据体系层、数据治理层和数据应用层。其中，数据基础层是数据中台的底层数据和技术支撑，是数据、计算和存储能力的保障；数据体系层是为了使数据具备快速服务能力而进行的一系列“整理”活动，包括数据仓库、数据标签和数据开发等；数据治理层是共享服务中心向数据中台转变的关键一步，涉及有关数据管理的技术、过程、标准和政策的集合；数据应用层则通过业务场景和数据沉淀两大类方式，将数据中台的能力进行输出。这既是运用数据中台建设方法论的过程，同时也是基于共享服务进行升级的过程，如图8-13所示。

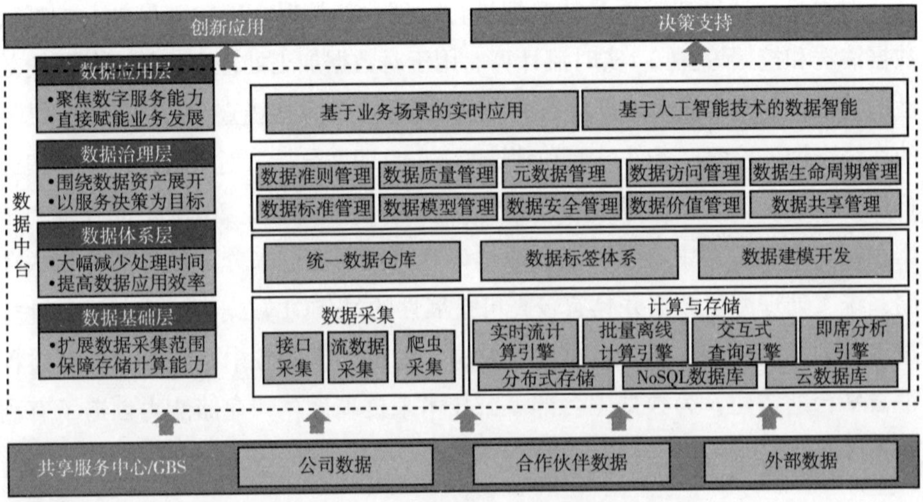

图8-13　基于共享服务中心的数据中台架构

1.数据基础层

数据基础层涵盖数据采集、数据计算和存储等方面的内容。

首先，基于共享服务中心，数据中台的数据采集范围扩展到企业级的所有数据，其构建的不只是财务数据中台，而是内部各个业务系统数据互联互通的企业级数据中台。随着“智能+平台+生态”的发展，共享服务中心的应用由企业内部业务的集成，逐步转向基于价值链、生态圈的企业内外部资源整合与优化，横向连通各个业务部门，纵向打通集团、分（子）公司乃至外部主体，加强与供应商信息系统、客户信息系统、外部商旅平台、外部电商平台以及税务监管平台的业务和数据交互（王兴山，2019）。为了实现这种广泛的数据采集，共享服务中心可以在各类平台以客户端和服务端埋点（注：埋点就是在应用中特定的流程收集一些信息，用来跟踪应用使用的状况，后续用来进一步优化产品或是提供运营的数据支撑）的方式结合使用，采集线上行为数据；通过物联网传感器等方式实现线下数据采集；还可以利用网络爬虫自动抓取互联网信息；等等。

其次，共享服务中心为数据中台提供的技术基础，成为数据中台计算和存储能力的来源。具体来看，计算能力根据应用场景可以分为：（1）批量计算。对海量、速度要求不高的数据进行批理，如数据仓库加工量处、大规模数据清洗和挖掘等。（2）实时流计算。用于对数据加工处理和应用有较强时效性的场景，如实时显示数据动态的可视化大屏。（3）在线查询。用于数据结果的在线查询、检索、条件过滤和筛选等。（4）即席分析。对大规模的数据集进行快速多维交叉分析，满足多种分析类应用（付登坡等，2020）。同样地，根据存储要求，数据中台可以选择通过计算机网络互连来分配任务的分布式存储系统、处理海量数据并具有较高可扩展性的No SQL数据库，或基于云计算技术来共享基础架构的云数据库。其中，财务共享服务中心数字化转型过程中云平台的搭建，为数据中台部署云技术来提高计算和存储能力创造了有利的条件。

2.数据体系层

数据应用的核心是效率。在瞬息万变的市场中，以数据驱动为基础的信息化架构，必须具备对公司经营变化和业务创新的快速响应能力。在数据基础层，数据中台只对企业各个来源的数据做采集、整合，并没有做过多的加工处理，数据基本还是原始结构。而且业务系统更多的是按照流程而非业务本质来组织数据，并不方便业务理解，更不适合做分析、挖掘，数据应用要经过长时间的准备工作，难以实现快速响应。因此，需要通过统一数据仓库、设置数据标签、对数据进行开发建模等方式进行整理，为后面数据的快速调用和能力沉淀做铺垫。

第一，统一数据仓库。数据中台会对来自共享服务中心分散、标准不统一的数据，进行抽取、清洗和转换，通过实时的分类、整理、加工，使其成为清晰有序、有条理、有脉络的有用信息，加载到统一的数据仓库中。这一步骤实际上要解决的是标准化问题，以财务共享服务获取的数据为例，共享服务实现了会计科目、会计政策、业务流程和信息系统的统一，但更重要的是实现数据标准的统一。数据中台必须明确财务数据的入账规则，进而明确数据的明细标准规范。在统一明细标准规范下，凭证所附带的财务数据则具备一定的颗粒度，能够有效地在数据中台与业务数据结合进行业财分析，并以此作为封装财务能力、提供标准财务服务的基础。

第二，设置数据标签。在对数据进行统一标准后，同一个对象的各种信息仍有可能分散在不同的数据域，获取某一要素的全面信息要通过各种关联计算才能满足业务的需要，数据使用成本较高且影响时效。例如，要得到完整的客户画像，可能需要到客户域获取基本信息，到交易域获取订单信息，再到社交域获取关系信息等。类似这种客户的全面数据，是多个业务的共同需求，可以通过设置数据标签来满足（付登坡等，2020）。数据标签就像是建立索引一样，把单个对象各种标识打通归一，把跨业务板块、数据域的对象数据在同一个粒度基础上组织起来打到对象上，一方面让数据变得可阅读、易理解，好使用；另一方面通过标签类目体系将标签组织排布，以一种适用性更好的组织方式来匹配未来变化的业务场景需求。

第三，数据建模开发。以共享服务中心各业务线为接口进行采集并整理的数据，打破了原本的数据“孤岛”，下一步则需要考虑如何对数据的价值进行开发。德勤（2019）认为，共享服务中心需要具备从组织数据中洞察核心观点的强大分析能力，通过预测性分析来支持企业的前瞻性决策，以创新的视角提供更具战略型的增值服务。而具体实现方式，就是通过数据建模或者利用机器学习的智能化模型，以便未来形成服务化的数据应用。数据模型可以分为基础模型、融合模型和挖掘模型（韩向东等，2020）：基础模型一般是关系建模，主要实现数据的标准化；融合模型一般是维度建模，主要实现跨越数据的整合，整合的形式可以是汇总、关联、解析；挖掘模型是偏应用的模型，作为企业的知识沉淀在中台，可在数据应用端调取进行复用。

经过以上三个步骤，数据中台的数据体系层可以大幅减少处理数据所需要的时间，提高数据应用的效率。

3.数据治理层

共享服务中心经过数字化转型，已经存在大量的数据，甚至成为企业的大数据中心，但企业仍难以从数据中发现价值进而驱动业务创新。而且，复杂的云环境、模态繁多的数据类型和海量数据对共享服务中心数据质量管理、数据隐私和安全等都提出了巨大挑战，这是共享服务中心目前所欠缺的能力。

解决上述问题的关键举措就是在数据中台开展数据治理。

数据治理（Data Governance）是围绕数据资产展开的一系列工作，它以服务组织各层决策为目标，涉及有关数据管理的技术、过程、标准和政策的集合（张宁，2017）。该定义有两个关键点：第一，数据治理的对象是数据资产。中国信通院发布的《数据资产管理实践白皮书4.0》（2019）将数据资产定义为："由企业拥有或控制的，能够为企业带来未来经济利益的，以物理或者电子的方式记录的数据资源，如文件资料、电子数据等"。当前，数据是一种特殊资产的观念已经逐渐普及，尽管在资产负债表中没有显示数据的价值计量，但数据的管理成本和价值创造却是明显的（Tallon，2013）。第二，数据治理以一整套管理集合为手段，其目的是能够将共享服务形成的大量数据作为企业的商业资产应用于业务、管理、战略决策中，在确保质量和安全的前提下发挥数据资产的商业价值。因此，在数据中台引入数据治理，使其介于数据体系和数据应用之间这一承上启下的重要位置，有助于解决共享服务中心在数据应用和管理上的缺陷。构建起完整的数据治理框架成为共享服务中心向数据中台转变的关键一步。

数据治理的概念自提出以来，其框架处于不断完善和发展当中。其中，卡特里和布朗（Khatri and Brown，2010）提出的模型框架具有较大的影响力，包含数据准则、数据质量、元数据、数据访问和数据生命周期五个决策域；由此发展起来的传统数据治理模型通常还包含数据标准管理、数据模型管理、数据安全管理等内容；《数据资产管理实践白皮书4.0》在此基础上，加入了数据价值管理、数据共享管理等。

可见，数据治理的内容涉及较多数据管理专业知识，与财务人员的知识体系有较大不同。当前，企业数据治理通常由数据治理部门发起并推行，但财务人员作为共享服务中心、数据中台建设的主要推动者，也起到不可忽视的作用。《中国总会计师（CFO）能力框架》中指出，CFO应具备数据治理能力，可以组织分析各项会计数据与业务数据（非会计数据），方便、安全、快捷、可靠、敏锐地利用数据进行决策支持。这是新的商业环境对财务人员提出的新要求，同时也启示我们数据治理应与各个商业部门相结合，而非仅仅是IT 部门的事情（Trope，2005）。在数据治理层，随着财务人员从后台逐渐向业务前台延伸，并逐步参与到数据中台建设这一企业级的项目中，财务和业务的边界已经变得模糊，作为财务人员，需要意识到部门之间的合作是必要的。

4.数据应用层

数据应用层聚焦于对数字服务能力的沉淀和复用，直接赋能企业的业务发展。根据数字服务的不同特征，数据中台提供的数字服务可以分为两大类：一类是将数据融入企业具体的业务中，基于业务产生的实时数据和丰富的数据模型开展场景化应用；另一类是基于沉淀数据，利用人工智能技术进行深度挖掘，实现数据智能，智能财务就是其中的典型应用。

在第一类应用中，强调的是速度，数据中台可以快速响应业务的需求并提供数字服务，企业开展业务创新的周期也将因此大大缩短。例如，当用户退出购物应用再马上进入的瞬间时，应用已经根据上次的浏览记录更新了推荐的内容；市场部门可以通过手机端查看实时的销量情况、销售指标完成率等数据，并通过一些数据分析做出相应的决策，这就是嵌入业务应用场景的实时数字服务。

数据中台之所以实现这样的速度，有两个原因：一是在数据体系层和数据治理层的基础上，由于数据整理到位、管理有效，尽可能缩短了提供数字服务所需要的数据准备时间；二是数据中台主要通过应用程序编程接口（API）的方式提供数据服务，也就是通过机器与机器的接口，将数据计算分析出来的直接嵌入交易系统里面，而不是直接把数据库给前台自行使用，或根据前台需求以接单的方式交付数据分析结果。实现以产品化模式输出数据能力，使之变成业务的能力。

进一步分析可得，数据中台在共享服务基础上做出的最重要的变化，就是使交易密集型系统和数据分析型系统合二为一。传统的共享服务中心是交易密集型系统，只负责低端、大量的操作类功能，在数据上更关注的是当前的交易量、结构化数据、数据库表等；随着数据的增多，为了集中存储、分析数据而形成的数据仓库、商业智能系统是数据分析型系统，这类系统更关注历史数据、数据量、处理效率、非结构化数据、数据趋势分析等（刘童桐，2019）。数据中台使这两类不同的数据应用模式走向融合，不论是交易密集型业务还是数据分析型需求，都能基于统一的数据中台能力随时按需获取数据。数据中台超越了单纯共享服务的交易处理范畴，不仅覆盖了价值链的各个环节，还通过数据服务对业务具有较强的决定权和影响力，从而提供了较大的业务价值（于海澜等，2019）。

在第二类应用中，数据中台主要为发挥人工智能的作用、实现数据智能打下了基础。我们曾指出，数据智能是指基于大数据技术，通过大规模机器学习和深度学习等技术，对海量数据进行处理、分析和挖掘，提取数据中所包含的有价值的信息和知识，使数据具有“智能”，并通过建立模型寻求现有问题的解决方案以及实现预测等，并认为数据智能的实现有赖于中台战略思想下数据中台的建设。大数据、算力和算法改进是人工智能的三大要素，数据中台的建设为人工智能提供了足够大的数据量，并且通过清洗、标注等处理工作为算法模型训练输入做了准备，同时在一定程度上解决了数据流通不畅、数据质量不高和安全风险等问题。可见，数据中台能够为人工智能发展和应用提供可靠支持，进而实现数据智能。我们在后续章节将进一步讨论数据中台与智能财务之间的关系。

（四）建立企业数据中台持续运营机制

在企业数据中台成功搭建之后，需要考虑的问题是如何运用数据中台，以最大限度地发挥其作用、实现建设目标？对此，企业需要建立数据中台持续运营机制，让数据中台在企业内部持续产生价值。其中包括明确数据中台的战略定位、加强业务端的数据分析能力、不断提高各类人员的数据素养，具体而言：

首先，企业应将数据中台定位为一个全员参与、加强部门间合作的组织战略，而非仅仅是一个新的技术方案。一方面，数据中台的运营涉及多个部门的联动配合，仅靠单一部门发起往往难以支撑，甚至存在一定阻力。为此，企业需要培养全员的数据意识，把数据中台作为一个全体员工，尤其是战略管理层和执行管理层都重视的组织战略。在建立共同认知和统一意识的基础上，联合各个部门建设可复用的数据分析能力，真正实现为业务赋能的目标。另一方面，很多企业过分关注数据中台技术架构的建设，一味追求新的数据分析技术，而忽略了业务人员基于数据的合作，以及如何解决实际业务中的问题。高德纳（Gartner，2020）指出，企业没有必要为了数据中台这个新词而放弃已经建立的数据仓库、数据湖等数据分析资产，但也不能只是把原来遗留的问题从数据仓库、数据湖转移到当前的数据中台。企业应思考如何将新的技术运用到业务和管理中，而非寄希望于购买或搭建一套数据中台便可自动解决问题。

其次，企业需要从业务流程到技术平台“自上而下”地提高数据分析能力。在数据中台架构中，各类数字应用所支持的业务流程位于上层，信息系统、数据来源等技术平台位于下层。高德纳（Gartner，2020）发现，在企业前期投入信息化和数字化建设时，大多是“自下而上”地部署数据仓库、设计数据处理流程和报表系统，然后供业务使用。但作为前线的业务获得这些能力是被动的，久而久之，业务习惯于作为企业内部的甲方提出需求，并不会主动提升自己的数据分析能力。然而为了使业务培养数据驱动思维、获得数据分析能力，真正让数据中台主动被前台用起来，必须强调从业务端开始做数据分析，也就是“自上而下”地让业务端判断并梳理需要分析的内容，进而从技术端获取相应的数据分析能力。

最后，各类员工较高的数据素养是促进部门间合作、让数据中台持续发挥作用的保证。我们选择让业务变得更主动，并不等于业务人员不需要和数据技术人员沟通，双方均需要根据合作的要求提升数据素养，才能成为前面所述的复合型人才。对业务人员而言，要理解数据技术能力的有限性，不能想当然地认为数据可以解决所有问题或者可以立刻解决问题。同时也要学习数据科学理论，使自身能和技术人员进行一定程度的对话；对数据技术人员而言，需要在原有的数据工作基础上，学会站在业务端思考问题，增加对业务知识、业务人员、业务操作的理解，同时协助业务人员进行必要的场景需求抽象，要把数据概念、数据能力、数据产品转化为业务能理解、操作的方式和水平（付登坡等，2020）。

五、数据中台是实现智能财务的中间连接点

通过构建起基于共享服务的数据中台，不难看出，数据中台并不是一个独立的技术，而是数据处理的一套架构，并形成了一个数据集市，成为财务数字化转型与智能财务实现的中间连接点。

数据集市的概念是指为了满足特定的部门或者用户的需求，按照多维的方式进行存储，包括定义维度、需要计算的指标、维度的层次等，进而生成面向决策分析需求的数据立方体。共享服务模式下的数据中台创建出多种数据集市，包括财务数据集市、业务数据集市、基础数据集市、第三方数据集市、文本数据和影像图片数据集市等，数据中台这套架构把不同数据源统一标准、格式、口径并形成数据资产，在数据集市中通过移动端或PC端调出有用数据，并应用到前端，按照需求提供数据支持服务，挖掘数据商业价值。

此时回顾财务数字化转型的三个关键里程碑，可以发现，仅凭财务共享服务数字化是不够的。由财务共享服务向共享服务再到数据中台的转变，形成的这一套数据处理架构解决了业务数据化、数据“孤岛”等问题，为数据运用做了一系列准备工作，形成了丰富的数据集市，从整个信息系统架构的高度在财务数字化与智能财务之间搭建起了连接桥梁。未来在数据中台的基础上，通过人工智能技术的深度场景化应用，会增强数据“思考”的能力。这将有利于进一步构建数据智能，提供丰富的算法，通过业务数据化、决策场景化，为决策者的科学决策提供有价值的服务信息，反哺业务能力的快速创新与灵活应对，实现真正意义上的智能财务。

总之，由数据中台实现的数据能力，是企业实现智能财务的基础，它通过内外部数据的深层次洞察获取新的商业机会，捕捉风险，再通过智能分析技术，构建不同部门、不同领域的数据模型来实现数据的可视化，优化企业的财务决策与商业决策。

9
第九章

下一代财务：智能财务概述

如果我们将云计算、大数据、人工智能、物联网、区块链等科学技术称为下一代技术，那么，基于数字技术与人工智能基础上的财务可称为“下一代财务”。其中，人工智能（Artificial Intelligence，AI）作为社会发展和技术创新的产物，正在成为新一轮科技创新和产业变革的核心驱动力，对世界经济、社会进步和人民生活产生深刻影响。人工智能具有重新调整行业竞争秩序的潜力（徐鹏、徐向艺，2020）。现阶段发展的主要任务和未来方向在于替代人类完成特定工作，且专家们在对人工智能的内涵界定时更加关注系统思维能力和自主决策能力（翁杰明，2020）。2017年，国务院发布《新一代人工智能发展规划》，标志着我国人工智能的发展进入新阶段，引发新一代人工智能相关学科发展、理论建模、技术创新、软硬件升级等工作的整体推进。翁杰明（2020）认为，当前，云计算、大数据、区块链、人工智能、移动互联网等基础性技术和前沿热点技术加快迭代演进，深度融入社会各个领域，不断迸发创新活力，信息化日益成为推动经济社会发展的先导力量，数字经济正在成为全球产业变革和经济增长的核心要素，世界各主要国家都将数字化智能化升级作为谋求国际竞争新优势的战略方向。为了跟上数字化技术的发展，各行各业都在推进新技术、新方法的应用。例如，小到智能手机、网页浏览的智能推送系统，大到智慧城市、智能交通、智能安防及智能金融的智能投顾系统等。同样，人工智能技术对会计行业也不可避免地产生重大影响。在新技术飞速发展与经济社会强烈需求的共同驱动下，全球进入第三次人工智能发展浪潮。它的飞速发展表现为大数据智能、跨媒体感知计算、群体智能、自主协同控制和优化决策智能、高级机器学习、量子智能计算和虚拟现实智能技术等加速跃升的趋势，可称其为下一代人工智能。而以智能财务为核心的未来下一代财务的探讨将成为学界以及实务界的热点问题。

一、人工智能与智能化

当前对智能化的讨论逐渐增多，其中一个重要的背景是人工智能的广泛应用。人工智能是实现智能化的主要途径，要了解智能化的内涵，先要正确认识人工智能，而人工智能的定义则依赖于智能的定义。

关于人工智能，可以从“学科”和“能力”两个方面理解（王万森，2018）。从学科的角度看，人工智能是计算机科学的一个分支，在与数学、神经科学等学科的结合中逐渐成为一门新的技术科学，主要研究和开发用于模拟、延伸和扩展人类智能的理论、方法、技术及应用系统（Lucci and Kopec，2015）。从能力的角度看，人工智能是指用人工的方法在计算机程序上实现智能。事实上，“模拟、延伸和扩展人类智能”正是人工智能能力的体现，因此从能力的角度入手将更有助于我们理解人工智能的本质。

对于人工智能到底应该具备何种能力，还存在诸多讨论。在人工智能概念成型之前，英国数学家图灵（A.M.Turing）在名为《计算机器与智能》的文章中肯定“机器可以思维”，将具备这种能力的计算机称为“机器智能”（Machine Intelligence），并设计了判定机器是否具有智能的“图灵测试”。在首次提出“人工智能”（Artificial Intelligence，AI）一词的项目申请书中，麦卡锡（J. McCarthy）等科学家将人工智能描述为“具备像人那样认知、思考和学习的能力，用计算机来模拟人的智能”。拉塞尔和诺维格（Russell and Norvig，2010）在《人工智能：一种现代方法》中指出，人工智能是有关智能主体的研究与设计的学问，而智能主体是指一个可以观察周遭环境并做出行动以达到目标的系统。综上所述，人工智能企图了解智能的实质，研究人类智能活动的规律，并生产出一种新的能以人类智能相似的方式做出反应的智能机器，它应用计算机的软硬件来模拟人类某些智能行为，让计算机去完成以往需要人的智能才能胜任甚至人的智能无法胜任的工作。值得一提的是，人工智能与机器智能并无严格的区分，通常机器智能涵盖传统人工智能方法和机器学习等现代方法。我们在本书中尽量使用人工智能表示更广义上的概念。

通过人工智能的定义可以发现，何谓智能将影响我们理解人工智能。对智能的理解是一个颇具争议的领域，我们暂且抛开对“人类、动物或机器是否拥有智能”这类问题的讨论，仅关注智能可能存在的表现形式。按照认知科学的观点，智能是一种综合能力，一般具有以下特征（见图9-1）：一是具有感知能力，即能够感知外部世界、获取外部信息，这是产生智能活动的前提条件和必要条件；二是具有记忆和思维能力，即能够存储感知到的外部信息及由思维产生的知识，同时能够认识存储的信息或知识的本质属性、内部规律等；三是具有学习和自适应能力，即通过与环境的相互作用，不断学习积累知识，使自己适应环境变化；四是具有行为能力，即对外界的刺激做出反应，形成决策并传达相应的信息（王万森，2018）。

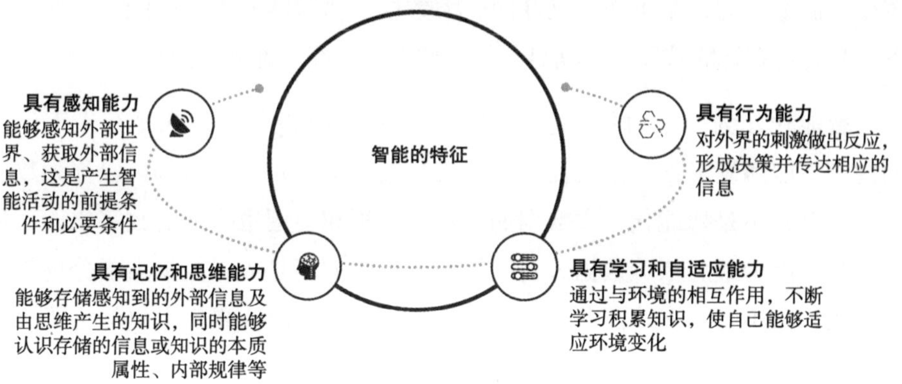

图9-1　智能一般特征

了解人工智能及智能的概念后，我们再来审视智能化的含义。荀子曰：“所以知之在人者谓之知，知有所合谓之智。”就是说我们每个人从周围的世界获取知识和数据，当我们通过分析这些知识和数据洞悉了世界的发展规律时，就被称为智。当这些智被用来指导决策，通过执行反馈优化的过程去改变客观世界时，就称为能。商业的智能化，就是指商业的决策越来越依赖数据，依赖算法，依赖机器学习，依赖人工智能。黄津孚等（2014）对各类智能化的定义进行比较后，认为智能化是在产品、工具或工作系统中协同应用人类智能和人工智能，以提升其功效的过程。他们指出智能化并无统一的定义，更多地体现为一种发展状态和趋势，既是一个历史过程，也是一个时代概念。从这两个角度出发，我们通过比较智能化与自动化、数字化的概念来阐释其内涵。

智能化作为一个历史过程，最早起源于产品制造领域的自动化。自动化技术不仅可以把人从繁重的体力劳动、部分脑力劳动以及恶劣的工作环境中解放出来，而且能扩展人的器官功能，增强人类认识世界和改造世界的能力。结合智能的特征，自动化实际上使机器具备了一定程度的智能，如感知和行动能力。随着人工智能技术的发展，可进行自动化扩展的人类智能不断增加，从而产生了智能化产品。智能化产品在拥有一定的自治、自适应、自反映、多功能、自监控、自修复、自维修、自操作，以及拟人交互、有能力与其他装置合作等一系列功能（徐志磊，2016）。当前，智能化所涉及的领域已经超越生产制造范畴，某事物在互联网、大数据、物联网和人工智能技术的支持下，只要具有智能特征、可满足人的各种需求，都可称为智能化。

智能化作为一个时代概念，将是数字化的终极阶段。凡是在人工预设的规则下能触发工作，由机器自动完成数据采集和录入的，都可以称为数字化，但这并不是智能化。大数据的计算、分析和运用也都还是数字化，不是智能化。因为最后依赖数据分析结果做出决策的还是人，至少大部分场景下还是人，而不是机器。因此，当前的自动化和数字化，事实上仍然是弱人工智能，它只是在“模拟”人类的思维，虽然看上去能够明智行动，但其实对于正在从事的工作，却并不拥有任何意识，最后仍需要人的智慧来做出决策。要真正理解何谓智能化，不妨采用极限思维，思考最具智能的人工智能是怎样的？与弱人工智能相对应，强人工智能具备“真实”的思维，运用有意识、主观性的头脑，像人类一样思考，具备了记忆、思维乃至学习和自适应能力，进而展开睿智的行动，真正自主做出决策。因此，智能化还表现为基于数字化所形成的海量数据，结合计算机的算力，提供基于算法推荐的最优下一步行动选择。当然，这样的强人工智能未来能否实现仍未可知，即使实现能否在伦理道德上达成共识也难以确定。因此，我们当前对智能化的讨论，可定义为朝着强人工智能的目标，阶段性实现人类智能与人工智能的协同共生（见图9-2）。

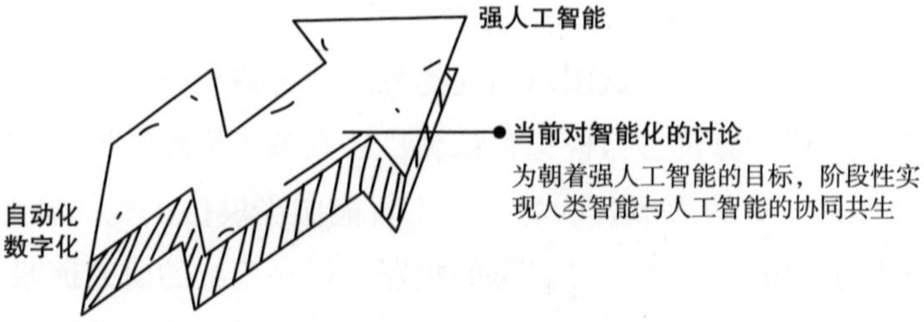

图9-2　智能化讨论的发展趋势

二、人工智能的发展历程

借鉴国务院发展研究中心（2019）对人工智能发展阶段的划分，整体可将人工智能近七十年的发展历程分为逻辑推理时代、知识工程时代、机器学习时代三个阶段。伴随三次划时代的发展，人工智能正在跨越计算智能、感知智能，向认知智能乃至通用智能发展，并且形成符号主义、连接主义和行为主义等不同研究思路，体现了不同的智能特征和不同程度的智能化（见图9-3）。

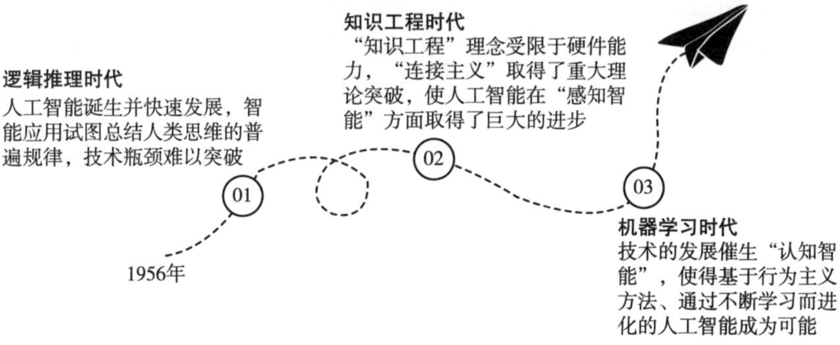

图9-3　人工智能的发展历程

（一）逻辑推理时代

自1956年人工智能一词提出后的20年内，“符号主义”（又称逻辑主义）几乎主导了人工智能领域的研究。符号主义将人的认识对象通过数学逻辑的方法以符号形式表示出来，然后再利用计算机自身所具有的符号处理推算能力来模拟人的认识过程，其本质是基于逻辑的知识表示和推理技术（朱祝武，2011）。在逻辑推理时代诞生的人工智能应用，如IBM基于搜索推理的跳棋程序、几何定理证明机等，都试图总结人类思维的普遍规律，创造一个万能的逻辑推理体系并用计算机进行模拟，认为机器具备了推理和搜索的能力便具备了智能。可见，早期的学者认为，人工智能应当模仿人类的思考和行动，其目的在于创造出能和人类一样思考的机器。但是后续的研究证明，仅有推理和搜索不足以形成智能，因为万能的逻辑推理体系可能根本不存在。这种智能仅仅体现为一种“计算智能”，即计算机具有超过人类的快速计算和记忆存储的能力。计算机在棋类游戏上优胜人类可能并非出于逻辑，而只是在强运算性质比赛上的优势。由于研究频频受挫，难以实现预期成效，政府取消了对人工智能项目的资助，逻辑推理时代陷入没落，人工智能研究进入了低潮期。

（二）知识工程时代

20世纪70年代，“知识工程”理念的兴起使人工智能研究出现新高潮。知识工程是社会科学、自然科学与科学技术、工程技术的交叉和渗透，它研究如何通过现代技术手段高效率、大容量地获得知识和信息，并通过编制程序和软件来提供服务，其典型的应用就是专家系统以及基于知识的系统。但是，在知识工程理念下，将人类总结好的知识“灌输”给计算机受到硬件能力的限制。而且由于计算机依赖于制造者提供的数据，并不能据此自主学习知识，同样只是计算智能在运算和存储能力上的体现。加之诸多人工智能项目的失败，寒冬再次降临。

但在这一时期，“连接主义”取得了重大理论突破。连接主义认为，人的认识基元是人脑的神经元，认识的过程就是人脑进行信息处理的过程，它主张从结构和工作模式上对人脑进行模仿从而真正实现人类智能在机器上的模拟，其主要研究内容是机器学习。机器学习的使用，为自然语言处理和计算机视觉等应用提供了新的发展动力，使人工智能在“感知智能”方面取得了巨大的进步。一般认为，感知智能是通过视觉、听觉、触觉等感知与自然界进行交互的能力。利用感知设备和机器学习，计算机在感知能力上比人类更有优势。这为机器学习时代的到来奠定了基础。

（三）机器学习时代

随着计算机硬件水平的提升、大数据分析技术的发展，以及机器采集、存储、处理数据能力的提高，人们希望机器能够通过大量数据分析，从而自动学习出知识并提高智能化水平，各类机器学习的提出和应用使人工智能的发展从知识工程时代进入了机器学习时代。数据量的扩大和数据处理能力的提高对于人工智能发展的意义，就像是在飞行研究中，人们不再从仿生的角度设计翅膀，而是开始从空气动力学等角度探索飞行的原理一样，是对这一学科研究的一次质的飞越，使计算机逐渐发展出“认知智能”。通俗地讲，认知智能就是能理解、会思考的能力。阿里达摩院（2020）公布的《2020十大科技趋势》指出，目前人工智能正在从感知智能向认知智能演进。人工智能已经在“听、说、看”等感知智能领域达到或超越了人类水准，但在需要外部知识、逻辑推理或者领域迁移的认知智能领域还处于初级阶段。

需要指出的是，“行为主义”作为早期人工智能领域的重要的研究思路，虽然迄今尚未取得突破性成就，也尚无完整的理论体系，但在机器学习时代愈发引起关注。行为主义同样是模拟人的行为，但与连接主义不同之处在于它认为人工智能应像人类智能一样逐步进化而实现，取决于自身的感知和行动，而与知识的表示和推理无关。图灵曾说，“与其尝试编写一个可以模拟成人大脑的程序，为什么不尝试模拟儿童的大脑呢？在经过适当的教育之后，它将成长为成人的大脑”。机器学习时代使基于行为主义方法、通过不断学习而进化的人工智能成为可能，这也将进一步促使人工智能从认知智能迈向“通用智能”。通用智能可以理解或学习人类的方式，在各种环境中完成任意智能任务，更接近于人类智慧，是对人工智能系统最初的设想。

三、人工智能的核心技术与应用领域

人工智能作为一种颠覆性技术和高度交叉的新兴学科，其影响之广泛难以穷举，并仍处于不断扩大之中，应用领域的划分也可以有多种方法。作为概述，我们从核心技术和典型应用场景两个方面入手，了解人工智能的应用情况和未来发展趋势。

（一）人工智能的核心技术

当前，人工智能相关核心技术包括语音技术、计算机视觉、自然语言处理、知识图谱、专家系统、机器学习及其分支，以及机器人技术等。埃森哲（2019）认为，人工智能并不真的特指某项技术，而是将一系列不同的技术通过有效的组合，使机器能够以类似人类的智能水平展开行动。因此，将此类技术视为一套能力框架，是了解人工智能、知晓其背后广泛技术的最佳方式。基于智能的特征，我们将这一套能力框架分为感知能力、记忆和思维能力、学习和自适应能力、行为能力，各类能力与相应人工智能技术的对应关系如图9–4所示。

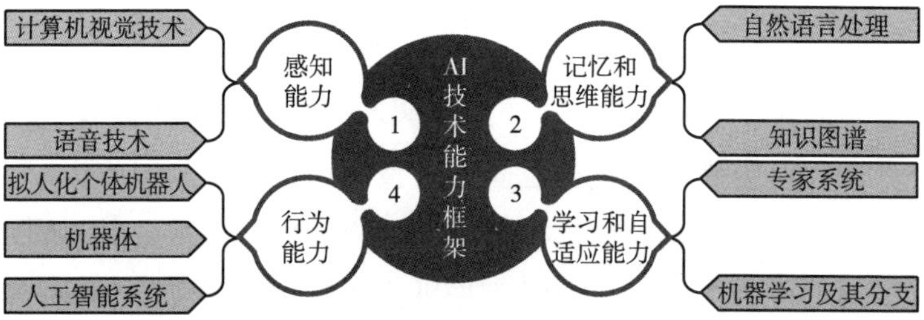

图9–4 人工智能技术能力框架

1.感知能力

人的感知能力包括五官带来的视觉、听觉、嗅觉、味觉以及皮肤带来的触觉。目前人工智能的感知能力主要集中在视觉和听觉上，核心技术包括计算机视觉技术和语音技术等。

（1）计算机视觉技术。

计算机视觉技术是使用计算机及相关设备对生物视觉的一种模拟，简单来说是一门研究如何使机器“看”的科学。按照识别对象可以细分为人脸识别、物体识别、图像识别和光学字符识别（OCR）等领域。其中，OCR是从图像中识别文字的方法，如证照、票据中的文本，是计算机视觉技术中较为成熟的应用之一。

计算机视觉技术对于应对海量的数据具有较大的优势，并形成了强调效率和强调效能两个大的发展方向。前者通过让计算机会“看”，形成最基本的信息输入，提升信息录入的速度，对相关视频、图像和文本内容进行判断与审核，进而极大地提升业务处理效率并节省人工成本。后者利用计算机采集的数据，结合其他技术在图像搜索、商品推荐、用户行为分析等互联网产品中应用广泛，并成为智能机器人、自动驾驶等高科技产业的重要技术基础。

（2）语音技术。

语音技术通过信号处理和识别技术让机器自动“识别”和“理解”人类的语言。其中识别意味着“听”，并将语音转换为文本，该技术已经十分成熟，百度、科大讯飞等平台的识别准确率均在97%以上。而理解则需要“听懂”，强调机器接受人类的语音指令并转换为计算机语言，在理解后对人的要求进行反馈。目前各类手机语音助手在一定程度上实现了该功能，但仍是基于明确的指令设置，遇到“听不懂”的问题并不能加以解决，这也是目前尚未实现通用人工智能的体现。

语音技术在人工智能基础技术中举足轻重，原因在于它是实现“人机协同”的重要技术。人机协同主要关注通过人机共生或人机交互，实现人类智能与人工智能的结合。其中，人机共生涉及人脑、躯体与机器的结合，此类我们暂且不谈，当前人机协同更多强调便利且准确的人机交互。为了降低交互的门槛，提升便利性和准确性，人机交互方式从计算机代码演变成了基于用户界面的操作系统，主要通过键盘、触摸等方式实现。发展到现在，越来越多的设备引入了语音交互的方式。要实现高水平的人机交互，让机器“听懂”更为重要，这需要结合其他人工智能技术，更多地发挥相当于人脑的理解、认知、分析和学习能力。

2.记忆和思维能力

在会“看”和会“听”的基础上，人工智能要摆脱对各类信息单纯的符号化解读，还需要增强思维能力，使人工智能在感知的基础上可以判断事物乃至知识“是什么、怎么样、为什么”，并形成记忆，以此来认识客观世界，获得各类知识。自然语言处理和知识图谱赋予了人工智能一定的记忆和思维能力。

（1）自然语言处理。

自然语言处理（Natural Language Processing，NLP）是使计算机程序理解人类语言的技术。在该技术领域领先的百度将NLP分为自然语言理解和自然语言生成两个技术领域。自然语言理解的目标是帮助机器更好地理解人的语言，包括基础的词法、句法等语义理解，以及需求、篇章、情感层面的高层理解；自然语言生成方向的目标是帮助机器生成人能够理解的语言，如文本生成、自动文摘等。经过半个多世纪的发展，基于大数据、知识图谱、机器学习、语言学等技术和资源，NLP已经形成机器翻译、深度问答、对话系统的具体应用系统，进而服务于各类实际业务和产品。

未来，自然语言处理将与知识深度融合，成为多模态人机交互的关键技术手段。百度研究院（2019）发布的《2020年十大科技趋势》指出，随着大规模语言模型预训练技术的出现和发展，通用自然语言理解能力有了大幅度提升。基于海量文本数据的训练技术将与领域知识进行深度融合，持续提升自然语言处理任务的效果。而随着机器理解能力的提升，人机交互也将全面转变为结合视频、图像、语音、文本的多模态人机交互，实现体验更流畅、途径更丰富的人机协作。

（2）知识图谱。

知识图谱（Knowledge Graph）是指通过不同知识的关联性而形成的网状的

知识结构。构建知识图谱过程的本质，就是加工信息、建立认知、理解所应用的领域的思维和记忆过程。人类正是因为有了获取知识、形成知识体系的能力才可以不断进步；同样，体系化的知识可以帮助人工智能提升认知能力。跨领域的知识图谱将建立稳定获取和表达知识的有效机制，让知识能够被机器理解和运用，让机器产生一定程度的思维，实现从感知智能到认知智能的关键突破。

知识图谱最早由谷歌（Google）为了优化搜索引擎而提出，其技术原理和应用与自然语言处理息息相关，共同构成了人工智能的思维和记忆能力。例如，当我们在搜索栏中输入“阿里巴巴主要创始人”时，搜索结果是“马云”。可见，知识图谱通过构建信息之间的关联，实际上使机器获得了自然语言理解的能力，帮助搜索引擎理解用户的真实意图，而非仅对“阿里巴巴主要创始人”这几个字进行匹配。阿里达摩院研究（2020）认为，未来人工智能应用主体将通过知识图谱和自然语言处理两大核心技术，来构建行业知识图谱，使机器能够通过知识图谱挖掘隐性关系，洞察“肉眼”无法发现的关系和逻辑，用于最终的业务决策，实现更深层次的业务场景落地。

3.学习和自适应能力

人工智能是一种预测技术，而预测是决策的输入端（Agrawal et al.，2018）。在数据量剧增、获取数据的成本不断降低的情况下，能否利用数据做出人类智能难以企及的高水平决策，是人工智能未来发展的方向。学习能力和自适应能力共同构成了人工智能决策的基础，具体体现在专家系统、机器学习及其分支等技术上。

（1）专家系统。

专家系统（Expert System）相关研究诞生于20世纪60年代初期，世界上首个专家系统的开发者之一费根鲍姆（Feigenbaum）定义专家系统为“一种智能的计算机程序，这种程序使用知识与推理过程，求解那些需要杰出人物的专门知识才能求解的复杂问题。”马龙（David Malone，1993）指出，专家系统是人工智能的一个子集，是指包含专家的知识、相关规则等的非程序化计算机系统，以在非日常的决策环境中做出或支持决策。杨兴等（2007）认为，专家系统就是应用于某一专门领域的计算机系统。它由知识工程师通过知识获取手段，将领域专家解决特定领域的知识以特定形式存放在知识库中，然后通过人机接口输入信息、数据或命令，运用推理机构控制知识库及整个系统，使系统能像专家一样解决困难的和复杂的实际问题。

简单来说，专家系统就是依靠自身在某个领域大量专家水平的知识或经验，把人的一部分脑力判断工作，用计算机程序的形式进行规定并运行，从而在特定问题上接近乃至超越人类的分析能力，以便更好地做出决策。最典型的是基于规则推理的专家系统，以会计领域为例，会计核算工作具有明确的规则，能够输出特定的结果，因此在税务、审计、财务会计、管理会计等方面有广泛的应用。除此之外，专家系统在医学、化学实验、工程等领域都实现了商业化的应用。

专家系统是早期人工智能的一个重要分支，它实现了人工智能从理论研究走向实际应用、从一般推理策略探讨转向运用专门知识的重大突破。但是，由于专家系统难以升级维护，且仅仅适用于某些特定领域，无法自我学习，其应用受到一定限制。伴随着人工智能知识工程时代的沉寂，对专家系统的研究热度有所回落。直到高性能计算、大数据的暴发，使另一种实现人工智能分析和学习能力的关键技术——机器学习，获得了前所未有的突破。

（2）机器学习及其分支。

机器学习（Machine Learning，ML）主要研究计算机如何模仿人类的学习行为，获取新的知识或经验，并重新组织已有的知识结构，提高自身的表现（Ethen，2009），赋予人工智能从经验中不断学习的能力。在数据的驱动下，所谓经验就是指数据。当前机器学习注重于通过计算机学习数据中的内在规律性信息，不断精进自身的算法，从而产生某种模型。基于该模型的指导，输入新的数据后可以做出预测，并产生新的数据进入下个循环当中。算法可以理解为计算机应执行的一系列规则，是机器学习用来解决问题的方法，学习和训练就是对算法进行优化和改进的过程，模式是学习的成果，也可以通过算法的精进而创新。因此，机器学习就是计算机程序在采集新数据的基础上，利用算法从样本数据中寻找规律、获取知识、加以利用，并进一步改进算法的过程。

按照学习形式的不同，机器学习可分为有监督学习和无监督学习，同时延伸出强化学习和深度学习两个重要分支（见图9-5）。

图9-5　机器学习及其分支

①有监督学习：有无监督的区别是人类在机器学习中是否给予“指导”。在有监督学习中，所有训练数据都手工添加了标记，机器根据这些已经整理和描述过的数据推导出每个标记代表的显著特征，并学习识别新数据中的这些特征。例如，向算法展示大量标记为“猫”的图像，然后它将学习如何识别猫的形象，并在其他任意数量且完全不同的图片中识别出猫。

②无监督学习：与有监督学习相反，无监督学习所有训练数据都不包含标记，机器自己查找其中各条目之间的相似与差异，然后自行分类，并预测基于数据间的隐含关系。例如，向算法展示大量未加以标记的猫、狗图像，机器自己把具有相似特征的图像分类到不同的组当中，从而可以对猫、狗做出区分。

③强化学习：这种算法针对机器做出的决策，利用反复试错，形成“奖励”和“惩罚”的反馈循环，其关注的焦点在于引导机器如何决策。强化学习除了让算法自己精进之外，针对算法做出的正确或错误决策，开发者将予以奖励或惩罚，进而使其更加具有偏向性，在某种决策标准之下做出更好的决策，这也是所谓“强化”的体现。

④深度学习：受生物大脑机能启发，深度学习的概念源于人工神经网络的研究。人工神经网络由一系列相互联系的“节点”组成，模仿了生物大脑中的神经元网络。每个节点在接收输入信息后，内部状态会出现改变，并相应地产生输出，该输出又形成其他节点的输入，依次传导。而深度学习就意

味着传导的节点或称感知层较多，进而可以比其他学习方法处理更加庞大的数据集，支撑更复杂的计算形式和更强大的功能，完成更困难的学习任务。

综合各类机器学习的特征，可见其与专家系统最大的区别在于可以根据数据进行学习和预测。机器学习不单是根据特定的规则或指令完成事先规划好的操作，而是利用算法训练来自主识别大量数据中的模式，也就使机器具备了自适应能力。机器学习赋予人工智能学习和自适应能力，使其相对于计算机视觉、自然语言等其他应用型人工智能算法属于更为核心的技术，在各类算法训练和推衍中都有广泛应用。

4.行动能力

在一个智能体具备感知能力，并将感知的信息进行处理后，还需要能够实现既定任务的能力，即行动能力。自然智能依靠肌肉、腺体等完成行动任务，而人工智能的行动能力目前则体现为以下几种形态：（1）拟人化的个体机器人，如被沙特政府授予全球首个公民身份的机器人“索菲亚”，但形态并不意味着智能程度的高低，人类外表下的索菲亚仍是弱人工智能；（2）完成既定任务的机器体，如智能制造中的机械手臂、波士顿动力的机械狗等；（3）非实体的人工智能系统，如IBM的人工智能系统Watson、谷歌的人工智能平台等。我们在前面章节提到的机器人流程自动化（RPA）也属于该形态。事实上，人工智能的行动能力只是以上各种能力的表现形式和载体，重点在于实现所需的能力后，根据应用场景设计合适的形态。

当然，人工智能技术远不止这些，目前已经发展出包括跨媒体分析推理、智适应学习等技术。但出于对其特征和应用而非技术的理解，仍可以将其归纳到上述能力框架中。而且，不同能力之间是一个整体系统，各技术之间存在结合运用以增强能力的情况，如利用深度学习增强人脸识别、自然语言处理的精确度，但目前各类技术尚未形成具有综合能力的人工智能系统。

尽管如此，当前人工智能已经表现出巨大的潜力。未来，人工智能技术将呈现出以下两个发展趋势：第一，如腾讯研究院（2020）指出，人工智能技术之间以及人工智能技术与其他数字技术之间将趋于融合，并借由开放平台的模式将人工智能技术能力和资源对外开放，激发人工智能技术应用的广度和深度，成为经济社会发展的重要新型基础设施；第二，深度学习将成为人工智能领域的重点发展方向。百度研究院（2019）认为，深度学习是当前人工智能领域最重要，也是被产业界证明最有效的技术。以深度学习框架为核心的开源深度学习平台大大降低了人工智能技术的开发门槛，有效提高了人工智能应用的质量和效率。今后各行各业将会大规模应用深度学习技术实施创新，加快转型和升级。

（二）人工智能的应用领域

互联网与传统行业融合，推动经济形态不断发生演变，并催生出新的经济社会发展形态，这是“互联网+”的内涵。当前，人工智能作为行业科技发展的核心，几乎席卷了各类传统行业和新兴行业，逐渐渗透进人们生产生活的方方面面，呈现出“AI+”的发展趋势（见图9-6）。

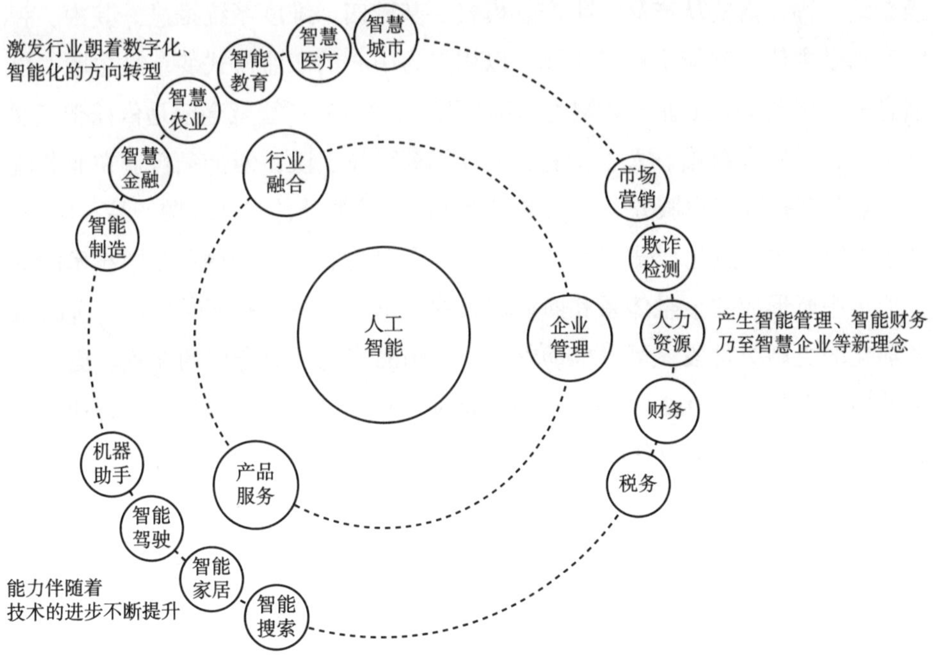

图9-6 人工智能的应用领域

从应用领域上来看，人工智能呈现出从行业到企业经营管理再到产品和服务的全方位应用。其中，与行业的融合形成了智能制造、智慧金融、智慧农业、智能教育、智慧医疗、智慧城市等新的发展理念，激发这些行业朝着数字化、智能化的方向转型；在企业经营管理方面，人工智能广泛应用于市场营销、欺诈检测、人力资源、财务、税务等活动中，产生了智能管理、智能财务乃至智慧企业等新理念；在产品和服务方面，各类实体或虚拟的各类机器人助手、智能驾驶、智能家居、智能搜索都已经逐渐落地，其能力伴随着技术的进步不断提升。作为概述，本书在此仅介绍行业层面的智能制造和智慧金融两个领域，以及在企业管理应用中所形成的重要概念——智慧企业。

智能制造技术是在现代传感技术、网络技术、自动化技术以及人工智能的基础上，通过感知、人机交互、决策、执行和反馈，实现产品设计过程、制造过程和企业管理及服务的智能化，是信息技术与制造技术的深度融合与集成（张曙，2014），已经成为“中国制造2025”的主攻方向。智能制造是一项系统工程，需要从产品、生产、模式、基础四个维度系统推进。其中，智能产品是主体，智能生产是主线，以用户为中心的产业模式变革是主题，以信息—物理系统和工业互联网为基础（周济，2015）。智慧金融是依托于互联网技术，运用大数据、人工智能、云计算等科技手段，使金融行业在业务流程、业务开拓和客户服务等方面得到全面的智慧提升，实现金融产品、风控、获客、服务的智慧化（温晓岳，2012）。不仅如此，智慧金融更是在技术的深入应用中所形成的金融体系和商业模式的变革，是在互联网时代传统金融服务演化的更高级阶段，可以推动资金更顺畅的流通、更合理的配置、更安全的使用（叶秀敏，2012）。总的来看，即使领域不同，但人工智能在行业层面的应用都是从技术的升级作为起点，与本行业的业务进行深入融合，并引发整体的产业模式和商业模式的变革。

智慧企业是企业向智能化发展过程中产生的新概念。对于何谓智慧企业，有以下几类代表性观点：帅军庆等（2010）从能源企业智能电网建设出发，探索智慧企业的建设，认为智慧企业应满足未来低碳经济、绿色经济发展的新要求，具有超前的认识和敏锐的洞察力，可以做出符合未来发展方向的正确决定并根据环境随需而变，具备高度信息化、自动化、互动化的特征。叶秀敏（2015）认为智慧企业是指能够充分运用现代信息技术，及时获得和利用信息，科学决策，应用智能设备，合理整合、配置企业内外资源，更好地满足和引导用户需求的企业。其特征是基于海量数据分析、实现智能化制造、不同主体之间互联互通并存在社会化的分工协作。涂扬举（2019）认为智慧企业是建立在数据驱动基础上整体呈现人工智能特征的人机协同企业，它站在企业整体的角度，强化物联网建设、深化大数据挖掘、推进管理变革创新，将先进的信息技术、工业技术和管理技术深度融合，实现企业全要素的数字化感知、网络化传输、大数据处理和智能化应用，从而使企业呈现出风险识别自动化、决策管理智能化、纠偏升级自主化的柔性组织形态和新型管理模式。可见，早期智慧企业的探索已经对企业的能力提出了较高的期望，但由于受到技术限制，本质上仍处于信息化建设阶段；随着数据和数字技术的暴发，特别是人工智能技术的运用，使智慧企业逐渐成为一种新的管理模式和组织形态，有关洞察力和正确决策的目标有了人工智能这一具体的实现手段。因此，本书认为智慧企业是企业信息化建设、数字化转型和智能化技术运用的终极目标。

综上所述，在“AI+”的趋势下，人工智能通过发挥自身的技术能力，对各个领域进行了进行全方位、多层次的变革。各类“AI+行业”和“AI +企业”不是凭空出现的概念，而是在行业或企业信息化、数字化转型过程中逐渐发展起来的。参照智能制造、智慧金融、智慧企业等提法，部分专家在论坛和媒体上提出了“智能财务”这一新的名词和财务智能化这一新的发展阶段（刘勤等，2018）。

【唯你科技实践案例】

人工智能助力财务管控，实现报销全流程智能一体化

一、背景

GTSW公司是一家以生物能源为基础的生物技术公司，该公司成立于

2017年3月，下设19家分子公司。结合GTSW集团对前瞻性战略性的产业发展要求，GTSW重点以发展绿色、低碳生物能源，以做优做强燃料乙醇业务为主攻方向，并逐步向高附加值的生物科技产品拓展。2019年，GTSW积极响应国家的号召，与唯你科技合作，通过人工智能、大数据技术，构建智能财务共享平台，实现GTSW从报账、稽核到归档全流程智能自动一体化，以加强集团财务管控，提升票据审核效率，强化财务管理分析，实现财务智能化和便捷化。

二、现实的问题

1.经过多年的发展，GTSW及其下属企业业务全链条主要以人工处理核查为主，缺乏信息化管理手段，造成业务管控力度薄弱，采购、财务花费大量时间在录单、核对、审查等烦琐低效的工作上，由于以人工方式管理核查，业务管控弱，合规性、有效性等完全依赖人为把控，极易出现实际业务执行不规范、稽核审查疏漏等问题。

2.在此期间，GTSW同步上线了供应链系统，在上线后实现应收应付业务全流程的线上化业务运作，但人为的单据核查、业务稽核等工作，仍需要占用大量的人力来进行，无法保证业务流程的自动化及智能化的管理。依赖人的环节多，就与相关岗位每个人的操作、经验及工作态度严谨性等息息相关，对人员的素质、经验及专业度要求较高，且无法保证过程中的业务合规性。

三、智能财务应用效果

为了解决上述问题，GTSW公司与唯你科技合作，开发了智能财务共享平台框架系统。

该系统具体包括智能填报系统、智能稽核系统、智能核算平台、费用管理分析平台、影像管理平台和系统集成平台等子系统。由于GTSW公司前期信息化系统建设少，同时选择了财务共享服务中心的建设模式，因此无须大量信息系统对接，使得整个智能财务共享中心建设周期短、效果佳。

该系统通过人工智能和大数据等智能化技术应用，具体打造了智能化的全方位、全应用财务业务场景，实现了费用报销的智能化、会计核算的自动化，解决了费用管控问题，应收应付业务处理过程中的效率问题等。

截至2020年6月底，该系统用户数近4000，月活跃用户数近1000，完成线上费用报账业务2500多笔，每月平均1250笔业务。从机器人智能填报到智能稽核完成，系统上最快完成时间达到8秒。从报销人创建报销单到报销业务审批完成，最快可达3分钟，报销周期显著缩短。

此外，该系统针对应收业务，可以实现智能开票，截至2020年6月底，已开票数十亿元，开具发票数量近万张。针对应付收购业务，一卡通联动采购开票智能处理，实现了全流程自动化、智能化，累计发票开具金额数千万元。还实现了材料出库机器人审核，提升了核查效率。

应该说，该平台的建设实现了GTSW公司快速、统一的集中管控，标准化作业及数据规则的共享运营，实现了费用报销业务的智能化和线上化，费用业务到财务的一体化，智能化应用效果明显。通过智能稽核，提升了标准化内控和管理水平，有效防范了内控风险，机器人稽核全面高效。目前系统已启用近3000条业务规则，通过智能填报，有效保证了报销人的填单合规性和准确性，同时通过机器人预审的方式，在前端有效防控了不合规的风险，预审通过率达到99%以上。

【唯你科技实践案例】

共筑数字财务，缔造智慧医院财务管理未来品质

一、背景

如今，智慧医院的建设已经成为一种趋势。而政策推动是公立医院智慧建设的重要推手。对此，2018年4月，《国务院办公厅关于促进“互联网+医疗健康”发展的意见》提出二级以上医院应于2020年前普遍提供智能导

医、移动支付等线上服务；2019年3月，《国家卫生健康委办公厅关于印发医院智慧服务分级评估标准体系（试行）的通知》，提出建立0~5级医疗机构智慧服务分级评估体系。正是在各项政策的推动下，智慧医院的建设在2011年到2018年经历了三个阶段的升级。而在第一阶段"智慧医疗"及第二阶段"智慧服务"的稳步深化下，2018起各大公立医院迈入第三阶段——"智慧管理"建设阶段，以全面实现公立医院在线化、智能化的智慧升级。与此同时，2019年12月3日国家卫生健康委办公厅发布《公立医院章程范本》，将公立医院的反腐倡廉及强监管常态化。自此，公立医院面临着来自临床业务、医疗服务、医院管理、政策监管要求等日益增长、不断变化的内外财务管理压力。如何保证资金收支内控、提升财务管控有效性、保证财务审核及内控的合规性落地将成为公立医院在第三阶段智慧医院财务管理建设道路上的重要挑战。

XM大学附属第一医院（以下简称"第一医院"）创办于1937年，前身为福建省立医院，经过80余年的发展，已经发展成为集医疗、教学、科研、预防及康复为一体的闽西南规模最大的三级甲等综合性医院。在大力发展智慧医院的背景下，该医院也将智能化应用作为医院改革与建设的重点方向。当然，传统的医院运营管理模式无法让医院享受前端业务智慧化改造所带来的红利，难以支撑医院的精细化管理。这也成为该医院智能化应用的重要动力。

二、XM医院面临的痛点问题

1.业务系统繁多，数据孤岛现象严重

当前XM医院内建设有大量的业务系统，例如物资采购平台、物资管理平台、OA系统、预算系统、科研系统、合同管理系统、HIS系统等，财务数据来源于业务系统，而业务分布在各个系统内，造成当前数据被众多系统严重分割，系统之间没有完成数据对接，导致数据零散孤立，财务决策缺乏有效的数据支撑。此外，由于各业务系统尚未按照财务要求进行基础数据建设，数据标准不统一，造成当前数据可应用价值低，还需要人工进行汇总统计。

2.人工作业工作量大

由于现有的会计核算系统只能满足基本的核算需求，停留于业务报销，医疗收费以及简单的财务报表分析上，造成智能化、自动化应用程度较低。而前端原始数据的采集、数据的加工（例如审核）等大部分还需要依靠人工完成，以及院内各业务系统之间的无缝对接，业财一体化程度都未能真正实现智能化、自动化，整体信息化程度还需要财务根据线下的各类单据，以及各业务系统中的数据进行汇总，人工完成数据汇总，人工核对，造成整体会计处理失误率高，业务处理效率低下。

3.财务管理效率和水平有待提升

面对新形势下反腐倡廉的要求，信息公开的社会监督压力，对财务管理效率和水平要求更高。但目前医院大量的财务人力主要在处理财务基础工作（如审核和核算）上，对于财务管理等高附加价值的工作有心无力，并且当前的内控管理主要依赖人工来完成，缺少相应的手段和方法释放财务人力来提升管理效率和实现高质量发展。

三、智能财务应用效果

依托XM医院现有网络资源，在财务部门领导的全局规划和指导下，唯你科技充分运用人工智能、云计算、大数据和物联网技术，以智能财务管控为主线，构建了多模块数据联动智能财务管理平台。通过从报账、审核、支付到核算为一体的全方位体系打造，实现了费用智能填报、报账智能审核、核算自动化、电子影像等应用的落地实施，有效替代了高频、重复、长时间且低附加值的人工作业，减少了会计审核人员的工作强度，规范了财务数据标准，强化了业务统计分析，提升了辅助财务决策的数据价值，最终促进XM医院的财务管理向智能化、规范化迈进。整体来看，XM医院智慧财务管理平台基于财务信息化建设规划的总体要求，在统一架构、统一平台、统一标准的基础上进行了开发，对接票据识别服务后，实现了自助报账、智能填报、智能稽核、智能核算、自动支付的统一应用，通过二维码工具实现与财务系统、智业物资管理系统进行数据对接，通过数据集成接口集成平台与OA管理系统、合同管理系统等多套管理系统业务协调和数据共享，如图9-7所示。

图9-7　XM医院智慧财务管理平台建设框架图

具体主要成效体现在：

1.强化了单位内控管理

由机器代替人工报账查验发票，审核报账的合法合规等工作，实现全面的智能稽核，有效降低人为风险与强化内控，促进统一规范的财务审查工作落地且执行可追踪。

2.提升了财务管理水平

智能化机器作业将极大提高财务工作效率、质量和信息反馈速度，有效提升财务决策和风险预警能力，根本上提升财务服务和管理水平，助推智慧医院建设。

3.打通了数据通道，促进财务精细化管理

该建设通过系统集成平台，对接了XM医院的财务系统、OA办公系统、采购平台、工商、银联平台，实现多平台间数据互通与共享。此外，该系统还利用大数据技术，收集内外部的原始票据数据、业务处理数据、业务审批数据等进行识别结构化，实现财务档案信息集中管理和数据信息资源共享，为加强财务精细化管理提供数据支撑和依托。

4.业务风险实现实时管控

实时掌握垂直管理单位及横向监管单位的账务动态信息，实现业务过程的实时监督及风险点的提前把控，减少后期核算工作量。

5.释放人力，快速适应变革需求

财务智能处理系统的应用，助力了医院财务管理快速适应改革要求，实现财务管理工作标准化规范化，极大减轻财务人员工作强度，缓解财务人员紧张的问题，促进财务管理转型。

【唯你科技实践案例】

引入智能移动报销，探索智能财务应用

一、背景

CQ中烟工业有限责任公司成立于2015年，是中国烟草总公司全资子公司，直属国家烟草专卖局管理。公司下辖3个卷烟厂，内设18个部门，现有在岗职工3000余人，退休人员2000余人。公司现有资产总额170亿元，卷烟生产计划127.4万箱，主要经营品牌销量突破20万箱，成为最有竞争力的一类烟大品牌之一。CQ中烟该公司年产生费用票据近30万张，尤其是营销人员遍布全国各地，行程复杂、时间跨度较长、票据种类繁多，差旅费报销耗时较长，达2个月以上。为此，CQ中烟决定以“公司数字化战略”为契机，引入移动智能报销，探索智慧差旅、智能报销的解决方案。

二、主要痛点分析

CQ中烟财务对费用报销有着严格的管理规定，但在应用智能报销系统之前，费用报销都是采用手工填报的模式，需要耗费大量的人力资源在费用填报、单据稽核等合规性检查之中。造成许多环节操作繁琐，工作量极大，使得内控制度实际落地无法得到保障。具体体现在：

1.业务运行不规范。手工模式下，员工出差时无法按要求规范填写出差审批单，虽然规定有具体格式，但在费用报销时，报销单据的填写也无法统一，报销人员提供的原始发票也存在开具信息错误、附件不按财务要求提供等现象，以玆于从报销前端原始凭证的收集就存在规范隐患。

2.报销不及时。由于财务人员缺乏有效手段记录是否存在重复报销等情况，所以手工模式下，对长期在外出差的人员采用的是一月一报销的模式。再加上票据的填报、邮寄和领导手工审批的时间，部分报销达到2个月的时间。

3.财务工作量大。在手工模式下，报销人员需要手工将一个月的差旅费用进行汇总计算金额后填单，一个人报销一个月差旅费填单时间平均约5小时左右。另外，根据财务要求，费用报销均需要各级领导进行签批，部分业务还需要进行预算和资金的审批，使各级领导手工签字的工作较大。所有报销单据汇总到财务稽核处时，稽核人员通过眼睛和双手进行准确性和票据合规性的检查，不仅工作繁重，效果也无法得到保障。

4.业财沟通不畅通。在手工模式下，会因为单据稽核的原因，使得报销人员与稽核人员不可避免地存在对立情绪，造成业财沟通不畅。

三、智能报销应用效果

为了解决上述问题，唯你科技通过提供人工智能、知识图谱等技术应用，将CQ中烟的报销制度及烟草行业内控制度预置于智能系统中，打造了事前审批、智能识别、智能填报、智能稽核、电子收单、智能核算平台、费用管理分析、影像管理和系统集成等应用平台建设，全方面地实现了CQ中烟费用报销端到端的过程管理，费用报销的智能化、会计核算的自动化，解决了费用管控、系统间数据共享以及应收应付业务处理过程中的效率提升等问题。截至2021年2月底，智能移动报销系统已经处理CQ中烟费用报销业务3000余笔，通过AI识别的票据量达到20000张以上。CQ中烟智能移动报销作为企业数字化战略导入的第一个项目，移动报销系统不仅涵盖了企业所有与报销相关的业务，覆盖面广，基本是全员使用，还引入了智能识别、智能填报、智能稽核等AI人工智能技术，对CQ中烟后续数字化战略有着较大的引领和示范作用，如图9-8所示。

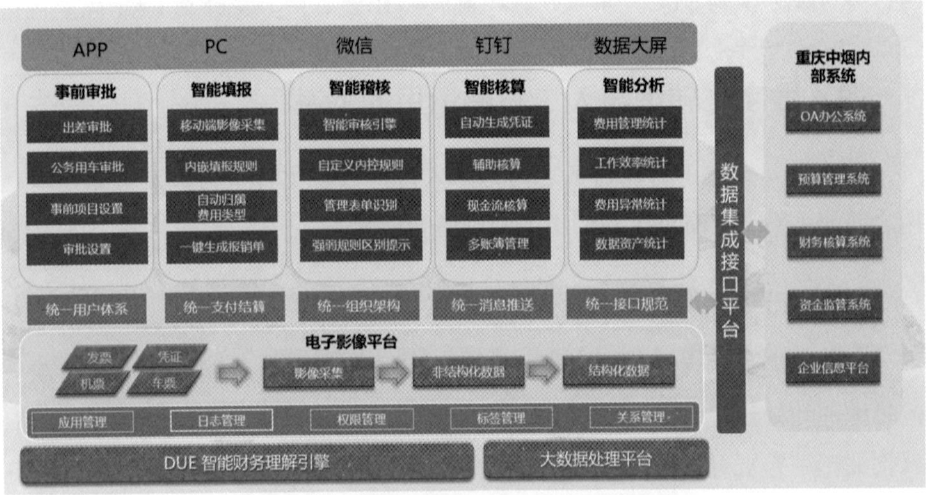

图9-8 CQ中烟智能移动报销平台框架图

具体智能化应用的效果体现在：

1.协助CQ中烟对差旅费及其他费用报销操作及审批流程从提升业务操作和审批效率的角度进行优化；

2.借助系统智能识别和智能填报功能，简化报销人员工作，通过手工拍照，系统自动根据行程票据和企业差旅费标准生成报销金额，并自动进行税金计算，轻松完成报销工作；

3.通过系统智能稽核，让机器人自动根据国家、行业及企业的相关规定和要求，全维度、无死角地对票据进行合法性、合规性检查，使业务单据更规范，企业风险大大减小。同时，借助系统提供的智能稽核，使财务稽核时间大大减少，据统计之前手工模式下稽核平均每单5分钟左右，现在1分钟之内即可完成稽核；

4.将原手工模式下预算审批、费用报销审批、资金支付审批三个流程统一整合成一个审批流程，且支持移动端审批操作，使费用报销审批效率得到大幅提升；

5.通过智能报销系统上线，整体报销效率得到极大提升，差旅费报销从之前的2个月左右提升到7天，员工个人借款从此前的10天左右提升至1天以内；公司公务车辆ETC费用报销从之前的约10天左右，提升至1天。

四、数字化转型与人工智能运用的关系

在将目光聚焦于智能财务之前，深入讨论数字化转型与人工智能技术运用之间的关系，将有助于我们更好地理解智能财务。

（一）基于数字化转型实现智能化发展

结合智能化的发展进程可以发现，为了使机器产生智能，科学家从基于逻辑推理和知识工程的思维模仿，逐渐转向以数据驱动的机器学习方法，不再拘泥于一定要让“机器像人一样思考才能获得智能”。当前，实现这一目标就是要以数据驱动的方法，基于数字化转型实现智能化。计算机表现出智能背后，实际上需要的是大量的数据、具有一定复杂程度的算法和超强的计算能力。陈新宇等（2019）将企业数字化转型的本质总结为三点特征：第一，连接，连接员工、连接客户、连接物联设备，数字化企业应当在变化的商业环境中，尽可能触达价值链的各端，通过数字技术实现广泛的连接；第二，数据，挖掘连接之后实时产生的数据的商业价值，形成价值共享服务模式，并逐步沉淀自身的数字化核心能力；第三，智能，将数据驱动的智能应用赋能于价值链各端，进行智能化运营并最终产生企业价值增量的数字模型。可见，在数字化转型过程中，充分的业务数据化与数据业务化是实现智能化应用的前提，这本质上是我们在第四章提到的“智能化思维”的体现，同时也是人工智能技术发展过程中为了真正实现智能而不断探索的结果。

吴军（2016）在《智能时代》中指出，在有大数据之前，计算机并不擅长解决需要人类智能的问题，但是今天这些问题换个思路就可以解决了，其核心就是变智能问题为数据问题。大数据进入下半场，人工智能已然崛起，现有的大数据技术亟须与人工智能技术结合，孕育新的产业生态，基于数字化

转型实现智能化正在成为数据科技创新的行动方向。

（二）基于数据中台构建智能财务

回顾财务转型的三个关键里程碑，从财务数字化到智能财务同样是基于连接、数据和智能三个数字化转型的核心而展开。在业务数字化的过程中，我们通过构建数据中台来解决信息系统烟囱化建设、敏捷性不足、数据价值没有得到充分发挥等问题，数据中台已经成为驱动企业数字化转型的重要力量。按照基于数字化转型实现智能化发展的思路，在具体的财务领域，需要我们基于数据中台构建智能财务（见图9-9）。

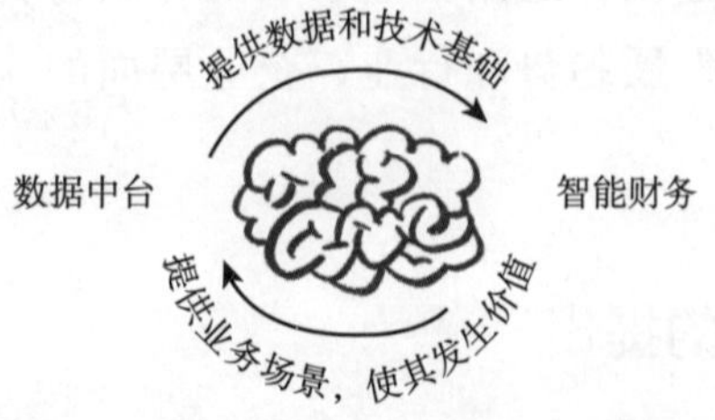

图9-9　数据中台与智能财务相辅相成

首先，智能财务需要数据中台提供数据和技术基础。从数据的角度看，数据中台主要约定数据标准，以及数据抽取、数据转换和数据存储的规则，进行数据维护并做好会计数据的质量控制，同时汇集了最细颗粒度的业务数据、管理数据、财务数据，以及来自企业外部的行业数据、经济数据和环境数据等，为智能财务提供分析应用所需的、标准化的企业大数据；从技术的角度看，数据中台与人工智能技术的结合将促进智能化能力的共享与复用。因此，在数据中台基于人工智能技术的财务应用场景将由单个的、嵌入式的应用工具，如语音识别、机器人客服等，转变为多场景、系统化的智能财务应用体系。

其次，智能财务为数据中台提供了业务场景，是发挥数据中台价值的重要应用。脱离了业务场景的数据中台，容易变成另一个大数据平台。想让数据中台产生全局的影响力，最大化业务价值，必须从规划阶段充分与业务结合，从业务场景的视点出发去考虑数据的采集、存储、计算、管理等问题（刘童桐，2019）。财务管理向上对接企业高管，向下联系每位员工；左右与采购、运营、营销、服务广泛联系；前接核算报表，后接分析决策，其运作系统本身具备串接各个部门、管理流程的特性和立体数据结构，具备其引领企业在各个层级进行全面数字化转型的天然优势。基于数据中台构建的智能财务体系，将成为普华永道（2020）所提出的企业的“智慧大脑”，它以数据价值为基础，人工智能分析为引领，搭建企业全局数据平台和智能分析系统，为企业运营管理的所有环节提供分析洞察，并从分析运营结果向预测未来发展转化。可见，数据中台与智能财务是相辅相成的关系。要在财务领域实现人工智能应用，必须基于数字化转型特别是数据中台的建设，运用数据驱动的方法将智能问题转化为数据问题，这是从人工智能发展趋势和行业、企业层面的应用实践所得出的重要借鉴。

五、智能财务的提出

继“互联网+”之后，人工智能升级为“智能+”再一次被写入2019年政府工作报告，并作为国家战略，逐步开始与产业进行融合，加速经济结构优化升级，对人们的生产生活方式产生积极深远的影响。伴随着新一代人工智能技术的发展，“智能+”的应用场景不断涌现，出现智能制造、智能金融、智能商业、智能医疗、智能教育、智能家居等提法。此时，“智能+”在财务领域的应用使智能财务的概念破土而出。

（一）智能财务的定义

1.智能财务定义目前的主要观点

智能财务定义回答的是智能财务是什么的问题。当前，关于智能财务的定义可谓众说纷纭、莫衷一是，也存在诸多相关的概念，如财务智能化、智慧财务、智能会计等。综合目前比较有代表性的观点，我们可以将其总结为技术应用观、系统模式观、应用场景观、管理活动观和交叉学科观（见图9-10）。

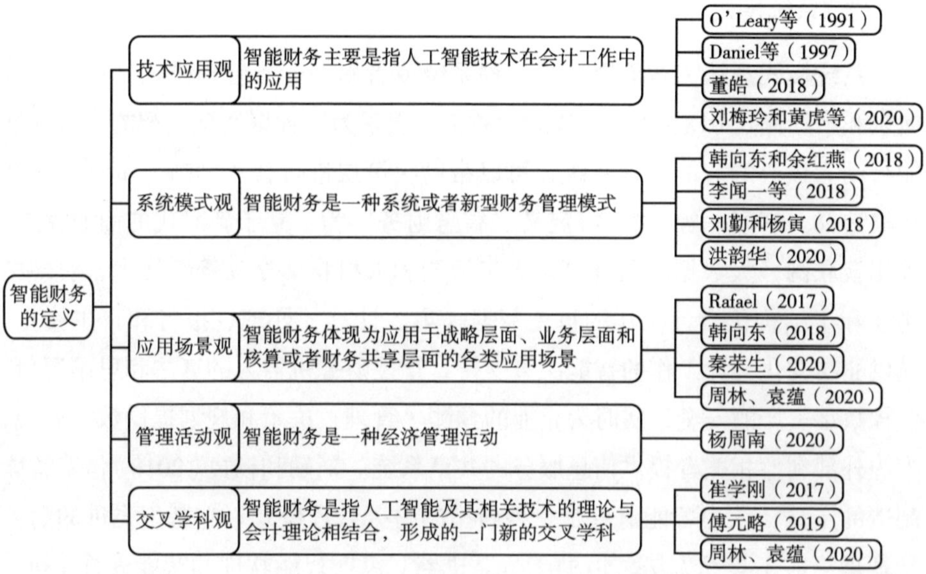

图9-10　智能财务定义目前的主要观点

（1）技术应用观。

技术应用观认为智能财务主要是指人工智能技术在会计工作中的应用。例如，奥利里等（O'Leary et al.，1991）讨论了人工智能和专家系统在解决传统会计职能所涉问题方面的作用，认为人工智能在会计中的应用将解决传统纸质会计的问题。Daniel等（1997）对人工智能在会计中的影响进行了实证分析，指出基于专家系统工作，可以解决复杂的会计和税务问题，并允许组织用较少的资源执行更多的监督工作。董皓（2018）认为技术的引入是实现财务智能化的关键，其中包括大数据、人工智能和区块链三大核心技术，以及RPA技术作为一个补充，在数据、算法和算力的支持下引入核心技术颠覆流程、应用补充技术局部创新，可实现智能财务。刘梅玲和黄虎等（2020）认为，智能财务是指将以人工智能为代表的“大智移云物区”等新技术运用于财务工作，对传统财务工作进行模拟、延伸和拓展，以改善会计信息质量、提高会计工作效率、降低会计工作成本、提升会计合规能力和价值创造能力，促进企业财务在管理控制和决策支持方面的作用发挥，通过财务的数字化转型推动企业的数字化转型进程。

（2）系统模式观。

系统模式观认为智能财务是一种系统或者新型财务管理模式。例如，韩向东和余红燕（2018）认为，智能财务主要表现为以数据发现、智能决策和智能行动为核心的智能管理系统，可以帮助决策层进行智能判断、策略生成和策略选择。李闻一等（2018）定义“智慧财务”为：基于新时代的商业模式，采用智联网、大数据、云计算、人工智能和人机自然交互等新技术，实现结构化和半结构化会计工作的自主数据采集、计算、处理、报告和自主修正，提供非结构化会计工作的智能决策支持，管控财务机器人的算法和思维逻辑，监控数字资产的安全，实时为企业的预测、管理、决策和规划提供数字展现，为内外部利益相关者提供信息服务的共享系统。刘勤和杨寅（2018）借鉴智能制造的定义，认为智能财务是一种新型的财务管理模式，它基于先进的财务管理理论、工具和方法，借助于智能机器（包括智能软件和智能硬件）和人类财务专家共同组成的人机一体化混合智能系统，通过人和机器的有机合作，去完成企业复杂的财务管理活动，并在管理中不断扩大、延伸和逐步取代部分人类财务专家的活动。洪韵华（2020）将智能财务定义为一种新型的财务管理模式，它借助财务专家和智能信息技术，通过人机合作，对业务活动、财务会计活动、管理会计活动全流程智能化进行分析判断，形成战略决策，进而完成企业复杂的财务活动。

（3）应用场景观。

应用场景观认为智能财务体现为应用于战略层面、业务层面和核算或者财务共享层面的各类应用场景。例如，拉斐尔（Rafael，2017）的研究指出，当涉及管理会计和控制时，人工智能可以回答与业务相关的问题，如采购决策或供应商选择，并提供更精确的预测和成本估算。与之类似的研究都从不同技术或不同场景提出了具体的应用设想，但始终没有形成智能财务的体系。韩向东（2018）在系统观的基础上，进一步将智能财务划分为“三横一纵”。“三横”是基于流程自动化的财务机器人、业财深度一体化的智能财务共享平台、基于商业智能（BI）的智能管理会计平台；“一纵”是基于人工智能的智能财务平台这几个层次的应用场景。秦荣生（2020）认为人工智能在会计工作中应用的场景主要有会计核算语音指令、账证核对验证机器视觉、大数据财务分析、智能财务风险控制、提供精准预测方案等。周林、袁蕴（2020）认为，智能财务是覆盖财务流程的智能化，涵盖3个层面:一是基于业务与财务相融合的智能财务共享平台，这是智能财务的基础;二是基于商业智能的智能管理会计平台，这是智能财务的核心;三是基于人工智能的智能财务平台，这代表智能财务的发展。

（4）管理活动观。

管理活动观认为智能财务是一种经济管理活动。例如，杨周南（2020）在全国会计信息化专业委员会的会议中提出基于会计管理活动的观点，认为智能会计是基于智能化环境产生的，以会计管理活动论思想体系为理论基础，通过充分应用智能化环境的三要素（智能化信息资源；人的智能决策选择；智能化技术、方法和工具）对各主体的价值运动进行智能化综合管理，以强化会计的反映与监督的基本职能、实现资源优化配置和微观会计与宏观经济协同的经济管理活动。

（5）交叉学科或理论观。

交叉学科观认为智能财务是指人工智能及其相关技术的理论与会计理论相结合，形成的一门新的交叉学科。崔学刚（2017）在传统会计理论的基础上，运用认知神经科学方法和研究工具及其创新的数据源，从大脑功能与神经机制上揭示会计现象与会计行为的发生、发展和变化的根本动因，并最终形成“神经会计学”这门可以解释和预测会计实务的理论和方法的交叉学科。傅元略（2019）定义“智慧会计”为：将会计智能体、深度学习、软计算与传统会计理论融合，将内部报告系统设计、管控系统设计、决策支持系统设计以及财务决策纳入会计智能体的知识库和规则库进行研究，形成一套与传统会计理论不同的、又能应用解决现实财会问题的新会计理论体系。

笔者认为，人工智能应用于财务会计早已有之，布克等（Booker et al.，1986）就曾指出财务会计中各种各样的规定、准则给专家系统的应用提供了机会。戴维（David，1993）认为会计是专家系统重要的、具有特定结果和适用性的领域。但这类技术条件下的人工智能显然不是我们今天所期望达到的智能水平。有的学者认为只要借助RPA、机器学习提高财务管理工作的效率，释放财务人员的精力，便是智能财务。这种观点有一定道理，但并没有强调智能的感知能力、记忆思维能力、学习与自适应能力、行为决策能力等特征。根据逻辑学的规则，定义应是对对象本质属性的反映，也是决定某一事物之所以成为该事物并区别于其他事物的属性。如果仅仅运用人工智能技术便称其为智能财务，这一定义的外延将不断扩大，结果就是其内涵相对缩小，也就加大了进一步讨论智能财务的难度。同理，应用场景观实际上与技术应用观类似，也只是人工智能技术在某一会计工作环节应用的具象化，也会面临外延扩大的问题，穆杜德（Moudud，2014）甚至列出了十个可以与人工智能集成的会计应用场景，这种穷举的方法并非判断智能财务的最佳手段。既然智能财务并非单纯是人工智能技术在各类场景的运用，那是不是就意味着智能财务必然是一个系统、一种管理模式、一项经济管理活动，甚至发展成为一门新的学科呢？笔者认为，这些观点都有一定道理，但可能还只是智能财务的一个侧面。一方面，这些观点本身存在界定不明确或者交叉的问题；另一方面，智能财务并非对传统财务管理工作本质的颠覆，而是针对当前财务管理工作产生的种种问题，系统运用各类技术手段、管理变革手段加以解决。杨周南（2020）指出，当前对智能会计的研究较多关注人工智能技术在会计领域的应用场景、方式、作用，而较少关注会计变革的自身需求。不可否认的是，智能财务是在人工智能技术进步的背景下发展起来的。回顾人工智能的发展历程可见，技术的更替是在不断满足需求、解决问题的基础上进行的；同理，前面系列文章中的数据中台建设也是在解决数据管理问题的需求上实现的。也就是说，技术的进步给业务带来了众多解决方案。面对人工智能技术带来的机遇与挑战，智能财务应关注财务工作自身发展过程中面临的需求和痛点，以及如何利用人工智能，形成对财务自身发展有益的解决方案。将智能财务定性为一个系统、模式等，可能又会令我们忽视对财务发展真正重要的问题。

2.重新定义智能财务

从形式逻辑上看，给概念下定义最常采用的是“属+种差”的方法。具体是先找出一个外延比被定义概念更大的概念，即属概念，然后找出被定义概念与之相并列的概念种概念间的本质区别，即种差，两者共同构成了定义。这种定义方法既可以解释概念所反映的对象的特殊性，又指出了它们的共性。根据种差所揭示的事物不同方面的本质，“属+种差”定义有以下形式：①性质定义，将事物的性质作为种差；②功用定义，将事物的功能作为种差；③关系定义，将事物之间的关系作为种差；④发生定义，将事物发生、发展的过程作为种差。

在得出我们的定义前，我们先来拆解一下智能财务这个词语。它是由“智能+财务”组成的。何为“智能+”？刘东明（2019）认为，“智能+”是各行各业开展智能化、智慧化转型升级的重要驱动力，本质上，“智能+”是将人工智能的创新成果和经济社会各领域融为一体，促进技术与商业模式创新、实现效率提升与成本控制，为实体经济注入新动能。“智能+”本身是一种功用定义。而“智能+财务”是将人工智能作为基础设施和创新要素不断赋能财务的融合过程，笔者将其称为智能化。也就是说，智能财务的本质是智能化财务。化具有融合、扩展、演变之意，再来看何为智能化？黄津孚、张小红、何辉（2014）认为，智能化是在产品、工具或工作系统中协同应用人类智能和人工智能，以提升其功效的过程。这也表明了智能化的功用定义，与“智能+”吻合。此外，黄津孚、张小红、何辉（2014）还认为，智能化既是一个历史过程，又是一个时代概念。无论是人类智能还是人工智能，都在不断进化发展，智能化是一个永无止境的过程，是智能作用范围的扩展和水平不断提高的过程，也是人类让产品、工具、工作方式变得越来越聪明的历史过程。这也看出来智能化同时具有发生定义的特征。智能化财务的物质体现包括各种智能财务产品和智能财务工作场景。智能化财务的目的在于赋能财务，不断提升财务的价值，推动财务转型。智能化财务的本质特征在于智能与财务的协同发展和应用。它既不是单纯的信息技术开发和计算机网络应用，也不是单纯的人脑功能开发，而是财务人员的智能与工具智能协同发展、财务人员的智能与企业智能、社会智能协同发展不断提升财务价值的过程。

基于上述对智能财务定义现状各种观点的评价，关于定义的一般原理以及智能财务词语的分解，笔者将智能财务的定义为：智能财务是在财务数字化转型与智能化应用过程中不断发展起来的新一代财务。它以人工智能等高科技作为基础设施与核心要素，实现人工智能与财务全面融合，并不断赋能财务组织，提升财务组织的服务效率，拓展财务服务职能的广度和深度，最终实现财务组织价值与颠覆性创新。具体解释如图9–11所示。

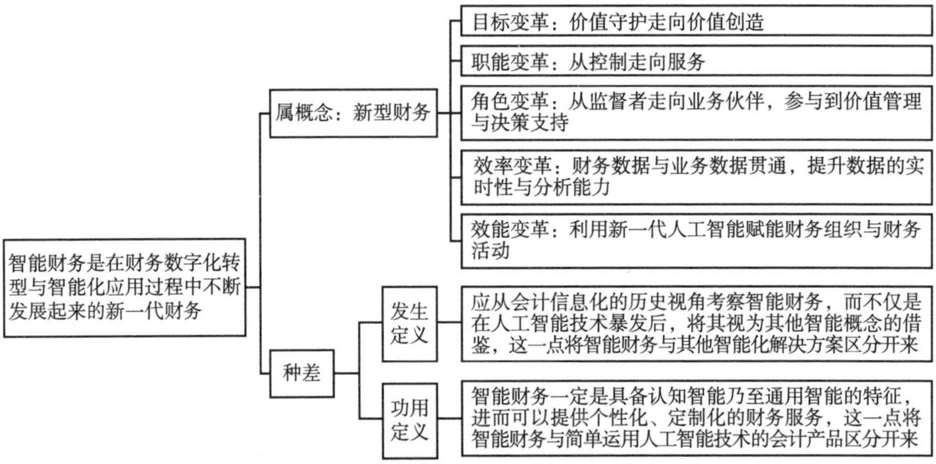

图9–11　智能财务重新定义的过程

第一，智能财务定义的属概念仍为“财务”。只不过，这个财务是在新一代人工智能背景下发展起来的新型财务。王喜文（2019）认为，新一代人工智能正在引发以工业4.0为代表的新一轮科技革命和产业变革。作为核心驱动力，新一代人工智能正在强有力地重构研发、生产、营销、消费等经济活动各环节，必将对生产力、生产关系、经济基础和上层建筑产生重大影响。此时的财务，我们也可以将其称为新一代财务。客观上要求财务必须做出以下变革：（1）目标变革，价值守护走向价值创造；（2）职能变革，从控制走向服务；（3）角色变革，从监督者走向业务伙伴，参与到价值管理与决策支持；（4）效率变革，财务数据与业务数据贯通，提升数据的实时性与分析能力；（5）效能变革，利用新一代人工智能赋能财务组织与财务活动。

第二，智能财务定义的种差采用了发生定义和功用定义两种形式，将智能财务与其他相似的、模糊的概念区分开来。一方面，从事物发生、发展的过程看，我们应从会计信息化的历史视角考察智能财务，而不仅是在人工智能技术暴发后，将其视为其他智能概念的借鉴，这一点将智能财务与其他智能化解决方案区分开来。从会计信息化的历程出发，在早期实现了电算化后，人们就利用扫描、识别等智能技术提高财务软件的智能化、自动化程度。此后，在财务转型的大背景下，研究视角从传统的会计工作向财务管理和管理会计延伸，探索基于专家系统、决策支持系统、数据挖掘、商业智能等技术提供智能化的财务分析报告，帮助企业管理人员在内部管理中做出决策。财务共享服务中心的建设和财务数字化转型逐步解决了会计数据管理的问题，实现了广泛的连接和充分的数据化，为新一代智能技术的运用提供了各类应用场景。当新一代人工智能取得突破性进展时，人们开始结合高性能计算能力和大数据分析技术，在会计领域探索人工智能的更多应用场景，来洞察业务痛点，提升运营效率，识别、控制并防范财务风险，寻求更广范围的财务智能化。因此，智能财务与智能化一样，既是一个历史过程，也是一个时代概念，它是在财务职能从“核算型”与“弱管理型”向“强管理型与强服务型”转型的过程中，通过不断的数字化转型和智能化的应用而实现的。另一方面，从事物的功能上看，智能财务一定是具备认知智能乃至通用智能的特征，进而可以提供个性化、定制化的财务服务，这一点将智能财务与简单运用人工智能技术的会计产品区分开来。受不同人工智能研究范式和发展阶段的影响，学者们或是基于“知识工程”理念，运用专家系统、决策支持系统解决常规会计问题；或是受“连接主义”影响，试图从人脑神经的角度解释会计现象，进而在技术上训练人工智能的“感知智能”来提高会计工作的效率；或是顺应人工智能向“认知智能”发展的趋势，利用大数据和人工智能技术的结合实现财务决策支持的目标。从智能化发展的阶段来看，前两类应用仍是基于知识工程或自动化的解决思路，与我们当前所强调的基于机器学习的数据驱动方法实现智能化有本质的区别。因此，我们所说的智能财务强调是在人工智能当前的发展阶段下所实现的功能。并不是说以前的智能手段不是人工智能，这不是性质问题，而是程度问题，其目的是防止智能财务外延过大。

需要指出的是，当前定义并没有明确地限定“财务”的范围。国外在人工智能对会计行业影响的研究中，从更广义的会计概念入手，影响对象包括财务会计、管理会计、审计以及税务等，并逐渐延伸到其他的潜在领域。笔者采用这一思路，认为智能财务所指“财务”同样应从广义上进行理解，将重点放在对智能的判断上。

最后，定义不可避免地有局限性。正如刘勤等（2018）所述，不管当前智能财务如何定义，它的内涵和外延一定会随时间的变化而变化，它的体系架构也会由于技术和应用发展的变化而需要不断地调整。我们只有不断跟踪智能技术、财务理论、企业实践的发展，抓住每一个探索智能财务理论和应用的机会，在不断试错中优化和演进，才能将智能财务的发展引向成功的彼岸。

六、智能财务的研究路径

如前所述，国内外学者关于人工智能在会计领域的研究和应用早已有之。以研究路径为分类方式，总体上可以分为两类：第一类研究是将人工智能视为分析对象，基于人工智能的发展趋势，研究该技术对财务工作带来的冲击、会计职能的演变、技术影响下新型会计学科的创立以及新技术对人才培养所带来的挑战等，并进一步研究人工智能应用带来的相关问题，如信息安全、法律、伦理、社会保障等；第二类研究是将人工智能视为应用工具，基于人工智能的技术优势，从场景挖掘、技术落地、系统建设等方面入手，研究该技术在财务领域的具体应用。

（一）作为分析对象的智能财务研究

前面指出，国外对智能财务虽然没有专门的定义，但这并不妨碍学者对人工智能技术在会计领域的研究。在总体研究趋势上，萨顿等（Sutton et al., 2016）通过考察对专家系统、人工智能、智能系统和基于知识的系统相关研究的文献数量，发现虽然20世纪90年代末会计领域的人工智能研究出现了些许停顿，但过去30年来，对该领域的研究持续稳步增长（见图9-12）。

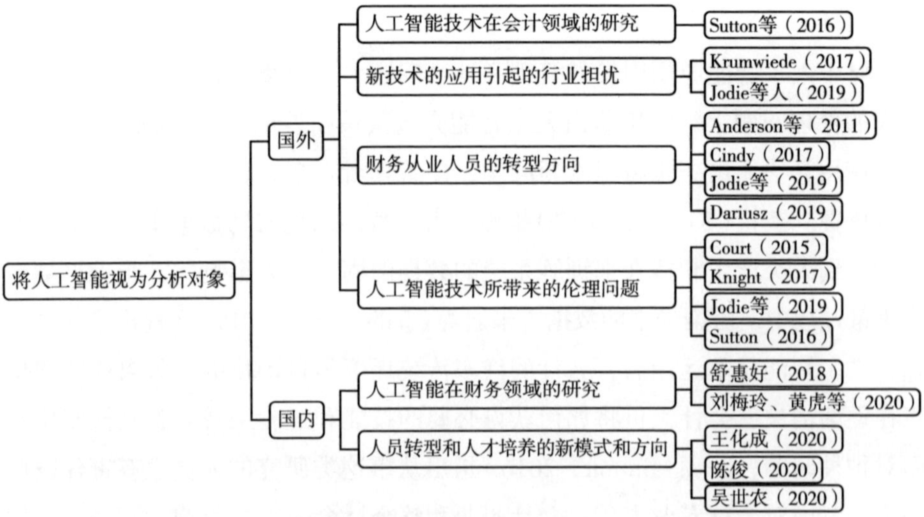

图9-12　将人工智能视为分析对象的智能财务研究路径观点

面对新技术的应用，虽然减轻了会计人员的工作量，但是同样引起了对该行业的担忧，特别是财务人员转型升级和人才培养的问题。裘德（Krumwiede，2017）对管理会计师的调查报告称，许多人认为他们对人工智能有着广泛的了解，但缺乏为这一领域的工作增加价值的技能。朱迪等（Jodie et al.，2019）的研究结果表明，学者们对这些技术以及这些技术如何影响会计的日常工作没有给予足够的重视，迫切需要进行相关研究，以了解在不断变化的数字经济中，管理公司所需的新型财务，并确定财务人员可能需要掌握的新技能和能力，以保持自身跟上时代变化并增加企业价值。

为了应对挑战，学者们对未来财务从业人员提出了不同的转型方向。安德森等（Anderson et al.，2011）认为会计师需要验证、维护并合乎道德地考虑用于培训人工智能解决方案的数据集的质量。辛迪（Cindy，2017）认为人工智能不会取代会计师，但会改变会计师工作的焦点，其在未来将更加重视咨询、业务发展、咨询服务和风险管理。朱迪等（2019）认为会计师的一项任务可能是管理和选择相关数据，以培训人工智能应用程序。Dariusz（2019）指出，在利用RPA实现会计流程自动化后，机器人将在相当一部分工作中取代会计人员，未来会计师的职责将超越簿记和财务报告，转向业务咨询和领导RPA

转型。

对于人工智能应用引发的管理和社会问题，主要集中在人工智能技术所带来的伦理问题上，特别是由人工智能介入决策引发的思考。Court（2015）认为使用算法做出决策将引发新问题，即管理者在多大程度上可以对企业的盈亏负责。奈特（Knight，2017）指出，人工智能从现有的数据中学习的过程可能受到人类产生和捕获来训练系统的数据的固有偏见影响，并将偏见蔓延到决策过程中，污染未来的数据。朱迪等（Jodie et al.，2019）还提出了一个问题，人工智能技术运用后，会计的许多传统任务是自动化的。如果这些职位正在逐渐消失，会计人员将如何获得必要的技能和经验来晋升到其他职位？面对种种问题，萨顿（Sutton，2016）指出从事这类研究的人员也有责任退后一步，考虑对会计专业人员、会计职业和整个社会未来的影响，并对这些技术可能产生的有害副作用提出疑问。

国内方面，从智能财务及相关概念的发展可以看出，受到政策指引、企业转型需求等多方面的影响，人工智能在我国财务领域的研究正如火如荼地展开。舒惠好（2018）指出，应高度重视区块链、人工智能等新技术在会计信息化领域的应用尝试，这将是财政部在会计信息化领域下一步重点开展的三项重要工作之一。但当前研究仅围绕智能财务的理念和思路展开初步探讨，在实践领域出现点状的尝试性探索并取得一定成效，尚无专门针对企业智能财务建设进行的系统化论述（刘梅玲、黄虎等，2020）。

面对新技术对会计工作带来的冲击，学者们在乐观中夹杂着担忧，认为挑战中蕴藏着机遇。主流观点认为，"经济越发展，会计越重要"，随着科技的发展，会计的"形式"会发生剧烈甚至颠覆性的变化，对其职能的要求更高。但是，拥抱科技、用科技赋能会计职能、驱动价值创造，将会激发财会新的活力。

对此，学者们开始寻求新时代下会计人员转型和人才培养的新模式和新方向。王化成（2020）认为将出现以下几种新型的财会岗位，分别是智能财务核算师，包括大型企业集团的财务共享中心、中小型企业的财务外包组织；

智能财务工程师，替代现有的财务软件工程师，负责算法和智能软件的设计；智能财务运营师，负责业财融合的价值创造；智能财务规划师，负责企业战略与财务的衔接，甚至参与商业模式和战略的决定。陈俊（2020）指出，未来财务人员总量需求不会有大幅下滑，需要懂会计财务的经营管理人员会越来越多，对决策支持和管理型财务人员的需求会大幅增加。财务人员的总量不会变化，而结构会发生巨变。不论高校还是公司，需要培养的都是面向未来的、跨界的、复合型的人才。有关人工智能技术对人才培养的影响，吴世农（2020）认为应从师资队伍、学科建设、专业设置与人才培养、课程体系、教学方法、教材和案例建设、科学研究等方面来应对挑战。

（二）作为应用工具的智能财务研究

国外利用人工智能技术和管理会计发展优势，进行具体的应用落地，涉及预测、检测欺诈、决策等工作，对RPA的应用也有广泛的研究。梁等（Liang et al.，1992）通过人工智能技术预测存货估价方法。Foltin and Garceau（1996）展示了专家系统和神经网络之间的差异以及神经网络在会计中的应用前景。Koh and Tan（1999）的一项研究利用神经网络来预测企业的持续经营状况。Coakley and Brown（2000）讨论了会计和财务中神经网络的建模问题，并根据研究问题、输出类型（连续与离散）和模型的参数性质对其进行了分类。但这一时期对人工智能技术在该领域的研究许多涉及基于知识的系统，如基于规则的专家系统，而不是机器学习（Sutton，2016）。

随着计算能力的提升，机器学习被视为一种颠覆性的力量，其商业化的势头正在增强。李（Li，2010）利用机器学习技术，从前瞻性陈述的基调趋势来研究未来收益的可预测性；Perols（2011）利用机器学习来检测财务报表欺诈。穆杜德（Moudud，2014）列出了十个可以与人工智能集成的会计主题，包括信贷授权和筛选、抵押贷款风险分析、财务和经济分析、交易所交易的风险评级、证券价格变动规律的检测、违约和破产预测、固定收益投资的风险分析、管理欺诈的检测，利用机器学习技术自动识别营销欺诈和人工智能的特征等。周（Zhou，2017）指出许多从业人员和组织如安永（EY）和德勤

(Deloitte)等都使用人工智能来检测欺诈性发票并协助办理纳税申报，从而将处理时间从几个月缩短到几天。Hazar(2019)指出，运用机器学习，会计在执行财务规划和分析任务时，可以使用历史数据来建模和假设预测财务结果，这种算法有助于促进商业分析。对于RPA的最新应用，朱莉亚等(Julia et al.,2019)通过对任务特征的分析表明，劳动密集型、重复性、高容量、基于规则、以数字形式、使用多个系统和结构化数据的工作是RPA自动化发挥用武之地的重要领域。

总的来说，国外对人工智能在会计领域的研究涵盖了人工智能技术本身发展的各个阶段，在会计专业上则包括基于RPA的自动化会计处理、辅助财务管理和财务分析、欺诈检测舞弊等，并逐渐向更广范围的税务、法务会计、金融投资等领域延伸。国内人工智能作为应用工具的研究，主要以财务共享服务为基础应用场景，并以管理会计决策功能转型为背景进行。在实务领域，少数企业实现了基于人工智能经验规则的初级应用，在“产、学、研”结合的战略下逐渐实现应用的深入。财务共享服务引领了财务的智能化转型。RPA技术的广泛应用，实际上是基于财务共享服务的应用场景与管理会计决策功能转型为背景进行的，尤其在德勤宣布应用RPA后，这一研究成为广泛趋势。财务共享服务作为企业财务智能化转型的基础，为智能财务技术的落地应用提供了良好的平台和应用场景，特别是由财务共享服务中心向企业数据中台转变的过程中，为人工智能技术提供了更大的应用空间。

不少学者对智能财务的应用场景进行了总结和列举，这些应用场景有些可能已在部分企业中使用，有些仅仅处于概念阶段，还有一些只是一种应用的可能性。刘勤(2018)认为智能财务的应用场景包括财务核算全流程自动化系统、智能财务决策支持系统、智能财务共享服务平台、人机智能一体化业财融合管理平台。董皓(2018)认为，智能财务包括大数据分析预测、智能运营、交易可靠一致和数字风控四大典型应用。秦荣生(2020)指出，人工智能在会计工作中应用的场景主要有语音指令会计核算、机器视觉账证核对、大数据财务分析、智能财务风险控制、提供精准预测方案等。

当前，我国企业对人工智能相关技术的应用部署尚处于起步阶段，常年在信息化、智能化方面投入的企业较少，且对部分人工智能技术的采用仍在观望期。智能财务的发展在研究和教育领域的变化要大于在实务领域的变化，实务领域的发展尚处于起步阶段。但实务领域中，RPA技术和认知智能的发展相对而言较为深入、前景较为广阔。

在实务领域，我国当前人工智能技术应用产品最为成熟、应用场景最为广泛、最被业界认可的就是RPA。RPA技术目前的应用场景包括会计凭证制作、会计凭证审核、资金支付、合同审查、发票审查、电子档案等，共同观点认为RPA解决了会计工作效率低、错误率高、人员占用高的问题，有利于推动会计与业务流程管理自动化，普通财会人员大量转岗，重新构建核心技能，推动管理会计数字化转型。在前面我们指出，RPA将在与人工智能技术结合的过程中形成智能化的“认知RPA”。随着非结构化数据处理、自然语言理解、复杂图像识别等应用场景在 RPA 中比例的增加，具有智能化特点的RPA 已经出现，成为智能财务的热点领域。德勤开发的小勤人RPA可以采集各类结构和非结构化数据，通过计算分析取得管理所需的数据结论；小勤人还可以运用深度学习技术，以数据为管理决策的基础，对企业的财务情况进行预测，实时展示企业的现实风险，判断财务危机发生的可能性。据介绍，德勤目前已在“估值挖掘”领域进行了测试，未来还可用于 IPO 审查、反舞弊调查、企业尽职调查等方面。

认知智能是顺应智能化发展的一大趋势，是有望实现真正智能财务的关键技术。在这方面，我国的许多技术服务公司取得了一定的研究成果。例如，采用自然语言处理技术和知识图谱作为智能财务的切入点，实现了三个相关的应用场景：一是面向员工的基于NLP的对话智能交互。员工可以在系统通过自然语言发起业务申请，系统自动生成单据，以此提高员工的交互体验。二是面向专业岗位的基于NLP的财务数据智能处理。NLP可以通过语言数据的分析自动实现疑点控制、推荐方案、辅助计算等功能。三是面向管理者的基于知识图谱的财务数据洞察。管理者可以在智能移动终端通过对话机器人，进行财务、经营和业务数据的查询。有的公司通过“AI+IT”的融合，提出了三个层次的智能财务产品。第一层次是报账机器人，通过感知智能技术，实现智能填报、智能识别、智能审核、自动支付等功能；第二层次是会计机器人，基于对会计准则和各种财务管理制度、法律的理解，实现自动记账，处理全部账务；第三层次是财务机器人，实现分析、规划、控制、预测、模拟等智能化管理。目前，关于报账机器人的研究已经取得了一定的成果，对于会计机器人和财务机器人的研究将在未来两年逐步展开（段大为等，2020）。

对比国内外智能财务的研究现状，可以发现，国外无论是将人工智能作为分析对象还是作为应用工具，研究起步相对较早，并且已有大量较为具体的成果，特别是在应用人工智能对会计带来的各类问题有较多的讨论，对应用过程中带来的管理问题和政策制定问题有较为深刻的认识和讨论的紧迫性。我国学者则倾向于从制定应用框架、解决实际应用中的技术问题入手，探讨智能财务的应用。但有关具体应用领域的探讨仍然较少，即仍处于方向性和概念性的讨论，真正进入实际应用中的仍不多。但是，对于需要用来满足智能财务应用的人工智能技术而言，中国与西方发达国家之间的差距逐渐缩小，因而在智能财务应用上基本都处于起步阶段，差距并不十分显著。具体表现在以下两个方面：第一，从技术上看，虽然中国人工智能企业对于代表人工智能理论水平的算法研究相对落后，缺少原创性算法；而与智能财务应用高度相关的计算机视觉、语音技术、自然语言理解等方面的专利申请和授权量，中国企业具备一定的优势。第二，从战略上看，受互联网起步早晚和信息化水平高低的影响，西方发达国家在企业管理信息系统数量及财务管理模块的智能化程度，显著高于国内企业，但总体上，在技术的不断进步影响下，国内企业和技术服务公司逐渐走出企业信息化的“复制模仿”的阶段，开始独立思考自己的财务智能化发展道路，并且具备大量的应用场景。

综合国内外的研究现状，本书认为智能财务要在未来取得进一步的发展，仍面临以下不可回避的问题：首先，代表人工智能思维和记忆能力、学习和自适应能力的知识图谱、神经网络、机器学习技术的应用进展并不显著。大多数应用只是集中在利用人工智能技术提高财务工作效率，集中于优化财务会计工作，而非将重点放在管理会计信息化这一财务转型的大趋势上。其次，各类研究方向和应用探讨比较零散，不具有系统性。特别是对智能财务的应用设计大多是将技术应用于个别场景，实现部分业已存在的会计职能的“点状”升级，仍处于财务流程中部分环节的自动化或某个财务流程的优化和再造阶段，这种效率的提升最终会被自动化榨取殆尽，而没有实现整体的协同效应，因此也就难以真正带来财务管理模式的变革。最后，我国学者已经开始重视人工智能时代下的传统会计和管理理论面临冲击，但力度仍显不足。当财务机器人以“虚拟员工”的身份进入企业时，会引发道德伦理、责任归属、信息风险、系统安全等突出问题。而我国相关法律法规尚未出台，人工智能会计理论的研究处于滞后状态，快速发展的现实的应用会给未来的财务工作管理带来诸多问题。这些问题将成为未来智能财务研究和应用的重点（见图9-13）。

智能技术的应用进展并不显著

代表人工智能思维和记忆能力、学习和自适应能力的知识图谱、神经网络、机器学习技术的应用进展并不显著。大多数应用只是集中在提高财务工作效率。

研究方向和应用探讨不具有系统性

特别是对智能财务的应用设计大多是将技术应用于个别场景，实现部分业已存在的会计职能的“点状”升级。

传统会计和管理理论面临冲击重视不足

人工智能会计理论的研究处于滞后状态，快速发展的现实的应用会给未来的财务工作管理带来诸多问题。

图9-13　智能财务面临的突出问题

未来，智能财务将继续沿着理论研究和实践应用两条路径展开。在理论研究方面，智能财务的内涵和外延将在实践中进一步明确，并在智能财务认知观和发展观的明晰下逐步形成智能财务的理论框架，创新人机协同共生的智能财务管理模式以及学科教育理念；在实践应用方面，人工智能的产品研发、应用实践、产业生态和标准建设将进一步落地。为了实现这些目标，需要针对上述问题做出改进。第一，在技术方面，认知计算将成为实现智能财务的关键。认知计算作为人工智能的重要组成部分，包含自然语言处理和机器学习领域的大量技术创新，能够助力决策者从大量非结构化数据中揭示非凡的洞察，以对人类而言更加自然的方式与人类交互，专门获取海量的不同类型的数据，并从自身与数据、与人们的交互中学习。李彤（2019）指出，深度学习技术难以解决智能财务的所有问题，因为财务的典型问题是有明确的、显性化的规则应用场景，而具有认知计算能力的知识图谱推理是智能财务最核心的应用。第二，在技术升级的基础上，则应重点思考如何开发各类人工智能技术的应用场景。刘梅玲等（2020）指出，智能财务建设过程中，最能体现智能财务本质特色的，是针对不同财务工作任务设计智能化应用场景、针对不同智能化应用场景探索新技术的匹配运用。而实现这一点的前提是形成具有整体性、前瞻性的智能财务体系应用框架，从财务模式、财务组织、财务流程和技术领域进行变革。第三，面对人工智能技术快速发展对会计行业带来的挑战，未来需要找到一种理想的人机协同共生的新型财务管理工作模式，让人类工作者和计算机都能发挥其长处，让不同层级的会计人员都能找到自己合适的工作岗位，既满足大幅提升工作效率的需求，又不违反伦理道德。

10 第十章

智能财务的七大理论问题

前已述及，会计的发展是反应性的（Chatfield，1974）。会计环境决定着会计的变革，从而也决定着会计学的发展，会计环境的变化必然会有新的会计理论涌现。实际上，从会计信息化开始，技术的变革已经在冲击着会计理论基础。传统会计和财务基本理论建立在工业经济基础之上，要使之适应于人工智能时代的数字经济需求，势必要求基本理论的创新发展。王文莲（2010）指出，网络化、管理扁平化、信息共享和信息处理的一体化动摇着传统会计理论封闭、孤立的体系，应当重新认识会计的基本理论，以理论的创新来指导、支持实践的发展。会计理论经过多年的发展，形成了一套较为完备、逻辑缜密的体系，对其基本理论的创新发展具有很大的挑战性，本书将初步讨论以下几个问题（见图10-1）。

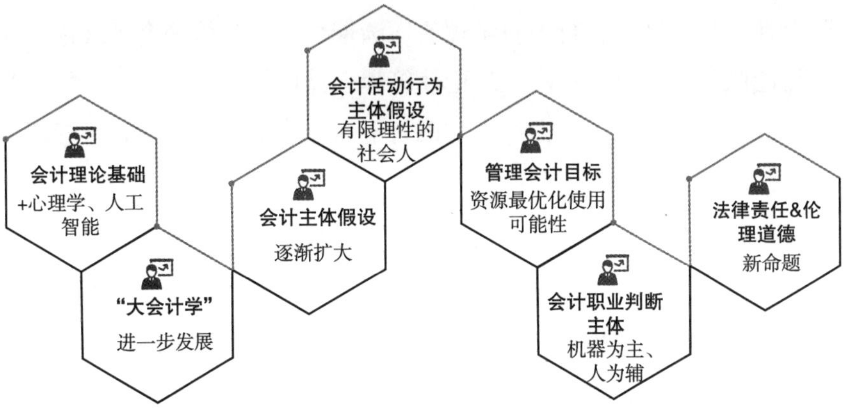

图10-1 智能财务七大理论问题

一、智能财务将使会计理论基础由经济学、管理学扩展到心理学、人工智能相关理论

传统的财务会计理论排他性地以经济学作为理论基础，尤其是现代财务会计理论基本上是建立在委托代理理论和信息不对称理论基础上（崔学刚，2017）。这实际是国际上会计研究所面临的共同问题：会计理论研究主要以新古典经济学为核心的主流经济理论为基础，而忽视行为理论和心理学理论成果的应用。不仅如此，无论是在国外还是国内，都很少是与智能财务相关理论基础的研究，大多都是从应用的角度把智能财务作为自动化的延续、商业智能的一部分或是人工智能在会计领域的应用。传统的会计相关理论是源于理想的市场，对于现实市场中的特殊情形，难以提供令人信服的解决方案。因此本书认为，会计理论基础将由经济学、管理学向心理学和人工智能相关理论扩展，以指导智能财务的进一步发展。那么，智能财务理论基础是如何突破传统理论实现扩展的？管理会计理论发展过程中对其他理论的融合可以为我们带来启发。

回顾历史，管理会计较多地吸收了管理学和战略管理等理论。从起源上看，管理会计本身就是为了适应企业管理发展的要求而产生、完善和发展的，因此管理会计的理论也随着管理理论的发展而发展（孟焰，2006）。从泰勒的科学管理理论起，标准化管理制度为标准成本制度奠定了思想根据，将会计由事后核算向事先控制推进的成本会计，成为配合泰勒科学管理而实施的重要管理会计工具；随后，行为科学理论逐渐催生了行为管理会计理论，使管理会计更能激励人的行为；决策理论使管理会计成为决策支持系统的重要组成部分；战略管理理论的引入产生了诸如平衡计分卡、全面预算等管理会计工具，将管理会计向战略管理会计推进。

可见，管理会计相关理论基础的扩展是按照从理念到实践、再从实践到理论的演变逻辑展开的。管理理论首先对管理会计工作的理念和思想产生冲击，进而在实践中探索相关理论融合的可能性，最终实现了理论的构建和创新。对智能财务而言，面对信息技术对会计的冲击（如财务机器人的运用），

我们已经思考了对数字经济时代、大数据和人工智能等技术对会计思想的影响，逐渐形成平台、连接、共享、协同和智能化的创新思维，并不断探索人工智能技术在财务领域的应用场景。下一步智能财务将在实践总结的基础上，与心理学、人工智能理论进行融合，实现智能财务理论基础的扩大和理论体系的创新（见图10-2）。

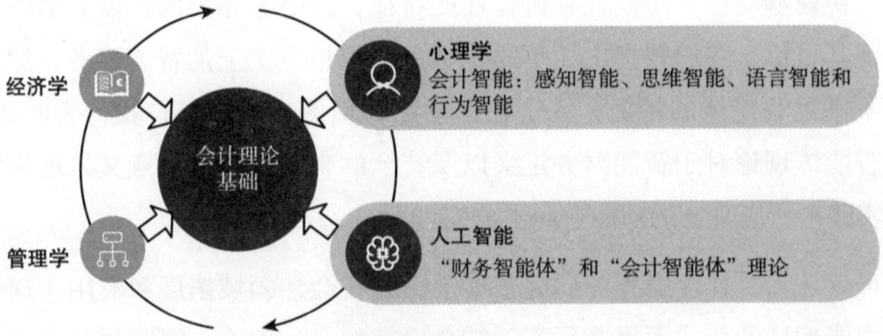

图10-2　智能财务理论基础的扩大和理论体系创新

当前，个别学者对智能财务逐渐扩展的相关理论基础进行了讨论。周卫华（2019）从心理学的角度分析了会计智能作为组织“大脑”的理论基础。心理学上的智能包括智慧和能力。智慧是指从感觉到记忆再到思维的过程，智慧的结果产生了行为和语言，而将行为和语言的表达过程称为能力，两者合称“智能”。因此他将会计智慧和会计能力的模拟、延伸和扩展作为新的关注重点，指出会计智能包括感知智能、思维智能、语言智能和行为智能。其中，感知智能体现在会计对于企业全部经济活动数据的智能采集和存储；思维智能体现在会计将企业经济活动数据智能转换成满足内部和外部利益相关者需求的会计信息；语言智能体现在会计作为一门商业语言所体现的语法、语义和语用；行为智能体现在会计对企业经济行为的智能计划、智能监督和智能控制。

此外，智能的信息科学观认为，智能是主体在与环境客体相互作用的过程中，为了应对自己所面临的生存与发展的挑战，对客体信息进行深度加工演化从而生成智能行为的能力（钟义信，2018）。这种在动态环境中具有较高自治能力的实体则被称为“智能体”（项后军等，2001）。智能体理论在工程方面的应用较多，近年来随着财务智能化的发展也逐渐被引入会计领域。傅元略（2019）提出“财务智能体”和“会计智能体”理论，认为不同功能的“财务智能体”可组成财务决策智能体系统，这些智能体通过合作、协商和有效的通讯执行不同的子任务，由此形成了一个大规模的、复杂的、动态的、开放的、自我组织的财务决策智能系统；“会计智能体”则通过其自治性、社会性、快速响应性、主动性和协作性的特征，使财务相关的机器人能够自主地实现其目标。我们曾指出简单的RPA并非严格意义上的智能财务，原因在于它不满足智能体的特征，无法根据动态环境的变化进行自我行为的调整。可见智能体理论对于智能财务定义以及特征的判断具有重要意义，也为智能财务实践中所应具备的功能指明了方向。

可以认为，智能财务的研究基本遵循着在会计领域拓展和应用心理学和人工智能理论的范式而展开研究。结合原有的会计理论，智能财务广泛融合经济学、管理学、心理学、人工智能等理论与方法，扩大了传统会计学科的理论基础。

二、智能财务将促进“大会计学”理论的进一步发展

客观事物发展到一定阶段后，相对于原有之物要大，这是人们对客观事物的一种新的认识，在会计理论界同样有对于“大会计学”理论的诸多探讨。本书认为，智能财务的产生与发展促进了“大会计学”理论的进一步发展，代表着人们对会计领域更广泛、更深入的认识。在展开分析之前，有必要对“大会计学”相关理论进行简要回顾。

于玉林（1997）正式提出了“大会计学”的概念。随后，于玉林（2002）指出会计学科的扩大不是人们主观想出来的，而是有其客观必然性，一是会计所处的环境随社会的发展变化而变化，包括经济、技术、文化、法律和管理环境等方面；二是客观环境的变化直接影响了大会计学的发展，使会计工作本身以及与会计工作相关的内容都在扩大。“大会计学”之“大”表明会计学发展到一定阶段，会计领域在扩大，应当包括会计工作、会计市场、会计

研究、会计思想和会计教育等不同方面，同时会计的深度在加强，会计学的内容和性质在发生变化。进一步地，于玉林（2002）总结了“大会计学”未来的发展趋势，按内容的形式是向边缘化方向发展，按其内容的范围是向细化和综合化方向发展。本书主要介绍边缘化和综合化两个方向。

边缘化是两种事物在某点上或某方面、某种性质上的相互融合。会计学科的边缘化意味着它将与其他现代科学的理论、方法相结合进行研究而发展会计学。随着技术环境的变化，典型的会计学科边缘化就是会计信息化理论的发展。会计信息化理论以“老三论”（信息论、控制论、系统论）和“新三论”（突变论、协同学、耗散结构论）为指导思想，广泛吸取经济学、管理学的最新发展成果，紧密结合网络化信息技术的优越性能，积极创新会计理论，是诸多交叉学科的综合和融合的边缘学科（王文莲，2006）。另外，会计学与认知神经科学相结合发展出的神经会计学（崔学刚，2017），都是“大会计学”边缘化的体现。

会计学科的综合化意味着会计学作为一个系统，会计学内各分支学科之间相互联系。其中，会计学总体的综合研究则是对全部会计分支学科的综合，把各种相互联系的会计分支学科作为一个总体进行研究，研究它在一定条件下的发展趋势和规律、理论体系、方法体系和学科体系等。财务会计与管理会计的融合正是这一理念下的典型。吴水澎（2006）指出，根据知识经济和经济全球化的现实，会计必然要向财务管理和企业管理的领域延伸，从而树立“大会计”的观念，并重新建构会计学科。吴水澎所指的“大会计”就是会计学科的综合化，即在会计的内容方面，既包括原有的财务会计，又包括财务管理、管理会计、审计的相关内容等。

本书认为，智能财务同时具备会计学科边缘化和综合化的发展趋势，促进“大会计学”理论的进一步发展。从边缘化的角度看，目前已经出现的融合智能体理论和传统财务、会计理论的财务智能体理论和会计智能体理论（傅元略，2018；2019），本身可以视为会计信息化在新技术理论基础上的又一次发展。从综合化的角度看，随着人工智能这一通用目的技术的运用，会计领域的各项工作在系统数据整合与平台建设的基础上正趋于综合。以财务会计与管理会计的综合为例，会计本身是一个由财务会计与管理会计耦合而成的开放系统，两者在理论基础上具有同源性（徐玉德，2002），当智能财务发挥财务会计功能实现自动化的会计确认、记录、计量、分类和报告时，同时也作为管理会计发挥着调节和控制的职能；同样地，智能财务在决策中需要运用的相关数据也是自身系统生成。可见，借助于信息技术，财务会计和管理会计的界限愈发模糊。国外目前仍未出现类似“智能财务”的专有名词，而相关运用已经涉及财务会计、管理会计、税务乃至审计，都体现出新技术背景下“大会计学”发展的趋势，这也是本书对智能财务的定义没有明确地限定“财务”的范围的主要原因（见图10-3）。

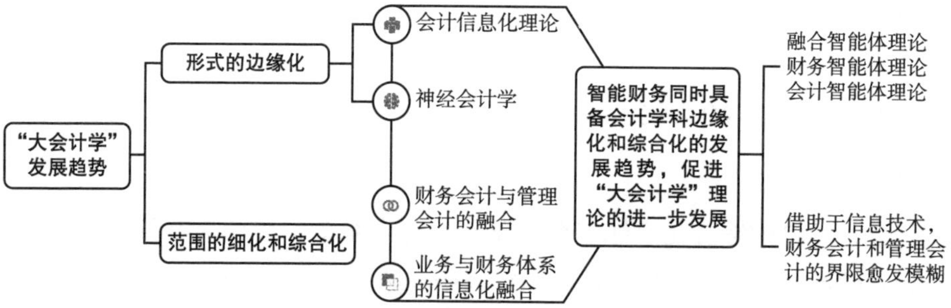

图10-3　智能财务将促进“大会计学”理论的进一步发展

三、智能财务的技术基础和平台生态使会计主体假设逐渐扩大

1922年，美国会计学家佩顿（W.A.Paton）在《会计理论》一书中首次提出会计假设这一名词。1961年，美国会计学家坎宁（J.B.Canning）在《会计的基本假设》中对会计假设进行了系统的论述，把会计基本假设看作会计赖以存在的经济、政治和社会环境的基本前提或基本假设，会计假设一般在会计实践中长期奉行，无须证明便为人们所接受，是从事会计工作、研究会计问题的前提。尽管有众多关于会计基本理论逻辑起点和构成要素的不同解读，但会计假设一直是其中的重要组成部分。我国财政部颁布的《企业会计准则》中采用了四项会计假设，即会计主体、持续经营、会计分期和货币计量。其

中，会计主体假设的基本思想是企业应当对其本身发生的交易或事项进行会计确认、计量和报告，独立地记录和核算企业本身各项生产经营活动，而不能核算、反映企业投资者或者其他经济主体的经济活动。随着信息技术的运用和新的经济形态的产生，会计主体假设呈现出一定的局限性，并产生了变化。智能财务是最新的信息技术在会计领域的应用，也引发了数字经济背景下财务组织的变革，这同样对会计主体假设产生了影响，将使会计主体逐渐扩大。具体而言，本书将从会计本质的信息系统论和管理活动论两个视角入手，分别进行论述。

从会计信息系统论的视角看会计主体假设，葛家澍（2007）认为，会计信息系统所处理的数据、所提供的信息，不是漫无边际的，而是要严格限定在每一个经营上或经济上具有独立性或相对独立地位的单位或主体之内，会计信息系统所接受和所处理的数据以及所输出的信息，都不应该超出这些单位的界限。这一视角下的会计主体假设意味着会计信息系统在设计、运行时，要以每一个主体为空间界限。然而，随着信息技术的发展，计算机和互联网环境下的会计核算不一定只局限于当前会计主体，可以实现跨主体核算、跨主体出表，会计主体的范围可以根据管理需要实时变更（周卫华，2019）。随着共享服务数字化的转型，企业内外部的相关数据被打通，相互连接的信息系统中的数据从产生环节开始已经带有联系并传递下去，很可能不再以系统为主体进行区分。而且，智能财务所依托的企业数据中台汇聚了大量综合且丰富的数据，其范围也由企业内部扩大到供应链、政府、市场环境和产业等方面，这些数据都来自企业以外的非单一主体，也超出了传统意义上会计信息系统的数据范围。当然，对财务会计而言，由于其确认、计量、记录和报告的范围具有严格的边界，对于报表层面的会计主体假设尚未出现变化（何升霖，2006）。但正如于增彪（2007）所指出的，会计作为信息系统至少已经扩展为包括财务会计、管理会计在内的六个子系统，会计信息系统的外延也在扩大，因此在其基础上讨论的会计主体假设也由于信息技术的发展而逐渐扩大（见图10-4）。

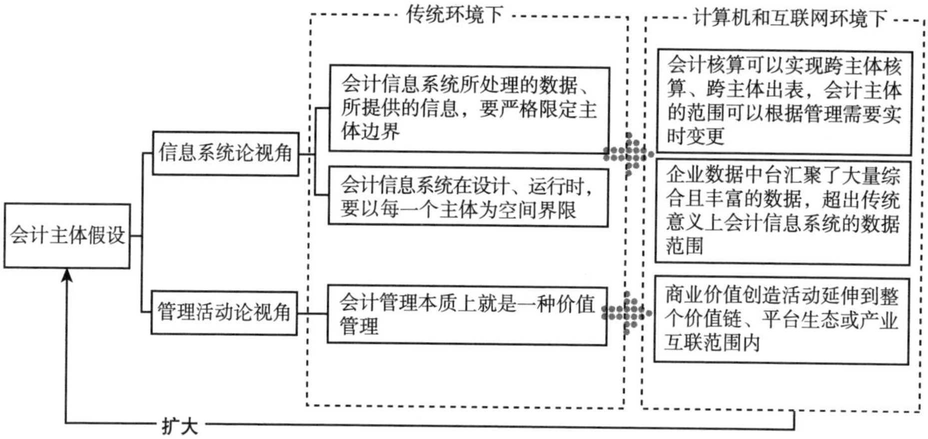

图10-4　智能财务的技术基础和平台生态使会计主体假设逐渐扩大

从会计管理活动论的视角看，会计管理本质上就是一种价值管理，即对价值的形成、实现、补偿、分配、转移等活动的管理。阎达五（2004）基于会计管理活动论的基本指导思想以及对价值管理的认识，提出价值链会计。他认为，价值链会计是对企业价值信息及其背后深层次关系的研究，即收集、加工、存储、提供并利用价值信息，实施对企业价值链的控制和管理，保证企业价值链能够合规、高效、有序运作，从而为企业创造最大化价值增值和价值分配的一种管理活动。当今会计实践的发展体现出这一理念的前瞻性。在信息技术和互联网思维的催发下，越来越多的商业价值创造活动不再局限于单一企业、单一组织，而是延伸到整个价值链、平台生态或产业互联范围内（叶康涛，2020）。智能财务背景下的财务部门也会构建边界开放的财务组织，实现与平台生态圈组织的和谐共生。海尔就是一个很好的例子，海尔的共赢增值表将价值度量范围扩展到整个商业生态圈，而非度量单一企业主体的价值创造情况。此时，传统理论当中会计主体的概念将无法解释这一现象，也难以实现价值链会计中通过对企业价值链的控制和管理从而实现价值增值的目标。因此，当开放、共生的理念融入财务共享服务中心和智能财务的建设中时，会计主体将扩展到整个价值链，而不是单个企业。

四、智能财务的发展将使会计活动的行为主体假设从“理性经济人”向“有限理性社会人”转变(见图10-5)

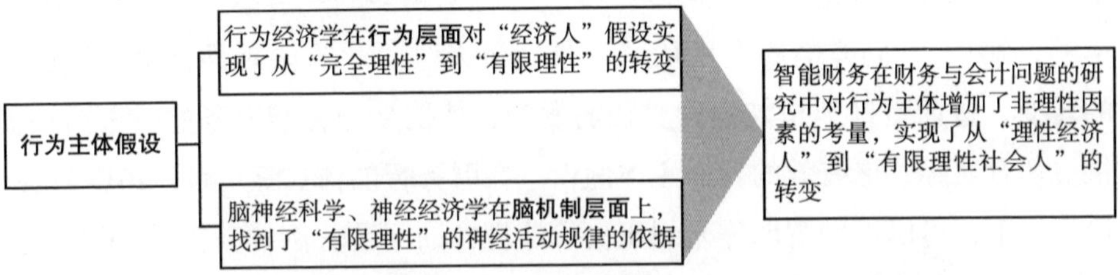

图10-5 智能财务的发展将改变会计活动的行为主体假设

行为主体假设是经济学和管理学研究重要的分析前提，传统会计学也基本继承了新古典经济学中关于行为主体的“理性经济人”假设。新古典经济学对人的行为的假定包括：(1)个体的行动决定(为达到目的而选择的手段)是合乎理性的；(2)个体可以获得足够充分的有关周围环境的信息(完全信息假定)；(3)个体根据所获得的各方面信息进行计算和分析，从而按最有利于自身利益的目标选择决策方案，以获得最大利润或效用，即利润或效用最大化假定(丘海雄，1998)。

随着行为科学和脑神经科学的发展，行为经济学、神经经济学逐渐对“经济人”假设进行了完善和修正，提出“非理性经济人”或“有限理性社会人”理念。卡尼曼等(Kahneman et al.，2012)指出，现实生活中的人在进行决策时往往无法掌握所有的信息，其决策时缺乏系统性，因此往往依赖于各种探索性的方法，对完全理性的“经济人”假设中的“系统性偏差”现象进行了研究与思考。在卡尼曼等研究的基础上，塞勒(Thaler，2016)进一步对人的非理性行为进行了研究，其中重要的一点是指出人在做决策时，往往忽视传统经济学所强调的机会成本，同时倾向于认为自己已经拥有的东西会带来更高的效用，即禀赋效应。种种结论都表明人们在进行决策时并不如传统经济学所假设的那样完全理性。行为经济学在行为层面对“经济人”假设实现了从“完全理性”到“有限理性”的转变，而脑神经科学、神经经济学则在脑机制的层面上，找到了“有限理性”的神经活动规律的依据，进一步使人们意识到了“经济人”假设的天然缺陷（马庆国等，2006）。

尽管在继承了“理性经济人”假设基础上建立的会计理论日趋完善，但是与新古典经济理论遇到的问题一样，有越来越多的“异象”难以解释（崔学刚，2017），同样需要实现从“理性经济人”向“有限理性社会人”假设的转变，进而更好地指导会计实践的发展，特别是为智能财务的决策活动提供更切合实际、更有效的行为主体假设。在财务智能体（傅元略，2018）的理论构想下，可以借助智能体来纠正决策非理性的问题。例如，在融资问题上，承认财务决策人的非理性因素，则可以选择利用大数据深度学习模型帮助融资决策人更好地遵循优序融资理论，纠正决策中的非理性问题；再如，在投资决策中，投资者往往因为认知偏差、投资情绪的变化等非理性因素对投资收益产生不同预期，因此需要加强智能体的自我学习，将传统财务理论与实际决策经验相结合，提升对动态风险更准确的计算，对投资决策进行纠偏。

综上所述，智能财务理论在“理性经济人”假设的基础上，运用行为经济学在行为层面、神经科学在脑神经机制层面所发现的“社会人”特征，在财务与会计问题的研究中对行为主体增加了非理性因素的考量，实现了从“理性经济人”到“有限理性社会人”的转变，使传统会计学的行为主体假设趋向科学与合理。

五、智能财务为管理会计实现资源最优化使用的目标提供了可能

管理会计的目标是管理会计理论的重要组成部分，有的学者更将其作为管理会计理论框架的逻辑起点。孟焰（2006）通过总结各方对管理会计目标的论述，认为管理会计的总体目标就是帮助管理当局对资源的最优化使用做出决策，以实现组织的目标。尽管管理会计在不同的发展阶段，所追求的具体目标有所不同，但也是由于企业所处的经济环境不同。总的来说，无论是追求效率、效益的现代管理会计，还是将企业内部信息与外部环境变化联系起来考察的战略管理会计，其总体目标都是实现组织资源使用所带来的经济效

益的最优化（见图10-6）。

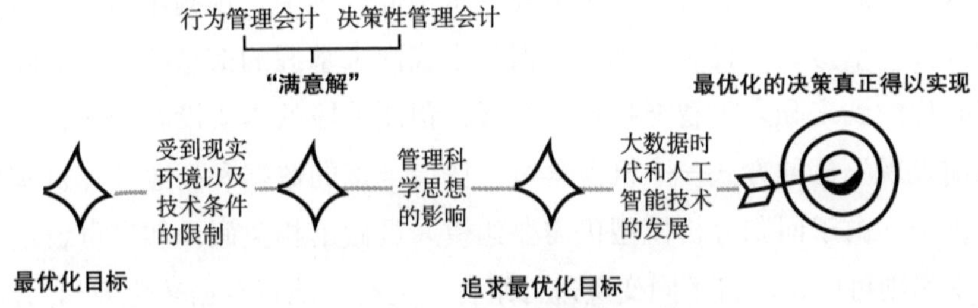

图10-6　管理会计追求目标的变化路径

但是，受到现实环境以及技术条件的限制，最优化目标常常“可望而不可即”，因此出现了追求“满意解”的管理会计目标，典型的有受行为科学理论影响的行为管理会计以及受西蒙决策理论影响的决策性管理会计。20世纪50年代，美国学者将行为科学的思想引入会计，对现代管理会计中的决策理念产生了较大的影响。在经济活动的行为主体假设由“理性经济人”向“有限理性社会人”转变的过程中，管理会计的决策方法也由“最优化原则”向“满意性原则”转变。由于最优解需要通过复杂计算才能获得，而满意解可以用比较简化和近似的方法来求得，并且更能做好企业总体目标下各子目标之间的协调，使决策理论更具实践性，寻求满意成为管理会计决策的目标。相似的理念也在以西蒙为代表的“有限理性”决策理论中得以体现，西蒙（1989）认为，受注意力的广度、知识的局限等影响，完全理性的“经济人”假设存在缺陷，人们行为的理性只是在给定环境限度内的理性，因此人们在决定过程中寻找的并非“最大”或“最优”的标准，而只是“满意”的标准。可见，寻求满意解的理念对管理会计所要达成的目标进行了一定程度的修正，直到管理科学思想的兴起，特别是决策所依赖的数据量的激增以及人工智能技术所取得的重大进步，使管理会计对最优化目标的实现成为了可能。

在管理科学思想的影响下，管理会计将数学模型和计算机技术因素引入管理决策当中，以追求最优化目标。常用的手段包括基于高等数学方法的回归分析模型、将概率论引入决策模型当中、广泛使用电子计算机作为辅助决策的手段等。但最优化的决策真正得以实现，还是在机器学习技术超越回归分析技术之后，而这需要从决策的基本构成要素谈起。一般而言，决策由信息输入、预测、判断、行动、结果等要素构成。其中，预测作为决策活动的关键部分，本身是一种利用现有数据，生成尚未掌握的信息的过程。随着大数据时代的到来和人工智能技术的发展，预测手段的本质没有变化，但是一种以前表现不佳的方式——机器学习，凭借丰富的数据和高速计算机实现了快速进步。由于回归分析模型仍需要建模人员做出相关假设和变量设定，而机器学习则可以自己将不同变量进行组合，更有效地将数据转化为相关预测，为有效决策提供了土壤。

随着企业数字化程度的提高，数据收集比以往变得更加廉价、容易，人工智能技术的各类算法使企业可以处理大规模的数据，机器学习可以更轻易地做出预测。换言之，技术变革使原本昂贵的预测变得廉价。那么对企业管理者而言，当预测变得廉价，而强人工智能仍未实现或出于伦理考虑不能完全交由机器决策时，企业的决策行为将更加依赖人类智能的判断，判断作为预测的互补品，其价值将会提高，此时人类判断的需求将会增加（Agrawal et al.，2018）。最终，管理会计可以依靠人工智能基于数据的预测得出各类最优解的可能性，并在最终做出决策之前结合人的判断，由机器智能和人类智能共同完成最优解的选择。即使后者同样没有完全摆脱决策者作为人的非理性因素，但与由于信息不足、无法完成复杂计算而采取满意解不同，这种情况下的决策者可以在考虑尽可能多的预测的基础上，判断出无限趋近于最优的解。而且，人类的相关经验以及难以解释的直觉因素，很有可能在这种决策模式下与机器智能产生互补，进而做出更好的决策。因此本书认为，基于人工智能技术的智能财务为管理会计实现资源最优化使用的目标提供了可能。

六、智能财务使会计职业判断的主体由以人为主转化为以机器为主、人为辅

会计职业判断就是会计人员在会计法规、企业会计准则、国家统一会计制度和相关法律法规约束的范围内，根据企业理财环境和经营特点，利用自己的专业知识和职业经验，对会计事项处理和财务会计报告编制应采取的原

则、方法、程序等方面进行判断与选择的过程（夏博辉，2003）。对于任何领域的准则制定者而言，都不可能涵盖所有的情况和企业所有的经营活动，因而不可能有唯一适用且稳定不变的会计政策、估计和方法。因此，会计职业判断成为在复杂的经济环境中保障会计信息质量、反映企业财务状况和经营成果的重要手段。相应地，会计职业判断的主要内容应该包括会计原则的选择与协调、会计政策的选择、会计估计的判断及选用等（于长春，2009）。

会计职业判断的主体是一个重要的理论问题，由此引申出了诸多问题，如会计职业判断的主客观性、职业判断与职业道德之间的关系等。当前，人们普遍认为会计职业判断的主体是人。许燕（2004）认为，一切具体的会计职业判断行为都是由会计人员实际执行的，因此会计人员是影响会计职业判断最为直接的因素。于长春（2009）指出会计职业判断的主体是适度独立地从事工作的会计人员。王清刚（2012）认为，判断主体是进行会计职业判断活动的主导者，是会计职业判断各要素中最活跃的因素，其素质直接影响着会计职业判断的质量。会计职业判断主体是指有资格和能力进行会计职业判断的人，而且判断行为必须由人来完成。然而，随着人工智能技术在会计领域的应用，技术对诸多会计工作的替代将使会计职业判断的主体由以人为主转化为以机器为主、人为辅。对此，可以从这一转变的“必要性”和“可行性”两个方面展开论述（见图10–7）。

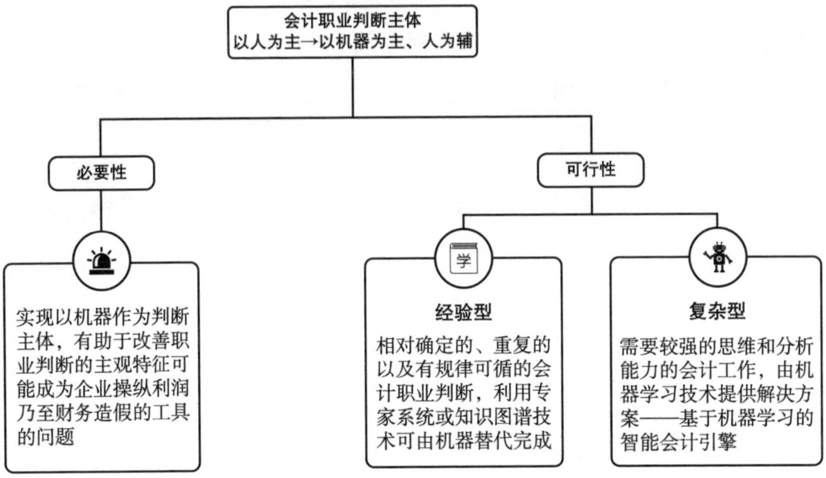

图10–7　会计职业判断主体的转变分析

从必要性的角度看，会计职业判断的主观性特征使判断主体需要由以人为主转变为以机器为主、人为辅。会计职业判断是一把“双刃剑”，恰当的判断可以在保障真实性的前提下，提高会计信息质量的相关性和可靠性，实现会计反映的“真实与公允”。但是，会计职业判断发挥积极作用的前提是良好的会计职业道德。若承认会计人员作为“社会人”的非理性因素，会计职业道德不可避免地受到个人性格、知识、经验、动机乃至价值观的影响，职业判断的主观特征也可能成为企业操纵利润乃至财务造假的工具，例如，通过盈余管理对会计数据进行操纵，也由此产生了内部控制中对会计职业判断的环境控制。因此，如果可以实现以机器作为判断主体，则对上述问题有较大的改善作用。

从可行性的角度看，会计职业判断所需的人类智能在一定程度上可以由人工智能实现，从而实现由机器辅助到以机器为主的职业判断。许燕（2004）参考秦荣生（2002）对会计人员业务能力的要求，指出会计人员做出职业判断需要具备观察能力、记忆能力、思维能力、想象能力以及操作能力。结合我们前面对人工智能能力框架的分析，对于相对确定的、重复的以及有规律可循的会计职业判断，要求的是会计人员的经验积累和确定的知识，这类工作主要运用到基本的感知（观察）能力和记忆能力，利用专家系统或知识图谱技术已经完全可以由机器替代完成。在信息化环境下，相应的（行动）操作能力也并非职业判断的重点。因此对于实现以机器为主、人为辅的会计职业判断，重点就在于那些需要较强的思维和分析能力的会计工作，而机器学习技术为此提供了解决方案。

目前，已经有学者对基于机器学习的智能会计引擎展开了相关研究（何瑛等，2020）。其中，基于机器学习的智能财务会计引擎可以对业务信息进行高效率的准确识别，基于转换规则生成预制记账凭证并及时向财务系统传递，同时完成记账、过账工作。不仅如此，该引擎可以在大量标签化数据的训练之下持续提升性能，使转换规则处于动态调整和优化完善的过程中。即使是对于一些会计政策的选择，会计人员也可以在参考了机器学习对相关业务的预测之后，再做出进一步判断。基于机器学习的智能管理会计引擎则与我们前面所述的“最优化”决策一样，可以提高经营预测的准确性、强化决策支持功能、完善风险管控能力。综上所述，随着机器学习技术的应用，会计职业判断的主体将由以人为主，转化为以机器为主、人为辅。

七、智能财务对会计的法律责任与伦理道德提出新命题

在上述讨论中，无论是人工智能对“有限理性”的人进行决策辅助，实现资源最优化使用，还是在会计职业判断当中形成以机器为主、人为辅的判断模式，都指向了同一个问题，即人类与机器共同合作的决策和判断过程中人类与机器的关系，这进一步引发了人工智能技术发展过程中的法律责任和伦理道德问题。2017年，多位人工智能领域的专家在美国联合签署了“阿西洛马人工智能原则”，提出了包括研究目标、责任和价值归属、隐私、风险等主题在内的23条原则，以呼吁在人工智能的研究过程中保障人类的利益发展和安全。对于会计领域的智能财务研究而言，这些讨论似乎过于宽泛，但其中人工智能应用责任划分问题、隐私安全和数据保护问题，将对智能财务的法律责任和伦理道德提出新的命题。

人工智能应用的责任划分问题产生自机器人对人类权益的侵犯。例如，无人驾驶汽车发生交通事故后，是由汽车制造商、系统开发商还是乘客来承担责任？又如，医疗机器人在手术过程中出现系统故障进而危及病人健康甚至生命安全由谁来承担责任？在企业管理领域，虽然可能不会出现人工智能危及生命的情况，但同样存在责任认定的难题。管理会计的伦理价值观（冯巧根，2016）认为，从经营活动视角考察，管理会计的价值观需要面向管理者构建一个基本的伦理框架，强化管理会计价值观体系的底线思维。企业管理当局在经营活动的决策选择上，应主动承担决策的责任和相关的义务。但在人机协作的决策模式下，需要考虑是否将决策责任主体从人扩展到人和机器。

目前，企业管理中的决策绝大多数情况下是人，重要决策没有完全交由机器，这主要是出于以下三个方面原因：第一，与决策相关联的动作和情景组合数量太多，对机器而言仍然过于复杂。第二，机器不擅长预测罕见事件。

阿格拉沃尔（Agrawal，2018）指出，哪怕自己的企业过去不曾出现过类似的事件，管理者也会就并购、创新和合作伙伴关系等事务做出决策。而如果一种情况在过去没有多次发生过，机器就无法预测判断。第三，则是在无法明确责任的现状下，出于监管的要求避免由机器做出决策。

但是，随着机器学习的快速进步，人工智能在决策当中所应承担的责任已经不仅是作为思想实验的政策讨论，而是实实在在面临的问题了，随着大量新领域对自动化的需求越来越高，与责任分配相关的政策将迎来一股发展浪潮。根据段伟文（2013）的研究，人工智能在智能财务中对法律责任和伦理道德提出的新命题可以分为两个方面：第一，在人工智能没有自主性和决策权利时，与之相关的人有何种法律责任和他们应遵守怎样的职业伦理道德？第二，当技术进步足以使人工智能发展成为自主能动者时，在其设计中应该嵌入什么样的伦理系统？设计与使用者应遵守哪些专业伦理？应该建立怎样的人机协作模式？

人工智能的隐私与数据保护是智能财务面临的另一个新问题。数据中台作为智能财务的技术基础，本身在数据治理层强调数据安全问题。智能财务的发展依托于云计算、大数据技术，在数据挖掘和收集的过程中，可能会出现未经授权的获取数据行为，给企业带来一定法律责任风险；在数据的应用过程中，相比于传统的信息系统环境更容易由于系统自身的缺陷，导致数据泄露问题。对比而言，国际内部审计师协会（IIA，2020）的报告表明，内部审计已经开始思考首席审计官（CAE）在企业网络安全和数据保护工作中的作用，随着财务人员的数字化水平不断提高，智能财务在其中应该扮演什么样的角色，也是人工智能背景下财务人员需要思考的新问题。

11
第十一章

智能财务的技术原理

技术原理并不等价于专业的技术知识。事实上，某项应用的技术原理涵盖了思想层面、架构层面和代码层面。本书认为，了解基本的思想和架构层面的原理，有助于我们根据千变万化的具体工作场景，通过分析和判断找到创造性的应用模式（见图11-1）。

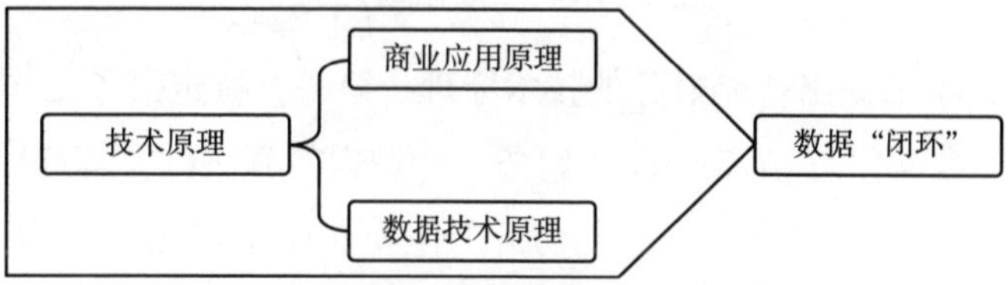

图11-1　构建智能财务应用场景的技术原理

要构建智能财务应用场景的技术原理，我们可以从商业应用原理和数据技术原理两个维度进行讨论。在商业应用原理上，阿里巴巴集团的曾鸣（2018）在《智能商业》中根据蚂蚁小贷的运营模式，描述了未来智能商业的样貌："特定商业场景的数据化、忠实于商业逻辑的算法及其迭代优化，以及将数据智能与商业场景无缝融合的产品。这三件事融会贯通、相互包含，在反馈闭环中共同演化。"产品化的智能应用将用户的行为数据向云端迁移，云端的数据智能由同感产品传递至客户端，由此构成的反馈闭环，使机器永不停歇地学习、实时敏捷地进行优化；在数据技术原理上，迈克菲等（McAfee et al.，2018）

在《人机平台》中提出各种智能技术的应用离不开5个并行、相互依赖和重叠的领域的最新进展，分别是数据、算法、网络、云端和指数级改进的硬件。其中，价格大幅下降的感应装置作为数据采集的新手段，产生了大量数据，激活了更高速度的创新和实验；这些数据被用于测试和优化算法，帮助系统进行学习；同时，算法被置于云端服务器当中，并通过强大的网络分发到机器，使每个终端都可以享有超强的计算能力和先进的算法；在此基础上，创新者又开展下一轮的测试和实验，产生更多的数据，如此周而复始，持续下去。可以发现，无论是基于应用角度还是技术角度，最终都强调数据从产生到运用需要形成一个“闭环”。

本书认为，智能财务不是简单的“人工智能+财务”或者“财务+人工智能”，其应用技术的实现有其工作原理，同样需要具有“闭环思维”。在财务转型过程中，我们广泛借鉴了数字经济时代下的平台思维、连接思维、共享思维、协同思维和智能化思维，充分利用新的数字技术实现财务共享服务的数字化转型，在构建智能财务应用的过程中也参考了互联网应用的设计理念、借鉴了人工智能在其他领域的应用场景。本质上来说，智能财务的构建正是在整个智能商业的环境下发生的，也需要遵循数据科学的基本规律，智能财务的技术原理与上述两个维度的闭环具有相通之处。

基于此，本书提出智能财务的技术原理：第一，特定财务工作场景的数据化（以下简称数据化）；第二，基于财务工作逻辑的算法化及其迭代优化（以下简称算法化）；第三，将数据智能与财务工作场景融合实现产品化（以下简称产品化）；第四，从硬件和软件两个维度实现智能财务应用的平台化（以下简称平台化）。这四条技术原理构成了智能财务应用的反馈闭环（见图11–2），下面本书将对该技术原理展开介绍。

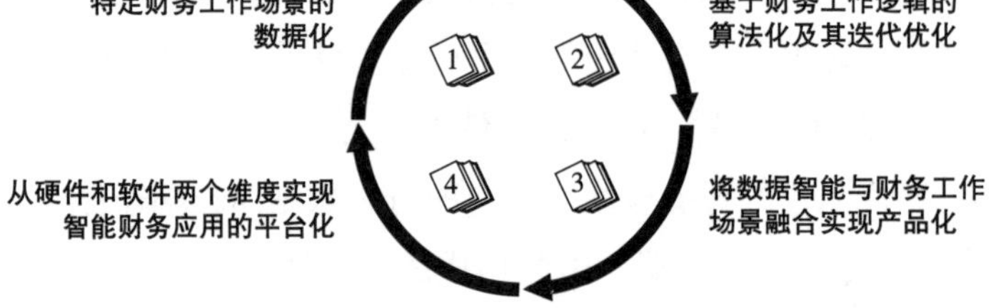

图11–2　智能财务应用的反馈闭环

一、特定财务工作场景的数据化

会计行为本身就是一种数据化行为，数据化的本质是将一种会计现象转变为可量化形式的过程。传统的复式记账法使用数据直接反映了经营主体的盈亏，奠定了以标准数据进行记录的基础。当前互联网技术的迅速发展进一步推动了数据化的深度和广度。

特定财务工作场景的数据化体现在不同层面的智能财务应用场景的数据化各有不同的侧重点，前端的智能财务机器人、中间层面的智能财务助理更强调充分、完全的数据采集，并不断向后传递，同时实现一定程度的分析；中高层的智能管理会计应用再到后端的智慧企业大脑更强调在数据治理基础上对数据的不断利用，并最终汇集在企业的大数据中心，而构建起前后连接的正是数据中台。按照数据采集和处理的过程，数据化有以下技术要点。

第一，实现更充分的数据采集以及超越自动化的认知智能。数据的采集也分为几个维度：一是基于特定标准和格式的采集；二是任意标准格式的采集；三是除书面内容以外的行为数据的采集（见图11-3）。

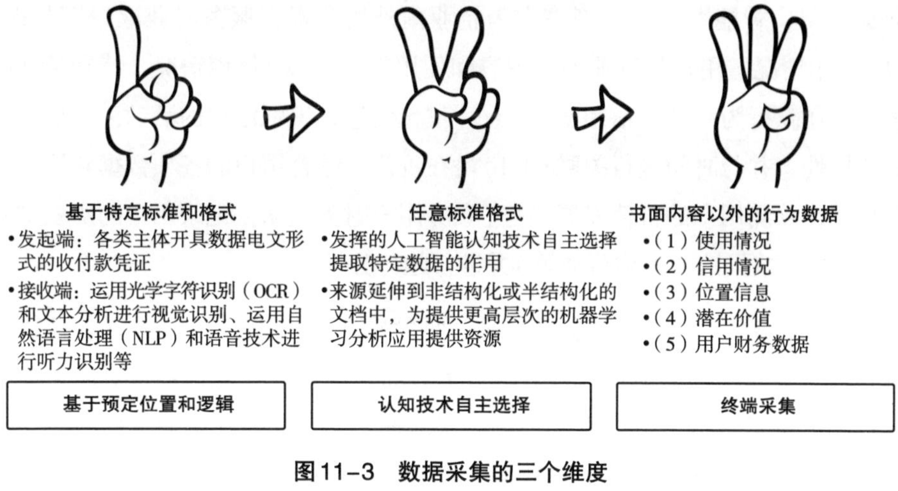

图11-3　数据采集的三个维度

特定标准和格式的采集可按数据发起端和数据接收端进行分类：在数据发起端包括各类主体开具数据电文形式的收付款凭证，如电子发票等电子档案（陈立等，2016）。当然电子形式的数据来源只是财务机器人可采集数据的最简单形式，面对非结构化的数据则需要在数据接收端提升采集能力；数据接收端包括运用光学字符识别（OCR）和文本分析进行视觉识别、运用自然语言处理（NLP）和语音技术进行听力识别等。这类对于文件信息（如发票）的识别，实际上是基于预定位置和逻辑而实现的，对于不同的票据均需要专门定义。

由于财务所接收的文件并不都具备统一格式和报告标准，因此数据的采集不能仅仅基于具体位置的预定义逻辑，这实际上需要发挥的人工智能认知技术自主选择提取特定数据的作用（Venkat，2018）。只有这样，数据采集的来源才可能延伸到非结构化或半结构化的文档中，如审计报告、财务报表乃至其他格式不同的研究报告、法律合同等，为更高层次的机器学习分析应用提供资源。

除了上述以书面形式呈现的数据源外，面对更加细化的行为数据，智能财务可以主要通过终端采集，而且相较于PC端更强调来自智能手机等移动终端（朱亚兴等，2014）。移动终端作为企业应用的重要数据采集器，可采集的数据颗粒度大大细化。参考史雁军（2018）列举的可以从移动终端用户获取的数据类型，智能财务可以考虑在为企业内外用户提供服务时获取以下数据：（1）使用情况，用户处理业务的内容和使用频率；（2）信用情况，特别是外部客户的还款行为和社会信用状态；（3）位置信息，识别用户的活动区域范围和相关属性，并与时间进行关联；（4）潜在价值，综合用户的各项数据和历史信息变化，预测用户的价值发展趋势；（5）用户财务数据，记录用户的历史交易记录（如出差报销、采购活动等）并进行趋势分析。

第二，对采集的数据进行治理以便更好地提供服务，这本质上是数据中台数据应用闭环的体现。在数据服务方面，主要通过数据中台对所采集的数据功能进行激活，具体则是强化数据治理。财务需要在企业数据战略、管理政策和制定的框架下，进行数据架构、数据标准、主数据等工作的治理咨询，并进行数据需求管理、数据仓库平台建设和应用流程的建立和评估（王兴山，2018）。智能财务助理作为面向业务人员和财务人员个体的助理型应用，强调快速和灵活性，以往的数据处理都无法做到，这正是数据中台的优势体现，也是建立智能财务必须从财务共享服务数字化转型、建立数据中台开始的根本原因。在此基础上，财务部门可以建立起数据集市，将不同来源的数据实现关联并加以标准化，描绘出用户需求的动态图（Sweetwood，2019）。结合到绝大部分的智能财务，分析其背后的本质则是通过对相关元数据的加工，构建完整的财务语义层模型，以满足场景化的需求，这是实现人机交互的必要前提，对此在国资委发布的《关于加快推进国有企业数字化转型工作的通知》当中，也明确提出："加强数据标准化、元数据和主数据管理工作……强化业务场景数据建模，深入挖掘数据价值，提升数据洞察能力。"通过数据集市，可以将用户行为与财务通过数据创造的价值结合起来，方便财务部门明确哪些方面的服务可以转化为收益，提供更加精确的绩效评价和反馈。

二、基于财务工作逻辑的算法化及其迭代优化

算法化及其迭代优化是智能财务能力高低的核心。在具体介绍智能财务算法化技术原理之前有必要对各类算法及其应用原则做简要阐述。

（一）算法的基本分类及其应用原则

对财务人员而言，不可能要求其学习并掌握所有算法，也不必要完全理解具体的算法实现原理。但是，理解不同种类算法的一些基本理念，可以帮助我们快速识别某个新的具体算法所要解决的问题，或在问题与算法之间进行匹配，对某一应用场景选择合适的算法。

算法本质上就是告诉计算机应该做什么的一系列指令。简单的如控制一个晶体管的开关、复杂的如进行预测的各类模型，都属于算法。当前，具体的算法和对算法的分类有非常多种，但都基于几个基本思路。Domingos（2017）指出人工智能领域的核心思想主要归为五个学派，每个学派都有其主算法，它们分别是：（1）符号学派。所有信息都可以简化为操作符号，可以进行替代表达和推理，其主算法是逆向演绎。（2）联结学派。模拟大脑神经元，

通过调整各层神经元之间的连接强度来进行学习，主算法是反向传播学习算法。(3)进化学派。通过对参数进行微调，实现利用计算机模仿自然进化，主算法是基因编程。(4)贝叶斯学派。利用概率推理，来处理嘈杂、不完整甚至自相矛盾的信息，主算法是贝叶斯定理及其衍生定理。(5)类推学派。在不同场景中认识到相似性，并由此推导出其他的相似性，主算法是支持向量机。在此基础上，Domingos（2017）提出了“终极算法”的设想，即一种算法涵盖了上述各类不同的能力。应该补充说明的是，有别于传统简单自动化的RPA处理，基于算法的机器学习能力才是财务信息技术从自动化跃迁到智能化的根本前提（见图11-4）。

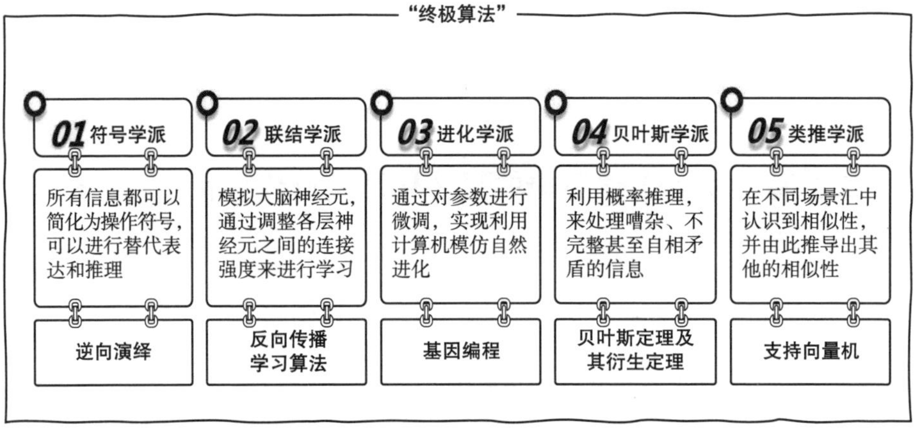

图11-4 人工智能领域的核心思想学派及其主要算法

基于此，本书提出财务人员学习和利用算法的两大原则：第一，根据对商业本质的理解、人性的洞察和财务数字化转型的方向设计和优化算法。例如，后面将讨论的推荐算法，本质上就是在类推学派的理念下发展而来的，它出于把顾客可能感兴趣的商品推销给顾客的基本商业逻辑；或者在考虑到决策人非理性因素的情况下，选择适用的算法对决策进行优化等。第二，将算法原理与财务专业相结合。智能投顾领域的现代投资组合理论（MPT）模型正是基于贝叶斯分析方法和资本资产定价理论来实现的（黄庄庄等，2018）。财务人员需要考虑的是如何将会计基本原理和财务管理相关理论与算法相结合。

（二）智能财务算法化的技术原理

不同层面的应用在要实现能力提升和选择的算法上各有不同，需要基于特定的财务工作场景进行算法选择和设计。智能财务机器人要求不断提升操作和数据识别的准确性，偏向于利用联结学派的神经网络等算法；智能财务助理要求为员工提供有针对性的数据服务，偏向于类推学派的相关算法；智能管理会计应用要求的是强大的数据处理和预测能力，贝叶斯学派的相关预测模型算法可能是较好的选择；智慧企业大脑需要实现近乎通用的人工智能，因此当前的算法模型以及算法迭代方式可能并不能满足需要，创造“终极算法”或寻找新的算法迭代方式成为必要条件（见图11–5）。

图11–5　不同层面的应用要提升的能力和选择的算法

需要指出的是，推荐算法同样可以运用于智能管理会计应用的数据服务当中，智能财务助理同样也离不开分析和预测算法模型对数据的处理，而且一个应用场景所体现的复杂功能不是仅靠一类算法就可以实现的。因此，各类应用与这些算法之间并不是完全对应和界限分明的，本书就各类算法的突出表现进行介绍，具体应用中还是以应用场景的需求为标准进行判断和选择（见图11–6）。

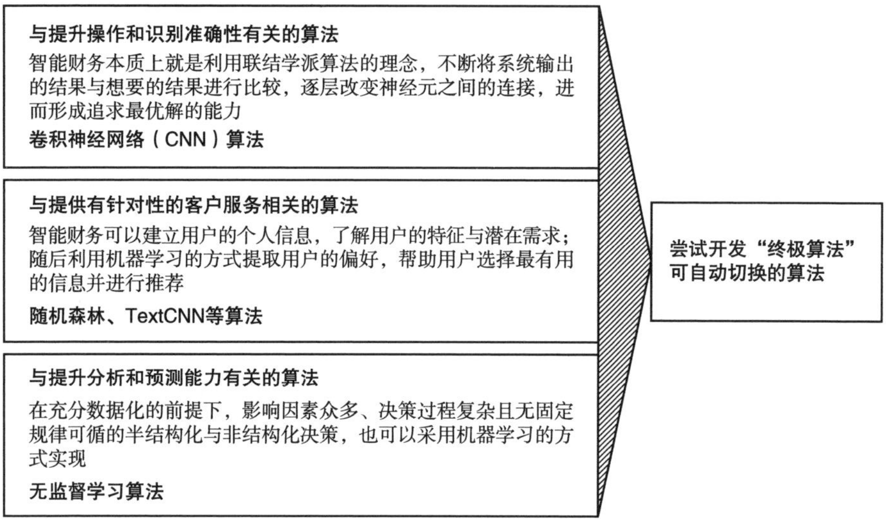

图11-6 各类算法的突出表现

1.与提升操作和识别准确性有关的算法

智能财务应用在处理重复业务和采集数据的过程中也需要像人类一样，通过观察和适应自身的环境来学习，提高其表现。深度学习领域中的卷积神经网络（CNN）算法可以通过监督学习或非监督学习的形式，帮助智能财务实现视觉识别和听力识别能力的提高。以视觉识别为例，卷积神经网络算法可以对字符识别数据库进行自动更新，并通过对大量字符集进行标注和训练，逐步形成所需要的神经网络模型，以达到媲美人类智能的识别准确度。另外，还可以根据所识别内容的不同（如英文、中文、数字等）配备相应的引擎，进一步提高可信度（王言，2020）。在其他的机器人工作中也同理，记账、报表生成等也可以随着用于训练的标签数据量的增大而不断进行动态调整和完善优化（何瑛等，2020）。人脑的学习机制本身就是调整神经元之间连接的强度。智能财务要提高各类自动化工作的“熟练度”，而非定死在某个指标上，本质上就是利用联结学派算法的理念，不断将系统输出的结果与想要的结果进行比较，逐层改变神经元之间的连接，进而形成追求最优解的能力。

【令才实践案例】

卷积神经网络在智能财务审核中的应用

当前，越来越多企业的财务共享中心开始向自动化、智能化转型升级，借助于智能化解决方案，有利于财务共享服务中心进一步帮助企业实现降本增效，这就要求企业必须应用更为精细的财务管理手段。由于财务流程的特殊性与复杂性，加之企业对数据的准确率要求越来越高，单纯依赖于人工智能并不能完全满足企业预期。一方面，现有的人工智能技术无法解决更多个性化的业务；另一方面模型训练总是存在概率问题，无法达到100%准确率。

案例企业L集团与大多数大型企业集团一样，由于业务的快速扩张，为了进一步降低成本，加强管控，引入了财务共享服务中心建设，并在财务审核环节引入了机器人自动审核模块。应该承认，试运行一段时期，在一定程度上解决了部分财务共享服务的人工工作量，但受制于机器人自动审核的局限性，整体效果大打折扣。以应付账款模块为例，应付模块（A / P module，AP）作为L集团财务共享服务中心的重要工作模块，承担着每月数万单的支付审核，但随着L集团承接业务量的增加，AP团队人数也逐步增加。在发展的过程中，财务共享服务中心业务压力增加、工作内容单一、离职风险增加、管理难度上升、数据积累困难的问题开始不断涌现，已经无法进一步支撑企业的经营决策等。L集团高层及财务共享服务中心希望借助新技术、新模式，实现该模块的轻量化运营，释放更多人力资源，同时提升业务处理的效率和数据质量。

1.痛点分析

L集团机器人自动审核流程为：先由机器人抓取费用及共享系统中的单据数据（影像及电算化数据），然后由机器人调用OCR识别影像数据，OCR识别完成并提取完结构化数据后，进入机器人内置的单据规则，产生单据的审核结果。运行一段时间后，L集团发现了许多新问题：

（1）OCR识别的准确率未能达到预期目标，必须采取人工二次较对，才能保证准确率，这就进一步导致财务共享服务中心人力成本增加，作业时效差。

（2）L集团财务要求OCR能够从粘贴单上把每个原始凭证准确“摘”出来，便于按类型归档凭证。而机器人切割技术会出现票据切割失败的情况，从而影响后续流程操作。

（3）OCR识别出的数据，不能完全满足L集团财务规则开展审核自动化的需求。L集团机器人自动审核只能完成部分简单规则的自动审核，同时植入规则受制于机器人识别的所有字段是否完整，将直接影响自动审核效果。因为机器人识别制式附件正确率达不到100%，识别非制式附件的错误字段或识别不出的字段多，直接导致L集团自动审核项目失败。

2.解决方案

针对L集团财务共享目前的痛点，令才科技提出了：智能审核解决方案的整体接入，即由令才科技智能审核解决方案替代机器人自动审核和目前的人工审核，实现对机器人审核流程的替代。随后机器人仅承担数据传输的功能，审核流程全部都由令才科技智能审核解决方案替代。

（1）实施流程。

①在结构化数据提取环节，令才科技将企业自主研发产品“数据提取模块—慧看”与L集团“机器人自动审核”实现对接，通过智能识别和令才科技自身的芝麻菜众包平台通过人工补录并行模式，模拟人眼获取全部原始单据上的结构化数据，然后与系统数据合并。当出现识别置信值较低的字段，识别引擎将进行准确切割，将对应字段图片交由芝麻菜人工补录平台进行二次提取，确保提取的字段最终达到100%的正确率。这一流程中，“数据提取模块—慧看”完全替代了L集团机器人自动审核中的OCR提取模块，解决了原OCR识别中存在的响应时间较慢、训练人工干预较多、置信准确率较差等突出问题。同时，智能识别与芝麻菜人工补录平台的一体化运营，解决了L集团二次校对人工成本较高的问题，也极大地提升了识别质量和速度。

②智能审核环节。令才科技自主研发的“数据提取模块—慧审”基于获取到的结构化数据，模拟人脑完成财务审核。当完成信息的前端录入之后，结合电算化信息和系统中的字段，进入“规则自动化模块—慧审”，最后得出单据的审核结果。目前来看，这一环节，由于智能识别与财务审核自动化跨度较大，很多厂商还无法凭一家之力同时满足企业需求。截至目前，L集团已有包括银行回单业务自动审核、验证码业务自动审核、退工程保证金业务自动审核、通讯费业务自动审核、招待费业务自动审核、营销及客户维护业务自动审核、招聘费业务自动审核、境内差旅费业务自动审核等16项业务场景实现了智能审核。

（2）产品构成。

本项目中智能审核解决方案由“数据提取模块—慧看”“规则自动化模块—慧审”两部分组成。令才科技“数据提取模块—慧看”所采用的智能识别技术是通过卷积神经网络（CNN）技术研发的智能识别应用，将不同种类票据进行快速、批量化识别，形成可编辑的结构化信息。与OCR光学识别相比，可以自动判断识别错误的信息，对影像像素要求低，识别率高，现已训练完成全部类型发票模型，识别字段齐全，票据识别兼容性好，结果不受拍摄角度、背景、亮度、折痕、内容错位等因素干扰，具备较高的复杂环境可用性。人工补录采用的是令才科技自主研发的芝麻菜平台，这是国内独家会计众包平台。该平台通过互联网手段，整合海量用户碎片化时间，来完成企业识别不准确的需求。这是目前对智能识别错误单据、无法识别的非标准版式单据进行人工补录的最优方式。“规则自动化模块—慧审”通过将财务合规审核、风险审核、真实性审核、内控审核、支付审核等审核规则植入系统，实时校验、审核前端提取数据的准确性和财务合规性，校验结果传至业务指定系统，整个过程自动化，全程无感，不影响企业原有系统，审核高效准确。

3.实施效果

该智能审核解决方案突破了L集团原机器人自动审核模式的局限性，在保证单据识别准确率和时效性的前提下，实现了与L集团付款无纸化的完全结合，做到单据审核完全自动化、智能化。实施效果具体表现在：

（1）审核时效大幅提升：从单据进入智能审核平台，到回传财务共享平台审核，平均时效10~15分钟，较L集团原审核流程的实效性来说，得到大幅提升；

（2）突破了L集团OCR识别准确率的局限性，大幅提升识别效率和质量；

（3）提升了规则审核自动化程度，并已运用于多个财务审核业务场景，大约节省几十个全职人力工时；

（4）积累了大量结构化数据，为企业数据分析及未来经营决策奠定了量化基础。

2. 与提供针对性客户服务有关的算法

刘勤（2020）指出，智能财务的应用不一定要重新研发新的人工智能技术，一个好的技术可以在很多行业成功应用，而我们需要通过深度观察来选择成熟的技术并移植到合适的应用场景中。当前，推荐算法已经广泛应用于电商、网络媒体和教育信息化等领域，带来了巨大的经济效益并引发了用户习惯的深刻改变。韩向东等（2018）曾提到利用信息推荐为管理者提供更为及时精准的价值优化和信息服务。本书认为，智能财务应用可以选择面向客户的各类分析模型，其中聚类、预测和推荐是三种常见的分析模型（史雁军，2018）。聚类是一种应用机器学习算法的分析技术，目的是从大量数据中发现可能的关联。简单来说，聚类就是从数据中发现类别（Venkat，2018）。在智能财务应用当中，它可以对数据集进行分析，从中发现具有相似个性特征和社群特征的客户/用户群体，为提供更加有针对性的数据服务做准备，目前相关算法已经较为成熟地用于财务共享中心制证环节，通过随机森林、TextCNN等算法已经可以把财务共享中心经济活动较为精准（大于96%）地生成会计凭证，实现通过聚类算法的智能制证。预测分析是通过学习用户过去的行为来预测未来行为的倾向性。智能财务可以借此预测用户想要获取的业务服务类型、最希望看到哪些方面的数据、最有可能需要学习的课程内容等。聚类和预测是实现推荐应用的前提条件，根据推荐技术的基本原理（夏培勇，2011），智能财务可以建立用户的个人信息，对内外部人员基于经常处理业务、获取数据的权限、对共享服务的评价、学习的课程等，了解用户的特征与潜在需求；随后将用户信息与数据库进行比对，过滤出与用户相关的内容并加以整合、分类、注解或索引，利用机器学习的方式提取用户的偏好，帮助用户选择最有用的信息并进行推荐。

3. 与提升分析和预测能力有关的算法

财务基于数据仓库，进行数据挖掘和应用分析、支持企业管理层经营决策，一直是决策支持系统等管理系统致力于实现的，在这部分的分析方法和模型往往也最为复杂。伴随着计算机应用的发展，主要开发出了采用回归分析预测、指数平滑预测等方法的预测模型，以及采用线性规划、线性盈亏方法的决策优化分析模型（杨帆，1994），种种相关的模型集中在模型库当中，与财务专家的经验、知识与科学方法集于一体，赋予决策者预测和分析问题的能力（梁荣华等，2001）。人工智能技术的应用使模型库当中更多地采用智能体技术，实现预测能力的提升（高长元等，2008）。但是，受数据量、计算能力和模型分析能力的限制其作用发挥有限。目前，在充分数据化的前提下，那些影响因素众多、决策过程复杂且无固定规律可循的半结构化与非结构化决策，也可以采用机器学习的方式实现。在涉及分析、预测与决策的场景中，何瑛等（2020）指出，财务可以采用无监督学习算法处理大量非标签化数据，基于数据本身的内在关联而非传统的财务思维得到特定的决策模型与决策规则，为企业中高层管理者结合自身的经验判断和个人偏好进行决策提供有效辅助；在反舞弊与风险控制场景中，可以采用监督学习算法对历史舞弊案例和相关财务数据中的特征进行提取，找到模型的特征与舞弊和财务风险之间的相关性，提高风险预警的能力（德勤，2020）。

4. 尝试开发“终极算法”或可自动切换的算法

上述算法的选择和应用其实建立在一种基本的合作模式之上，那就是财务和业务专家选择并获取相关数据、提出需求，机器学习专家根据需求来进行算法选择和训练。但正如侯赛因（Husain，2018）指出的，我们可以找到让该模型变得更精确的附加数据，但生成该模型的算法不会发生变化，而算法的切换则几乎相当于开启一项新的工作。例如，在智能管理会计应用当中，开发出来的反舞弊和风险控制监督算法，与精益成本管理想要实现的功能是基于不同的业务逻辑，形成了完全不同的算法逻辑。在前者应用场景中所形成的能力不具备可迁移应用的特征，也就意味着企业需要根据各个具体的应用领域分别进行算法选择和训练，带来较高的开发成本。而且，算法迁移应用和自我迭代的问题如果不能得到解决，则很难实现具备通用人工智能能力的智慧企业大脑应用，算法可能只会成为一种更高水平的模型，而不会带来人工智能应用对于企业的颠覆性变化。面对这一问题，主要有两种解决的思路：第一，开发终极算法（Domingos，2017），该算法可以普适地应用于智能财务的各类场景当中，不需要单独的调试和训练；第二，开发可以实现在算法之间无缝转换，以满足不同财务工作领域训练要求的算法运用机制（Husain，2018），这样算法就可以进行自我调整并迭代优化，根据具体的情况进行改变和学习，在较少业务专家和机器学习专家参与的情况下实现自我建设。

三、将数据智能与财务工作场景融合实现产品化

产品化就是把一种技术或服务通过标准化、规范化的流程形成一种可大规模复制生产和发布的能力，它主要体现的是一种能力的复用性和可移植性。将智能财务各类技术应用产品化的作用体现在以下两个方面。

第一，产品化可以提高用户体验，更便于数据采集。曾鸣（2018）指出，产品可以真正把用户、数据和算法创造性地连接起来，是与用户完成个性化、实时、海量、低成本互动的端口，它不仅直接完成用户体验，同时记录了用户数据，形成反馈闭环，进而不断优化以更好地理解客户需求、提升用户体验。对智能财务而言，如智能财务机器人、智能财务助理均可以通过终端的应用实现快速的调用，这不仅可以实现更细颗粒度数据的采集与反馈，更借此强化了财务的服务职能。

第二，产品化便于智能财务应用的推广部署，并实现向外输出能力。传

统财务共享服务中心的功能扩展，就是承接外部企业的服务业务，进行独立经营并创造价值，这本身是一种产品化的体现；数据中台的核心理念更是将形成的数据服务进行沉淀和复用。当企业的智能财务应用实现较高程度的产品化时，甚至可以考虑对外提供相关服务，进一步提升财务创造价值的能力。

产品化的技术原理，就是将设想的应用场景通过代码来实现，这更偏向技术人员的工作。对财务人员而言，需要明确在不同的应用场景中，智能财务的产品化有不同的表现形式，因此也代表着不同的底层技术原理。

智能财务机器人应用场景中的技术通常以软件形式交付，根据不同的具体功能衍生出众多产品形式，如对账机器人（自动企税对账、银企对账和往来对账）、报表机器人（自动识别和汇总、提交异常报表数据）、开票机器人（自动开票、金税直联）、月结机器人（自动报告月结状态、检查月结异常和出具月结报告）和预警机器人（收入异常预计、资金异常预计）等（崔雷等，2020）。不同功能智能财务机器人都有着同样的底层开发原理，主要由三部分构成：一是开发工具。开发工具的作用是进行机器人软件的配置和设计，对需要执行的指令和决策逻辑进行编程，就是教机器人怎么做的过程。二是运行工具。用以检查机器人的运行结果，并实际使用设计好的机器人。三是控制中心。主要与机器人的部署与管理，包括启动或停止、设置工作日程、对不同机器人进行集中控制等。

智能财务助理以及智能管理会计应用的主要产品主要还通过查询、报表、可视化等形式进行展现，具体包括高管驾驶舱、业绩仪表盘、绩效对话台、数据大屏、内部管理看板和移动终端中的虚拟助理等形式（王兴山，2018）。正如Sweetwood（2019）所言，“只有在营销工具箱里，添上分析和可视化工具，你才能从费尽心思培育和治理的数据中讲出故事来”。本书同样认为，只有将智能财务应用融入财务和业务人员日常工作乃至生活当中，才能最大限度地发挥财务的服务职能，进一步形成数据应用的闭环。其中，最为主要产品化表现形式是虚拟助理（Virtual Assistants）或聊天机器人，用来支持业务财务职能以及业务人员自服务。在设备商的虚拟助理或移动应用中的聊天机器人已经得到了广泛的使用，如苹果的Siri、谷歌的Google Assistant、微软的Cortana以及小米的小爱同学等。这一类型的应用是智能财务实现多模态交互和人机协同的关键，德勤（2020）指出，这类助理应用可以通过自然语言、图表和图形来回答人们口头提出的问题，而不再仅使用传统的电子表格，可以看成是上述虚拟助理的专业财务版本。根据应用场景复杂程度的不同，安永（2018）将产品化的虚拟助理区分为以下三个层次：一是满足简单问答和低复杂度的工作。其主要原理是通过预设信息库和对话规则。二是实现情景化、个性化的反馈，并及时更新状态。其主要原理是通过与后端数据系统的基础，借助算法来提供支持。三是实现复杂的询问，进行自动化的决策制定和主动推荐。其主要原理则是进一步利用机器学习来处理数据，应对变化的业务需求。

进一步设想，在智慧企业大脑的应用层面，若经过复杂且困难的算法化，实现了更强的预测能力，但仍只是通过可视化的形式展示供人参考，在一定程度上并没有真正发挥人工智能的作用。结合我们在第八章的观点，行为主义人工智能，或称进化学派算法的目的是实现真正的“通用智能”，即可以理解或学习人类的方式，在各种环境中完成任意任务。因此，正如涂扬举（2019）所述，智慧企业的最高追求是实现“自主演进”，可以利用大数据驱动进行持续的学习、纠错和演进迭代。智能财务更高级的产品形态可能是融入智慧企业整体当中，通过与内外部环境的自主协调和目标调整，实现企业的持续增长。此时我们需要考虑的可能已经不是智能财务的产品形态问题，而是智能财务作为一种无处不在的工作方式，如何与人类形成一种良好的人机协同关系。

四、实现智能财务应用的平台化

作为财务转型的重要思维创新之一，平台思维在财务组织架构转型、财务共享服务的数字化转型的过程中都发挥着重要的作用。智能财务应用的平台化是建立在产品化基础上的，并且在具体的表现形式上分为硬件平台和软件平台两个维度。

在硬件平台方面，智能财务应用的平台化更强调企业大数据中心数字基础设施的建设，包括为算法提供计算能力的基础硬件、为算法模型提供基础资源的数据以及基本的数据存储能力，还包括通过云计算平台手段建设实现的数字基础设施。提供计算能力的基础硬件本质上就是通常所称的“芯片”：CPU（中央处理器）是最常见的一种通用处理器，提供通用的计算能力；ASIC（专用集成电路）主要是针对某一种场景的应用，其性能比一般通用芯片更强；GPU（图像处理器）也是一种专用芯片，在图像处理的特定场景具有优势，如结构化的票据识别和非结构化的人脸识别等，同时，考虑到目前产业端大部分智能厂商对于GPU进行过较为普及的应用优化，因此可以展望GPU在今后商业智能领域中能起到更为显著的作用。通常财务人员不会直接接触这方面的工作，但需要明确它是企业根据应用场景进行选择的，要考虑的要素包括体积、功耗、可靠性、性能、保密性和成本等；数据资源经过财务共享服务的数字化转型和上述采集，已经可以涵盖经营管理活动数据、公共大数据、第三方平台服务数据等；数据的存储主要考虑成本和安全性。Davenport（2018）指出，当前IT管理者越来越将Hadoop（一种大数据开发程序，用以对海量数据进行存储和计算）作为大量历史数据存档和快速检索的低成本替代方案，同时可以与传统的数据库和以数据集市为基础的平台基础架构共存。另外，云计算平台可以为硬件条件有限的小型企业、大型企业的分子公司提供自身难以具备的数据存储能力和计算能力。它一方面降低了企业进行智能财物升级的技术门槛；另一方面通过云的方式实现了数据的互联互通，从而便于各类应用场景中的用户进行更加紧密的协作。相关社会专业的平台化服务能力，为财务精细化管理和面向社会流程再造提供了基础，我们看到在目前绝大部分财务共享中心建设过程中税务、商旅、采购等业务都已经借助平台服务能力，实现更敏捷的整合。

在软件平台方面，智能财务的四大应用场景都建立在统一的财务管理平台之上，其架构如图11-7所示。

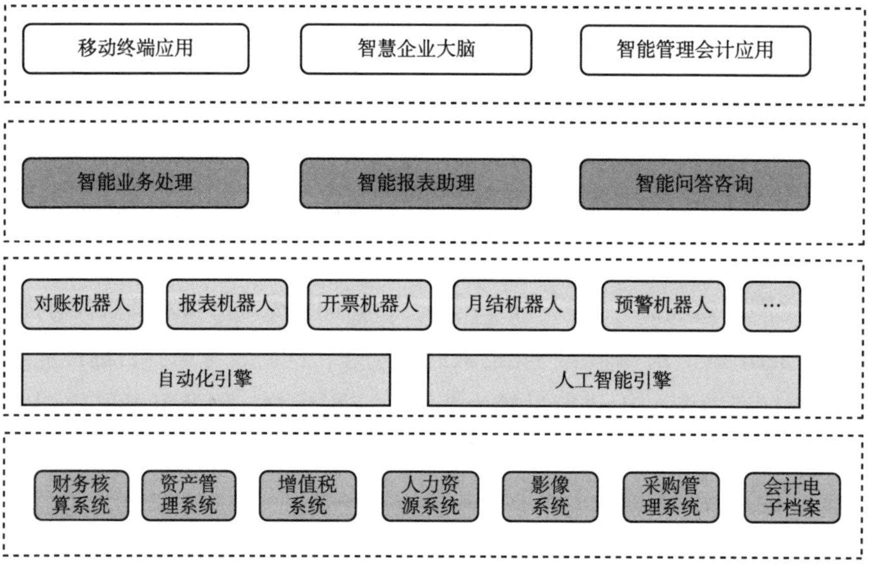

图11-7 智能财务应用场景平台框架

最后，回顾智能财务的技术原理，可以发现数据化、算法化、产品化和平台化整体上构成了数据运用的闭环。数据化在底层实现数据的采集、传输和数据治理；算法化在数据化的基础上集中于发挥机器学习对数据处理的作用；产品化则将产生的数据服务进行包装，更便于业务用户使用；平台化则提供了基本的硬件基础设施，并将各类应用场景统一在一个平台上，用户在平台上的使用过程，就是数据不断产生、采集、分析并应用的过程。

12
第十二章

智能财务应用场景

一、智能财务应用场景概述

目前，各类技术应用场景介绍的侧重点往往都在如何应用技术，而对于何谓应用场景、应用场景有哪些特征和要素、如何开发出将人工智能技术落地的应用场景等问题，却较少被提及。对财务人员而言，理解应用场景的概念可以帮助我们在纷繁复杂的智能财务应用中梳理出清晰的应用脉络。

（一）何谓应用场景

应用场景是产品设计领域的概念，是指用户在特定的场景和相关的技术支持下，产生使用产品的行为，从而满足自身需求。应用场景概念在互联网产品设计中得到了更广泛的关注，“场景化”成为产品设计中重要理念，目的是针对用户需求，提升用户的使用体验。

应用场景的特殊之处在于“场景”。场景一词常见于戏剧领域中，指在特定的时间、空间内发生的一定的行动任务或生活画面。借鉴这一定义，基于用户需求的应用场景包含以下几个要素：第一，时间、地点和事物，这些要素构成了产生需求的场景；第二，特定类型的用户及其需求，这两项明确了该应用主要服务的主体以及具体要解决的问题；第三，解决方案，基于上述要素，选择恰当的技术手段，为用户提供准确、有针对性的解决措施，解决方案是应用场景的主要表现形式。

应用场景是通过对用户需求的了解而形成的一种应用设想，目的是使产品设计和开发人员更能理解用户需要，进而使某项技术更具应用价值。智能财务应用场景需要解决的是人工智能等技术最可能被使用的财务工作领域所处的场景。

（二）为何应用场景如此重要

只有将人工智能用于用户需求的地方，解决用户的痛点，才能促进人工智能真正商业落地，因此，应用场景化成为人工智能落地的基石。

从宏观上看，应用场景使新技术的发展不会成为“泡沫科技”。泡沫科技是指技术无法带来实际效益，只能是“空中楼阁”。结合我们在前面对人工智能发展历史的回顾，可以发现，人工智能技术经历了几次起落，直到近年来才重焕生机。除了硬性的数据和算力条件外，还有部分原因是没有找到合适的应用场景。而今天，语音识别、人脸识别、智能机器人等各类人工智能应用，都已经进入普通百姓的日常生活中的各个方面。因此，应用场景的落地成为人工智能技术未来发展的关键之一，也是财务自身应对数字技术冲击的最好方式。

从微观上看，应用场景的研究保证企业技术投入由业务需求驱动。ICAEW（2020）指出，人工智能技术可以赋予财务人员新的能力，对相关工作和决策起到自动化的作用，能力的提升可以解决工作中各种各样的问题。因此，发掘财务工作中所面临的问题和痛点就变得十分重要，进而可以分析哪些技术较为契合，而哪些技术作用十分有限。应用场景的研究可以保证技术投入是由业务需求驱动的，而非简单的技术应用，这本身也是践行本书所提出的“技术与业务双轮驱动”原则的手段。

（三）如何构建智能财务应用场景

王玉梅等（2016）提出了应用场景的设计流程：首先，产品设计师需要对用户现状及其需求进行分析，并加以整理，从而客观描述当前的实际情况；其次，产品设计师根据用户相关问题与需求，设计具体的解决措施和方案；最后，设计师还需要对所提供的解决方案进行验证和评估，观察使用情况，为产品的最终设计提供反馈和参考。

本书将该流程与应用场景的三类要素相结合，通过举例分析一个典型的智能财务应用场景，即利用计算机视觉辅助审核验证。第一，在基础核算工作中，财务在进行记账工作前，会收到来自企业内部或外部的各类原始凭证。第二，会计核算人员需要验证原始凭证是否重复、判断真伪、审核合规性。在传统的流程中需要财务人员逐个查询、人工校验，一方面费时费力、效率较低，另一方面无法保证准确性和稳定性。第三，利用计算机视觉技术，可以把影像文件转化成结构化数据，并做出测量、判断、核对和验证（秦荣生，2020），实现单据的自动化审核，提升效率和质量，同时释放财务人员。根据这一思路，可以在充分了解财务工作流程的基础上，挖掘财务人员的业务痛点和需求，实现各类数字技术在财务领域的应用。

当前来看，人工智能应用于财务领域，进行产品研发和场景落地的核心是要解决财务人员工作效率或者替代部分财务人员的工作，其成功与否的判断标准为：①智能财务产品的使用频率是否高，效果好不好。②在该应用场景下，智能财务产品替代财务人员价值的大小。例如，如果智能财务产品可以将财务人员从大量重复性、烦琐的财务工作中解放出来，去从事更加具有附加值或者创造性的工作，那么这款智能财务产品的价值就很大，人们就更乐于接受。③在该应用场景下，智能财务的产品更有利于管理会计作用的发挥，提供决策支持，发挥管理效能，体现财务价值。

（四）智能财务应用场景的研究现状

在前面论述中，我们已从人工智能技术分类及其发展的角度，简要梳理了人工智能技术在财会领域应用的发展历程和现状。对财务工作而言，人工智能技术最终要落实到各类财务业务场景当中，实现对财务管理工作的全方位升级。在发掘应用场景的过程当中，由于不同主体的立场和动机不同，所构建的智能财务应用场景的侧重点各不相同，我们先分别来看一下以下三类主体的研究情况（见图 12-1）。

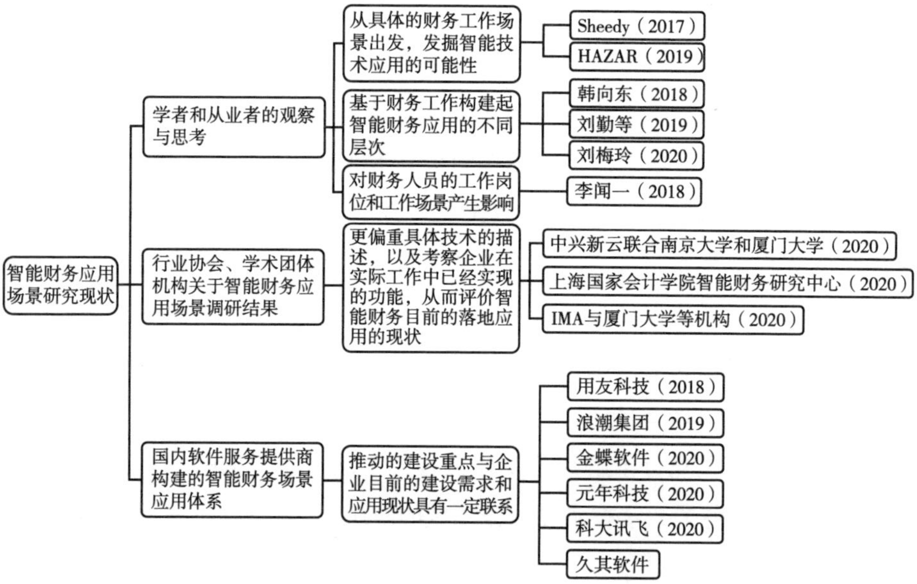

图 12-1　智能财务应用场景的研究现状

1. 学者和从业者的观察与思考

学者和从业者主要从具体的财务工作场景出发，发掘智能技术应用的可能性。沙迪（Sheedy，2017）认为成熟度高、重复性强的财务工作是人工智能的主要应用场景，通过梳理业务规则，完成如记账、工资支付、应收应付管理和一般的税务等工作。哈兹（Hazar，2019）指出，在财务人员执行财务计划或分析工作时，人工智能算法可以帮助财务人员提高分析能力，根据历史数据建模并做出假设，从而对未来的指标做出预测。这类技术通常以软件的形式供员工使用，被称为“数字助理”。例如，数字助理可以回复员工对于账单、现金流水、会计政策和流程的查询。

经过一定探索和企业的实践后，学者和从业者开始基于财务工作构建起智能财务应用的不同层次。韩向东（2018）将智能财务划分为基于流程自动化的财务机器人、业财深度一体化的智能财务共享平台、基于商业智能（BI）的智能管理会计平台和基于人工智能的智能财务平台几个层次的应用场景，并提出财务预测、经营推演、风险量化、价值优化、决策自动化和信息推荐六大应用方向；刘勤等（2019）将智能财务的应用分为财务核算全流程自动化系统、智能财务决策支持系统、企业智能财务共享服务平台以及人机智能一体化的业财融合管理平台；刘梅玲（2020）认为人工智能在财务领域的应用场景可以细分为感知智能、运算智能和认知智能的应用场景。

除了具体的应用场景外，智能财务还将对财务人员的工作岗位和工作场景产生影响。李闻一等（2018）认为，现有的财务岗位在未来将全部消失，如出纳、总账会计、固定资产会计、成本会计、税务会计乃至审计等，取而代之的是数据资产岗、信息需求岗、算法设计维护岗、人机交互岗、数据信息安全岗等新岗位，这些岗位构成了智慧财务新的工作场景；对个人而言，更多微型智能财务工具将为个人经济行为提供建议；对企业而言，智能财务工具和财务机器人也将在算法设计、维护人员的设计和操作下为企业创造更大的价值。

2.行业协会、学术团体机构关于智能财务应用场景调研结果

相关机构对人工智能等数字技术在企业财务领域的应用情况进行了多维度的调查，这些研究报告所展现的智能财务应用场景更偏重具体技术的描述，以及考察企业在实际工作中已经实现的功能，从而评价智能财务目前的落地应用的现状。中兴新云联合南京大学和XM大学（2020）发布的《财务的自动化、智能化、数字化》报告中列举了OCR技术辅助财务智能审核、自然语言处理应用于智慧审计以及知识图谱助力供应商关系管理等具体应用场景，指出人工智能将从产品、流程和洞察三个方面在财务领域发挥作用；上海国家会计学院智能财务研究中心（2020）发布的《中国企业财务智能化现状调查报告》对智能财务提供的服务、财务信息系统各模块的智能化程度等要素展开了调查，发现目前企业财务中智能化程度最高的是会计核算和银企互联模块，而最低的是风险管理和经营决策支持模块，但同时企业对智能化迫切程度最高的是会计核算和费用报销模块，而对风险管理和信息披露智能化的重视程度较低；美国管理会计师协会（IMA）与XM大学等机构（2020）发布的《智能

技术驱动下的财务共享模式创新与应用实践研究调查问卷分析报告》发现，受访财务人员对电子发票、数据可视化和大数据技术较为熟悉，并得到了长期的应用。未来企业更倾向于进行机器人流程自动化、大数据、高级分析和行为分析等技术投资。

3.国内软件服务提供商构建的智能财务场景

不同的服务提供商都构建了自己的智能财务场景应用体系，可以看出这些主体所推动的建设重点与企业目前的建设需求和应用现状具有一定联系。

用友网络（2018）认为新技术为财务带来了四大变革：一是业务财务，基于事项库实现业财深度实时融合，将财务融入业务的每个环节，实现事前、事中的服务与管控；二是数字财务，基于事项库大数据中心和实时的核算数据，财务人员可以进行数据挖掘、数据建模和数据分析，有效及时地服务业务决策；三是智能财务，通过人工智能技术提升财务作业的自动化和智能化程度，提高准确性、提升效率；四是综合财务，财务会计向管理会计、税务会计、社会会计转型，构建综合发展大会计体系，服务更多会计信息使用者。浪潮集团执行总裁王兴山（2019）将这种智能财务应用分为三个发展层次：首先，基于规则的自动化（RPA），具体表现为财务机器人的自动对账、智能报告等；其次，基于对话式用户界面（UI）的数字助理，语言交互、人机协作是重要特征；最后，基于深度学习的企业大脑，以大数据为基础的智能决策和风险内控是典型场景。金蝶软件发布的《智能财务白皮书》（2020）认为智能财务包括七个财务业务场景，即日常差旅、税务管理、营销管理、采购流程、采购付款风控、订配货预测和供应商优选，目标是实现交易处理的自动化、管理和决策的智能化。元年科技（2020）基于财务共享的智能化升级，构建了标准化、自动化的财务共享、连接在线商城的采购共享、连接商旅平台的差旅共享、税务共享，并在此基础上利用智能化技术。科大讯飞（2020）在智能财务领域，通过将人工智能技术与IT系统结合，使用自然语言进行人机交互，打造报账机器人、会计机器人、财务机器人，实现人机协同，人机耦合。三个机器人中应用的AI技术，主要包括语音技术、图像技术、自然语言理解技术，在IT系统方面，涵盖财务管理的预算、核算、共享、报表、资金、税务等各个方面。其中，报账机器人主要用来解决传统对公、对私报账方式下报销过程长、管控力度不够、单据错误率高等共性问题。通过借助感知智能技术并规范业务流程，建立标准制度，强化人机交互模式来落地智能填报、智能审批、智能审核、智能问答、自动支付和机制凭证等整体解决方案，驱动创造，最终实现少人化、无人化的工作价值目标。会计机器人主要应用于财务会计场景下，使用认知智能技术，让机器人基于核算过程、各种会计领域的专业知识，建立具体场景下的账务处理模型，进行大量的数据学习模拟训练，使之具备中级会计师的专业水平，最终达到能基于对会计准则、公司的各种财务管理制度的理解，处理全盘账务的能力，降低公司中层会计从业人员的劳动强度。财务机器人主要应用于管理会计场景下，使用认识智能技术，期望能通过对管理科学的理解，来实现企业管理的规划、控制、分析和预测，辅助企业的CFO、COO、CEO进行管理决策。久其软件认为，智能财务是财务数字化转型中两项核心能力之一，智能财务和财务大数据分别解决了财务生产效率和财务生产要素两方面需求。而智能财务在应用体系上包含“共享服务—管理会计—决策支撑—风险治理”四个横向管理领域，相关智能应用可以通过财务共享平台、数据中台提供从交易流水处理、机器学习审核、智能决策支持、风险矩阵管理等不同场景的互动式服务。

综合上述不同主体的研究观点，可以发现在智能财务应用场景研究中存在以下问题：第一，当前的实际应用主要集中在通过智能化提高效率、审核的功能上，缺乏更能发挥数据价值的应用，甚至将“智能化”简单理解为提高效率和准确性的手段。这既与企业当前的数字化程度和现实需求有关，还与真正实现更高级的人工智能应用的难度和成本有关。第二，智能财务应用场景的体系化不强，缺乏科学的层次性。刘梅玲等（2020）认为，凡是将“大智移云物区”等新技术运用于财务工作领域，对传统财务工作进行模拟、延伸和拓展的场景，都是智能化场景设计的范畴。但正因如此，当前对于智能财务应用场景的探讨多为点状的举例，而不具备科学的应用框架；层次性不强体现在技术和应用场景的对应关系较为模糊。例如，哈兹（Hazar，2019）强调人工智能对财务经营分析的作用，但仅以“数字助理”举例，实际上人工智能增强财务的分析能力不止这一个层面的一种应用。第三，当前应用场景的研究缺乏理论性的总结，单纯从实践角度介绍如何应用，而较少探讨背后的技术原理。这一方面是因为财务管理和人工智能等技术专业领域的跨度较大；另一方面财务人员似乎认为自己只需要“会用”智能财务产品即可，无须关注其背后的原理。本书认为，技术落地固然离不开技术人员，但理解背后的基本技术原理对财务人员思维转变、实现转型具有重要意义。考虑到未来智能财务理论的发展以及智能财务人才的培养，因而需要深入挖掘应用场景背后的技术原理（见图12-2）。

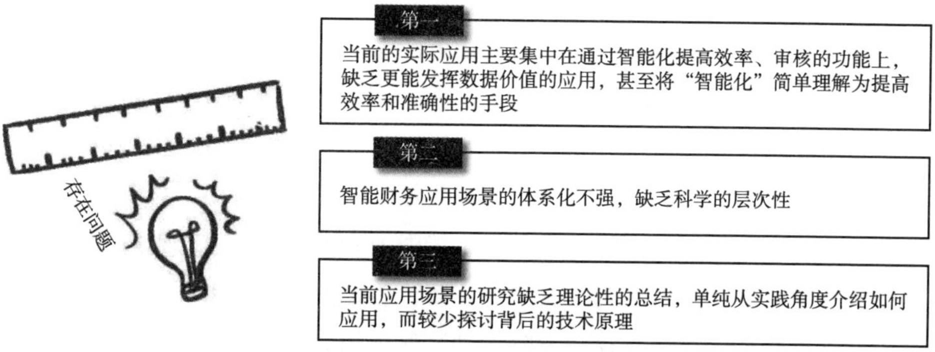

图12-2　智能财务应用场景研究存在的问题

二、智能财务的典型应用场景

在前面的章节中，我们将人工智能按能力表现划分为感知能力、记忆和思维能力、学习和自适应能力以及行动能力；按是否具备自主思维分为弱人工智能和强人工智能；按发展的阶段界定了计算智能、感知智能、认知智能和通用智能等几种不同的表现形式。不同领域的研究者对于人工智能应用所表现出来的能力的判断有很大的区别。阿格拉沃尔等（Agrawal et al.，2018）强调人工智能预测并帮助人类做出决策的能力；侯赛因（Husain，2018）强调人工智能主动设定目标的能力。当前财务领域的应用大多是执行自动化的操作、一定程度的感知能力和借助机器学习的大数据分析。可见，各类有关应用的不同观点其实最终指向“什么是智能”这一根本问题。因此，构建智能财务的应用场景首先需要明确的是财务到底需要哪方面的智能？要回答这个问题，需要从财务活动的内容来分析（见图12-3）。

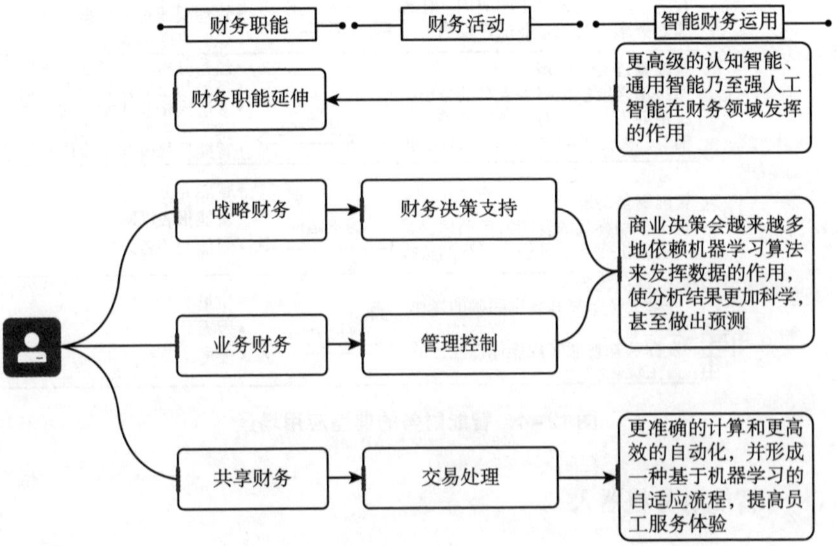

图12-3　不同层面的财务工作需要运用到不同程度的智能

根据前面所提出的财务组织架构的功能性转型，财务被划分为共享财务、业务财务和战略财务，这本身大致对应着交易处理、管理控制和财务决策支持三个层面的财务活动。基于这一架构，结合我们对智能财务定义的理解，智能财务强调在交易处理工作中实现更准确的计算和更高效的自动化，并形成一种基于机器学习的自适应流程，在与员工的协作过程中进行自我学习、提升表现（Daugherty et al.，2018），提高员工的服务体验；在管理控制和决策支持活动中强调商业决策会越来越多地依赖机器学习算法来发挥数据的作用，使分析结果更加科学，甚至做出预测；同时，还可以想象更高级的认知智能、通用智能乃至强人工智能在财务领域发挥的作用，使财务的职能得到进一步的延伸。因此结论是，不同层面的财务工作需要运用到不同程度的智能；不同类型的财务工作需要运用到不同类型的智能；财务同样具备使用通用智能或强人工智能的可能性。

基于上述思路，本书按照依次递增的智能程度以及财务工作的层级，将智能财务的应用场景分为以下四个层面，分别是智能财务机器人、智能财务助理、智能管理会计应用以及智慧企业大脑（见图12-4）。

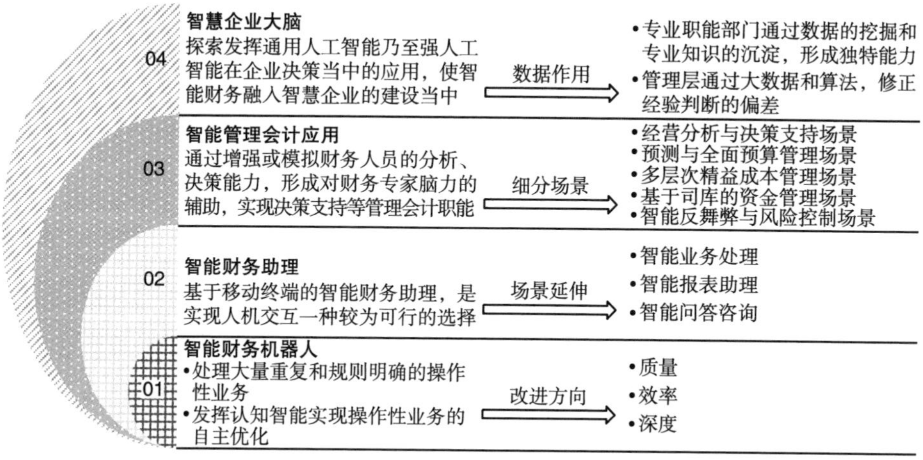

图12-4 智能财务的典型应用场景

（一）智能财务机器人

智能财务应用场景的第一个层面是智能财务机器人，主要是通过信息识别和流程自动化，处理大量重复和规则明确的操作性业务；并利用人工智能技术发展出一定程度的认知智能，实现操作性业务的自主优化，从而模拟或替代具体的财务工作流程。

1.处理大量重复和规则明确的操作性业务

《2018年中国共享财务领域调研报告》的调研结果显示，已有近半数的受调研企业在共享服务中心采用了基于RPA技术的财务机器人。其应用场景需要满足两个条件：一是大量重复，二是规则明确。前者让财务机器人变得有必要，后者让财务机器人的实现成为可能。具体的应用领域常见于下列财务工作场景，如图12-5所示。

在具体的应用场景的基础上，需要根据财务工作的特征和RPA技术的原理进行提取和抽象。田高良等（2019）基于RPA的财务机器人的功能划分为五大类，分别是数据检索与记录、图像识别与处理、平台上传与下载、数据加工与分析、信息监控与产出；王言（2020）将机器人流程自动化的各类工作环节抽象成为四个部分，分别是信息的获取、信息的加工、信息的分析和信息

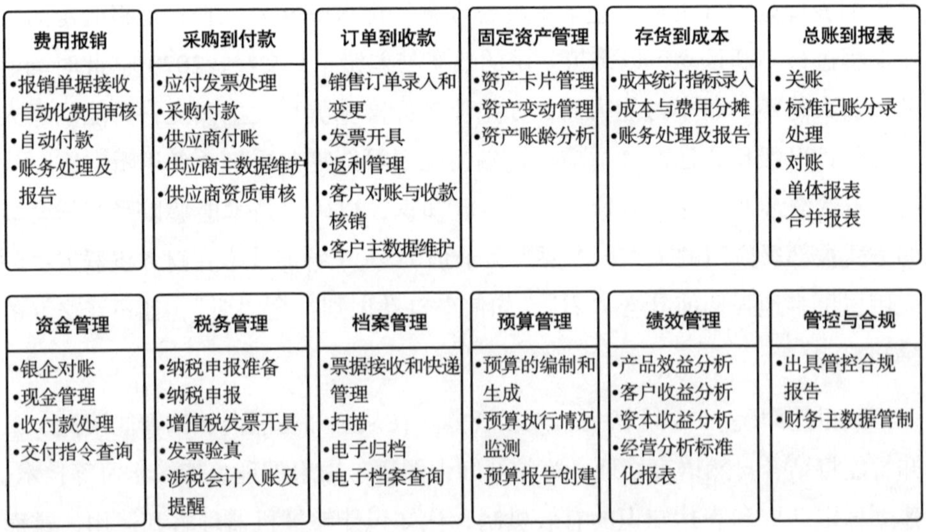

图12-5 财务机器人的常见应用场景

的决策。任何具体的自动化应用场景都是这四类工作的具象化或组合。本书认为，对于财务领域的自动化工作需要进行抽象，但只是适度的抽象，否则无法保留财务工作流程的特点以便后续优化。基于此，本书将智能财务机器人的主要应用场景细分为：（1）原始数据获取、导入和处理场景；（2）对账、审查与复核场景；（3）会计核算、报表及附注生成场景；（4）其他常规工作场景。其主要包括系统内外部平台的登录、文件下载与上传、信息通知等工作场景。

2.发挥认知智能实现操作性业务的自主优化

事实上，财务机器人是目前智能财务最为基础的应用，其细分应用场景已经得到了充分的挖掘，而且仅仅运用RPA技术实现的自动化并不能称为智能。本书认为，智能财务机器人应当考虑的是如何充分利用人工智能的认知能力，使智能财务的应用从感知智能向认知智能过渡，加速RPA技术和人工智能技术的融合，实现对于流程最优解的自动迭代以及更细致的数据采集。这正是与传统财务机器人应用的最大区别。

目前，财务共享服务中心的自动化业务处理当中还存在诸多不足，比较突出的表现是财务机器人基本不具备方案最优求解能力。它只是将既定的工作流程进行不断重复，以维持一定的效率与差错率（文峰，2020）。此时的财务机器人是不具备学习能力的，如果业务标准和流程发生改变，只能依靠人工为软件升级使之匹配和适应，极端情况下可能需要重构业务逻辑、重写代码（当然，涉及会计和监管合规的专业知识，以确保技术能够以受控与合规的方式被部署应用的工作仍需要人类干预）。人工智能技术在财务机器人中的应用也更多地强调使其会"看"，如信息自动识别；会"听"，如语音交互的感知智能。

阿里达摩院（2020）认为，人工智能正在从感知智能向认知智能演进，认知智能将结合自然语言处理、跨领域知识图谱、因果推理、持续学习等技术，建立稳定获取和表达知识的有效机制，让知识能够被机器理解和运用，进而实现感知智能到认知智能的关键突破。运用了认知技术的智能财务机器人在进行业务操作时，一方面可以根据业务场景准确地执行操作；另一方面可以提供基于语义的文本内容关联分析，对相关的内容进行关联和跟踪，协助业务人员进行符合实际场景特征的业务预测。例如，在自动合同录入工作当中，智能财务机器人可以利用自然语言处理技术，对合同关键字段进行自动提取，在进行自动化的录入，克服了在非结构化文本中对人类专家经验依赖程度高的问题。在此基础上，还可以通过人类专家给予反馈的方式，利用有监督学习不断提高机器人识别的准确度。

本书认为，智能财务机器人主要在以下三个方面实现改进：一是质量，通过标准化、持续统一地执行业务规则，帮助识别和应对常见的管控问题，在时效性和准确性量方面有大幅的改善；二是效率，自动化流程在处理速度、处理容量上得到改善，并进行自我优化，如通过增强学习算法提高票据识别的精确度；三是深度，利用人工智能引擎在同等的期限与限制条件内，提供以往难以实现的更细致的数据基础，最终向业务财务、战略财务和监管机构提供有价值的数据信息。

【令才实践案例】

“慧看”与“慧审”实现智能审核应用场景

随着计算机科学技术突飞猛进的发展，以机器学习、深度学习为代表的人工智能已经在工业、图像、语音等很多领域得到广泛应用，越来越多的企业开始思考如何将人工智能技术应用于财务领域。T集团是行业的龙头企业，一直以来，大力推进信息化和智能化建设，并积极运用先进管理手段和管理工具实现精益管理、降本提效。虽然T集团财务共享服务中心信息化水平处于行业领先，但集团财务审核依然停留在人工操作，智能化程度较低。

2019年，为积极顺应科技变革趋势，T集团提出财务信息化向财务智能化转型的设想，提出重新定位和构建新的财务审核系统的需求。

1.痛点分析

随着T集团业务规模迅速扩张，财务共享服务中心上收的业务越来越多，每月承担了5万多笔财务单据的审核工作，包括2万多笔费用报销单、1万多笔应付账款单、1万多应收账款单和1万多笔财务总账单，需要60余人完成这些单据的日常审核，月初月末加班是常态。更重要的是，根据企业增速预估，2年内审核单量达到8万多笔。为此，组织规模需要扩大1倍才能正常消化新增的单据数量。T集团财务领导者决定从报销单和应付单为切入点，开展财务智能化变革，减压降负、提效增质。

经调研发现，T集团报销单和应付单审核存在的痛点如下：

（1）高峰期业务量超过正常运营承载力。尤其是报销单，约7000单在每月27~28日集中提报，20余人组成的费用审复核团队不能按照服务水平协议（SLA）要求做到日清。

（2）人才资源严重浪费。60余人均是二类本科以上，部分硕士人员，而且一半人员具有中级职称。单据审核的基础性工作不利于员工价值发挥和职业长远发展。

（3）数据积累困难。人工审核不利于企业积累数字化交易信息，长此以往，企业将逐步失去量化管理的基础，财务共享也难以推进更多的智能化项目。

（4）人工差错率高。财务共享服务中心运营以来，发生过数10次重复报销却未发现、应付账款打错收款账号、不予报销事项却已经支付等风险控制问题，财务共享服务中心管理水平受到质疑，且已造成企业的实质损失。

2.解决方案

针对T集团财务共享服务中心的现状和痛点，令才科技为其打造了定制化智能审核解决方案，主要包含三部分功能：一是运用数据提取模块“慧看”实现各类票据的100%数据结构化；二是运用规则自动化模块“慧审”实现基于结构化数据的报销单、应付单智能审核；三是运用数据管理技术实现风险管控。

具体实施流程如下：

（1）数据提取：通过数据提取模块“慧看”实现各类票据的100%数据结构化。“慧看”包含OCR和人工校对套件两部分。T集团的报销单和应付单，90%以上都是同时包含制式票据和非制式票据，且因财务制度的严谨性，要求票据上反映的信息必须完全符合制度要求。通过OCR输出制式票据上每个字段的置信值，置信值较低的字段以及非制式票据的字段则由集成式人工校对套件进行补充和校对。集成式人工校对套件包含一个图片切割类校对平台，两个图片全局类校对平台，企业可根据实际情况选用全部或部分校对平台进行全类票据信息结构化。“慧看”采用OCR+人工校对套件模式，很好地弥补了现有OCR技术的不足，实现T集团财务共享服务中心全类票据信息100%提取的需求，为智能审核提供了数据基础。同时，此种模式输出的全类票据结构化数据也延长了T集团财务共享服务中心财务智能链条，实现发票查验自动化和报表数据自动化。全类票据信息100%提取的流程见图12-6。

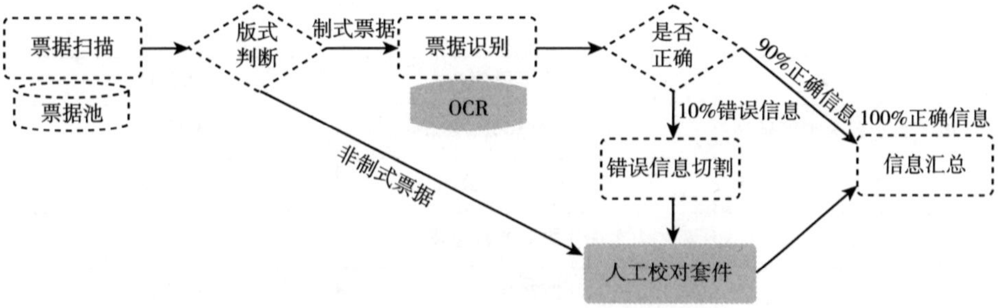

图12-6　全类票据信息提取流程

下面通过一个报销单审核的例子，来说明如何利用OCR+人工校对套件实现票据信息100%提取：

员工A报销一笔邮递费，报销指引要求提供报销单封面、有效发票和邮寄清单。员工A在报销系统中填写报销信息（即电算化信息），并将一张报销单封面、一张增值税专用发票和一张邮寄清单上传至影像系统。电算化信息和影像传送到OCR服务器进行票据版式识别，发票等制式票据由OCR进行数据识别并返回各数据置信值，置信值低于99%的字段，如下表中是否代开、销售方名称、发票税额由人工校对套件进行补充。为确保信息安全性，可将票据进行切割后，只把需要补充的部分发布到智能审核平台由人工进行补充。每一份字段的置信值可根据票据实际情况和客户需求进行自定义，实现0~99.99%的区间设置。部分OCR识别字段及对应置信值见表12-1。

表12-1

发票字段名称	发票字段值	置信值
影像类型	增值税发票	99.42%
发票联次	发票联	99.90%
是否代开	no	98.60%
是否为专票	yes	99.42%
发票代码	1234567890	99.06%
发票号码	12345678	99.75%
日期	2020-3-24	99.79%
发票抬头	北京令才科技有限公司	99.41%

续表

发票字段名称	发票字段值	置信值
购买方纳税人识别号	91110108MA00FG4P2N	99.80%
销售方名称	顺丰速运有限公司	98.95%
发票项目	* 现代服务 * 快递费	99.36%
不含税金额	2726.79	99.22%
税率	6%	99.31%
发票税额	163.61	98.81%
价税合计金额	2890.4	99.11%

报销单封面和邮寄清单以微任务的形式发布到人工校对套件进行提取。部分提取信息见表12-2。

表12-2

影像类型	字段名称	字段值
报销单封面	报销主体	北京令才科技有限公司
	报销单单号	2020BXD06251478
	报销金额	2890.4
邮寄清单	清单总金额	2890.4
	是否有手写签字	是

（2）规则自动化实现单据智能审核。可视化配置界面是令才科技规则自动化模块的重要差异点，它让业务人员在规则变动后，可直接打开配置界面，通过前端快速可视化编辑、维护、管理规则，实现规则变更与上线无缝对接，同时还可设置规则变更与上线的时间，不用再守着电脑等到凌晨定时上线新规则。目前，令才可视化财务规则自动化已内置包含各类业务在内的5000余条审核规则，覆盖能源、教育、保险、地产、餐饮、建筑等多个行业，能够满足不同行业公司的审核规则快捷配置需求，且可以根据各公司需求进行个性化配置。在T集团的项目中，80%的规则使用的是令才科技规则自动化模块内置的规则，20%的规则采用个性化配置，这大大缩短项目上线周期，且解决了规则频繁变动或新增而导致技术人员无法及时跟进开发的难题。

接下来仍以员工A提报的邮递费报销单为例，说明如何利用规则自动化对报销单进行智能审核：

首先，将邮递费的规则配置到规则引擎中，包括电算化信息规则、票据信息规则、电算化信息与票据关联规则。以电算化信息与发票规则中第二条规则，电算化信息中的报销金额小于等于票据中发票合计金额为例，业务人员在配置规则时，仅需要在规则引擎中建立电算化信息中报销金额与票据中发票合计金额之间小于等于的关联关系即可，所有规则都可以通过点选的方式完成，真正实现零代码配置。

部分规则配置示例见表12–3。

表12–3

规则大类	规则小类	详细规则
电算化信息规则	必备附件规则	邮寄费报销单必须包含报销单封面、发票和邮寄清单
票据信息规则	发票规则	发票有销售方加盖的发票专用章
	邮寄清单规则	邮寄清单有人员手写签名
	发票与邮寄清单规则	发票金额 = 邮寄清单金额
电算化信息与票据关联规则	电算化信息与发票规则	电算化信息中维护的发票类型、税率、税额与票据中发票类型、税率、税额一致
		电算化信息中的报销金额小于等于票据中发票合计金额
		电算化信息中的法律主体、税号与票据中发票的购买方名称、税号一致
		电算化信息中的收款方名称与票据中发票的销售方名称一致

将通过系统传输接收到的电算化信息、OCR+人工智能套件提取的票据结构化信息输入规则引擎中，经过相应规则校验，输出“审核通过”“审核不通过”及不通过原因等结果，并可依据审核不通过原因自动生成单据拒回结果。

（3）数据管理技术实现风险控制。前面提到，T集团原有审核方式人工差错率高，给企业带来一定损失。本次项目过程中，令才科技通过应用OCR+

人工校对套件模块，每月能积累二十万余条票据结构化信息，并已在发票重复报销、发票连号报销和疑问报销付款等业务场景进行风险预警和管理。同时，规则自动化模块将经过审核后的电算化信息和票据结构化数据进行分类存储，为企业进行精益经营提供坚实的数据基础，满足后续数据分析和风险管理需求，提高财务风险管控能力。例如，针对发票重复报销校验的问题，在智能审核阶段，通过在系统中构建发票库，储存历史发票信息，将待审核的报销单中的发票与发票库中的发票信息进行重复性校验，校验字段根据T集团要求进行自定义配置，包括但不限于：发票代码、发票号码、发票类型、发票日期、发票项目等。如果出现同一张发票多次报销的情况，则会返回待审核单据“审核不通过”结果：“不通过原因单据中存在重复报销发票和关联的重复报销单号”。通过这种方式，业务人员无须凭借记忆或发票台账进行发票重复报销审核，直接应用规则引擎输出的结果即可高效、便捷地实现重复报销审核。

3.应用效果

“慧看”与“慧审”结合的智能审核解决方案实现了T集团单据人工审核向智能审核的转变，在确保单据审核准确率的基础上，大幅缩短审核时间，强化风险管控。主要表现在：（1）人力成本大幅降低，释放的人力资源开始转型到决策财务辅助、税务管理等高附加值工作岗位，同时，后续业务量增加也无须增加任何人员编制，仅配置好规则引擎即可；（2）审核时效大幅提升，报销单平均审核时效从每单18分钟减少到1分钟，应付单平均审核时效从每单25分钟减少为2分钟，准确率均提升至99.8%；（3）积累了大量结构化数据，为财务数据分析和决策参考奠定基础；（4）实现风险预警。项目实施后，再未发生报销和应付中的红线风险，系统准确预警多笔交易，为集团挽回经济损失。

（二）智能财务助理

智能财务应用场景的第二个层面是通过多模态交互、人机协同实现的基于对话式用户界面的智能财务助理。在介绍自然语言处理技术时我们提到多模态交互的概念，指人和机器通过视频、图像、语音、文本等多种形式进行交互；对话式用户界面是指在移动终端如手机上的聊天交互界面。本书认为基于移动终端的智能财务助理，是实现人机交互一种较为可行的选择。

智能财务助理的应用范围包括财务人员与业务人员有往来的财务工作，以及业务财务人员的工作。这类应用场景的特点是财务需要深入业务过程当中，为上述人员提供服务。但是，传统财务的服务意识较为薄弱，一方面是因为财务的管控和监督职能成为重点；另一方面是数字化程度较低，使财务没有能力采集详细数据，提供基于数据的服务。

因此，借鉴互联网产品设计和人工智能下的人机协同理念，智能财务要提升客户体验有以下要点：第一，推广移动互联网应用。财务已经开始利用移动应用（如移动审批）来提高工作效率，下一步应该继续扩大功能范围，并考虑通过用户界面设计优化等措施提高用户体验。第二，多模态人机交互。当前财务系统与财务人员的交互方式多为鼠标交互、电子表格等。智能财务需要利用多模态的交互方式，优化人与机器的交互体验。第三，智能财务接入数据中台。借助其数据基础为提供快速敏捷的数据服务创造可能。

综上所述，基于该应用场景可以延伸出智能业务处理、智能报表辅助和智能问答咨询三类细分应用场景（见图12-7）。

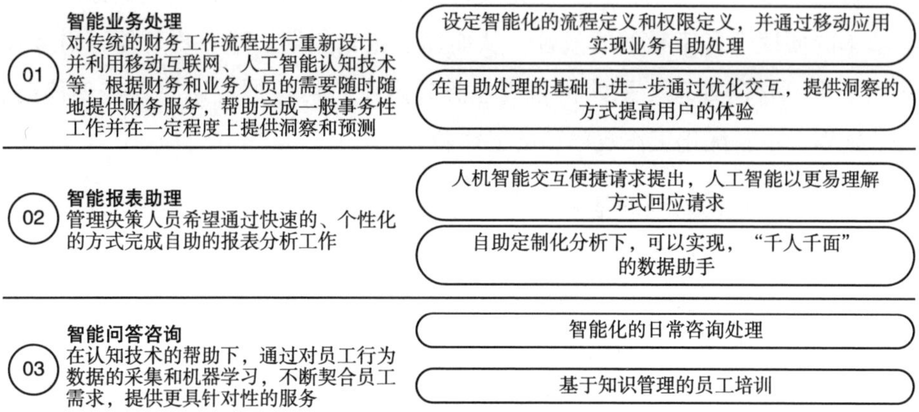

图12-7　智能财务助理应用场景

1.智能业务处理

财务共享服务的建设开启了财务流程的再造，现在，要进一步发挥人工智能技术的作用，还需要实现智能业务处理应用。智能业务处理是指对传统的财务工作流程进行重新设计，并利用移动互联网、人工智能认知技术等，根据财务和业务人员的需要随时随地提供财务服务，帮助完成一般事务性工作并在一定程度上提供洞察和预测。

智能业务处理的功能主要表现在以下两个方面：

第一，设定智能化的流程定义和权限定义，并通过移动应用实现业务自助处理。它由三个步骤组成：首先，智能业务处理可以提供工作流、业务流的自定义功能，根据业务的需要灵活定义相关流程或流程组合；其次，根据组织权限、数据权限和参数权限等多维度的定义方式，实现审批流的自定义（崔雷等，2020）；最后，利用移动互联网应用的手段，使员工可以随时随地获取财务服务，如移动报销、移动授权审批、移动商旅采购、移动身份认证等。根据这一路径，智能财务助理最典型的应用就是对报销业务的优化。传统的报销工作由于管控的要求，程序复杂、流程较长，导致员工资金被长期占用，以至于员工满意度不高。目前，许多软件公司均已推出智能报销的流程，员工可以通过手机提交申请，上传附件，企业根据设置好的规则引擎进行自动审批乃至自动打款，并完成各类凭证的自动生成，极大地提高了员工填单的便捷性和审核的时效性，从而缩短报销周期。进一步延伸，财务在纳税申报、合同处理、采购销售等业务处理中均可根据上述原则实现移动、自动处理，不断优化工作效率和员工体验。

第二，在自助处理的基础上进一步通过优化交互、提供洞察的方式提高用户的体验。移动应用本身就是优化体验的一种方式，但同时也是不断优化的新起点。例如，秦荣生（2020）提出可以基于语音指令实现会计核算，训练人工智能将语言转为结构化信息，完成各类会计要素和凭证要素的填写和计算。金蝶软件（2019）开发的智能差旅服务可以让员工用语音发起出差申请并自动审批，还可以通过对员工出行习惯数据的分析推荐最佳出行方案，进一步优化员工体验。

需要指出的是，在上述应用中，优化员工体验是一种主观的感受，选择智能业务处理应用的标准是为了提高业务效率，不能舍本逐末，仅是追求新奇的形式而忽略了智能业务处理的根本是对财务业务流程的再造。

2.智能报表助理

财务转型后的业务财务需要更加以客户为中心，善于为业务问题提供解决方案，而且这种转变强调的是基于数据驱动的管理转型，也就是及时、充分地利用数据制定决策方案。

由于不同经营单位情况和目标不同，需要短时间内提供定制化、个性化的管理会计报告。然而，大型企业应用系统众多，底层数据难以完全打通，数据报表难以横跨多个数据源。同时，定制化的管理会计报告复杂度高、工作量大、耗时长，无法满足数据驱动的转型要求。其结果正如IBM（2018）的研究指出的那样，在许多财务组织中，财务计划与分析沦为数据收集、整理和格式处理，而其本应具有的价值却被忽视。因此，管理决策人员更希望通过快速的、个性化的方式完成自助的报表分析工作，基于人机交互的智能报表助理就应运而生。

在智能报表助理应用下，用户可以通过移动端的文字搜索、聊天输入或语音问答的形式，向系统提出数据和报表需求。系统在后端数据治理的基础上，与前端语音交互、自然语言处理（NLP）和知识图谱技术相结合，从而提供个性化的数据服务。智能报表助理的功能特点体现在人机智能交互和自助定制化分析两个方面：第一，人机智能交互使人类以更方便的形式提出请求，人工智能也以人类更容易理解的方式（如可视化）回应请求；第二，普华永道（2019）指出企业财务将向场景式和定制化财务转型。在智能报表助理的自助定制化分析下，可以实现研发、制造和销售等场景的专门分析，使每位业务财务人员得到“千人千面”的数据助手，从而实现更具针对性的自动推荐数据功能。该应用场景不仅可以降低定制化报表的获取难度，支撑用户日常数据分析工作，挖掘数据的潜在价值，更通过友好的交互体验，培养了员工数据驱动的工作思维。

3.智能问答咨询

智能问答咨询应用场景更侧重智能财务的运营管理方面，主要包括两大功能模块，分别是智能化的日常咨询处理和基于知识管理的员工培训。这类智能助理可以在认知技术的帮助下，通过对员工行为数据的采集和机器学习，不断契合员工需求，提供更具针对性的服务。

第一类是智能化的日常咨询处理。传统的共享服务中心在运营的过程中，特别是回应外部供应商或内部客户的日常事项、咨询反馈和投诉意见时，常常出现由于缺乏标准操作手册而未能及时回复、不同操作人员回复不一致等问题（王焱，2017；秦爽，2019）。这种运营管理的形式不仅需要投入人力，而且效率低下。如不加以解决还将极大地影响财务和业务人员的客户体验，也无法对所提供的服务带来提升。对于问答咨询这类具有一定操作标准、业务量繁多，但同时有需要与人沟通的活动中，可以在人工处理之前部署人工智能。财务可以参考销售领域已经广泛利用的前台人工智能应用，在自动处理常规问题的基础上通过与客户的互动改善用户的体验（Daugherty et al.，2018），记录每个用户的主要业务和偏好，甚至实现提前预测处理，以此提升智能财务运营的满意度。事实上，这类具有“客户服务意识”的智能问答咨询应用，很可能成为财务实现智能化转型、落实服务职能的关键。

第二类是基于知识管理的员工培训。知识管理同样是财务共享服务中心运营管理的重要内容。杨寅等（2019）指出，智能化的财务共享服务中心应当建设成为一个学习型的组织并进行有效的知识管理，发挥提高运营效率、培育和激发创新能力的作用。本书认为，要真正实现员工赋能，同样必须发挥人工智能在认知智能方面的能力，实现针对每个员工个体的个性化知识管理，使对员工培育提升也可以做到“千人千面”。德勤（2018）举了一个利用智能问答进行知识管理的例子。某企业在学习平台上部署了聊天机器人，财务人员可以通过询问来确定所需学习的课程，也可以就在学习遇到问题时向机器人提问。由于人机交互的数据都被平台记录和跟踪，企业可以快速预测财务人员需要查询的课程、推荐额外的课程、避免员工选择不匹配的课程等。这一应用所带来的成果就是该企业的合规问题得到了明显的改善，并实现为每位员工提供针对性的培训计划。

总的来说，智能业务助理的各类应用场景实现了“财务进入业务前端、提供深入价值链的业务支持”的目标。它将财务更好地与企业的信息循环、管理循环和业务循环相融合，可以控制和反馈业务循环是否遵循管理循环提出的规则和要求，并为管理循环提供及时的、与决策相关的报告（田高良等，2019）。而实现这一目标的前提就是利用智能财务机器人实现的基本业务自动化和数据采集。

（三）智能管理会计应用

智能财务应用场景的第三个层面是智能管理会计应用，主要是通过增强或模拟财务人员的分析、决策能力，形成对财务专家脑力的辅助，实现决策支持等管理会计职能（见图12-8）。

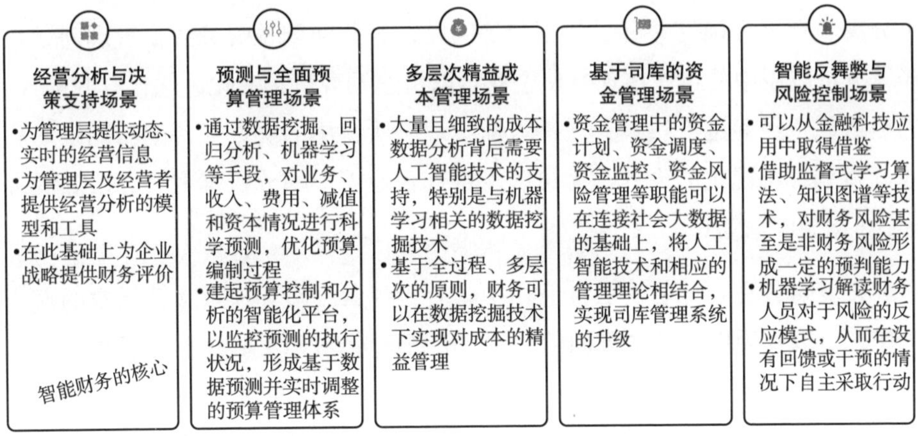

图12-8　智能管理会计应用场景

涂杨举（2019）指出，企业环境的剧变要求企业将焦点转移到运营、风险控制和制定战略决策上。智能财务在这一层面的目标是扩大人工智能在管理会计领域的应用范围，对经营分析、预算管理、成本管理、资金管理和风险控制等管理会计领域进行全面赋能。因此，智能管理会计应用中也将围绕这些领域展开细分应用场景。

1.经营分析与决策支持场景

决策理论学派的代表人物Simon和March等认为，决策贯彻于管理的全过程，管理即是决策。对于财务管理而言，通过经营分析做出决策，成为财务战略管理层决策者的重要职能。Turban（2015）认为，长期以来，管理者将决策视为一门艺术，通常凭借创新、判断力、直觉和经验来解决，而非科学的、系统的定量方法。但是认知科学和计算机的发展使人们意识到了机器对于克服人类处理及储存信息方面的认知局限，管理者可以通过大量数据和高速计算提高决策质量。在机器的帮助下，人的决策可能并不完全依赖于数据，但至少认识到决策者的直觉和认知现在是由数据和分析来提供信息的（Sweetwood，2019）。各类管理支持系统，如决策支持系统、商业智能就是其中的代表。

但是，即使当前许多大型企业已经实际运用了商业智能技术来辅助决策，企业的经营分析仍然普遍面临问题。一方面是数据报送耗时、数据采集与分析分离、数据准确性差和质量不佳等问题，这些问题是财务数据管理问题在经营分析应用中的再次体现，使企业难以快速发现市场变化、优化资源配置，仍然依赖于经验进行决策；另一方面管理层所使用的决策支持的功能缺乏高效、扁平、可视化的设计，无法满足符合企业需求的分析维度、方法和展现形式（KPMG，2020）。

智能财务在智能管理会计应用中，对于经营分析和决策支持场景的财务工作，可以实现以下几个方面的功能（田高良等，2019）：一是为管理层提供动态、实时的经营信息；二是为管理层及经营者提供经营分析的模型和工具；三是在此基础上为企业战略提供财务评价。该场景是智能财务的核心，是对其他管理会计领域信息化建设的思路统领，同时也是建设智慧企业的核心。智能财务决策是企业智能财务的一个发展方向，其应用有助于企业战略从“业务驱动”转向“数据驱动“。它通过收集分析大量的内外部数据，获取有价值的信息，通过挖掘这些信息，可以预测市场的需求，进行智能化决策分析，从而制定更行之有效的战略。那么，企业的决策过程，将从听老板的决策转向听数据的、听算法的决策。

2.预测与全面预算管理场景

自2014年《财政部关于全面推进管理会计体系建设的指导意见》出台以来，经过多年建设，我国已经形成了战略管理、预算管理、成本管理、营运管理、投融资管理、绩效管理、风险管理和其他领域共8大管理会计应用指引。其中，预算管理是衔接企业战略和绩效的重要工具，涵盖了从战略目标分解、经营计划制定、预算方案形成、预算执行监控、分析和动态预测等一系列管理流程和工作方法。而全面预算管理作为集业务、资金、财务、信息等为一体的综合性预算体系，对于企业进行战略管理、资源配置、协调各部门的关系等方面都具有重要的作用。但目前，企业在实施全面预算管理的过程中存在以下问题，特别是在数字化的环境下这些缺陷尤为突出。

一方面，预算系统需要多种数据作为输入来源，如利润目标、费用数据、相关业务数据等。但企业财务数据管理存在的问题不可避免地使预算信息传递的速度和效率受到影响，难以提供高质量的预算信息。另一方面，由于难以对市场进行科学合理的预测，企业在编制预算的过程中往往把目标定得过高或过低。预算编制与现实的偏离往往影响了预算管理实施的效果（刘雪贞，2017）。而预算编制的科学性和准确性较差使所编制的预算成为一种摆设，由此形成了“重编制，轻执行”的问题。

我们曾指出，人工智能是一种预测技术，机器学习可以利用算法从样本数据中寻找规律。这一特征使智能财务在全面预算管理当中挖掘出了重要应用场景，就是将数据预测与全面预算管理相结合，最大限度地提高预算的科学性。秦荣生（2020）指出，人工智能可以从多维度、多角度对公司数据进行全面收录，除了数字之外还可以涵盖文本、图像乃至通话记录，提高预测的稳定性和精准性。因此，智能财务预测与全面预算管理可以通过数据挖掘、回归分析、机器学习等手段，对业务、收入、费用、减值和资本情况进行科学预测，优化预算编制过程。同时搭建起预算控制和分析的智能化平台，以监控预测的执行状况，形成基于数据预测并实时调整的预算管理体系。

3.多层次精益成本管理场景

在企业的价值链当中，成本管理几乎覆盖了各个环节，包括产品研发环节的目标成本管理、供应环节的采购成本控制、生产制造和库存周转环节的费用管理等；也涵盖了多个层面，如工程交付方面工程成本管理、对质量投入和损失进行评估的质量成本管理等（彭娟等，2020）。在企业数字化转型的内容中，我们指出数字化转型应当以梳理企业价值活动为切入点，挖掘利用数字技术进行赋能的空间。因此对于智能财务而言，如何发掘与成本管理相关的应用场景对于企业数字化转型具有重要意义。

IBM（2018）指出，数字技术成为财务部门发展的良机，但同时诸如精益管理（Lean）等方法仍然适用。其中精益成本管理成为一类重要应用。精益成本管理不仅强调降低成本与费用，更从目标制定、产品设计、销售等各个环节寻求总体效益的最优化，实现全过程、多层次的成本管理。大量且细致的成本数据分析背后同样需要人工智能技术的支持，特别是与机器学习相关的数据挖掘技术。Amani等（2017）对数字挖掘技术在成本管理应用中的几个层面进行了综述，分别是设备层面、流程层面、施工层面、产品层面和项目层面。其中，在设备层可以用数据挖掘来评估设备制造成本，从而提高设备检查和维修的精确度，追踪设备更新成本；在流程层数据挖掘技术用来在成本核算中确定成本驱动因素，并帮助制定转移定价的决策；在施工层通过创建神经网络系统，实现快速并足够精确的成本评估；在产品层数据挖掘可以用以预测产品单元的成本、评估产品生命周期成本；在项目层数据挖掘可以协助建立成本评估体系，包括有形产品和无形产品，如软件和应用等。

因此，基于全过程、多层次的原则，财务可以在数据挖掘技术下实现对成本的精益管理，本书认为这是智能财务在管理会计成本管理领域的重要应用场景。

4.基于司库的资金管理场景

笔者在《财务转型大趋势》（2018）一书中指出，财务转型一条不可忽视的主线是基于资金视角展开的，并将企业的资金管理职能升级为司库职能，融入企业对金融资源的管控能力。KPMG（2020）的研究发现，面对信息技术不断发展的大环境和企业经营模式的变化，传统的司库也将走出“大出纳”和“融资”的职能范围，更需要借助财务工具、金融服务以及信息技术的支持，进行更有效和更规范的资金管理。本书认为，智能财务可以借鉴金融科技中的相关应用，挖掘自身在资金管理领域的应用场景。

在金融科技领域典型的人工智能应用是智能投资顾问（以下简称“智能投顾”）。智能投顾运用算法和投资组合优化理论模型，为用户提供投资决策信息参考，同时还可以根据金融市场的波动形成预判，对资产组合及配置提供改进建议。参考这一思路，企业财务在资金管理中的资金计划、资金调度、资金监控、资金风险管理等职能同样可以在连接社会大数据的基础上，将人工智能技术和相应的管理理论相结合，实现司库管理系统的升级。例如，在司库的公司理财职能当中，财务人员可以根据重要经济指标，运用神经网络模型为公司制定投资方案，追求长期的稳健回报（徐忠等，2017），这也将使财务人员开始关注外部金融资源，借助人工智能提高投融资、运营管理能力，从管理决策导向进一步走向战略支持导向。

5.智能反舞弊与风险控制场景

反舞弊和财务风险控制也可以从金融科技应用中取得借鉴。传统反舞弊和风险控制业务主要靠人来搜集、处理数据，并进行财务反应和行动，这种模式面临诸多痛点（德勤，2020），从数据角度看，进行舞弊判断和风险识别所需收集的数据量巨大，财务人员难以整合多种渠道的信息，从而出现疏漏，无法进行关联信息查询和扩展；从成本效益的角度看，该模式的监督管理的效率不高，但监管调查的投入面临逐年递增的情况，难以实现持续的优化提升。

在金融领域，智能风控应用已经颇为成熟。例如，蚂蚁小贷利用计算机后台自动整合贷款人各个方面的数据，快速运算并进行筛选、建模和打分，并自动审批房贷，实现坏账率显著低于传统银行（徐忠等，2017；曾鸣，

2018）。因此，智能财务同样可以借助监督式学习算法、知识图谱等技术，把人类具有的直觉推理加以形式化或机器模拟，大量处理会计信息、供应商管理审查信息、应收账款账龄信息等，对财务风险甚至是非财务风险形成一定的预判能力，使财务部门由提供事后的财务数据，向事前的风险管控和事中的规范管理转变。此外，正如蚂蚁小贷借此实现无人信贷，德勤（2019）指出机器学习还将解读财务人员对于风险的反应模式，从而在没有回馈或干预的情况下自主采取行动，根据持续的信息流快速反应进而降低风险，使财务在不需要人的干预下就可以自主驱动智能工具实现风险控制的目标。

（四）智慧企业大脑

智能财务应用场景的第四个层面是智慧企业大脑，主要是探索发挥通用人工智能乃至强人工智能在企业决策当中的应用，使智能财务融入智慧企业的建设当中。

总的来说，上述应用场景仍然是发挥人工智能在某一专门领域的作用，即专用人工智能。同时，在更高级的应用上更多地是基于“人+机器”的合作模式。侯赛因（Husain，2018）指出，目前最复杂的目标设定等工作仍是由人类完成的，而在未来，计算机也可以很好地制定宏大的意图和目标。而具备设定目标能力的人工智能则可以认为已经具有一定程度的自我意识，可以自主学习新的工作场景，执行各类不同的、没有预先设定程序的分析任务，整体呈现出通用人工智能或强人工智能的特点。本书认为，智能财务同样具备运用通用人工智能乃至强人工智能的潜力，主要实现方式是融入智慧企业的建设过程当中，成为“智慧企业大脑”，这是智能财务最高级的应用场景。

前面我们提到，智慧企业是企业数字化转型后的一种形态，核心是为了发挥数据的作用。具体而言，专业职能部门要通过数据的挖掘和专业知识的沉淀，形成各类独特的能力；管理层则通过大数据和算法，修正经验判断的偏差，为决策者在预测规划、绩效判断、风险管控等不确定性领域提供更多科学依据。在这一转型目标中，智能财务将成为智慧企业中的关键能力，它的重要性体现在：智能财务强调数据驱动，并发挥算法和算力的作用。智慧企业在运营和管理上追求的是标准化和数字化，如，决策的标准化和数字化、采购、招标和定价的标准化和系统化（阮闯，2017）。智能财务可以在大量全样本数据的基础上，对需求和有限资源之间的配置进行无限模拟，做出更加完整、客观的预测，辅助甚至代替企业管理人员做出决策。

例如，我们可以想象人工智能帮助财务在企业战略分析和选择方面所发挥的作用。战略分析和选择作为最高管理层的职能，将人类管理者训练成能够判断趋势并能凭直觉得出独特战略的“市场控制者”，需要积累数年乃至数十年的经验，而目前的算法在数小时内就可以探索数千种可行的策略，并进行逐一模拟和判断（Husain，2018）。阿尔法狗在围棋上的胜利之所以令世人如此震惊，是因为阿尔法狗通过机器学习创造的自我学习系统，可以通过大量对弈，研究棋盘下法，进而从中学习，预测并模拟乃至穷尽所有对手可能的招式（McAfee et al.，2018）。围棋对弈的棋局极具复杂性，甚至连人类围棋高手也无法解释自己究竟是如何判断的，因此很多围棋的学习定式都是出于经验法则。这种竞争之所以发生，除了人工智能借助了算法之外，更重要的是围棋是一种完全信息的博弈。因此，想象企业在掌握了大量市场数据、用户数据以及各种渠道所获取的竞争者数据时，是否也可以对竞争的结果做出无限模拟？此时企业之间的竞争是否已经演变为对数据的抢夺？这将对企业的战略选择方式带来巨大的变化。智慧企业大脑在识别新模式、发现并模拟新策略的速度和能力上超过了任何经验丰富的人类分析师和管理者。目前，我们已经看到久其软件在通信行业基于管理者行为分析的KPI矩阵推荐算法，这种基于数据要素—管理岗位—指标相关性的算法弥补了传统决策管理自上而下的规划环节场景的缺失，把管理指标变成类似“今日头条”一样千人千面的数据“新闻门户”，为更灵活的阿米巴会计报告和财务数据服务创新提供了可供参考的实践路径。正如侯赛因（Husain，2018）所言，当人工智能发现一种有希望的假设时，通常能够更快地找到多种相关战略，其发现速度可能呈几何级增长。

总的来说，以上智能财务应用场景使财务实现了消除冗余流程、通过自动化解放相关人才、随时随地根据财务和业务人员的需要提供信息、增强业务决策支持、改善用户互动和服务质量、实现管理会计的信息化和智能化的综合目标，同时为在企业管理和运营当中实现通用人工智能乃至强人工智能提供了可能。

三、智能财务四大应用场景及技术原理总结

涂扬举（2019）在《智慧企业概论》中将智慧企业比喻成了总体像人工智能的“人”，通过决策脑、专业脑和单元脑的“三脑协同”，构成了智慧企业的形态。李平等（2020）在分析生态型组织时也将企业的“三台架构”比喻成“人”，前台如四肢，执行最小可分解单元的任务；中台如躯干，执行相互依赖条件下的高度协作任务；后台如头脑，进行方向指引，强调思考与布局。根据智能财务的四层应用场景和三个环节的技术原理，我们可以发现，智能财务在纵向和横向上同样构成了类似人类智能的架构。

从纵向上来看，几类应用场景使智能财务构成了像“人”一样的整体结构。智能财务机器人像人的四肢，自动处理智能财务所需完成的操作性工作，在自动处理业务的同时，通过感知将产生的数据直接传递到后续的应用场景当中；智能财务助理像人的躯体或内脏，获取感知，实现各种具体的管理职能以及需要与业务进行高度融合的协作性工作；智能管理会计应用以及智慧企业大脑就像人的大脑，负责大量数据的汇集处理和整体调度，实现管理会计的信息化并推动智慧企业的建设。

从横向上看，单个应用场景同样具备人的智能特征，具备人类所拥有的感知能力、记忆和思维能力、学习和自适应能力以及行动能力。以智能财务机器人为例，人工智能赋予其感知能力，可以具备视觉来进行图像和文本分析、具备听觉识别人类发出的指令并进行语言分析；人工智能还赋予其学习能力，通过算法对识别的准确度进行学习和改进，并自主寻找自动化的机会；人工智能更赋予其行动的能力，像人一样用手来执行基本的操作。为此，本书认为，这是智能财务作为人工智能和财务工作全面融合的科学应用场景体系，同时也是智能财务形态的一种形象化的展现。

第十三章

财务机器人规模化应用与会计人员不安全感——一项实证研究

2016年，德勤率先推出财务机器人（Robotic Process Automation，RPA）技术。由于RPA可以替代财务人员执行的重复性任务和工作流程，以更低成本和更快速度实现自动化，提高会计工作的精度和业务处理效率，进一步促进会计人员从事更有附加值的活动，推动财务转型，该项技术因此得到了快速应用和发展。未来财务机器人在企业中的规模化运用，对财务工作模式、财务组织以及财务人员产生了极大的影响（陈虎等，2019）。《经济学人》（2014）公布的一项研究调查显示，人工智能将在未来20年里与会计人员的岗位争夺竞争激烈。2016年，麦肯锡的一份研究报告中预测，由簿记员、会计与审计职员负责完成的86%的工作都可能会被人工智能所取代。翰德（Hudson）发布的《2018亚洲人才趋势报告》显示，在亚洲各地，80%的会计和财务领域的受访员工担心人工智能对其工作造成影响，57%的会计和财务员工预计其职位将在几年内受到人工智能和新技术的影响。即便如此，现有研究表明，目前所出现的“财务机器人”都属于弱人工智能（傅元略，2019），可以想象，未来强人工智能下的财务机器人代替会计人员的工作范围将会进一步扩大。

当外部经济环境的变化和组织层面的变革产生的不确定性威胁到个体和组织雇佣关系的连续性时，员工会因此产生一种情绪，担忧是否还能够继续现有的工作，进而产生强烈的工作不安全感。工作不安全感是企业员工感受到失业威胁的无力感，是一种知觉现象，产生于雇佣关系之中（秦润莹，2016）。虽然，目前没有学者从心理学研究的视角论证财务机器人的规模化应用与会计人员工作不安全感之间的关系。但是，从实践层面来看，已经开展的财务共享服务中心建设及RPA技术的运用，使那些从事简单、重复性强、标准化程度高业务的会计人员倍感危机。

工作不安全感的研究在欧美国家经过30年左右的发展已经日趋成熟，而国内对工作不安全感的研究尚处于探索阶段。运用到财务领域，关于财务机器人与会计人员工作不安全感的相关研究并不多见。因此，本章选取工作不安全感这一概念，从会计职能转型与会计人员胜任能力角度研究财务机器人规模应用与会计人员工作不安全感之间可能存在的影响关系及调节作用，以有利于会计人员和企业了解会计人员个体面对财务机器人规模应用时产生工作不安全感的个体差异和边界机制，并进一步提升会计职能转型与会计人员胜任能力提升的价值认知，实现会计人员与企业双赢，影响意义深远。

一、文献回顾与假设提出

（一）财务机器人规模应用对会计人员工作不安全感产生的影响

梳理国内外文献，我们发现，目前关于财务机器人规模应用对会计人员所带来影响的研究，主要有正向和负向两种观点。

正向的观点认为，人工智能不会取代会计师，但会改变会计师工作的焦点，会计师的角色在未来将更加重视咨询、业务发展、咨询服务和风险管理（Cindy Greenman，2017）。Eleonora Stancheva（2018）认为人和机器可以高效地协同工作，人工智能无法取代人类的智能，特别是在更具有创造性的工作任务中。Hülya Boydaş Hazar（2019）认为，RPA是一种使用户能够创建自己的机器人的工具。这些机器人在处理高容量、低复杂度和可重复的任务时更快、更准确。Divyashree M.S.（2019）使用机器人的基本目的是通过人工智能简化更复杂的人工任务，机器人技术具有自我管理、自我调节、自我配置、自我诊断和自我康复等独特功能，可以简化会计操作，但不能完全替代会计判断工作。Dariusz Jędrzejka（2019）认为利用RPA实现会计流程自动化有很大的潜力，机器人将在相当一部分工作中取代会计人员。未来会计师的职责将超越簿记和财务报告，转向业务咨询和领导RPA转型，这将是人工智能无法替代的领域。

负向的观点认为，财务机器人的普遍应用，将使普通的财会人员大量转岗（傅元略，2019）。财务机器人的出现将使那些从事低端、重复、机械工作的财务人员被替代，导致传统会计人员失业或调整到新的工作岗位中。高德纳（Cartner）预测，到2020年，40%的大型企业将采用RPA自动化软件工具，财务机器人的普及应用会造成大量财会人员（至少60%）下岗或转岗，预计再过5年，未来的财务机器人会变得更厉害并迫使更多财会人员必须接受的财务机器人的挑战，通过学习重构自身的财会核心能力，做财务机器人不会做的管理事务。根据北京国家会计学院（2020）在新冠肺炎疫情暴发期间组织的一项问卷调查研究表明，疫情过后，数字技术会在我国企业领域得到进一步应用，低附加值、重复性、标准化的会计工作被替代的可能性会加快（占比65.53%），从事会计工作的会计人员由此会产生工作不安全感，尤其初级会计人员的不安全感最为强烈。

综合国内外的研究成果，本章认为，无论正向还是负向的观点，可以肯定的是，财务机器人的规模化应用将对未来会计人员的工作重心和工作内容产生影响。在目前弱人工智能技术时代，人工智能在财务会计领域的应用发展较为丰富，但在管理会计领域的应用还存在诸多不成熟，这也将是未来强人工智能在会计领域的应用重点，这将是更能充分体现人工智能价值的领域。通过人工智能在数据挖掘、机器学习等方面的优势，可以实现大数据的预测、分析等功能，为管理会计的实现搭建数据基础与决策基础。虽然该应用尚处于研究阶段，但在不久的将来将会成为可能。从目前的研究成果来看，学术界还没有开始运用心理学、实证研究的方法关注财务机器人规模应用与会计人员工作不安全感之间的关系。

工作不安全感既包含对未来工作持续存在总体担忧的“工作数量不安全感”，又包含面临有价值的工作特征消失威胁的担忧，即“工作质量不安全感”，例如，职业发展规划不清晰、薪酬提升速度缓慢、职位晋升渺茫、工作环境恶劣等对自身发展有价值工作特征的消失（De Witte，1999）。对于工作不安全感的前因变量，现有研究主要从个人、组织、社会三个方面展开。在个人因素方面，雇员中体会到更高程度工作不安全感的员工年龄多处于30~50岁（Sverke，2002），且人格特质和情绪控制能力与工作不安全感有关（Debus et al.，2014）。在组织因素方面，随着科技迅猛发展，组织往往通过变革来提升竞争优势，而组织变革是一系列触发员工强烈和持久的情绪反应的工作场所情绪事件，变革会引发工作不安全感（董甜甜等，2019）。Sora等（2009）在对裁员幸存者的研究中指出，发生裁员的组织存在工作不安全感环境。另外，从企业的实际经营角度来看，考虑到综合用工成本，企业也会使用机器人（王勇，2020）。在社会环境因素方面，根据社会心理学角色理论，个体对角色的感悟由于社会期望存在差异，导致个体在角色实践中发生角色冲突。从人工智能技术来说，它能够替代的劳动力的范围比上一次工业革命要更为宽泛（王勇，2020）。卡罗利和戈达尔（Caroli and Godard，2016）研究发现，企业中员工不安全感的起因与技术变革、工作安全保障不健全、失业福利以及就业保护法均有着密切的关系。

前面提及，人工智能技术的快速发展，尤其是国家层面战略大力支持，势必会加速财务机器人规模应用趋势的演化。机器人规模应用的趋势加速演化的结果往往是低端人力劳动工作岗位的消失、失业率的波动、人机为争夺工作机会所引致的冲突和工作收入的降低（Acemoglu & Restrepo，2016；2017；2018）。鉴于此，本章将借鉴王才等（2019）的研究模型，考察财务机器人规模应用对会计人员三个维度的工作不安全感（包括工作丧失不安全感、过度竞争不安全感、薪酬晋升不安全感的影响）产生的影响，并提出以下假设：

H13-1a：财务机器人规模应用程度越高，会计人员工作丧失不安全感越高。

H13-1b：财务机器人规模应用程度越高，会计人员过度竞争不安全感越高。

H13-1c：财务机器人规模应用程度越高，会计人员薪酬晋升不安全感越高。

（二）会计职能转型的调节作用

前面的章节，我们已经提出，会计职能会随着政治、经济、文化、科技等诸多环境因素的变化而相应地在其内涵与外延方面发生变化（张庆龙，2020），会计环境尤其是科学技术环境的变化对会计职能的影响，紧紧围绕着基本职能的实现和延伸职能的扩展两条路径展开。会计的核算、监督基本职能逐渐向管理会计的管理职能及其他派生职能扩展，也体现了技术加持下信息化的不断升级促进了会计职能的发挥，会计职能随着会计环境的变化而不断演进、不断实现的基本逻辑，财务机器人将以其便捷的信息处理能力、强大的计算能力、海量的信息存储能力以及高效的运转能力，逐步替代传统核算型会计岗位。未来会计人员的工作必须从以核算为主的传统会计向以管理、成本预算、经济决策、投融资等工作领域转变。何燕等（2020）认为，在人工智能条件下，会计职能重心由事后核算转向预测、分析、控制、咨询和参与决策等职能转移。

对于会计职能转型的结果变量，学者们主要从个人、组织和行业三个方面进行研究。在个人方面，随着科技发展，众多学科知识的相互融合使会计学的综合性越来越强，这样就需要一批高素质的复合型人才来进行企业会计职位的填补。而会计职能转型很好地满足了财务人员的发展需要，使会计人有更多的时间和精力完成会计管理、会计预测、决策等更有价值的工作，帮助企业财务人员实现了向管理层发展的目标，让更多的财务人员拥有了更广阔的舞台。在组织方面，会计职能转型能够帮助企业管理层准确分析企业当前运营水平和财务状况，识别各类潜在风险，把握内外部真实形势，根据实际情况来制定后续发展计划，服务于企业经营管理、价值创造和持续发展。在行业方面，人工智能条件下，会计职能重心转移推动了会计职业升级，使会计行业在迭代升级中逐步实现数字化管理（何瑛等，2019）。

人工智能的应用使会计职能转型成为必然，但会计职能根据价值的创造性、智慧性转型方向正是财务机器人所难以取代的，这将使财务机器人对今后会计人员工作的替代性有所减弱，进而降低会计人员因财务机器人规模应用而产生的工作不安全感。鉴于此，本章将考察会计职能转型对于财务机器人规模应用与会计人员工作丧失不安全感、过度竞争不安全感、薪酬晋升不安全感之间关系的调节作用，提出以下假设：

H13-2a：会计职能转型负向调节财务机器人规模应用与会计人员工作丧失不安全感之间关系，会计职能转型程度越高，财务机器人规模应用对会计人员工作丧失不安全感的正向影响越低。

H13-2b：会计职能转型负向调节财务机器人规模应用与会计人员过度竞争不安全感之间关系，会计职能转型程度越高，财务机器人规模应用对会计人员过度竞争不安全感的正向影响越低。

H13-2c：会计职能转型负向调节财务机器人规模应用与会计人员薪酬晋升不安全感之间关系，会计职能转型程度越高，财务机器人规模应用对会计人员薪酬晋升不安全感的正向影响越低。

（三）会计人员胜任力的调节作用

1973年，哈佛专门研究心理学的专家麦克利兰（McClelland）首次提出并简要阐述了“胜任力”概念。会计人员职业胜任能力，是指会计人员在工作环境中实现卓越应拥有的深层次特征，具有复杂性、全面性、时代性。会计人员职业胜任能力由会计人员职业知识、职业意识、职业技能、道德水平四部分构成。财务机器人时代对会计从业者提出了更高的要求，他们必须具备专业完善的能力，在完成日常财务工作的同时还要做好分析、操作、开发、整合等内容。何瑛等（2019）从数字经济时代会计人员工作内容和职能定位出发，构建了以职业道德与价值观为支撑，专业知识及技能、行为技能、战略及商业视野、领导及影响力四项能力逐层递进的数字经济时代会计专业人才胜任力框架。朱晓阁等（2020）通过调查问卷研究发现，人工智能时代，企业财会人员职业胜任力应包含四个方面的内容：“财会基础技能”“熟悉公司业务模式及所在行业相关业务资讯、业务拓展技巧技能”“辅助管理者进行风险、成本、预算等职能管理”“掌握智能财会关键工具和软件的使用和操作”。

对于职业胜任力的结果变量，从个人层面来说，职业胜任力可以带来新的工作机会，是职业成功的重要影响因素（Arthur，1999；Eby，2003；Francis-Smythe，2013）。斯蒂文和阿兰（Appelbaum Steven and Hare Alan，1996）通过研究指出，个体具有高的自我效能感可以促使其勇于承担挑战性高的工作，设定更高的工作目标，并且对目标有着较高的承诺，提高其工作绩效，从而在一定程度上获得更多的职业发展机会。另外，根据人力资源理论，一个人对自己的投资可以从个人在劳动力市场的表现来获得回报，职业胜任力等人口统计学变量对客观成功特别是与薪酬水平显著相关（Thomas et al.，2005）。从组织层面来讲，职业胜任力对组织认同存在显著的预测作用（郑晓霞，2010），组织的业绩、自身的复杂性以及开放性对员工的职业成功也会产生一定的影响（褚福磊，2016）。

在人工智能技术快速发展和财务机器人规模应用趋势愈演愈烈的背景下，会计人员如果具备新会计环境下所需的职业胜任力，将会给自身职业发展带来积极的结果，如降低职业不安全感、提升薪酬水平、提高职业满意度和市场竞争力（Eby et al.，2003；Kuijpers et al.，2006；Colakoglu，2011；Huang，2013）。鉴于此，本章将考察会计人员胜任力对于财务机器人规模应用与会计人员工作丧失不安全感、过度竞争不安全感、薪酬晋升不安全感之间关系的调节作用，提出以下假设：

H13-3a：会计人员胜任力负向调节财务机器人规模应用与会计人员工作丧失不安全感之间关系，会计人员胜任力越强，财务机器人规模应用对会计人员工作丧失不安全感的正向影响越低。

H13-3b：会计人员胜任力负向调节财务机器人规模应用与会计人员过度竞争不安全感之间关系，会计人员胜任力越强，财务机器人规模应用对会计人员过度竞争不安全感的正向影响越低。

H13-3c：会计人员胜任力负向调节财务机器人规模应用与会计人员薪酬

晋升不安全感之间关系，会计人员胜任力越强，财务机器人规模应用对会计人员薪酬晋升不安全感的正向影响越低。

二、量表构建

由于财务机器人规模应用、会计人员工作不安全感、会计职能转型和会计人员胜任力这四个变量无法直接被精确观测或虽能被观测但尚须通过其他方法加以综合测量，因此，需要针对上述的每个变量构建相应的测量量表，将变量操作转化成不同维度，以不同题项加以测量。但目前理论界关于以上变量的量化研究尚处于起步阶段，对其特质特征还缺乏相应的测量工具。鉴于此，本章编制了相应的测量量表，并将其分为以下三个阶段工作。

（一）初始量表编制

首先，根据研究内容与假设需要确定问卷结构；其次，研读相关国内外文献，将权威期刊中对于变量的理论研究作为参考依据，在此基础上结合理论界和实务界最新成果编制变量测量题项；最后，开展线上访谈，与学术界专家及企事业单位会计从业者就问卷结构和变量测量题项进行讨论，吸纳好的建议进行量表修改，形成调查问卷。具体来说：

财务机器人规模应用量表，用于测量被调查者对于财务机器人规模应用的认识，包括A1~A9共9个测量题项；会计人员工作不安全感量表，用于测量被调查者在目前岗位的工作不安全感，包括工作丧失不安全感（B1~B3）、过度竞争不安全感（B4~B6）及薪酬晋升不安全感（B7~B9）三个维度共9个测量题项；会计职能转型量表，用于测量被调查者对于会计职能转型的看法，包括实现“三流”合一（C1~C2）、多维反映会计信息（C3~C4）、创造会计新价值（C5~C8）、拓宽会计职能（C9~C13）四个维度共13个测量题项；会计人员胜任力，用于测量被调查者对于自身专业胜任能力的认知，包括会计人员道德水平（D1~D8）、会计人员职业意识（D9~D15）、会计人员知识技能（D16~D23）、会计人员职业素质（D24~D30）四个维度共30个测量题项（注：因受篇幅限制而未将题项内容详细列出）。

（二）信度与效度分析

1.信度分析

为了分析测量量表检验结果的稳定性和一致性，我们采用Cronbach α 系数检验法进行测量量表的信度检验。在测量量表层面，通常认为Cronbach α 系数大于0.7表明测量量表的信度可接受，数值越高表明问卷收集到的数据稳定性和可靠性就越高，基于问卷得出的测量结果的偏差也就越小。在测量题项层面，如果该题项的CITC值大于0.5，且删除题项后的Cronbach α 系数小于原Cronbach α 系数，则该题项通过可靠性检验，否则考虑对此项进行删除处理。本章所用分析软件为SPSS 25.0，各测量量表的信度分析结果如表13-1至表13-4所示。

表13-1　　财务机器人规模应用量表信度分析结果

题项编号	CITC（正项总计相关性）	项已删除的 α 系数	Cronbach α 系数
A1	0.616	0.918	0.921
A2	0.776	0.909	
A3	0.652	0.916	
A4	0.751	0.910	
A5	0.689	0.916	
A6	0.699	0.913	
A7	0.846	0.905	
A8	0.746	0.910	
A9	0.754	0.909	

表13-2　　会计人员工作不安全感量表信度分析结果

题项编号	CITC（正项总计相关性）	项已删除的 α 系数	Cronbach α 系数
B1	0.727	0.927	0.933
B2	0.761	0.925	
B3	0.776	0.924	
B4	0.785	0.924	
B5	0.828	0.921	
B6	0.724	0.927	
B7	0.752	0.926	
B8	0.685	0.929	
B9	0.723	0.927	

表 13-3　　会计职能转型量表信度分析结果

题项编号	CITC（正项总计相关性）	项已删除的 α 系数	Cronbach α 系数
C1	0.847	0.974	0.976
C2	0.851	0.974	
C3	0.880	0.973	
C4	0.874	0.973	
C5	0.898	0.973	
C6	0.882	0.973	
C7	0.736	0.978	
C8	0.890	0.973	
C9	0.854	0.974	
C10	0.887	0.973	
C11	0.897	0.973	
C12	0.869	0.973	
C13	0.828	0.974	

表 13-4　　会计人员胜任力量表信度分析结果

题项编号	CITC（正项总计相关性）	项已删除的 α 系数	Cronbach α 系数
D1	0.790	0.972	0.977
D2	0.862	0.976	
D3	0.819	0.974	
D4	0.828	0.976	
D5	0.779	0.975	
D6	0.854	0.976	
D7	0.814	0.976	
D8	0.837	0.976	
D9	0.858	0.976	
D10	0.817	0.976	
D11	0.802	0.972	
D12	0.857	0.976	
D13	0.854	0.976	
D14	0.832	0.976	
D15	0.860	0.976	
D16	0.767	0.975	

续表

题项编号	CITC（正项总计相关性）	项已删除的 α 系数	Cronbach α 系数
D17	0.785	0.973	0.977
D18	0.605	0.978	
D19	0.800	0.976	
D20	0.840	0.976	
D21	0.641	0.974	
D22	0.814	0.976	
D23	0.735	0.971	
D24	0.701	0.973	
D25	0.597	0.979	
D26	0.694	0.976	
D27	0.746	0.976	
D28	0.701	0.976	
D29	0.687	0.974	
D30	0.721	0.971	

由表13-1至表13-4可得，在测量量表层面，本章四个测量量表的Cronbach α 系数均大于0.9，表明测量量表检验结果具有极高的稳定性和一致性。在测量题项层面，所有题项的CITC（正项总计相关性）均大于0.5，题项C7、D18、D25项已删除的 α 系数大于Cronbach α 系数，未通过可靠性检验，说明此三个题项不具有效度。总的来说，财务机器人规模应用量表和会计人员工作不安全感量表通过了信度检验，会计职能转型量表和会计人员胜任力量表未通过信度检验。

2.效度分析

为了分析测量量表能够准确反映变量所对应的心理行为或特质的程度，本章采用探索性因子分析（EFA）进行测量量表的效度检验，根据碎石图特征和特征值大于1的原则提取主成分，并采用最大方差法进行旋转。在测量量表层面，通常认为KMO值大于0.6，通过Bartlett球形度检验，且累积方差解释率值均大于50%时，表明量表效度可接受，即量表能够较为准确地反映变量所对应的心理行为或特质。在测量题项层面，如果题项的共同度值大于0.4且因子载荷系数与因子（维度）的对应关系准确，说明题项与专业预期相符，具有效度，否则考虑对此项进行删除处理。本章所用分析软件为SPSS 25.0，各测量量表的效度分析结果如表13-5至表13-8所示。

表13-5　　财务机器人规模应用量表效度分析结果

题项编号	因子载荷系数	共同度（公因子方差）
A1	0.817	0.667
A2	0.848	0.719
A3	0.792	0.628
A4	0.853	0.727
A5	0.824	0.679
A6	0.822	0.675
A7	0.869	0.754
A8	0.830	0.689
A9	0.802	0.643
累计方差解释率	68.684%	—
KMO值	0.935	
Bartlett球形度检验值	近似卡方	19588.075
	df	36
	Sig.	0.000

表13-6　　会计人员工作不安全感量表效度分析结果

题项编号	因子载荷系数			共同度（公因子方差）
	工作丧失不安全感因子	过度竞争不安全感因子	薪酬晋升不安全感因子	
B1	0.862			0.910
B2	0.861			0.937
B3	0.855			0.922
B4		0.655		0.850
B5		0.808		0.861
B6		0.772		0.819

续表

题项编号	因子载荷系数			共同度（公因子方差）
	工作丧失不安全感因子	过度竞争不安全感因子	薪酬晋升不安全感因子	
B7			0.848	0.847
B8			0.877	0.845
B9			0.754	0.769
累计方差解释率	33.231%	61.617%	86.221%	—
KMO 值	0.916			
Bartlett 球形度检验值	近似卡方			23630.892
	df			36
	Sig.			0.000

表 13-7　　会计职能转型量表效度分析结果

题项编号	因子载荷系数				共同度（公因子方差）
	实现“三流”合一因子	多维反映会计信息因子	创造会计新价值因子	拓宽会计职能因子	
C1	0.839				0.919
C2	0.818				0.933
C3		0.756			0.900
C4		0.740			0.891
C5			0.575		0.914
C6			0.594		0.937
C7		0.681			0.982
C8			0.525		0.908
C9				0.780	0.907
C10				0.426	0.907
C11				0.692	0.916
C12	0.813				0.923
C13	0.791				0.892
累计方差解释率	35.490%	66.994%	79.875%	91.756%	
KMO 值	0.963				

续表

题项编号	因子载荷系数				共同度（公因子方差）
	实现“三流”合一因子	多维反映会计信息因子	创造会计新价值因子	拓宽会计职能因子	
Bartlett 球形度检验值	近似卡方				54370.789
	df				78
	Sig.				0.000

表 13-8　　会计人员胜任力量表效度分析结果

题项编号	因子载荷系数				共同度（公因子方差）
	会计人员道德水平因子	会计人员职业意识因子	会计人员知识技能因子	会计人员职业素质因子	
D1	0.864				0.812
D2	0.911				0.868
D3	0.917				0.876
D4	0.906				0.883
D5	0.857				0.819
D6	0.764				0.766
D7	0.528				0.621
D8	0.776				0.775
D9		0.480			0.768
D10		0.805			0.802
D11		0.796			0.797
D12		0.787			0.873
D13		0.835			0.872
D14		0.825			0.864
D15		0.822			0.833
D16			0.741		0.746
D17	0.555				0.665
D18			0.492		0.807
D19			0.535		0.850
D20			0.504		0.855

续表

题项编号	因子载荷系数				共同度（公因子方差）
	会计人员道德水平因子	会计人员职业意识因子	会计人员知识技能因子	会计人员职业素质因子	
D21			0.510		0.844
D22			0.496		0.880
D23			0.643		0.857
D24				0.735	0.775
D25				0.756	0.717
D26				0.813	0.806
D27				0.826	0.857
D28			0.844		0.880
D29				0.795	0.855
D30				0.783	0.804
累计方差解释率	29.286%	50.504%	70.295%	81.422%	—
KMO 值	0.975				
Bartlett 球形度检验值	近似卡方				103927.279
	df				435
	Sig.				0.000

由表13-5~表13-8可以看出，在测量量表层面，本章四个测量量表的KMO检验值均大于0.9>0.6；Bartlett球形度检验的近似卡方值对应的Sig值均为0.000<0.05，通过了Bartlett球形度检验；累积方差解释率值均大于50%，说明各因子可以提取出大部分题项信息，因而综合认为各量表能够在很大程度上准确反映变量所对应的心理行为或特质。在测量题项层面，一方面，所有题项的共同度值均高于0.4，说明研究项信息可以被有效提取；另一方面，题项C7、C12、C13、D17、D28的因子载荷系数与因子（维度）的对应关系不准确，不符合专业预期，说明此五个题项不具有效度。总的来说，财务机器人规模应用量表和会计人员工作不安全感量表具有良好的结构效度水平，会计职能转型量表和会计人员胜任力量表未通过效度检验。

（三）最终量表确定

通过对调查问卷中各测量量表及其题项进行信度和效度分析，识别出了C7、C12、C13、D17、D18、D25、D28共7个未通过检验的题项，予以删除处理。进一步，对删除此7个题项后的量表按照前面的方法和程序重新进行信度和效度分析，得出测量量表和题项均通过检验的结论。因此，财务机器人规模应用量表和会计人员工作不安全感量表采用初始编制的量表，将删除C7、C12、C13的量表作为最终的会计职能转型量表，将删除D17、D18、D25、D28题项后的量表作为最终的会计人员胜任力量表。

三、研究设计

（一）样本选取与数据来源

利用前述调查问卷，我们对近4年来北京国家会计学院进行参训的学员进行了网络问卷调查。通过问卷星软件共回收2710份问卷，问卷样本的个人基本信息和所在单位情况如表13-9所示。

表13-9　　问卷样本信息

基本资料	分组	频数	百分比
性别	男	1108	40.89%
	女	1602	59.11%
学历	大专及以下	240	8.86%
	本科	1801	66.46%
	硕士	628	23.17%
	博士及以上	41	1.51%
职务	集团财务负责人	140	5.17%
	区域 / 单位财务负责人	417	15.39%
	部门财务负责人	719	26.53%
	普通财务工作者	1434	52.92%

续表

基本资料	分组	频数	百分比
工作年限	5 年以内	477	17.60%
	6~10 年	489	18.02%
	11~15 年	409	15.09%
	15~20 年	500	18.45%
	20~25 年	435	16.05%
	25 年以上	400	14.76%
岗位职责	会计核算	941	34.72%
	管理会计	232	8.56%
	综合事务管理	647	23.87%
	财务管理	890	32.84%
单位性质	行政单位	165	6.09%
	事业单位	731	26.97%
	国有企业	1597	58.93%
	民营企业	182	6.72%
	外资或合资企业	35	1.29%
单位业务分布	全球性业务	508	18.75%
	亚太区业务	28	1.03%
	大中华区业务（含港澳台）	27	1.00%
	中国大陆业务	1761	64.98%
	其他	386	14.24%
单位年收入规模	1 亿元以下	715	26.38%
	1 亿 ~10 亿元	696	25.68%
	10 亿 ~50 亿元	472	17.42%
	50 亿 ~100 亿元	259	9.56%
	100 亿 ~500 亿元	288	10.63%
	500 亿元以上	280	10.33%

（二）变量设定

在前面确定测量量表的基础上，本章构建的变量体系如表13–10所示。

表 13-10　　　　变量体系

变量类型	变量名称		变量符号	变量定义
解释变量	财务机器人规模应用		Robot	采用本章自编的财务机器人规模应用量表，量表采用 Likert-7 点评分法
被解释变量	会计人员工作不安全感	工作丧失不安全感	L-Insecurity	采用本章自编的工作不安全感量表，量表采用 Likert-7 点评分法
		过度竞争不安全感	C-Insecurity	
		薪酬晋升不安全感	P-Insecurity	
调节变量	会计职能转型		Function	采用本章自编的会计职能转型量表，量表采用 Likert-7 点评分法
	会计人员胜任力		Competence	采用本章自编的会计人员胜任力量表，量表采用 Likert-7 点评分法
控制变量	性别		Gender	男 =1；女 =2
	学历		Education	大专及以下 =1；本科 =2；硕士研究生 =3；博士研究生及以上 =4
	职务		Title	集团财务负责人 =1；区域 / 单位财务负责人 =2；部门财务负责人 =3；普通财务工作者 =4
	工作年限		Year	5 年以内 =1；6~10 年 =2；11~15 年 =3；15~20 年 =4；20~25 年 =5；25 年以上 =6
	岗位职责		Responsibility	会计核算 =1；管理会计 =2；综合事务管理 =3；财务管理 =4
	单位性质		Nature	行政单位 =1；事业单位 =2；国有企业 =3；民营企业 =4；外资或合资企业 =5
	单位业务分布范围		Distribution	全球性业务 =1；亚太区业务 =2；大中华区业务（含港澳台）=3；中国大陆业务 =4；其他 =5
	单位年收入规模		Size	1 亿元以下 =1；1 亿 ~10 亿元 =2；10 亿 ~50 亿元 =3；50 亿 ~100 亿元 =4；100 亿 ~500 亿元 =5；500 亿元以上 =6

（三）模型构建

为了检验财务机器人规模应用对会计人员工作不安全感的直接影响作用，即假设H13-1a、H13-1b、H13-1c，本章分别构建如下模型：

$$\text{L-Insecurity}=\alpha+\beta_1 \text{Gender}+\beta_2 \text{Education}+\beta_3 \text{Title}+\beta_4 \text{Year}+\beta_5 \text{Responsibility} +\beta_6 \text{Nature}+\beta_7 \text{Distribution}+\beta_8 \text{Size}+\varepsilon \quad (13\text{-}1)$$

$$L\text{-}Insecurity=\alpha+\beta_1 Robot+\beta_2 Gender+\beta_3 Education+\beta_4 Title+\beta_5 Year+\beta_6 Responsibility+\beta_7 Nature+\beta_8 Distribution+\beta_9 Size+\varepsilon \quad (13\text{-}2)$$

$$C\text{-}Insecurity=\alpha+\beta_1 Gender+\beta_2 Education+\beta_3 Title+\beta_4 Year+\beta_5 Responsibility+\beta_6 Nature+\beta_7 Distribution+\beta_8 Size+\varepsilon \quad (13\text{-}3)$$

$$C\text{-}Insecurity=\alpha+\beta_1 Robot+\beta_2 Gender+\beta_3 Education+\beta_4 Title+\beta_5 Year+\beta_6 Responsibility+\beta_7 Nature+\beta_8 Distribution+\beta_9 Size+\varepsilon \quad (13\text{-}4)$$

$$P\text{-}Insecurity=\alpha+\beta_1 Gender+\beta_2 Education+\beta_3 Title+\beta_4 Year+\beta_5 Responsibility+\beta_6 Nature+\beta_7 Distribution+\beta_8 Size+\varepsilon \quad (13\text{-}5)$$

$$P\text{-}Insecurity=\alpha+\beta_1 Robot+\beta_2 Gender+\beta_3 Education+\beta_4 Title+\beta_5 Year+\beta_6 Responsibility+\beta_7 Nature+\beta_8 Distribution+\beta_9 Size+\varepsilon \quad (13\text{-}6)$$

为了检验会计职能转型在财务机器人规模应用影响会计人员工作不安全感中的调节作用，即假设H13-2a、H13-2b、H13-2c，在模型（13-1）~模型（13-6）的基础上，本章分别构建如下模型：

$$L\text{-}Insecurity=\alpha+\beta_1 Robot+\beta_2 Function+\beta_3 Gender+\beta_4 Education+\beta_5 Title+\beta_6 Year+\beta_7 Responsibility+\beta_8 Nature+\beta_9 Distribution+\beta_{10} Size+\varepsilon \quad (13\text{-}7)$$

$$L\text{-}Insecurity=\alpha+\beta_1 Robot+\beta_2 Function+\beta_3 Robot\times Function+\beta_4 Gender+\beta_5 Education+\beta_6 Title+\beta_7 Year+\beta_8 Responsibility+\beta_9 Nature+\beta_{10} Distribution+\beta_{11} Size+\varepsilon \quad (13\text{-}8)$$

$$C\text{-}Insecurity=\alpha+\beta_1 Robot+\beta_2 Function+\beta_3 Gender+\beta_4 Education+\beta_5 Title+\beta_6 Year+\beta_7 Responsibility+\beta_8 Nature+\beta_9 Distribution+\beta_{10} Size+\varepsilon \quad (13\text{-}9)$$

$$C\text{-}Insecurity=\alpha+\beta_1 Robot+\beta_2 Function+\beta_3 Robot\times Function+\beta_4 Gender+\beta_5 Education+\beta_6 Title+\beta_7 Year+\beta_8 Responsibility+\beta_9 Nature+\beta_{10} Distribution+\beta_{11} Size+\varepsilon \quad (13\text{-}10)$$

$$
\begin{aligned}
\text{P-Insecurity} = {} & \alpha + \beta_1 \text{Robot} + \beta_2 \text{Function} + \beta_3 \text{Gender} + \beta_4 \text{Education} + \beta_5 \text{Title} \\
& + \beta_6 \text{Year} + \beta_7 \text{Responsibility} + \beta_8 \text{Nature} + \beta_9 \text{Distribution} \\
& + \beta_{10} \text{Size} + \varepsilon
\end{aligned}
\tag{13-11}
$$

$$
\begin{aligned}
\text{P-Insecurity} = {} & \alpha + \beta_1 \text{Robot} + \beta_2 \text{Function} + \beta_3 \text{Robot} \times \text{Function} + \beta_4 \text{Gender} \\
& + \beta_5 \text{Education} + \beta_6 \text{Title} + \beta_7 \text{Year} + \beta_8 \text{Responsibility} \\
& + \beta_9 \text{Nature} + \beta_{10} \text{Distribution} + \beta_{11} \text{Size} + \varepsilon
\end{aligned}
\tag{13-12}
$$

为了检验会计人员胜任力在财务机器人规模应用影响会计人员工作不安全感中的调节作用，即假设H13-3a、H13-3b、H13-3c，在模型（13-1）~模型（13-6）的基础上，本章分别构建如下模型：

$$
\begin{aligned}
\text{L-Insecurity} = {} & \alpha + \beta_1 \text{Robot} + \beta_2 \text{Competence} + \beta_3 \text{Gender} + \beta_4 \text{Education} + \beta_5 \text{Title} \\
& + \beta_6 \text{Year} + \beta_7 \text{Responsibility} + \beta_8 \text{Nature} + \beta_9 \text{Distribution} \\
& + \beta_{10} \text{Size} + \varepsilon
\end{aligned}
\tag{13-13}
$$

$$
\begin{aligned}
\text{L-Insecurity} = {} & \alpha + \beta_1 \text{Robot} + \beta_2 \text{Competence} + \beta_3 \text{Robot} \times \text{Competence} \\
& + \beta_4 \text{Gender} + \beta_5 \text{Education} + \beta_6 \text{Title} + \beta_7 \text{Year} \\
& + \beta_8 \text{Responsibility} + \beta_9 \text{Nature} + \beta_{10} \text{Distribution} + \beta_{11} \text{Size} + \varepsilon
\end{aligned}
\tag{13-14}
$$

$$
\begin{aligned}
\text{C-Insecurity} = {} & \alpha + \beta_1 \text{Robot} + \beta_2 \text{Competence} + \beta_3 \text{Gender} + \beta_4 \text{Education} + \beta_5 \text{Title} \\
& + \beta_6 \text{Year} + \beta_7 \text{Responsibility} + \beta_8 \text{Nature} + \beta_9 \text{Distribution} \\
& + \beta_{10} \text{Size} + \varepsilon
\end{aligned}
\tag{13-15}
$$

$$
\begin{aligned}
\text{C-Insecurity} = {} & \alpha + \beta_1 \text{Robot} + \beta_2 \text{Competence} + \beta_3 \text{Robot} \times \text{Competence} + \beta_4 \text{Gender} \\
& + \beta_5 \text{Education} + \beta_6 \text{Title} + \beta_7 \text{Year} + \beta_8 \text{Responsibility} \\
& + \beta_9 \text{Nature} + \beta_{10} \text{Distribution} + \beta_{11} \text{Size} + \varepsilon
\end{aligned}
\tag{13-16}
$$

$$
\begin{aligned}
\text{P-Insecurity} = {} & \alpha + \beta_1 \text{Robot} + \beta_2 \text{Competence} + \beta_3 \text{Gender} + \beta_4 \text{Education} + \beta_5 \text{Title} \\
& + \beta_6 \text{Year} + \beta_7 \text{Responsibility} + \beta_8 \text{Nature} + \beta_9 \text{Distribution} \\
& + \beta_{10} \text{Size} + \varepsilon
\end{aligned}
\tag{13-17}
$$

$$
\begin{aligned}
\text{P-Insecurity} = {} & \alpha + \beta_1 \text{Robot} + \beta_2 \text{Competence} + \beta_3 \text{Robot} \times \text{Competence} + \beta_4 \text{Gender} \\
& + \beta_5 \text{Education} + \beta_6 \text{Title} + \beta_7 \text{Year} + \beta_8 \text{Responsibility} \\
& + \beta_9 \text{Nature} + \beta_{10} \text{Distribution} + \beta_{11} \text{Size} + \varepsilon
\end{aligned}
\tag{13-18}
$$

四、实证分析

（一）描述性统计

表13-11报告了本章研究变量的样本描述性统计结果。在2710个样本中，研究数据中没有异常值，各研究变量的极小值均为1，极大值均为7，说明样本对于财务机器人规模应用、会计人员工作不安全感、会计职能转型以及会计人员胜任力的认知存在明显的差异和区分度。财务机器人规模应用变量的均值为5.367，标准差为1.301。会计人员工作不安全感变量中，从均值来看，样本的薪酬晋升不安全感最高，过度竞争不安全感和工作丧失不安全感次之；从标准差来看，样本之间关于工作丧失不安全感的心理特质差异最大，过度竞争不安全感和薪酬净胜不安全感次之。会计职能转型的均值为5.921，标准差为1.177。会计人员胜任力的均值为5.959，在各研究变量中最高，标准差为0.888，在各研究变量中最低，说明会计人员对于自身胜任力的认知最为乐观，且各样本之间的认知差异最小。

表13-11　　描述性统计结果

变量	极小值	极大值	均值	标准差
Robot	1	7	5.367	1.301
L-Insecurity	1	7	3.142	1.819
C-Insecurity	1	7	3.479	1.730
P-Insecurity	1	7	4.034	1.716
Function	1	7	5.921	1.177
Competence	1	7	5.959	0.888
有效的N（列表状态）2710				

（二）相关分析

对本章各变量进行双变量间Pearson分析，结果见表13-12。被解释变量L-Insecurity、C-Insecurity、P-Insecurity与解释变量Robot之间存在显著的正相关关系，初步验证了假设H13-1a、H13-1b、H13-1c。被解释变量、解释变量与Function和Competence两个调节变量之间存在显著的相关关系，但其调节

表 13-12 Pearson 相关性分析

变量	Robot	L-Insecurity	C-Insecurity	P-Insecurity	Function	Competence	Gender	Education	Title	Year	Responsibility	Nature	Distribution	Size
Robot	1													
L-Insecurity	0.038*	1												
C-Insecurity	0.074**	0.489**	1											
P-Insecurity	0.077**	0.308**	0.166**	1										
Function	0.482**	-0.232**	0.016*	0.087**	1									
Competence	0.323**	-0.302**	-0.037*	0.050**	0.416**	1								
Gender	-0.078**	-0.034	-0.013	-0.001	0.004	-0.036*	1							
Education	0.136**	-0.149**	-0.119**	-0.092**	0.127**	0.088**	-0.067**	1						
Title	-0.096**	0.169**	0.179**	0.200**	-0.142**	-0.111**	0.231**	-0.152**	1					
Year	0.074**	-0.172**	-0.181**	-0.199**	0.101**	0.119**	-0.055**	-0.036	-0.453**	1				
Responsibility	0.110**	-0.171**	-0.159**	-0.177**	0.140**	0.103**	-0.194**	0.177**	-0.330**	0.345**	1			
Nature	-0.056**	0.099**	0.076**	0.097**	-0.044*	-0.004	-0.053**	-0.088**	-0.105**	-0.063**	0.008	1		
Distribution	0.004	-0.044*	-0.055**	-0.069**	0.018	-0.001	0.071**	-0.003	-0.067**	0.127**	0.099**	-0.295**	1	
Size	0.049*	-0.032	-0.002	0.032	0.047*	0.035	-0.078**	0.137**	0.058**	-0.065**	-0.034*	0.231**	-0.492**	1

注：***、**、* 分别表示在 1%、5% 和 10% 的水平上显著。

作用仍需在后面进一步研究。各控制变量与被解释变量、解释变量之间也存在较为显著的相关关系，表明控制变量选取得当。各变量间的相关系数绝对值均小于0.5，表明变量间不存在共线性问题。

（三）回归分析

1.财务机器人规模应用对会计人员工作不安全感的直接影响作用

表13-13报告了财务机器人规模应用对会计人员工作不安全感的直接影响作用的回归结果。加入财务机器人规模应用后的模型2比模型1对工作丧失不安全感的解释力提高，ΔR^2为0.014，调整后的R^2为0.086，且回归系数显著为正，说明财务机器人规模应用程度越高，会计人员的工作丧失不安全感越大，验证了假设H13-1a；模型4比模型3对过度竞争不安全感的解释力提高，ΔR^2为0.013，调整后的R^2为0.077，且回归系数显著为正，说明财务机器人规模应用越高，会计人员的过度竞争不安全感越大，假设H13-1b得到验证；模型6比模型5对薪酬晋升不安全感的解释力提高，ΔR^2为0.007，调整后的R^2为0.084，且回归系数显著为正，表明财务机器人规模应用程度越高，会计人员的薪酬晋升不安全感越大，验证了假设H13-1c。

表13-13　主效应回归结果

变量		L-Insecurity		C-Insecurity		P-Insecurity	
		模型1	模型2	模型3	模型4	模型5	模型6
解释变量	Robot		0.120***		0.117***		0.085***
控制变量	Gender	-0.048**	-0.042**	-0.058***	-0.053***	-0.084***	-0.080***
	Education	-0.059***	-0.072***	-0.090***	-0.103***	-0.111***	-0.121***
	Title	0.120***	0.124***	0.104***	0.107***	0.093***	0.095***
	Year	-0.118***	-0.123***	-0.115***	-0.120***	-0.106***	-0.110***
	Responsibility	-0.072***	-0.078***	-0.060***	-0.066***	-0.084***	-0.088***
	Nature	0.094***	0.101***	0.071***	0.079***	0.100***	0.105***
	Distribution	-0.012	-0.013	-0.020	-0.020	-0.014	-0.014
	Size	-0.009	-0.015	-0.036	-0.042*	-0.068***	-0.073***
N		2710	2710	2710	2710	2710	2710

续表

变量	L-Insecurity		C-Insecurity		P-Insecurity	
	模型 1	模型 2	模型 3	模型 4	模型 5	模型 6
R^2	0.075	0.089	0.067	0.080	0.080	0.087
Adj_R^2	0.073	0.086	0.064	0.077	0.078	0.084
ΔR^2	0.014		0.013		0.007	
F	27.571***	29.413***	224.268***	26.177***	29.510***	28.708***

注：***、**、* 分别表示在 1%、5% 和 10% 的水平上显著。

2. 会计职能转型的调节作用

表 13-14 报告了会计职能转型调节作用的回归结果。模型 8 中的财务机器人规模应用与会计职能转型交互项回归系数均显著为负，且比模型 7 对工作丧失不安全感解释力提高，说明会计职能转型负向调节财务机器人规模应用与会计人员工作丧失不安全感之间关系，验证了假设 H13-2a；模型 10 中的财务机器人规模应用与会计职能转型交互项回归系数均显著为负，且比模型 9 对过度竞争不安全感解释力提高，说明会计职能转型负向调节财务机器人规模应用与会计人员过度竞争不安全感之间关系，验证了假设 H13-2b；模型 12 中的财务机器人规模应用与会计职能转型交互项回归系数均显著为负，且比模型 11 对薪酬晋升不安全感解释力提高，说明会计职能转型负向调节财务机器人规模应用与会计人员薪酬晋升不安全感之间关系，验证了假设 H13-2c。

表 13-14　　会计职能转型调节效应回归结果

变量		L-Insecurity		C-Insecurity		P-Insecurity	
		模型 7	模型 8	模型 9	模型 10	模型 11	模型 12
解释变量	Robot	0.103***	0.106***	0.119***	0.301***	0.055**	0.140*
调节变量	Function	−0.032*	−0.085*	−0.004*	−0.121**	−0.113***	−0.172***
交互项	Robot × Function		−0.017**		−0.277**		−0.130***
控制变量	Gender	−0.077***	0.071***	−0.052***	−0.051***	−0.051***	−0.050***
	Education	−0.123***	0.06***	−0.102***	−0.105***	−0.076***	−0.077***
	Title	0.0933***	0.048***	0.107***	0.106***	0.132***	0.132***

续表

变量		L-Insecurity		C-Insecurity		P-Insecurity	
		模型 7	模型 8	模型 9	模型 10	模型 11	模型 12
控制变量	Year	–0.109***	0.023***	–0.120***	–0.118***	–0.125***	–0.124***
	Responsibility	–0.087***	0.032***	–0.066***	–0.068***	–0.083***	–0.084***
	Nature	0.105***	0.049***	0.079***	0.079***	0.103***	0.103***
	Distribution	–0.014	0.031	–0.020	–0.022	–0.014	–0.015
	Size	–0.071***	0.024***	–0.042*	–0.042*	–0.019	–0.019
N		2710	2710	2710	2710	2710	2710
R^2		0.088	0.091	0.080	0.082	0.098	0.099
Adj_R^2		0.085	0.087	0.077	0.079	0.094	0.095
ΔR^2		0.003		0.002		0.001	
F		26.043***	23.712***	23.554***	22.081***	29.176***	26.654***

注：***、**、* 分别表示在 1%、5% 和 10% 的水平上显著。

3.会计人员胜任力的调节作用

表13-15报告了会计人员胜任力调节作用的回归结果。模型14中的财务机器人规模应用与会计人员胜任力交互项回归系数均显著为负，且比模型13对工作丧失不安全感解释力提高，说明会计人员胜任力负向调节财务机器人规模应用与会计人员工作丧失不安全感之间关系，验证了假设H13-3a；模型16中的财务机器人规模应用与会计人员胜任力交互项回归系数均显著为负，且比模型15对过度竞争不安全感解释力提高，说明会会计人员胜任力负向调节财务机器人规模应用与会计人员过度竞争不安全感之间关系，验证了假设H13-3b；模型18中的财务机器人规模应用与会计人员胜任力交互项回归系数均显著为负，且比模型17对薪酬晋升不安全感解释力提高，说明会计人员胜任力负向调节财务机器人规模应用与会计人员薪酬晋升不安全感之间关系，验证了假设H13-3c。

表13-15　　　　会计人员胜任力调节效应回归结果

变量		L-Insecurity		C-Insecurity		P-Insecurity	
		模型 13	模型 14	模型 15	模型 16	模型 17	模型 18
解释变量	Robot	0.080***	0.186*	0.128***	0.376***	0.101***	0.274***
调节变量	Competence	-0.016**	-0.074**	-0.037*	-0.099*	-0.061***	-0.156**
交互项	Robot × Competence		-0.137*		-0.323**		-0.225*
控制变量	Gender	-0.080***	-0.081***	-0.052***	-0.054***	-0.042**	-0.044**
	Education	-0.121***	-0.121***	-0.101***	-0.101***	-0.075***	-0.075***
	Title	0.096***	0.095***	0.106***	0.106***	0.126***	0.125***
	Year	-0.111***	-0.110***	-0.117***	-0.116***	-0.128***	-0.127***
	Responsibility	-0.089***	-0.089***	-0.065***	-0.066***	-0.079***	-0.080***
	Nature	0.105***	0.105***	0.079***	0.080***	0.100***	0.101***
	Distribution	-0.014	-0.014	-0.020	-0.020	-0.012	-0.012
	Size	-0.073***	-0.072***	-0.041*	-0.040*	-0.016	-0.015
N		2710	2710	2710	2710	2710	2710
R^2		0.088	0.090	0.081	0.084	0.093	0.094
Adj_R^2		0.084	0.086	0.078	0.080	0.089	0.090
ΔR^2		0.002		0.003		0.001	
F		25.898***	23.652***	23.944***	22.399***	27.516***	25.324***

注：***、**、* 分别表示在 1%、5% 和 10% 的水平上显著。

（四）稳健性检验

为了检验前面回归分析结果的可靠性，本章从以下三个方面进一步进行了稳健性检验：①在样本选取和数据来源上，再次发放调查问卷后获得368份有效问卷，扩充样本量进行回归分析；②在变量选取上，剔除了前面回归分析中均不显著的控制变量“单位业务分布范围”后进行回归分析；③在计量方法上，采用Robust回归法代替OLS回归法进行主效应和调节效应的检验。上述稳健性检验的结果（因受篇幅限制而未加详细列出）均与前面的回归结果基本一致，说明本章的研究结论是可靠的。

五、研究结论与建议

（一）研究结论

本章分析了财务机器人规模应用、会计职能转型、会计人员胜任力和会计人员工作不安全感之间存在的影响关系。研究结果表明，财务机器人规模应用与会计人员工作不安全感之间存在显著的正相关关系，说明财务机器人规模应用程度越高，会计人员的工作不安全感越大。会计职能转型和会计人员胜任力对财务机器人规模应用与会计人员工作丧失不安全感、过度竞争不安全感和薪酬晋升不安全感之间的关系起到了负向调节作用，即会计职能转型程度越高、会计人员胜任力越强，财务机器人规模应用对会计人员工作丧失不安全感、过度竞争不安全感和薪酬晋升不安全感的正向影响便越低。

（二）研究建议

就政府层面而言，第一，必须看到，当前我国仍处于弱人工智能时代，财务机器人替代会计人员的工作刚刚起步。例如，以自动操作代替原来的大量重复性、逻辑性强的手工操作，利用BI的数据呈现进行决策辅助。但它们还只是同一维度上技术和效率的差别，在应用场景上并没有实质性的不同，而强人工智能所产生的巨大替代空间还远未显现，目前的财务机器人技术还不能替代人的综合处理能力。目前会计从业人员的数量规模在我国各行业中居于前几位，从事会计基础工作的人员更是达到70%左右。因此，政府层面需要从国情出发，高度重视会计人员的就业安全问题，特别是基层会计员工的就业安全。而就业是民生之本，也是家庭和基层社会安全之本。为此，应处理好当前产业结构转型升级与财务转型之间的关系，提倡会计行业高质量发展与高端会计人才培养同步进行。应注意产业结构优化升级的同时催生经济增长活力，聚集经济增长动能，促进经济持续发展，并创造更多新的就业机会，并通过适当的税收优惠政策对企业会计人员的后续教育活动给予大力资金支持。第二，监管部门应通过修订相关政策法规与行业指引，推动会计行业转型升级与会计职能转变。第三，面对数字经济时代，重新修订会计人员后续教育课程大纲，同时加强高校会计专业学科建设，通过制度引导会计教育改革，真正将财务共享服务、大数据财务、智能财务等前沿数字技术与财务相结合的课程融入教学改革之中，以适应未来数字经济的挑战，从而在一定程度上降低会计人员的工作不安全感。

就企业层面而言，应增强基层会计人员的危机感与未来转型方向的引导。从近几年会计学术成果的研究方向以及国家相关政策的支持来看，“机器换人”战略成为产业升级时代的必然选择，未来财务领域对机器人的规模化应用将是大势所趋。那么，如何规划好、引导好财务人员转型的路径，以适应未来的财务机器人时代要求将显得尤为重要。首先，对于企业层面而言，应促使基层财务人员正确看待机器人对于简单、重复性的会计工作与会计人员的替代，增强职业危机感，形成长期的自我提升、自我学习的惯性。其次，企业应将会计人员职业发展能力和学习成长能力纳入企业发展目标，通过未来人工智能时代会计人员胜任能力框架的设计，构建系统的知识、技能要求，通过各种学习内容与学习手段的设计，引导会计人员“数商”的建立，培养会计人员掌握未来财务转型与财务功能实现所需要的新知识与新技能，如数据分析能力、财务预测能力、决策支持能力等。

就个人层面而言，应增强职业危机感与自我提升意识。财务机器人的规模化运用之所以会给会计人员带来工作不安全感，究其原因在于原有会计人员的知识体系及其能力面临挑战，不能适应未来机器人时代会计职业发展的需求。那么，就会计人员个人层面而言，既要增强职业危机感，还要保持积极的自我提升意识。正如研究结论所言，会计人员胜任力对财务机器人规模应用与会计人员工作丧失不安全感、过度竞争不安全感和薪酬晋升不安全感之间的关系起到了负向调节作用，会计人员胜任力越强，财务机器人规模应用对会计人员工作丧失不安全感、过度竞争不安全感和薪酬晋升不安全感的正向影响便越低。因此，会计人员必须将自身职业能力发展和职业学习能力放在突出位置，在日常会计工作中通过各种途径提升自身职业能力发展及职业学习能力。积极面对财务机器人规模应用趋势，成为企业数字化变革的推动者，在会计职能转型的指引下，加强跨学科跨领域尤其是IT与AI应用领域的知识技能学习，提升专业化水平和综合能力，增强职业胜任力。

14
第十四章

人工智能时代下的会计教育改革

2017年新年伊始，经济学人杂志对教育与人工智能进行深度分析，并发表《特别报告：终身学习》指出：和工业革命一样，人工智能和自动化时代需要另一场教育革命，并对新的教育模式、当前现状及其存在的严重问题进行了剖析。

加拿大皇家银行人工智能部门的负责人菲奥蒂·阿格拉（Foteini Agrafioti）表示，机器人要想拥有人类的高级智慧，还有很长的路要走，而会计、银行、放射医学、法律、新闻这些行业的人类智慧显然已经受到了人工智能的威胁（Anthony Seldon，2019）。经过前面章节的论述，我们已经看到大数据、人工智能等新兴技术对于财务数字化、智能化转型所产生的影响以及会计人员面临的焦虑与不安全感。要培养工作革命所需要的新型劳动力，就要启动教育革命。

财务需要转型，会计教育改革是关键。越来越多的人意识到传统的会计培养模式已不适应人工智能时代的要求，无论是高等院校还是会计教师都面临着教育变革的巨大挑战（况玉书、刘永泽，2019）。

一、人工智能时代下传统会计教育面临的焦虑

（一）学生就业焦虑

人类历史上，因信息技术的发展经历过三次教育革命，虽然这三次教育

革命在一定程度上提升了学习质量，减轻了教师的负担，但是并没有改变教育的基本模式。传统大规模教育的模式仍然存在显著的弊端，尤其在学生的全面发展学习模式的创新等方面劣势明显。《第四次教育革命——人工智能如何改变教育》（2019）一书的序言中指出，学生像生产线上的产品一样，经受着传统教育体系的规格化塑造，遭受教育同质化和缺乏个性化教育的羁绊。以功利性为导向的狭窄教育模式，往往注重的是最大化的个人短期能力和发展个人的一般性认知技能，以获得当下个人就业的优势和具有应用发展能力的教育前景，而容易忽视培养与这些目的性不直接相关，但却与人们长远全面和可持续发展紧密联系的潜在素质，对学生探索自己的内在天赋，没有留下太多的空间。

未来的就业问题就是教育的核心问题。在传统教育的洗礼下，会计教育不可能独善其身。陈舒、倪民军（2020）通过运用问卷调查指出，当前会计课程设定及会计教学内容都重视会计核算，将大部分精力投入会计技能培训上，鼓励学生考取更多与会计专业有关的职业技能证书，让学生投身于考证中，会计毕业学生只会记账、算账，而不能成为企业高级会计管理人才，更不要提管理会计的运用。在这种会计教育状态下，将来的会计学生在会计工作中只会规范性、重复性的劳动技能，而这些简单又重复的技术很容易被财务机器人取代。高校的会计教育如果不能及时调整或变革应用型本科会计专业人才培养目标及课程教学内容，最终所培养出来的学生必定会失去就业的能力。孙红梅、刘桂媛（2020）认为，传统教师以板书或者PPT的形式为学生授课，学生很少积极主动地去发现问题、提出问题，多数时间处于听教师讲和记板书笔记的状态中，课堂互动较少。这样培养出来的学生往往缺乏主动思考和创造能力。可以预见，目前财务共享服务中心建设、RPA的规模化应用、智能财务不断出现的应用场景将使传统会计教育培养的学生面临更大的就业压力和就业焦虑。

（二）自身能力焦虑

教育需要在人工智能时代培养学生的就业技能，尤其是那些智能和机器人无法替代的技能，这些技能体现在：

第一，终身学习能力。人工智能时代获取新知识和技能贯穿人的整个职业生涯，每个人都需要具备持续学习新的不断更新的知识和技能的能力。而终身学习的受益方主要是部分学习能力强的成功人士，而未来这更可能会加剧不平等现象，而不是减少。

第二，创造力。麻省理工学院的学者埃里克在《第二次机器革命》一书中写道："我们从未见过真正具有创造力的机器，也从未见过具有创业或创新精神的机器，创造力是人类独有的，但也不是人人都有。学生的创造力，需要大学教育来激发，不管是为了就业工作还是为了他们自己，毕业生都需要一种创业的心态、积极的心态。"在未来服务于专业表层，只能做些重复性和标准化工作的人都将会被人工智能所替代，只有具备深度的专业能力和创造力才具备立足之地。

第三，跨领域理解力和沟通合作能力。例如，服务机器人行业是"人工智能+互联网+机器人硬件"等多领域的交集，同时精通这三个方面的人是可遇不可求的。因此，实际工作中一定会需要与其他背景的专业人士共同协作交叉复合型人才。它不仅需要多领域的知识储备，而且沟通合作能力显得尤其重要。

第四，DQ与AIQ能力。工业经济时代，人们成功与否的判断标准是智商（IQ）与情商（EQ）。其中，智商体现为逻辑思维与分析能力的水平高低；情商体现为人们管理自己及他人情绪的能力。尤其情商水平更是决定一个人成功与否的重要指数。对此，著名教育学家卡纳基曾经说过：一个人的成功15%来自专业技术，85%来自他的人际关系和他做人处事的能力。工业经济时代，为什么需要那么高的情商呢？这与传统的分工所造成的条块分割、各自为战的组织行为极其相关。沟通的好，就有利于协同，沟通的不好，就不欢而散，此后就是无尽的扯皮与效率低下。数字经济时代，数据成为驱动经济发展的重要资源、重要资产，数据给个人、组织、国家新的发展进行了赋能，拥有数据就是一种实力的表现，拥有数据更是实现智能化的前提条件。数商（DQ）是对大数据时代人类获得信息能力的一种度量，它有利于我们把万事万物的发展轨迹和状态记录下来，将它们转化为数据，然后用分类、聚类等算法建立相互的联系，帮助我们看到更完整的事物的全貌，更好地理解事物的本质，把握其潜在的规律，预测其未来的趋势，让数据成为服务于角色和创新的数据科学。数商不仅衡量通过测量和记录获得数据的行动能力，也衡量用科学高效的方法保存数据、使用数据，从数据当中洞察知识的规律，增强预测未来的能力。此外，人工智能时代，我们开始强调一个人能否和智能机器打交道，能否利用各种智能系统发挥自己优势的能力，这些问题在这样一个时代显得极其重要，这就是利用人工智能技术的能力，我们称为AIQ。它强调人与人工智能的关系，也是人工智能时代的特殊商数评定标准。

第五，伦理道德选择。《第四次教育革命》一书中指出，目前评估教育成果的标准只有考试，这在一定程度上否定或是淡化了道德教育的价值，但良好的道德和品格才是良好教育的基础。做出道德选择是人类的本性，也只有人类才有权决定未来其他人、动物和地球生存的伦理问题。人文学科不能像科学一样给学生提供准确的答案，甚至社会科学也不行，但塑造人类的价值观才是人文科学最重要的目的，尤其是当下，大学更愿意开设实用的课程，这给人文科学带来了很大的威胁。而所有学生都应该接受伦理道德教育，使性格和智力共同发展。

反观今天的大学会计教育，存在着供给侧与需求侧“两张皮”的问题。无论是人才培养模式、课堂教学模式还是课程内容设计，均与实践存在脱节，尤其是会计教学的内容滞后于信息技术的发展，存在重理论轻实践、重核算轻管理、重考证轻能力培养、重技能轻道德培养、重规则轻质疑等突出的问题，这显然不能满足未来人工智能关于会计人才的基本素质和能力需求，这将使未来会计专业毕业生手足无措，面临能力欠缺的焦虑。

（三）教书育人的焦虑

传统会计教育下的学生会面临就业的焦虑，会计专业教师是否也面临着同样的问题呢？人工智能背景下，未来的学科知识的学习将不再以教师为中心，教师只是一个辅助者的角色，学生可以通过自适应学习掌握学科知识，老师需要更多地帮助学生提升他们的心理品质、思辨能力、实践模拟的能力

（李韧，2019）。教师将成为教学过程中的服务者，扮演对学生进行引导、服务的角色。如果教师只能进行统一化、标准化教学的老师，那不远的未来就可能被人工智能所取代。目前很多网络在线教育已经开始取代传统的培训就是一个很好的例证。作为会计专业教师，想一想我们的会计专业教学有多少心血花在了灵活多变的教学活动和科研上？有多少时间去照顾每一个学生的学习成长、花精力去了解学生的学习兴趣和成长目标？如果一个从事会计教育的专业教师，仅懂得传统课堂教学和传授书本上的知识，还在从事会计技能方面的教学，采用单一的教学方式，没有从烦琐重复的标准化教学工作中解放出来，那么，这一类型的专业教师在人工智能时代将面临无所适从与同样失业的焦虑。

二、会计教育需要做出的改革

（一）教学理念改革：从以教师为中心走向以学生为中心

传统教育的问题在于让学生记住知识，重视知识的灌输，关注重点在于知识的传递和掌握程度，目标是将知识技能传授给学生，以确保他们可以学会必要的知识点和文化，而不是教会他们如何学会学习。会计教育应当改变当今的知识教育导向，在教学当中关注学生的学习能力培养，这不仅需要改革教材，更需要改革教学模式以及人才测评体系。在教学中培养目标不应仅是强调学生对专业知识的掌握，而是要学会独立思考、判断与质疑。那么，进入教学课程内容的知识，应有利于学生学会学习、学会思考，学会使用探究发现和研究性学习模式。例如，小组协作学习、主题讨论、案例学习、角色扮演、项目研究、模拟性决策和问题求解等学习形式。这有利于发展学生的高阶思维能力，尤其是发现式学习能够有效地促进学生高阶思维能力的发展。会计专业的教师也要变革教学方式，让学生转变学习习惯，设计环节让学生参与和投入分析、比较、归纳、概括、总结、调研、实验和创造等一系列的学习活动中，而不是仅限于要求学生回忆事实性信息的活动。此外，传统课堂教学的主体是以教师为中心，教学方式上通常选用教师编写的教科书，学生在下面以被动接受的形式进行学习。人工智能时代，需要我们彻底转变这种做法，消除教师和教材对教学和学生学习的绝对控制权，教学主题应从教师转移到学生，强调学生主动、经常性地参与学习实践活动中来，从关注知识的传递到掌握关注学习的过程思维，以开放式问题取代封闭式作业，强调课堂问题的生成，强调学生可以针对书本提出问题做出判断，寻找解决问题的办法，努力将学生培养成为一个可以发现问题、解决问题的学生，成为一个学会怎样学习的人，成为一个人工智能时代的会计工作者和有创新能力的终身学习者。未来的会计专业教学将会打破固有的课时安排和空间限制，跨越学科与学科之间的界限，围绕学生的真实水平与现实背景重建课程体系，形成个性化的学习支撑体系，为每一个学生提供私人定制的教育，这将成为未来学校教育变革的主导趋势。随着传统教学结构的瓦解，会计教育将从注重教的信息化转向注重学的信息化。以前照本宣科的，传授宣讲知识的技能，要让位于组织学生讨论的技能，让位于从数据中获取学生学习信息的技能，让位于根据数据对学生进行个别引导的技能。

（二）教学内容改革：突出人工智能、数理、数据科学的地位

大学教育的课程体系是一个专业所开设课程和课程开设次序的统称。课程体系会直接影响教学内容与未来会计人才的知识结构。从财务数字化转型与未来智能财务的发展对于会计人才的需求来看，大学教育的课程体系、教育内容应该在学科基础课程的教学内容上突出人工智能、数理、数据科学等基础课程的比重，培养掌握数据处理技术、人工智能技术和云计算技术结合，解决具体专业问题的能力。在信息安全领域，培养理解信息安全威胁的严重性、掌握控制风险必备的知识和基本技术、具备实践能力的人才。所有会计专业的学生应该在大学的头两年内实现人工智能、数理、数据课程的教学内容必修化。在学科专业课领域应注意删除重复设置的专业课程与专业内容，除突出管理会计人才知识和技能的培养外，应注意突出“智能+财务”“智能+审计”相关课程的设置。同时还可以通过双学位的形式，鼓励学生选修“经济学+AI”“管理学+AI”“心理学+AI”等课程。对此，英国鼓励非人工智能学科的本科生毕业后继续深造，将自己的学科与人工智能相关学科结合，拓宽人工智能的应用范围，在学科交叉融合的过程中，英国既注重人工智能相关课程与理工类课程的交叉，同时又注重人工智能相关课程与人文艺术类课程的交叉，尽可能地将各个学科与人工智能学科全方位融合，以不断培养与人工智能相关的复合型人才。为此，我国应在学科专业实践课程的设置上，加大课时比例，对应压缩课堂教学的比例，在实践课程中锻炼学生的分析能力、沟通交流能力、职业判断能力、管理会计工具与大数据、人工智能结合的应用创新能力。

（三）教学方式改革：采用混合式学习模式

迈克尔·霍恩、希瑟斯·特克在《混合式学习——用颠覆性创新推动教育革命》一书中写道：混合式学习指的是一种正规的教育课程，学生至少进行部分在线学习，期间可以自主控制学习的时间、地点、路径或进度，另外，至少部分时间在家庭以外受监督的实体场所进行学习。它可以将学生在学习一门课程或科目时的各种模块结合起来，形成一种整合式的学习体验。人工智能时代，会计专业的教学应该选用混合式学习模式，将传统的课堂教学时间划分为传统学习与在线学习两部分。会计专业教师必须允许学生按照自己的进度学习，还需要接受让软件真正决定学生接下来要学习的知识，以及应用软件收集的定量数据和他们自己的定性直觉一起评价学生的表现。人工智能时代，会计专业教师需要放弃对一些教学细节的管理，将重点放在整个学习过程中的洞察力方面。教师应掌握学生在整个过程中活动的表现形式，也可以深入研究一个学生的学习曲线，判断是什么让这个学生学习变得困难。教师应该肯定和强调学生的多样性需求，同时观察学习的进程。

（四）教学目标改革：核心在于培养学生的多元思维、数字素养以及AI素养

人工智能时代，由于具体的专业任务可能会越来越多地由智能机器去完成，而不需要人类投入太多精力置于具体的任务完成之中，更多的策略是了解事物如何相互联系的。因此，我们应该看到知识网络的全集，以多学科并用的方式思考问题。那么针对会计专业学生，就应该学会将会计专业的技能提升到通用方法论的层次，而不能仅掌握自己专业领域的专业知识，这是最可能被智能机器取代的，甚至我们还应该培养学生尽可能多地掌握其他学科

通用的方法论。人工智能时代，大部分专业人士将是知识工作者，拥有多元思维的策略需要我们了解每个重要相关学科的通用方法理论。那么，针对会计教育就不能仅停留在了解它的深度上，还应该具有其他相关学科的广度。

基于数字化的智能时代，对于会计专业学生的数字素养要求越来越高。一般来说，数字素养不仅仅指信息技术能力，而是由许多相互关联的要素组成的。它不同于计算机能力，数字素养包括找寻和选择信息的能力、有效沟通能力、网络安全能力、功能性技能，还包括创造性、批判性思维和评价能力、文化和社会理解能力以及合作能力。其实我们前面提到的数商（DQ）就是数字素养的重要体现。数商是人们对于组织及人类获取信息能力的一种度量，它不仅衡量通过测量和记录获得数据的行动能力，也衡量用科学高效的方法保存数据、使用数据，从数据中洞察知识和规律，预测未来的能力。对于财务人员来说，数商的体现早已有之，结绳记事就是人类的数商在发展过程中的第一次萌动。但那时候仅有数，而没有文字，文字的出现则让“数字”的概念实现了融合，成为数据，信息得以传播。如果说，过去财务人员的数字素养体现为数据的记录和分析能力，那么今天的数字素养对于财务人员来说，则体现为数据的采集、挖掘、建模、分析、控制、展示和决策支持的能力。这些能力将与未来财务人员的工作重点相互支持，结果体现为利用数据进行战略分析、长期规划、投资人关系管理、公司理财、兼并收购、风险管理等活动。这些，都应该在未来会计专业课程内容设置、教学形式、实验室建设等方面做出改变。

所谓的智能时代并不是人工智能主导的时代，而是人们利用人工智能技术和辅助功能，最大限度地发挥人的能力，利用人工智能造福人类的时代。会计专业学生的AI素养在人工智能的新技术环境下演变为了解人工智能、使用人工智能的能力。人与人工智能的关系是了解、使用、共存三位一体，相互支撑与相互刺激的关系。为此，人工智能时代，会计教育不是要将会计专业的学生都培养成为人工智能的高手，而是要学会了解和使用人工智能，并且还要向人工智能不断学习。当然，学习和使用的目标主要还是如何提升财务自身的敏捷性与财务价值？如何运用人工智能为业务部门、管理者提供深入的决策与预测？

当然，多元思维、数字素养以及AI素养不仅对于学生重要，对从事会计教育的教师也同样要求很高，它同样要求会计专业的教师要在通晓会计专业理论和方法的基础上，正确理解人工智能，学会利用人工智能，主动更新专业知识结构、技能水平与思维方式，持续推进中国的会计教育改革，不断追求创新。

主要参考文献

［1］秦荣生等.面向21世纪会计后续教育问题研究［M］.北京：经济科学出版社，2002.

［2］孟焰.管理会计理论框架研究［M］.大连：东北财经大学出版社，2007.

［3］于增彪等.管理会计［M］.北京：清华大学出版社，2014.

［4］黄津孚，张小红，何辉.信息化数字化智能化：管理的视角［M］.北京：经济科学出版社，2014.

［5］曹仰锋.海尔转型：人人都是CEO［M］.北京：中信出版社，2014.

［6］阮闯.企业大脑——人工智能时代的全数字化转型［M］.北京：经济管理出版社，2017：78-109.

［7］钟华，企业IT架构转型之道：阿里巴巴中台战略思想与架构实战［M］.北京：机械工业出版社，2017.

［8］徐忠等.金融科技：发展趋势与监管［M］.北京：中国金融出版社，2017：86-159.

［9］马化腾，孟昭莉等.数字经济：中国创新增长新动能［M］.北京：中信出版社，2017：577-578.

［10］张庆龙等.财务转型大趋势：基于财务共享与司库的认知［M］.北京：电子工业出版社，2018：91-99.

［11］陈虎，孙彦丛.财务共享服务（第2版）［M］.北京：中国财政经济出版社，2018

［12］陈春花，赵海然.共生：未来企业组织进化路径［M］.北京：中信出版社，2018.8

［13］曾鸣.智能商业［M］.北京：中信出版社，2018.

［14］史雁军.数字化客户管理：数据智能时代如何洞察、连接、转化和赢得价值客户［M］.北京：清华大学出版社，2018.

［15］王兴山.数字化转型中的财务共享［M］.北京：电子工业出版社，2018：242-244.

［16］用友网络科技股份有限公司.企业数字化：目标、路径与实践［M］.北京：中信出版社，2019：452-579.

［17］刘绍荣，夏宁敏，等.平台型组织［M］.北京：中信出版社，2019.

［18］安筱鹏.重构：数字化转型的逻辑［M］.北京：电子工业出版社，2019.

［19］曹仰锋.第四次管理革命［M］.北京：中信出版社，2019.

［20］刘东明.智能+：AI赋能传统产业数字化转型［M］.北京：中国经济出版社，2019.

［21］赵兴峰.数字蝶变：企业数字化转型之道［M］.北京：电子工业出版社，2019.

［22］陈春花.协同：数字化时代组织效率的本质［M］.北京：机械工业出版社，2019.

［23］涂杨举.智慧企业概论［M］.北京：科学出版社，2019.

［24］于海澜，唐凌遥.企业架构的数字化转型［M］.北京：清华大学出版社，2019：94-95.

［25］陈新宇等.中台战略：中台建设与数字商业［M］.北京：机械工业出版社，2019：94~148.

［26］贾小强，郝宇晓，卢闯.财务共享的智能化升级：业财税一体化的深度融合［M］.北京：人民邮电出版社，2020：91-105.

［27］彭娟等.数字财务［M］.北京：清华大学出版社，2020：200-300.

［28］付登坡等.数据中台：让数据用起来［M］.北京：机械工业出版社，2020：228~400.

［29］王言.RPA：流程自动化引领数字劳动力革命［M］，北京：机械工业出版社，2020：200.

［30］赵玉珉.学习马克思论会计职能的一点体会［J］.会计研究，1983（3）：10–15.

［31］葛家澍，唐予华.关于会计定义的探讨［J］.会计研究，1983（4）：26–30.

［32］杨帆.面向财务管理的预测决策分析系统［J］.计算机应用研究，1994（5）：50–51+55.

［33］吴水澎，龚光明.关于会计目标的有关理论认识［J］.四川会计，1996（11）：20–22.

［34］于玉林."大会计科学"在形成［J］.现代财经–天津财经学院学报，1997（7）：3–5.

［35］丘海雄，张应祥.理性选择理论述评［J］.中山大学学报（社科版），1998（1）.

［36］孙世民，石海星.信息技术与现代企业管理［J］.科学管理研究，1999（2）：9–11.

［37］吴联生.会计目标：信息需求论［J］.财会通讯，2001（8）：3–6.

［38］梁荣华，史济建.人工智能在财务决策支持系统中的应用［J］.计算机工程与应用，2001（8）：118–121.

［39］项后军，周昌乐.人工智能的前沿——智能体（Agent）理论及其哲理［J］.自然辩证法研究，2001（10）：29–33.

［40］于玉林.论"大会计学"的形成与发展［J］.会计论坛，2002（2）：12–24.

［41］徐玉德.财务会计与管理会计融合的理论基础［J］.会计研究，2002（8）：50–53

［42］夏博辉.论会计职业判断［J］.会计研究，2003（4）：36–40.

［43］阎达五.价值链会计研究：回顾与展望［J］.会计研究，2004（2）：3–7+96.

［44］吴水澎.变化的世纪与变革的会计——"大会计观"的再认识［J］.会计之友，2006（1）：4–6.

［45］马庆国，王小毅.认知神经科学、神经经济学与神经管理学［J］.管

理世界，2006（10）：139-149.

［46］王文莲，李大玲.会计信息化理论的学科基础［J］.中国管理信息化，2006（12）：24-25.

［47］Nick Rossiter，Sridhar Vedala.共享服务在中国渐行其道［J］.IT时代周刊，2006（13）：70-71.

［48］何升霖.信息技术对会计主体假设的影响［J］.财会月刊，2006（29）：21-22.

［49］葛家澍.关于财务会计目标的研究［J］.上海立信会计学院学报，2007（3）：3-15.

［50］白列湖.协同论与管理协同理论［J］.甘肃社会科学，2007（5）：228-230.

［51］高长元，罗莉苹.基于多Agent技术的财务预测系统研究［J］.科技与管理，2008（2）：61-63.

［52］张庆彩，董茜.论企业文化中的制度刚性与文化柔性［J］.经济论坛，2008（5）：88-90.

［53］王振武，迟旭升.信息化环境下会计职能的演变与发展［J］.东北财经大学学报，2008（6）：52-55.

［54］于长春.会计职业判断的内部控制研究.立信会计学院学报［J］，2009（6）：28~36.

［55］刘卫国.现代化、信息化、数字化、智能化及其相互关系［J］.中国铁路，2011（1）：83-86.

［56］风笑天.工作的意义：两代人的认同与变迁［J］.社会科学研究，2011（3）：83-90.

［57］周浩，龙立荣.工作不安全感、创造力自我效能对员工创造力的影响［J］.心理学报，2011（8）：929-940.

［58］王慧，洪辉.物联网时代会计信息化发展探析［J］.财务与金融，2012（1）：91-95.

［59］王清刚.会计职业判断框架构建研究［J］.商业经济与管理，2012（7）：82-90.

［60］黄秀焕.会计电算化对传统会计职能的影响研究［J］.内蒙古科技与经济，2012（13）.：83-84.

［61］李国杰，程学旗.大数据研究：未来科技及经济社会发展的重大战略领域——大数据的研究现状与科学思考［J］.中国科学院院刊，2012，27（6）：647-657.

［62］王劲.大数据时代的管理变革［J］.中国商贸，2013（2）：189-190.

［63］张勇，龙立荣.人—工作匹配、工作不安全感对雇员创造力的影响——一个有中介的调节效应模型检验［J］.南开管理评论，2013，16（5）：16-25+50.

［64］何瑛.中国移动支撑财务转型的组织变革实践［J］.财务与会计（理财版），2014（1）：27-29.

［65］何雪梅.大数据时代企业集团财务管理转型研究［J］.法制与经济（下旬），2014（5）：75-76.

［66］刘玥，黄莉，杨丹.会计师胜任能力解构及其培养——基于国际会计教育准则的探索［J］.会计研究，2014（5）：29-36+94.

［67］关盈，王萍.论企业会计信息化对传统会计职能的影响的研究［J］.商场现代化，2014（8）.154-155

［68］徐宗本，冯芷艳，郭迅华，曾大军，陈国青.大数据驱动的管理与决策前沿课题［J］.管理世界，2014（11）：158-163.

［69］朱亚兴，余爱民，王夷.基于Redis+MySQL+MongoDB存储架构应用［J］.微型机与应用，2014，33（13）：3-5+9.

［70］张莉，林与川，张林.工作不安全感对情绪耗竭的影响——社会支持的调节作用［J］.科研管理，2014，35（3）：91-98.

［71］李任斯，刘红霞.大数据时代价值发现目标下的财务组织变革——以IBM为例［J］.管理案例研究与评论，2015，8（4）：323-339.

［72］韩向东.构建基于商业智能的管理会计信息系统［J］.财务与会计，2015（9）：12-13.

［73］程平，万家盛.大数据时代财务共享服务中心云平台的构建及其应用［J］.商业会计，2015（15）：20-22+85.

［74］罗洁.基于财务人员职能转型的管理会计发展策略［J］.企业改革与管理，2015（23）：144–145.

［75］马贵兰.基于大数据思维的“业财融合”管理会计体系应用——以通信行业为例［J］.财会月刊，2015（32）：24–26.

［76］沈鑫，裴庆祺，刘雪峰.区块链技术综述［J］.网络与信息安全学报，2016，2（11）：11–20.

［77］冯巧根.管理会计理论基础的扩展应用［J］.会计之友，2016（10）：126–132.

［78］于淇，王迪.大数据时代企业管理会计面临的挑战与解决对策［J］.中国高新技术企业，2016（12）：167–168.

［79］熊焰韧，苏文兵.新常态下中国企业需要什么样的管理会计人才?——基于江苏企业负责人的调查［J］.会计研究，2016（12）：64–71+96.

［80］陈立，刘纤云.“互联网+”环境下电子发票对企业财务工作的影响［J］.会计之友，2016（13）：92–93.

［81］张奇.大数据时代企业新型供销合作关系建构［J］.商业经济研究，2016（22）：94–96.

［82］秦润莹.企业员工工作不安全感研究述评［J］.管理现代化，2016，36（1）：93–95.

［83］袁勇，王飞跃.区块链技术发展现状与展望［J］.自动化学报，2016，42（04）：481–494.

［84］刘宇杰.会计信息化对传统财务会计职能的影响与会计职能转变［J］.科技创新与应用，2017（02）：279.

［85］安永.技术变革驱动共享升级［J］.首席财务官，2017（06）：37–45.

［86］秦荣生.数字化与财务分析的发展趋势［J］.新理财（政府理财），2017（08）：53–54.

［87］张庆龙.财务共享服务中心现实问题与未来何去何从［J］.商业会计，2017（19）：6–9.

［88］刘雪贞.我国企业全面预算管理存在的问题与对策研究［J］.山东财

经大学学报，2017，29（03）：84–91.

［89］段伟文.人工智能时代的价值审度与伦理调适［J］.中国人民大学学报，2017，31（06）：98–108.

［90］崔学刚，邝文俊，薛贵.神经会计学：内涵、范式与展望［J］.北京工商大学学报（社会科学版），2017，32（04）：11–23.

［91］张宁，袁勤俭.数据治理研究述评［J］.情报杂志，2017，36（05）：129–134+163.

［92］王玉梅，胡伟峰，汤进，等.产品交互设计中场景理论研究［J］.包装工程，2017，38（06）：76–80.

［93］赵斌，赵凤娜，李瑶.职业工作价值导向对主动创新行为的影响研究［J］.科研管理，2017，38（08）：64–74.

［94］袁勇，周涛，周傲英，段永朝，王飞跃.区块链技术：从数据智能到知识自动化［J］.自动化学报，2017，43（09）：1485–1490.

［95］刘勤，杨寅.智能财务的体系架构、实现路径和应用趋势探讨［J］.管理会计研究，2018，1（01）：84–90+96.

［96］李彤.管理会计信息化的新思维［J］.管理会计研究，2018，1（02）：78–86+88.

［97］董皓.财务智能化的创新框架［J］.管理会计研究，2018，1（03）：82–86+88.

［98］李闻一，徐庆东，陈新巧.国有、跨国、私营企业财务共享服务对标调查评析［J］.财会月刊，2018（03）：115–125.

［99］黄庄庄，张笑寒，谭皓予.智能投顾技术原理与应用分析［J］.金融电子化，2018（03）：85–86.

［100］安景文，吴竹南，殷睿超.基于粗糙——未确知测度的会计职业胜任力评价研究［J］.会计之友，2018（04）：138–141.

［101］李闻一，李栗，曹菁，等.论智慧财务的概念框架和未来应用场景［J］.财会月刊，2018（05）：40–43.

［102］傅元略.财务智能理论：智能体与情景情绪计算融合［J］.财务研究，2018（06）：14–20.

［103］何大安.互联网应用扩张与微观经济学基础——基于未来“数据与数据对话”的理论解说［J］.经济研究，2018，53（08）：177-192.

［104］李闻一，高康，冯仕聪，张楠.财务共享服务中心之PEST分析［J］.财会月刊，2018（11）：36-39.

［105］钟义信.机制主义人工智能理论——一种通用的人工智能理论［J］.智能系统学报，2018，13（01）：2-18.

［106］韩向东，余红燕.智能财务的探索与实践［J］.财务与会计，2018（17）：11-13.

［107］刘勤，杨寅.改革开放40年的中国会计信息化：回顾与展望［J］.会计研究，2019（02）：26-34.

［108］屈涛.立足共享服务构建集团级企业数据中心［J］.管理会计研究，2019，2（02）：81-85+88.

［109］王元，孔伟艳.未来30年中国社会发展趋势及促进共享发展的建议［J］.宏观经济研究，2019（05）：5-19+32.

［110］周卫华.信息技术对会计理论与实务影响的演变与发展［J］.会计之友，2019（05）：120-124.

［111］李广乾.什么是数据中台?［J］.中国信息界，2019（06）：72-75.

［112］刘童桐.数据中台建设中最重要的事［J］.通信企业管理，2019（07）：25-27.

［113］秦荣生.我国内部审计的新使命与发展新路径［J］. 会计之友，2019（08）：2-5.

［114］唐勇，胡先伟.共享服务模式下企业财务数字化转型探讨［J］.会计之友，2019（08）：122-125.

［115］董甜甜，陈维政，陈玉玲.组织变革、群体工作不安全感与组织绩效［J］.财经问题研究，2019，11：129-136.

［116］王兴山.云+数+AI，助力建企数字化转型［J］.施工企业管理，2019（12）：43-44.

［117］江冠燃，陆逸婷，陈亚宁.企业数字化转型的国外研究现状［J］.商讯，2019（15）：68+70.

［118］陈虎，孙彦丛，郭奕，赵旖旎.财务机器人——RPA的财务应用［J］.财务与会计，2019（16）：57-62.

［119］田高良，陈虎，郭奕，薛宇婷.基于RPA技术的财务机器人应用研究［J］.财会月刊，2019（18）：10-14.

［120］田高良，陈虎，孙彦丛，刘扬."大智移云物"背景下的财务转型研究［J］.财会月刊，2019（20）：3-7.

［121］何瑛，宋康宁，张宇扬.数字经济时代会计专业人才能力框架与培养路径［J］.北京邮电大学学报（社会科学版），2019，21（03）：104-112.

［122］叶康涛.会计与经济高质量发展［J］.会计之友，2019（22）：2-9.

［123］缪翀莺，谭华，易学明.数据中台的定位和架构分析［J］.广东通信技术，2019，39（12）：57-62+70.

［124］王才，周文斌，赵素芳.机器人规模应用与工作不安全感——基于员工职业能力调节的研究［J］.经济管理，2019，41（04）：111-126.

［125］刘淑桢，叶龙，郭名.工作不安全感如何成为创新行为的助推力——基于压力认知评价理论的研究［J］.经济管理，2019，41（11）：126-140.

［126］傅元略.智慧会计：财务机器人与会计变革［J］.辽宁大学学报（哲学社会科学版），2019，47（01）：68-78.

［127］陈永南，许桂明，张新建.一种基于数据湖的大数据处理机制研究［J］.计算机与数字工程，2019，47（10）：2540-2545.

［128］叶康涛，刘金洋，曾雪云.会计管理活动论的当代意义［J］.会计研究，2020（01）：5-15.

［129］段大为，王宏星，钱金平，赵林悦，汤洁泉.AI+IT：科大讯飞智能财务的探索与思考［J］.中国管理会计，2020（01）：51-62.

［130］文峰.会计信息化流程的效率提升与优化——基于RPA和人工智能视角［J］.财务管理研究，2020（01）：1-7.

［131］索拉夫·杜塔.会计演变之我见［J］.会计之友，2020（01）：2-9.

［132］裴丽群，许文平，张洁丽，张宏权.搭建业财融合财务共享服务中心助力集团公司数字化转型［J］.中国总会计师，2020（02）：76-80.

［133］刘梅玲，黄虎，佟成生，刘凯.智能财务的基本框架与建设思路研究［J］.会计研究，2020（03）：179-192.

［134］韩向东，屈涛.基于数据中台的管理会计信息化框架及创新应用［J］.管理会计研究，2020，3（Z1）：116-124+136.

［135］翁杰明.国有企业要做推动数字化智能化升级的排头兵［J］.国有资产管理，2020（04）：9-12.

［136］朱晓阁，张军，谢雪怡.人工智能时代下财会人员职业胜任力情况调查——以广东省330家企业为例［J］.商业经济，2020（4）：85-88.

［137］李平，孙黎，邹波，等.虑深通敏 与时偕行——三台组织架构如何应对危机［J］.清华管理评论，2020（05）：79-85.

［138］何瑛，李塽爽，于文蕾.基于机器学习的智能会计引擎研究［J］.会计之友，2020（05）：52-58.

［139］姚祎.利用区块链技术对财务共享服务中心的再优化——基于业财融合视角［J］.财会通讯，2020（07）：134-137.

［140］洪韵华.人工智能视域下企业智能财务的体系构建和应用研究［J］.中国注册会计师，2020（08）：98-102.

［141］周林，袁蕴.智能财务分析的发展现状研究［J］.财务管理研究，2020（10）：48-52.

［142］张庆龙.下一代财务：数字化与智能化［J］.财会月刊，2020（10）：3-7.

［143］崔雷，叶怡雄.人工智能在财务信息化中的应用场景初探［J］.中国乡镇企业会计，2020（10）：201-202.

［144］常媛，左宪磊.我国制造企业财务共享服务中心实施效率研究［J］.财会通讯，2020（11）：148-152+171.

［145］陈虎，郭奕.财务数字基建赋能企业转型［J］.财会月刊，2020（13）：15-21.

［146］秦荣生.人工智能与智能会计应用研究［J］.会计之友，2020（18）：11-13.

［147］杨寅，刘勤，黄虎，等.智能财务共享服务中心运营管理研究［J］.

会计之友，2020（19）：143-147.

［148］刘勤.智能财务的发展体系及其核心环节探索［J］.财务与会计，2020（10）：11-14.

［149］许燕.会计职业判断研究［D］.天津财经学院，2004.

［150］傅平.中国传媒集团组织转型研究［D］.复旦大学，2005.

［151］郑晓霞.职业胜任力与职业成功、组织认同的关系研究［D］.浙江工商大学，2011.

［152］夏培勇.个性化推荐技术中的协同过滤算法研究［D］.中国海洋大学，2011.

［153］焦明宇.我国国有企业组织结构变革研究［D］.首都经济贸易大学，2012.

［154］王焱.财务共享服务的优化研究［D］.XM大学，2017.

［155］秦爽.X集团财务共享服务中心运营管理优化研究［D］.哈尔滨商业大学，2019.

［156］董皓.技术变革驱动共享升级：安永财务共享服务调查报告［R］.安永会计师事务所，2015.

［157］BCG，阿里研究院.未来平台化组织研究报告——平台化组织：组织变革前沿的“前沿”［R］.阿里研究院，2016.9.

［158］阿里研究院，数字经济系列报告之——数字经济2.0［R］.阿里研究院，2017.1.

［159］Forrester.2017差旅及费用管理：企业数字化创新之路［R］.2017：2.

［160］麦肯锡全球研究院.数字时代的中国：打造具有全球竞争力的新经济［R］.2017：134.

［161］ACCA，中兴财务云，通用电气.2017中国共享服务领域调研报告［R］.ACCA，中兴财务云，通用电气，2017.

［162］德勤.全球共享服务2017年度调研报告［R］.德勤会计师事务所，2017.

［163］Tony Menezesde，等.认知型企业：财务部门的良机［R］.IBM商业价值研究院，2018.7：11-25.

［164］TalkingData，2018数据智能生态报告［R］.TalkingData.2018.10.

［165］安永.安永智能虚拟助理报告［R］.安永会计师事务所，2018：1-10.

［166］IBM商业价值研究院.释放数字化的潜力：财务组织的数字化重塑［R］.2018：12-13.

［167］STEVEN EHRENHALT，等.德勤首席财务官指引——认知技术［R］.德勤会计师事务所，2018：14.

［168］StevenEhrenhalt，等.德勤首席财务官指引——认知技术［R］.德勤会计师事务所，2018：14.

［169］中兴新云，等.2018年中国共享服务领域调研报告［R］.中兴新云、ACCA、上海财经大学，2018：15.

［170］IDC，华为.拥抱变化，智胜未来，数字平台破局企业数字化转型［R］.2018.

［171］SSON.共享服务和外包行业的现状：2018年中国市场报告［R］.SSOChina.2018.

［172］阿里研究院，数字经济系列报告之四——解构与重组：开启智能经济［R］.阿里研究院，2019.1.

［173］普华永道.智慧财务驱动企业变革与转型［R］.普华永道，2019：5.

［174］何宝宏，等.数据资产管理实践白皮书（4.0）［R］.中国信息通信研究院，2019：6.

［175］华为技术有限公司.行业数字化转型方法论白皮书［R］.2019：7.

［176］华为技术有限公司.中国数字化转型人才培养顶层设计［R］.2019：9.

［177］刘凤委，苏宏通，等.财务赋能创新发展［R］.ACCA，上海国家会计学院，2019.

［178］德勤.数字化全球商业服务中心在中国［R］.德勤会计师事务所，2019.

［179］德勤.建设数字化全球商业服务中心的驱动力、趋势与方式［R］.德勤会计师事务所，2019.

［180］埃森哲.人工智能应用之道：高管指南［R］.2019.

［181］中国信通院.数据资产管理实践白皮书4.0［R］，中国信通院，

2019.

［182］陈冬华，杜兴强，陈虎.财务的自动化、智能化、数字化［R］中兴新云，南京大学，XM大学，2020.1.

［183］德勤.智能财务反舞弊监控系统［R］.德勤会计师事务所，2020：1.

［184］中兴新云，财务的自动化、智能化、数字化［R］.中兴新云财务云，2020.1：16–24.

［185］达摩院.2020 十大科技趋势［R］.阿里研究院，2020：1–4.

［186］毕马威.未来之道，携手共赢［R］.毕马威咨询，2020：1–50.

［187］金蝶软件.智能财务白皮书［R］.金蝶软件（中国）有限公司大企业事业部，2020.6：16.

［188］IBM商业价值研究院.成就数字赢家的六大关键战略［R］.2020：13.

［189］智能财务研究中心.中国企业财务智能化现状调查报告［R］.上海国家会计学院，2020：30–35.

［190］郭晓梅，智能技术驱动下的财务共享模式创新与应用实践研究调查问卷分析报告［R］.IMA等，2020：36.

［191］王喜文. 人工智能已来智能制造可期［N］. 中国工业报，2019-04-10.

［192］舒惠好.推动会计信息化发展助力会计改革［C］.中国会计学会第十七届全国会计信息化学术年会.2018.7.

［193］杨周南.关于智能会计概念的讨论［C］.中国会计学会第十九届全国会计信息化学术年会，2019.9.18.

［194］赫伯特·西蒙.现代决策理论的基石［M］.杨栎，徐立译.北京：北京经济学院出版社，1989.

［195］［美］Eric Ries. 精益创业：新创企业的成长思维［M］.吴彤，译.北京：中信出版社.2012.

［196］［美］Michael E. Porter.国家竞争优势（上）［M］.李明轩，邱如美，译.北京：中信出版社.2012.

［197］［英］Viktor Mayer-Sch nberger，KennethCukier.大数据时代：生活、

工作与思维的大变革［M］.周涛，译.杭州：浙江人民出版社，2012.

［198］［美］Marshall B.Romney.会计信息系统：第12版［M］.张瑞君，程玲莎，译.北京：中国人民大学出版社，2012.

［199］［美］Marshall B. Romney.会计信息系统：第12版［M］.张瑞君，程玲莎，译.北京：中国人民大学出版社，2012.

［200］丹尼尔·卡尼曼. 思考，快与慢［M］. 胡晓姣等，译. 北京：中信出版社，2012：256.

［201］［美］George Westerman. DT转型：企业互联网+行动路线图［M］.张纯，译.北京：中信出版社.2015.

［202］理查德·H·塞勒."错误"的行为［M］. 王晋，译.第1版.北京：中信出版社，2016：20-21.9

［203］［美］佩德罗·多明戈斯. 终极算法：机器学习和人工智能如何重塑世界［M］. 黄芳萍，译.北京：中信出版社，2016：1-100.

［204］［美］Stephen P. Robbins.组织行为学（第16版）［M］.孙健敏等，译.北京：中国人民大学出版社.2016.

［205］StephenP. Robbins著. 孙健敏等译. 组织行为学（第16版）［M］.北京：中国人民大学出版社，2016：409-415.

［206］Chatfield.Michael.会计思想史［M］.文硕等，译.上海：立信会计出版社，2017.

［207］［美］McChrystal.赋能：打造应对不确定性的敏捷团队［M］.林爽喆，译.北京：中信出版社.2017.

［208］［美］安德鲁·麦卡菲，等.人机平台：商业未来行动路线图［M］.林丹明，等，译.北京：中信出版社，2018.1：1-300.

［209］［美］温克特·斯里尼瓦森.大数据实战：构建智能化企业［M］.宫鑫，等，译.北京：人民邮电出版社，2018：46-97.

［210］［美］托马斯·达文波特.数据化转型［M］.盛杨灿，译.杭州：浙江人民出版社，2018：100-200.

［211］［美］Max Tegmark.生命3.0［M］.杭州：浙江教育出版社，2018.6.

［212］［美］Baruch lev，Feng Gu. 会计的没落与复兴［M］. 方军雄，译.北京：北京大学出版社.2018.7.

［213］Thomas Friedman.世界是平的［M］.和帆等，译.长沙：湖南科技出版社.2008.

［214］［英］Bernard Marr. 数据战略：如何从大数据、数据分析和万物互联中获利［M］.鲍栋，译.北京：机械工业出版社，2018.

［215］阿杰伊·阿格拉沃尔，等.AI 极简经济学［M］.闾佳，译.长沙：湖南科学技术出版社，2018：53-71.

［216］［美］阿米尔·侯赛因.终极智能：感知机器与人工智能的未来［M］.赛迪研究院专家组，译.北京：中信出版社，2018：1-200.

［217］［美］保罗·多尔蒂等.机器与人［M］.赵亚男，译.北京：中信出版社，2018：1-100.

［218］［德］J ü rgen Meffert，沙莎.从1到N：企业数字化生存指南［DB/OL］.上海：上海交通大学出版社，2018：69.

［219］［美］阿黛尔·斯威特伍德.智慧营销：营销部门数字化转型指南［M］.北京：机械工业出版社，2019：1-200.

［220］［美］阿黛尔·斯威特伍德. 智慧营销：营销部门数字化转型指南［M］. 蒋春丽，等，译.北京：机械工业出版社，2019：24.

［221］［以色列］Yuval Noah Harari.人类简史［M］.林俊宏，译.北京：中信出版社，2017.1.

［222］Mc Clelland DC. Testing for competence rather thanfor intelligence［J］. American Psychogolsy，1973（28）：1-4.

［223］GreenhalghL，Rosenblatt Z. Job Insecurity：Toward Conceptual Clarity［J］. Academy of Management Review，1984，9，（3）：438-448.

［224］Hackett G，Betz N E，Doty M S. The development of a taxonomy of career competencies for professional women［J］.Sex Roles，1985，12（3-4）：393-409.

［225］Lazarus R S，FolkmanS. Transactional Theory and Research on Emotions and Coping［J］. European Journal of Personality，1987，1，（3）：141-169.

[226] Liang, T., Chandler, S. J., Han, I., & Roan, J. An empirical investigation of some data effects on the classification accuracy of probit, ID3 and neural networks [J] . Contemporary Accounting Research, 1992, 9 (1), 306-329.

[227] David Malone, Expert Systems, Artificial Intelligence, and Accounting [J] . Journal of Education for Business, 1993: 68: 4. 222-226.

[228] Daniel E. O' Leary, AI in Accounting, Finance and Management [J] . Intelligent Systems in Accounting, Finance and Management, 1995: 04. 149-153.

[229] Foltin, C., Garceau, L. Beyond expert systems: neural networks in accounting [J] . National Public Accountant.1996. 41 (6), 26-32.

[230] Daniel E. O' Leary and Robert M. O' Keefe, The Impact of Artificial Intelligence in Accounting Work: Expert Systems Use in Auditing and Tax [J] . AI & Society, 1997: 11. 36-47.

[231] D' Arcy M, Goldstein M. The finance function of the future: How lending departments are changing[J] . CPA journal, 1996 (7): 6Iversen, Kathy L. The evolving role of finance [J] . Strategy and Leadership, 1998, 26 (2): 7-9.

[232] DE WitteH. Job Insecurity and Psychological Well-Being: Review of the Literature and Exploration of Some Unresolved Issues [J] . European Journal of Work and Organizational Psychology, 1999, 8, (2): 155-177.

[233] Koh, H. C., & Tan, S. S. A neural network approach to the prediction of going concern status [J] . Accounting and Business Research, 1999.29 (3), 211-216.

[234] Arthur M B, Inkson K, Pringle J K. The new careers: Individual action and economic change. [J] .London: Sage, 1999.

[235] Coakley, J.R., Brown, C.E., Artificial neural networks in accounting and finance: modeling issues [J] . International Journal of Intelligent Systems in Accounting, Finance & Management, 2000.9 (2), 119-144.

[236] Hobfoll, Stevan E. Conservation of resource: A New Attempt at Conceptualizing Stress [J] . American Psychologist, 2001, 50, (3): 337-421.

［237］Nature of Job Insecurity：Understanding Employment Uncertainty on the Brink of a New Millennium［J］. Blackwell Science Ltd，2002，51（1）.

［238］Eby L T，Butts M，Lockwood A. Predictors of success in the era of the boundaryless career.［J］. Journal of Organizational Behavior，2003，24（6）：689-708.

［239］Trope R L，Power E M. Lessons in data governance：A survey of legal developments in data management，privacy and security［J］. Business Lawyer，2005（61）：471—516.

［240］Cuyper N D，Witte H D，Handaja E Y. Objective Threat of Unemployment and Situational Uncertainty During a Restructuring：Associations with Perceived Job Insecurity and Strain［J］. Journal of Business and Psychology，2010，25（1）：75-85.

［241］Li，F. The information content of forward-looking statements in corporate filingsda naïve Bayesian machine learning approach［J］. Journal of Accounting Research，2010.48，1049-1102.

［242］Khatri V，Brown C V. Designing data governance［J］. Communications of the ACM，2010，53（1）：148—152.

［243］J.Strikwerda. Shared service centers II［J］. Management Studies.2010.

［244］Perez，Carlota. Finance and technical change：a long-term view：research paper. 2011，3（1）：10-35.

［245］Perols，J. Financial statement fraud detection：An analysis of statistical and machine learning algorithms［J］. Auditing：A Journal of Practice & Theory，2011.30，19-50.

［246］Colakoglu S N. The Impact of career boundaryless on subjective career success：The role of career competencies，career autonomy，and career insecurity［J］. Journal of Vocational Behavior，2011，79（1）：47-59.

［247］Anderson，M.，& Anderson，S. L. Machine ethics［J］. Cambridge：Cambridge University Press. 2011.

［248］Francis-Smythe J，Haase S，Thomas E，Steele C. Development and validation of the career competencies indicator (CCI) [J]. Journal of Career Assessment, 2012, 21 (2): 227-248.

[249] Kong H. Relationships among work-family supportive supervisors, career competencies, and job involvement [J]. International Journal of Hospitality Management, 2013, 33 (6): 304-309.

[250] Tallon P P. Corporate governance of big data_ perspectives on value, risk and cost [J]. Computer, 2013 (46): 32—38.

[251] J. Strikwerda. Shared Service Centers: From Cost Savings to New Ways of Value Creation and Business Administration [J]. Research Gare, 2014.8.

[252] IRPA. Institute for Robotic Process Automation [J]. The Journal of Strategic Information Systems, 2014, 19 (3): 207-228.

[253] Debus M E , Cornelius J. König, Kleinmann M . The building blocks of job insecurity: The impact of environmental and person-related variables on job insecurity perceptions [J]. Journal of Occupational and Organizational Psychology, 2014, 87 (2): 329-351.

[254] Lacity M, WillcocksL.Robotic process automation: The next transformation lever for shared services. [J]. London School of Economics Outsourcing Unit Working Papers, 2015.

[255] Steve G. Sutton, Matthew Holt and Vicky Arnold, "The reports of my death are greatly exaggerated" —Artificial intelligence research in accounting [J]. International Journal of Accounting Information Systems, 2016: 22. 60-73.

[256] Caroli E, Godard M. Does job insecurity deteriorate health? [J].Health Economics, 2016, 25 (2): 131.

[257] Cindy Greenman, Exploring the Impact of Artificial Intelligence on the Accounting Profession [J]. Journal of Research in Business, Economics and Management, 2017: 03. Volume 8, Issue 3. 1451-1454.

[258] Greenman C, Gorjidooz J. Economic Impact of World Bank Aviation Investment in Pacific Island Countries [J]. Journal of Economics and Public Finance, 2017, 3 (3): 343.

[259] Farzaneh A. Amani and Adam M. Fadlalla, Data mining applications in accounting: A review of the literature and organizing framework [J] . International Journal of Accounting Information Systems, 2017: 24. 32–58.

[260] Philipp Clemens Richter, Rolf Br ü hl. Share service center research: A review of past, present and future [J] . European Management Journal, 2017 (35) 26–18.

[261] Acemoglu D, Restrepo P. The Race between Man and Machine: Implications of Technology for Growth, Factor Shares, and Employment [J] . American Economic Review, 2018, (6): 108.

[262] ICAEW. Artificial intelligence and the future of accountancy [R] . ICAEW, 2018: 7–8.

[263] KAYA C T, TURKYILMAZ M, BIROLB. Impact of RPA Technologies on Accounting Systems [J] . Journal of Accounting and Economics, 2019, 4, (82): 235–250.

[264] Jodie Moll and Ogan Yigitbasioglu, The role of internet-related technologies in shaping the work of accountants: New directions for accounting research [J] . The British Accounting Review, 2019: 51. 100833.

[265] Rafael Heinzelmann, Digitalizing Management Accounting [J] . 2019: 208–226.

[266] Dariusz Jędrzejka, Robotic process automation and its impact on accounting [J] .ZeszytyTeoretyczneRachunkowośści", 2019: 105 (161) .

[267] Julia Kokina and Shay Blanchette, Early evidence of digital labor in accounting: Innovation with Robotic Process Automation [J] . International Journal of Accounting Information Systems, 2019: 35. 100431.

[268] Ashoka M L, Abhishek N, DivyashreeM S. Applicationof Robotics inAccounting and Auditing of Bussiness and Financial Information [J] . SSRN Electronic Journal, 2019.

[269] Richard F. Chambers. On Risk 2020: A Guide to Understanding, Aligning, and Optimizing Risk [R] . The Institute of Internal Auditors, 2019.

［270］IMA，Redesigning the Finance Function［R］.IMA.1997.

［271］H ü lya BOYDAŞ HAZAR，artificial intelligence applicatioin in accounting and auditing［R］.Research & Reviews in social，human and administrative sciences，2019.pp.251–263.Moudud–Ul–Huq，S.（2014）. The role of artificial intelligence in the development of accounting systems：A review. IUP Journal of Accounting Research & Audit Practices，13（2），7–19.